本书为国家社科基金重大项目"推进中国特色社会主义政治制度自我完善和发展研究"(项目批准号:21ZDA124)、中国社会科学院创新工程项目"比较政治与世界政治研究"(2022ZZXB04)阶段性成果

本书为国家社科基金重大项目"推进中国特色社会主义政治制度自我完善和发展研究"(项目批准号:21ZDA124)、中国社会科学院创新工程项目"比较政治与世界政治研究"(2022ZZXB04)阶段性成果

制度兴衰与道路成败

世界政治比较分析

张树华 著

REGIME
COMPETITIVENESS
AND
PATH
CHOOSING

A Comparative Analysis on World Politics

中国社会科学出版社

图书在版编目（CIP）数据

制度兴衰与道路成败：世界政治比较分析／张树华著 .—北京：中国社会科学出版社，2022.2

（新时代政治学研究书系）

ISBN 978-7-5203-1857-0

Ⅰ.①制… Ⅱ.①张… Ⅲ.①中国特色社会主义—政治制度—研究 Ⅳ.①D621

中国版本图书馆CIP数据核字（2021）第271534号

出 版 人	赵剑英
责任编辑	范晨星
责任校对	王　龙
责任印制	王　超

出　　版	中国社会科学出版社
社　　址	北京鼓楼西大街甲158号
邮　　编	100720
网　　址	http://www.csspw.cn
发 行 部	010-84083685
门 市 部	010-84029450
经　　销	新华书店及其他书店
印　　刷	北京明恒达印务有限公司
装　　订	廊坊市广阳区广增装订厂
版　　次	2022年2月第1版
印　　次	2022年2月第1次印刷
开　　本	710×1000　1/16
印　　张	30.75
插　　页	2
字　　数	401千字
定　　价	188.00元

凡购买中国社会科学出版社图书，如有质量问题请与本社营销中心联系调换
电话：010-84083683
版权所有　侵权必究

总　序

以高质量的成果构建中国特色政治学

张树华

当今世界正经历百年未有之大变局，国际力量进一步分化重组，各种政治思潮风起云涌，政治局势跌宕起伏，世界进入动荡、变革与深度调整期。新时代中国政治学，一方面需要精准把握冷战后世界政治演变的总体特征与基本逻辑，进一步找准自身的时代定位与发展方向，另一方面，需要紧跟时代脚步，呼应人民期待，自主自为自强，通过自身的高质量发展，在动荡变革的世界中实现思想突破与学术超越，加快构建起中国特色的政治学知识体系以及教学和研究体系，切实增强在国际学术界的话语权和影响力。

一　时不我待，加快构建中国特色政治学体系

世界格局正在经历着深刻的历史性变化，而这种变化颠覆了世界多数人对西方政治的传统认知，也冲击着百年来一直环绕在"山巅之城"的西方思想体系和学术体系。当下西方一直奉若神明的传统政治学、经济学等理念与逻辑已经无法解释"西方之乱"，更无力回答"世界怎么了""世界向何处去"的时代命题。西方社会科学研究范式陷入解释困境而不能自拔，西式政治学、经济学受到前所未有的冲击和挑战，一些教科书不得不改写或重编。

每一次世界历史的跌宕起伏，都有其深刻的政治根源。在百年未有之大变局的背景下，如何更好地理解中国的突破与超越？如何认识世界的变革与调整？回答好上述时代性命题，是中国社会科学界的责任。

二 总结提炼中华政治思想的精华、汲取中国政治智慧

政治学是研究治国安邦和治国理政的学问，是经世致用之学。政治学研究要有思想、有立场、有担当。建设新时代中国政治学，要以习近平新时代中国特色社会主义思想为根本遵循，以形成中国特色、中国风格、中国气派的政治学为前进方向，以习近平总书记提出的重要要求为行动指南，牢牢把握中国政治学的时代性、民族性、科学性、创造性，把中国政治思想、中国政治观念、中国政治实践、中国政治智慧等融会贯通。跟上时代的步伐，紧扣时代的脉搏，回应人民的呼声和社会的期待，努力推进政治学研究的创新性发展。

中华民族在漫长的历史长河中，创造了独树一帜的灿烂文化，积累了丰富的治国理政经验，其中既包括升平之世国泰民安的成功经验，也有衰乱之世山河破碎的惨痛教训。中国悠久、深厚的历史文化，是我们取之不尽用之不竭的智慧宝库，是我们走向未来的基础和出发点。坚持古为今用，以高度的使命感和责任感，科学阐明中华5000多年文明史的渊源和嬗变，准确解读中华政治文明的精髓和内涵，凝练中华政治文明独特的标识性概念和表达方式，为实现中华民族伟大复兴提供精神动力和精神文化支撑。

三 珍惜和开拓当代中国政治宝库，凝练思想，升华理论，提升学术

中华民族有着光辉灿烂的文明历史，积累了丰富的治国理政经

验和政治文化传统。然而，19世纪中叶以降，随着封建王朝的衰落和殖民者的入侵，西方的政治、文化被作为先进的知识引入中国，政治学作为一门专业学科进入中国大学的课堂。几乎与此同时，中国共产党领导中国人民开始了救亡图存、强国富民的政治运动，在古老的中华大地上开启了轰轰烈烈的政治探索。100年间中国共产党人积累了独特而宝贵的革命、建设和改革开放的历史经验，这些光荣的历史都是政治学研究无尽的宝藏。

面对中国民族伟大复兴的战略全局和世界百年未有之大变局，要深刻把握进入新发展阶段党和国家面临的新形势新任务，紧紧围绕国之大局、紧扣国之大要、关注国之大事、研究国之大计。我们不能仅仅在象牙塔里坐而论道，更不能孤芳自赏、自我循环，而是要将论文写在祖国大地上，传递新时代的关切，呼应群众的所需所想。这是新时代对我们政治学学术共同体的要求，也是党和人民对我们的期待。我们要树立团队意识，发挥社科院所的集体优势，避免散兵游勇，力戒零敲碎打，"捏指成拳"，积极组织团队攻关，发挥高端智库群的作用，推出更多更好的集成性、原创性成果。

四　自主自为自强，以高质量成果构建中国特色、中国风格、中国气派的政治学

社会科学是一个国家发展状况的理论反映和知识结晶。改革开放40多年来，与经济强劲发展和综合实力相比，中国哲学社会科学在世界上的地位和影响还有很大差距。习近平总书记在"5·17"重要讲话中指出，目前哲学社会科学发展还存在着八个方面的不足和短板，提出要加快构建中国特色哲学社会科学体系。进入新时代，面对世界百年未有之大变局，为实现中华民族伟大复兴的历史伟业，我们迫切需要用符合中国实际的知识话语和学术逻辑去解释中国国家的发展现实，发展中国学术，弘扬中国理论，传播中国思

想，构建中国的、也是世界的哲学社会科学体系。

新中国 70 多年的建设实践成就辉煌，冲破了西方世界固守的理论教条和逻辑束缚，创造了一个又一个历史奇迹。新中国 70 多年的发展建设经验开启了中华民族伟大复兴之门，开辟了一条通过政治创新超越西式民主的道路，为推动国家全面发展提供了崭新的逻辑框架和价值遵循。

当下，中国实践积累起的治理成效与经验已经相对成熟，中国政治学人要在努力破除西方话语逻辑陷阱的基础之上，实现政治学理论和话语体系的有效突破。而目前这方面的尝试，已经不是"能不能"的问题，而是"敢不敢"和"如何做"的问题。

"察势者明，趋势者智。"中国政治学应密切跟踪关注国内外发展最前沿和新趋势，勇于挺立时代潮头、把握时代脉搏，发时代先声。我们应该有所创新，跟上时代和实践发展的步伐，努力提炼中国政治的发展经验，弄清和讲明中国发展奇迹背后的道理、学理和哲理。通过比较借鉴，吸收人类文明和世界政治学的优秀成果，力戒全盘照搬、过度西化，努力增强中国政治学的自主性和原创性。

我们应提升格局，放宽视野，自觉打破学科壁垒和门派界限，按照习近平总书记和党中央的要求，积极主动地推动学科融合，创新研究方法，这是建设具有中国特色、中国风格、中国气派的政治学的必由之路。

习近平总书记多次强调，要加强话语体系建设，要把我国发展优势和综合实力转化为话语优势。在理论研究中要多下功夫，多搞"集成"和"总装"，多搞"自主创新"和"综合创新"。"十四五"期间，政治学人要树立精品意识，以质量为先。通过学科优化调整，辅以学界和学术机构治理体系和治理能力改革，大力提升科研组织协调能力和创新能力。

新时代中国政治学应立足中国、放眼世界，以敢于超越的勇气，自主、自为、自强，写好中国发展与人类命运共同体这篇大文章，这也是我们组织出版"新时代政治学研究丛书"的初衷。该套丛书将主要编辑、收录中国社会科学院政治学研究所和中国社会科学院大学政府管理学院专家学者的研究成果。我们将紧紧围绕"推进中国特色社会主义政治制度自我完善和发展""全面建设社会主义现代化国家"等战略目标，在"十四五"期间推出一批经得起时间检验和实践验证的高质量研究成果。

是为序。

目 录

导 论 ………………………………………………………（1）
 一　正确把握40年来世界之变的政治脉络 …………………（1）
 二　辨识西方模式的基因缺陷和"政治病毒" ………………（3）
 三　突破西式逻辑框架的束缚…………………………………（4）
 四　大国兴衰的镜鉴……………………………………………（8）
 五　把握机遇，加快构建中国话语和叙事体系 ……………（12）
 六　自主自强，提升中国学术的解释力和创新力 …………（13）
 七　中国之治、中国之学与中国之道 ………………………（14）
 八　迈向河清海晏、国泰民安的新时代 ……………………（19）

第一章　世界之乱的政治根源 ……………………………………（22）
 一　世界政治40年：格局重构与主题变幻 …………………（22）
 二　新冷战：思想梦呓？政治癫狂？ ………………………（36）
 三　世界之乱，谁之过？ ……………………………………（40）
 四　世界政治乱象的美国病源 ………………………………（45）
 五　美式人权外交的霸凌本质 ………………………………（48）
 六　美式政治劣质化是全世界的灾难 ………………………（65）

第二章　大国之殇 (74)

- 一　方向决定命运 (74)
- 二　党风政风与组织溃烂 (87)
- 三　国家解体、政党败亡的政治教训 (94)
- 四　思想较量与道路之争 (106)
- 五　政治精英的蜕变 (119)
- 六　经济私有化与政治寡头化 (125)
- 七　西化邪路：失败与教训 (139)
- 八　毁灭与重生 (154)
- 九　历史观与历史政治 (181)
- 十　美俄政治较量 (203)
- 十一　道路决定成败 (211)

第三章　国际视野中的民主观与政治路 (216)

- 一　何谓民主？民主何为？ (216)
- 二　民主的艰辛与神话的破灭 (220)
- 三　主权民主——普京的政治观与民主路 (238)
- 四　乌克兰转向之殇 (248)
- 五　西式民主的退潮与政治泡沫的破灭 (264)
- 六　民主国际评估的政治底色 (270)
- 七　俄罗斯版的世界政治地图 (291)
- 八　构建中国标准的政治评估体系 (298)
- 九　改变话语范式、转变政治叙事 (303)
- 十　民主赤字与世界政治困境 (322)

第四章　大国治道——由全面发展到共同发展 (331)

- 一　突破西式政治逻辑 (331)

二　民主话术与政治霸权…………………………………（337）
三　人民民主之路…………………………………………（354）
四　建构中国政治叙事、破解价值观围攻………………（361）
五　全面政治发展之路……………………………………（366）
六　中国奇迹的政治密码与理论结晶……………………（387）
七　中国道路的普遍意义…………………………………（400）
八　将制度优势转化成治理效能…………………………（408）
九　从中国之制到中国之治………………………………（414）
十　当代中国发展的政治经验与理论总结………………（438）
十一　中国新时代与世界政治新生态……………………（462）

导　　论

一　正确把握40年来世界之变的政治脉络

我们所处的是一个充满挑战的时代，也是一个充满希望的时代。

2017年1月18日，国家主席习近平在联合国日内瓦总部发表了题为《共同构建人类命运共同体》的主旨演讲。他指出，回首最近100多年的历史，人类既经历了血腥的热战、冰冷的冷战，也取得了惊人的发展、巨大的进步。一个多世纪以来，和平与发展这一人类共同面临的任务依旧没有完成。

当今世界正在经历百年未有之大变局。世界多极化、经济全球化、社会信息化、文化多样化深入发展，全球治理体系和国际秩序变革加速推进，新兴市场国家和发展中国家快速崛起，国际力量对比更趋均衡，世界各国人民的命运从未像今天这样紧紧相连。同时，世界面临的不稳定性不确定性突出，世界经济增长乏力，贸易保护主义、孤立主义、民粹主义等思潮不断抬头，贫富分化日益严重，地区热点问题此起彼伏，恐怖主义、网络安全、重大传染性疾病、气候变化等非传统安全威胁持续蔓延。

近年来个别霸权大国任性政治扩张、肆意对外干涉，不仅浪费了冷战后捡得的绝佳政治机遇和巨大经济红利，也损耗了自己引以为傲的民主自由人权等政治"软实力"。2020年世纪罕见的新冠肺炎疫情全球大流行,犹如催化剂、加速剂、显影剂,全面折射了世界不同政治体系隐蔽的另一面,为全世界严肃的政治学者提供了绝佳的观察分析视角和素材。

当今世界面临着冷战结束30多年来最危险、最复杂的政治局面。大国间信任缺失,国际间出现了治理赤字、和平赤字和发展赤字。政治对立、价值纷争、经济制裁等取代了原来的对话与合作。"混乱、对抗"成了全球政治的主题词,大国间的政治关系可以形容为势不两立、剑拔弩张。世界为何陷入乱局,根源何在?世界怎么了,世界向何处去?这些问题不能不引发政治学者的担忧和思考。

世界怎么了?人类社会应该向何处去?对这一重大命题,我们要从人类共同利益出发,以负责任态度做出明智选择。

截至2021年5月1日,本书结尾之际,全球新冠肺炎疫情尚未结束,全球疫情对世界政治、经济、产业和科技生态的影响逐步显现。世界新一轮科技革命和产业变革在酝酿、发酵和勃发。国际政治力量在大幅度调整,国际关系格局在重构。

世界政治生态的深刻变化颠覆了世界多数人对西方政治的传统认知,也冲击着百多年来一直带着"山巅之城"光环的西方思想体系和学术体系。一直被奉若神明的西方政治学与经济学理念与逻辑已经无法解释"西方之乱",更无力回答"世界怎么了""世界向何处去"等问题。

习近平总书记指出:"历史是最好的教科书,历史是人类最好的老师。历史记述了前人的成功和失败,重视、研究、借鉴历史,了解历史上治乱兴衰规律,可以给我们带来很多了解昨天、把握今天、开创明天的启示。"几百年来,世界上许多国家成败兴衰的历史经验表明,方向决定命运,道路决定成败,制度决定兴衰。100

年来，正是有了伟大英明的中国共产党的领导，中华民族才终于走上了国家富强、民族复兴的康庄大道。

在不同道路、不同理论、不同制度竞争的关键时期，如何反思西方推广"普世价值"中暗藏的政治玄机，如何对我国的政党制度、国家制度以及经济社会各项实践做出有力阐释，如何对当代中国政治思想、中国政治制度及其实际运行机理做出深刻梳理和提炼，是哲学社会科学工作者面临的重要课题。

二 辨识西方模式的基因缺陷和"政治病毒"

每一次世界历史的跌宕起伏都有其深刻的政治根源。要想更好地认识当今世界的变革与调整，理解中国的突破与超越，首先需要科学认识多年来世界政治演变的特征与逻辑，辨清西式自由民主的基因缺陷和逻辑陷阱，破解西式"民主人权"话术，树立政治自信和学术自觉。

2016年开始，世界跨越了一个又一个政治"分水岭"，英国脱欧、美国大选等发生在老牌西方大国身上的黑天鹅事件，颠覆了世界对西方传统政治的认知，进一步暴露了西式民主模式的缺陷。以美国为例，近年来美国政治深陷政治极化与社会分裂的泥潭。以司法独立、三权分立、新闻自由等为标榜的美式民主政治反而将政治分歧、权力争斗和种族冲突推向极致，深深撕裂了社会民众和政治精英。

由"历史终结论"到"西式民主已死"再到"美国政治衰败"，冷战结束30多年来国际历史进程的大反转与当今世界政治图景的大反差令人深思。多少年来，"自由、民主"是西方政治学的核心命题和基本逻辑。然而，西式民主"一元论"的先天性缺陷实质上却造成了民主在政治实践中的异化。近年来，西方自由民主国家的民粹主义、种族主义等思潮泛滥，导致政治撕裂和社会矛盾频发，暴露了西式自由民主固有的"基因缺陷"及其现实困境。

国家治理效能低下产生的自由透支、信任短缺、发展赤字等进一步暴露了西式民主政治的缺陷。传统西式的自由思想，逐步异化衍生为一种偏执的"绝对自由"。例如，在当今疫情肆虐全球的情况下，一些西方国家将戴口罩、居家隔离等基本防疫措施等同为妨碍自由的象征。西式的民主选择，逐步蜕变成"没有选择的选举"，选民只好用脚来投票。民主工具化，普通民众被少数政客操纵意识、把控命运而浑然不知。

长期以来，西式"自由民主人权"成了西式政治套餐的标配，也成了自视为自由民主"教师爷"的西方政客手中挥舞的大棒和标签。不仅是西方政治学的模板和经典教学案例，也是观察和测量包括非西方国家在内的世界政治的唯一标杆。然而近年西方政治乱象和政治困局以及西方国家对外推行人权、自由等价值观逻辑的窘境，引发了国际上关于西式民主及政治发展等问题的争论与反思。

世界在发展，技术在进步。如今，西式自由民主人权成了过时的"老三样儿"。2021年初，美国接连上演了街头暴动、冲击国会、总统面临两次弹劾等政治乱象。这令全世界有识之士更明确意识到，西式自由民主人权"核心三件套"已经变质、异化，不仅漏洞百出，而且暗含着政治病毒。任何想维护自身主权和发展权的国家都希望远离美式政治快餐的诱惑，预防美式政治制度漏洞和软件病毒，寻求更加厚重而多彩的政治理念，研制要素更丰富、营养更全面、功能更齐全、品质更优良的政治产品服务包。

三 突破西式逻辑框架的束缚

2021年第1期《政治学研究》杂志发表了著名政治学者朱云

汉的文章，这些年他往返两岸，多次呼吁中国政治学人要突破和超越西方学术界研究范式和概念框架。他写道：

> 西方主流政治学与国际关系学者目睹西方政治体制陷入长期衰败、跨国垄断性资本拥有支配社会游戏规则的空前权力、贫富悬殊导致社会两极分化以及全球治理失灵与失序等这些严峻的挑战，无论在思想还是在行动上都苍白无力。他们长期颂扬的新自由主义神话已经破灭，他们视为理所当然的西方中心世界秩序已经难以为继。他们难以适应21世纪涌现的全球政治经济新格局以及加速前进的历史脚步，因为他们画地为牢，身陷思想窠臼与意识形态牢笼无法自拔。他们无力回应这个历史巨变时代的知识挑战，因为他们长期奉行的社会科学方法论遮蔽了理论视野，限制了分析工具，在结构剧烈变动及多重历史趋势同步翻转的关键年代，他们最擅长的知识技能骤然失去了时代关联性。

与冷战后西方主流社会和学术界鼓吹"人类历史终结论"相反，40年来中国强劲的发展结束了"人类历史终结论"，推翻了"西方中心论"。人类历史远未结束，当前世界面临的挑战丝毫不亚于冷战前的问题。许多重大课题有待思想突破和理论创新，人类政治文明发展还面临着诸多陷阱和沟壑，国际上一些政客的妄念和妄为与构建人类命运共同体理想还有很大的差距。

本书研究主题和内容试图从政治学理论及世界政治的研究视角出发来探寻"世界怎么了"这一问题可能的答案。而这些必然离不开对"民主化""政治发展"与"政治衰败"等概念及其相互关系的研究与思考。自人类社会产生政治现象以来，研究政治兴衰与制度的成败便成为贯穿其始终的主题之一。古今中外，无论是何种类型的社会，在其发展的过程中都面临着政治发展和治乱兴衰的挑战。

冷战结束以来，西方民主政治乱象已经成为当今世界政治失序最重要的乱源之一。冷战结束以来，西方大国加快对外输出民主，策动街头政治，非但使对象国没有收获民主，反而导致了文明冲突、恐怖泛滥、政局动荡和"颜色革命"。在西方世界内部，在民主泛化、治理赤字的同时，没能生产出更多合格的政治产品，却造成了劣质化、极端化、分裂化等政治难题。

回顾冷战结束30年来的历史进程，我们发现，"民主"始终都是居于国际政治领域核心位置的热门话题。多年来，凭借对"民主"话语的垄断，西方世界将其包装成全人类的"普世价值"和全球性的政治标准。美西政客犹如掌握着"民主"的定义权，一面随意贴标签，一面挥舞着"胡萝卜"和"大棒"，将其作为政治工具，肆意对外输出或打压他国。

近年来民主化在不少非西方国家遭遇严重"水土不服"并造成一系列严重后果和惨痛教训。许多非西方的发展中国家更多的是在扮演民主化被动参与者的角色，而远非推动政治发展和有效治理的开创者、引领者。

"是非疑，则度之以远事，验之以近物。"2008年国际金融危机以来西方社会陷入困境，暴露了西式民主政治的缺陷。多年来，西式民主一元论造成"民主过热"，理论思维走入极端，逻辑上陷入悖论，实践中步入泥潭。近几年国际社会普遍"看空"西式民主，看好中国政治道路和中国优势。当前西式民主政治陷入了多重困境，为我们提供了鲜活的反面素材和绝佳的历史机遇。有利于我们科学地认识民主问题，树立正确的民主观，坚定政治自信，坚定不移地走中国特色社会主义全面发展的政治道路。

本书相关研究正是缘起于对第二次世界大战以来尤其是冷战结

束前后国际民主化进程以及相关国家与地区政治发展新情况、新问题的一系列观察与思考。作为第二次世界大战结束以来世界范围内政治现代化研究的重要内容之一，民主化与政治发展始终都是国内外政治学界关注的热点、难点之一。

从现代化的角度来看，民主化与政治发展是政治现代化在政治层面或政治领域的集中体现之一，是人类社会由传统政治体系向现代政治体系转变的过程。那么，作为人类社会一种带有共通性的政治现象和发展趋势，不同国家或地区的政治发展进程究竟有何异同？民主化是否有放之四海而皆准的统一模式？人类社会的政治发展进程是否只能遵循单一的、线性的路径展开？民主化、政治衰败与政治发展三者之间是什么样的相互关系？应该用什么样的标准来衡量和评价这些国家形形色色的政治发展与民主化过程？它们是否是可以被评估甚至是测量的？能够运用哪些评估框架和指标体系来加以测量？要探寻这一系列问题的答案，需要我们站在世界政治的宏观视角，结合政治发展、民主化的理论视角，对不同地区和国家政治发展历史做出详尽的考察和分析。

近百年来，西方世界垄断了对民主的定义，为掩盖地缘政治私利和文化扩张，他们把西式民主神化、普世化和模式化。然而，近几十年的国际政治实践表明，正是西方政治偏见、政治傲慢和政治自私导致了世界政治乱象：首先是西方社会自食其果，走下坡路，民主变质，落入选举困局，深陷党争泥潭；其次是对外输出民主，结果是输出的是动乱，给世界带来不幸；再次是所谓民主转型国家深受其害，或者为了搭便车，失去主权，或者分崩离析，不得不重新探寻政治重建之路。

历史将会证明，盛行一时的西式民主"一元论"和西式民主"普世论"必将破产。曾几何时，西方将世界一分为二：自由的西方与专制的东方。不足百年的光景，历史悠久、文明绽放的东方被西方人与"落后、愚昧、独裁"画等号。可如今,日薄西山,西方世界好似黄昏暮年,而日出东方欲晓,风景这边独好。

四 大国兴衰的镜鉴

世界很大,不只有美国。中国政治学人在观察研究世界的时候,一是要有自主意识,二是尽量找出与自身发展相似度最高的比较研究对象。在世界近200个政治主体中间,原苏联、苏共、当今的俄罗斯无疑是最接近和最值得深入研究的对象。

中国人常说,苏联是老大哥。苏联的兴衰、苏共的兴亡是一面镜子。20世纪,苏共、苏联对新中国革命和建设的帮助与影响最大最深。今天,有着90多年建党史、74年建国史和执政史的苏共,其兴衰史是绝佳的政治镜鉴。30年前,苏联东欧国家相继发生政治突变,直接导致共产党下台、国家政权更迭、发展道路改弦易辙。因此,每当反思苏共兴衰的历史,一个政党兴衰规律性的法则便呈现在我们面前,这就是:方向决定命运,道路决定成败,权威和路线关乎国运,政策关乎民心。

方向决定命运。20世纪里苏共曾是共产主义运动中的头号大党,苏联是世界社会主义阵营的"老大哥"。但到了20世纪70年代末80年代初,苏联社会出现"停滞状态",陷入封闭僵化的死路,最终在戈尔巴乔夫的带领下走入改旗易帜的邪路,亡党亡国。

1983年,美国前总统尼克松在考察几个东欧社会主义国家后得出结论:苏东共产党人已经失去信仰。这些国家正在崛起的一代领导人,不是思想家而是务实派。戈尔巴乔夫自己承认,他早就不相信科学社会主义的生命力,因此在上台后便用"西欧式的社会民主思想"来改造苏共。

20世纪80年代中后期开始,戈尔巴乔夫等人决意与现行的苏联社会主义制度彻底决裂。他们一方面打着"公开性、民主化、新思维"等内政外交口号，另一方面发起全面激进的政治改组和"宪政"改革运动。苏共领导地位、苏维埃社会主义政权、联盟国家是苏联政治制度的三大根基和支柱。但戈尔巴乔夫通过激进的政治改组拆毁了这些根基和支柱，从此走上一条"政治自杀的绝路"。

一个政党失去信仰，方向迷失，自我否定，思想上失去灵魂，政治上也就失去了定力和主心骨。党的政治路线正确与否，则直接关系着党的兴衰存亡和国家的前途命运。苏联剧变关键在苏共，导致苏共蜕变的关键问题又出在苏共内部。苏共政治思想变质、苏共内部组织上的瓦解是导致国家分裂、苏共败亡的直接原因。

权威关乎国运。党的领导是社会主义事业之基，其关键是确立正确的方向与路线。路线是纲，纲举目张。党的正确领导是社会主义建设与改革成败的关键。

戈尔巴乔夫在担任苏共中央总书记的6年多时间里，推行了一条"由削弱到放弃"苏共领导地位的错误路线，先后取消苏联宪法中关于苏共作为领导力量的规定，盲目推行西式多党制和三权分立，结果削弱国家力量并搞乱了社会，导致地区分离主义和民族分裂势力甚嚣尘上。在境内外反共势力的合力下，苏共作为国家政权的政治核心，作为凝聚苏联各民族的政治领导核心被动摇、被打垮、被推翻了，完整的苏联被瓦解也就不可避免。这验证了一个政治逻辑：没有党的正确领导，就没有苏联，也就没有社会主义事业。

苏共的失败是从苏共党内分裂开始的，而苏共内部滋生的民族主义和地方分离势力是撕裂苏共的侦察兵、突击队。在20世纪80年代后期苏联各地民族主义分裂势力兴起之际，当地苏共党组织姑息、纵容甚至参与民族分裂活动。1990年苏共最后一次代表大会即苏共二十八大通过的政治纲领，为按民族和地区分离的倾向留下足够的政治空间。这次代表大会规定，除与苏共保持共同的"纲领性原则"外，各加盟共和国的共产党以后基本都可以自主行事。苏共党内各地民族政治精英人物先后脱党或脱离联盟中央，成为民族和地方分裂势力的急先锋。俄罗斯学者写道："在各共和国的共产党之间建立联邦关系是导致后来苏联被否定和肢解的一个最为重要的因素。"

苏共的失败不是发生在战争中，而是在和平条件下。苏东国家共产党自己培养了"掘墓人"，并将党推进了"火葬场"。正是在思想上的背弃、在路线上的背离、在政治上的背叛导致苏共的败亡。

政策关乎民心。执政党的领导力和政策效果决定着政治权威与民心向背。在制度、方向确定下来后，执政党能否制定正确的路线、方针和政策十分关键，这也是考验执政党的领导力和执行力的重要内容。

每当我们审视苏共70多年执政的历史道路时，总是不由自主地感叹昔日"老大哥"悲剧性的命运和结局：

第一，改革和建设需要执政党上下艰苦奋斗与劳作，不能幻想"毕其功于一役"。戈尔巴乔夫上台初期，应当说，苏联社会的经济积累和客观环境大大优于当时的中国。但在20世纪80年代中期，苏联领导人不切实际地提出"加速发展机械行业"、赶超美国的口号。在未开始任何实质性经济改革的情况下，制定《企业改革法》《粮食发展纲要》等法律、纲领，以"搞运动"形式搞改革，结果流于空泛，改革陷于"空转"。

第二，不能"为改革而改革"，将改革"空泛化"。经济改革不见效果，戈尔巴乔夫急功近利、避重就轻，幻想避开经济改革长时间艰苦的劳作，选择一条捷径。戈尔巴乔夫祈望通过政治放松、机构改组收到预想不到的改革效果。苏共提出的"民主化、公开性"等口号震天响，苏联社会不耕"经济田"却大唱"政治戏"。

戈尔巴乔夫为自己埋下一颗颗"政治地雷",匆忙无效的"改革"无异于打开"潘多拉盒子"。最后结果是苏共大权旁落,激进的造反派和民族独立分子乘机跳上政治舞台。

第三,推动改革要避免简单化和机械化的思维定式,改革不是一个简单的线性物理速度或政治、经济领域的先后顺序问题。对执政党来讲,要有必要的政治红线。政治改革不能脱离相应的经济和社会基础。在苏联,戈尔巴乔夫沉醉于轰轰烈烈的政治改组运动,逐渐淹没在反共主义、民族分裂的喧闹声中。在"自由、民主"大旗下,政治成为个人争斗、帮派分利和民族纷争的舞台。苏联末期,"政治争斗过热"导致政局跌宕、经济长期陷于泥潭而不能自拔。在政治热潮中,不少"精英人物"踏着"民主"浪尖上台,实现了政治野心,暴露出超乎前人的"政治自私和经济贪欲"。落入"政治陷阱"中的苏共被迫解散,苏联作为政治主体也从地球上消失。

回想和反思30多年前苏共从政治退化、权威散失、组织裂变直至失败和崩溃的历程,足以证明,执政党的命运与国家的兴衰密不可分。需要特别指出的是,苏联兴亡的历史不仅是世界社会主义历史的宝贵遗产,也是饱含政治价值的全人类历史财富。反思苏共兴衰的历史,回顾邻国上演的一幕幕"历史活剧",绝不是幸灾乐祸,更不能沾沾自喜,而是应将苏共败亡和苏联瓦解的历史场景看作一项严肃的政治性和思想性极强的课题,拨云见日,明辨是非。

"以人为鉴,可以明得失;以史为鉴,可以知兴替。"与苏共败亡的悲惨历史相反,有着光荣传统的中国共产党在她近百年的历史征程中砥砺前行,克服了一个又一个急流险滩,表现出极高的政治战斗力和政治领导力,交出了一份份令人民满意的政治答卷。

五　把握机遇，加快构建中国话语和叙事体系

当今世界的经济、科技、文化、安全、政治等格局急剧调整。突如其来的疫情更是对各国政治经济制度的一次检验。在这场全面而深刻的挑战下，"东升西降""西方之乱、中国之治"的政治反差与力量格局也愈发清晰。30 年前冷战结束之际，"中国崩溃论""西式自由民主完胜论""人类历史终结论"甚嚣尘上，而如今，历史与现实的强烈反差不由让人深思。

世界政治经济格局深刻变化的当下，中国政治学者要在科学把握世界政治生态图景的前提下，准确定位当今中国政治学的坐标和发展方向。

政治学是人类政治活动的结晶，也是研究治国安邦的学问。但前些年，中国政治学在"补课"的同时，也存在不加鉴别地将西方所有的政治知识奉为圭臬，反而将"主权、国家、人民"等马克思主义政治学重要概念弃之如敝履的问题。将西式"自由民主模式"当作普世的、通用的、无所不能的政治信条。这造成，一些政治学专业毕业生对西方政治犹如盲人摸象，对当代中国政治思想、中国政治制度及实际运行机理更是一知半解。而当国外学生来华学习中国政府与政治课程时，我们竟很难找出一本可用的国人自己编写的中国政治的英文教材。

中华民族有着光辉灿烂的文明历史，积累了丰富的治国安邦经验和政治文化传统。100 年前，中国共产党诞生后，领导中国人民开始了救亡图存、富国强民的政治运动，在古老的中华大地上开启了轰轰烈烈的政治探索。100 年间中国共产党人积累了独特而宝贵的革命、建设和改革开放的历史经验，这些光荣的历史都是政治学研究无尽的宝藏。

冷战后30年来，在东欧剧变、苏联解体、苏共垮台的历史对比下，在金融危机后西方政治生态乱象丛生的背景下，中国特色社会主义政治理论与实践为超越西式政治教条提供了绝佳的学术滋养和历史机遇。2008年国际金融危机爆发以来，以美国为代表的西方世界不仅面临经济窘境，同时也陷入政治困境，再现了西式政治模式和理论体系的基因缺陷和逻辑漏洞。2020年，在新冠肺炎疫情全球蔓延的国际背景下，应对新冠肺炎疫情中的各国政府的表现，实际上是对不同政治制度、不同政党的效能及能力的全面检验。这些都为中国理论界尤其是政治学界破除西式自由民主崇拜及政治病毒提供了越来越多的现实佐证和背景资料。

六　自主自强，提升中国学术的解释力和创新力

当下，中国政治实践积累起的治理成效与经验已逐渐成熟，中国政治学界要在努力破除西方话语逻辑陷阱的基础之上，突破有基因缺陷的西式政治模式的天花板，实现政治理论和话语体系的有效突破。而目前这方面的尝试，已经不是"能不能"的问题，而是"敢不敢"和"如何成"的问题。

要以全面、科学、务实的政治发展方略提高政治力和发展力，以持续、稳定的政治战略扩大中国在国际上的政治竞争力和政治影响力。与一些国家"单兵突进式民主化"不同，中国全面、科学的政治发展观，内嵌了一系列价值追求和系统逻辑关系，即政治发展的实践进程一定是要有利于经济发展、文化进步与社会和谐的过程。因此，中国的政治实践视野开阔，使得研究者能够突破西式民主"一元论"的束缚，在政治全面发展的宽广平台上探讨发扬民主的方向和着力点。

新中国70年的政治实践成就辉煌，冲破了西方世界固守的理

论教条和逻辑束缚，理论上重新定义了国家与政党、主权与人权、民主与发展等核心政治概念，在实践中创造了一个又一个历史奇迹。新中国 70 多年的政治发展经验开启了中华民族伟大复兴之门，开辟了一条通过政治创新超越西方模式禁锢的道路，为推动政治全面发展提供了崭新的逻辑框架和价值遵循。

健全的制度体系、完善实施的体制、顺畅的运行机制、及时而有效的改革创新，灵活而高效的政策措施，团结向上的官员队伍，这些都是中国政治系统有效而成功的重要元素。而其中，良政善策是中国赢得先机、拔得头筹的关键，也是发挥制度优势和治理效能的"操作程序和执行密码"。面对国内外复杂多变的形势，我们的前进道路上可能会遇到狂风暴雨、惊涛骇浪，只有及时推出更多的良政善策才能提高总体制度的稳定性、安全性，才能提升制度的竞争力、发展力和能效。

新时代中国政治学人应紧跟时代步伐，善于从全球视野和各国政治成败兴衰中比较提炼中国政治发展的经验优势与理论结晶。以西方民主缺陷和制度僵化而引发的政治问题为戒，树立正确的民主观和政治发展理念。通过深入总结中国道路成功的政治实践，突破西式民主理论束缚和逻辑陷阱，构建升级版的民主研究和政治分析的路径，推进政治的全面发展，以全面发展观和共同发展理念把握中国发展以及世界政治大势。

七　中国之治、中国之学与中国之道

近年来"西方之乱、中国之治"的政治图景为突破西式政治概念和逻辑的桎梏、完善和发展中国政治学科话语体系提供了鲜活的素材和难得的历史机遇。冷战结束 30 多年来，伴随着国际经济格局的变化，全球政治版图也处于历史转折期，国际社会面临着几百年来罕见的"大变局"。把握世界潮流、辨析西式民主，有助于更加科学地认识西方政治本质和优劣，有助于树立正确的民主观，有助于坚持"四个自信"，有助于坚定不移地走中国特色社会主义全面发展的政治道路。应以全面发展观破解西式民主悖论；政治发展的全面性是中国成功的政治密码和政治优势所在；坚持全面的发展观，加强政治建设，将民主纳入政治全面发展的轨道；以全面性和系统性政治发展提升国家治理能力、政治力和国际政治竞争力；突破西方政治逻辑和话语霸权，坚定"四个自信"，树立新民主观，走全面发展的政治道路。

中国特色社会主义政治道路是科学社会主义在当代最伟大的实践。中国政治发展道路的成功，大大丰富和发展了马克思主义的政治学说，有力地回击了西式民主一元论及其话语霸权，拓宽了世界社会主义的发展道路，为非西方国家提供了非凡而宝贵的政治经验。中国特色社会主义政治发展是全面性、协调性和实践性的统一，是民主、秩序、效能等政治价值的有机统一。70年来，特别是改革开放40多年来，中国政治建设以提高政治发展力为宗旨，实现了全面的、真实的、有效的人民民主。中国持续、稳定的政治发展实现了政治稳定、政治秩序、政治绩效、政治能力、政治动员、政治廉洁等指标的协调性和全面性的增长，大大提高了政治发展力。当代中国的政治发展冲破了西方固有的"民主—专制"二元对立的思维定式和双重标准，以坚定的政治立场，全面的发展视野，顺应人民的意愿，开辟了独具特色而卓有成效的政治发展道路，在世界政治舞台上展示着独特的理论价值和实践魅力。

中国政治发展没有照搬照抄他国现成的政治模式，符合中国历史文化传统，深植于中国大地，具有开创性和原创性。

30多年前，以苏联为首的东欧国家在长期"冷战"的政治对抗中遭受失败，或分崩离析，或改弦易辙。不走封闭僵化的老路，不走改旗易帜的邪路，也不走照搬照抄的死路和全盘西化的绝路。这彰显了中国共产党非凡的政治抉择，政治智慧和政治定力。

多少年来，西方主流社会思潮认定，西式竞争民主和自由市场模式是普世的，永恒的，是全人类"幸福的归宿"。冷战结束时日裔美籍学者福山贸然宣告"人类历史至此终结"，西方自由民主制度将一统世界。是否有符合西方标准的政治、经济制度成为国际上衡量一个国家好坏的唯一标尺。

2008年国际金融危机爆发后，西方社会经济制度和社会治理模式或碰壁或搁浅，不少国家面临着不稳定和不确定的未来。中国波澜不惊的应对和表现显得尤为突出，赢得世人称赞。中国经济成为世界经济发展的强大引擎。

坚持中国共产党的领导，保证发展始终有一个稳定的政治核心。当代中国发展道路起始于中国共产党领导中国人民建设新中国的历史基点。新中国成立70多年来，中国共产党带领中国人民实现了国家独立、民族解放和广大人民当家做主，保证了国家的主权安全、政治安全和社会安定。坚持中国共产党的领导，保证了中国特色社会主义发展始终有一个稳定的政治核心。这一稳定的政治核心，有利于制定维护国家统一，民族团结，国民经济持续健康发展的战略规划，有利于形成代表最广大人民根本利益和国家长远利益的方针政策，有利于集中力量调配、整合资源，"集中力量办大事"，有利于维护稳定的政治发展氛围，维护社会安定，有利于"寻求最大公约数、增进最大共识度、形成最大凝聚力"，避免因利益分裂，社会冲突消耗改革发展的认同与合力。

经济上的成就不是孤立的，中国奇迹的基石在于中国政治与经济体制的相互促进。中国稳定的政局和政治治理形式作为经济发展的保障机制，起到了保驾护航的重要作用。中国全面发展的政治理念、价值取向和经验原则丰富着世界政治面貌，丰富了人类发展的内涵和理念，无疑将深刻影响世界格局与人类政治文明的发展。与西方国家一些学者继续局限于"民主—专制""西方—非西方"的两极对立思维模式不同，中国发展采取科学的发展方式，沿着协调性的发展轨道，秉承包容性的价值理念，为当今国际社会提供了非凡的答案。中国发展改变着世界，中国发展丰富着世界。中国的政治发展体现了价值的多元性、发展进程的包容性、发展理念的科学性，显示着强劲的政治竞争力和政治发展力，展示着良好的发展前景。

中国的政治发展道路很好地体现了发展目的的人民性、发展价值的包容性和发展方式的兼容性。"全面的政治发展观"避免对"民主、自由、人权"等抽象化、简单化的议论，旨在有效驾驭"民主化"进程，力求超越西式狭隘的"民主、自由"说教，跨越民主化政治陷阱。中国的政治实践视野开阔，丰富了政治发展的概念，使中国的思想者得以在政治发展的宽广平台上探讨民主化和政治改革的方向和着力点。以全面、科学的政治发展方略提高政治发展力，以持续、稳定的政治发展进程提高中国在国际上的政治竞争力和政治影响力。当代中国政治发展坚持全面性、稳定性、发展性、协调性、包容性，追求民主、秩序、效能等政治价值的有机统一。全面的政治发展观力求以全面、务实的政治发展方略，提高政治发展力，以实现真实、广泛的人民民主。以持续、稳定的政治发展力提高中国在国际上的政治竞争力和政治影响力，实现政治稳定、政治秩序、政治绩效、政治能力、政治动员、政治廉洁等指标的全面、和谐与包容性的增长。

与民主概念的单一性相比，政治发展的内涵更为丰富、更为具体、更为多彩也更为广泛。要发展民主，但应将民主纳入政治发展的统一轨道。民主是成长的、多样的、具体的、现实的、历史的。

民主进程要统一于政治发展的总目标，要与经济建设、社会建设、文化建设、法治建设等进程相协调。

习近平总书记多次强调要加强话语体系建设，要把我国发展优势和综合实力转化为话语优势。他指出，支撑话语体系的基础是哲学社会科学体系。没有自己的哲学社会科学体系，就没有话语权。在理论研究中要多下功夫，多搞"集成"和"总装"，多搞"自主创新"和"综合创新"。

"察势者明，趋势者智。"中国政治学应密切跟踪关注国内外发展最前沿和新趋势，勇于挺立时代潮头，把握时代脉搏，发时代先声。应全面总结和提炼中国发展的共同价值和国际意义。新时代中国发展和中华文明的复兴破解了国际上流行的"西方中心论""历史终结论""国强必霸论""文明冲突论"等论调。中国政治发展成就破解了"民主化悖论"，对"西式民主"祛魅，成功地避免了许多发展中国家遭遇的政治转型陷阱和发展困境。全面政治发展观有力地回应了"自由民主一元论、民主万能论、民主速成论、民主国家不战论、民主同盟、自由之弧、民主至上论、民主救世说、西方民主普世说"等说教。

政治发展力是容纳了政治发展全方位因素的综合能力，包括政党的治国理政能力、政治制度能力、国家治理能力、政治思想力、战略谋划能力、政治动员能力、价值建构能力等。中国道路的关键秘诀是科学地处理了改革、发展、稳定的关系。作为中国道路的组成部分，当代中国的政治发展开辟了世界政治中一条独具特色而卓有成效的发展之路。中国特色社会主义政治发展是全面性、协调性和实践性的统一，是民主、秩序、效能等政治价值的有机统一，大大提升了政治发展力和国际政治竞争力，大大提升了中国特色社会主义政治道路的影响力和吸引力。

与一些国家"单兵突进式民主化"不同，中国的政治发展进程秉持了全面发展的政治理念，注重政治发展的"全面性、集成性"，体现了全面协调性、动态发展性、主权历史性的辩证统一。

全面协调性不仅要求政治发展价值要素如民主、秩序、效率的有机统一、平衡协调、因势而动，而且要求政治发展应当有利于经济发展和社会进步，强调政治发展与经济、文化、社会、人的发展相互协调和共同进步。

动态发展性则强调政治发展是长期、复杂、永无止境的历史过程，是历史性的社会存在，是循序渐进的、分阶段、多层面的发展过程。政治发展必须以特定社会的经济基础与现实国情为基础，建立多维的发展构架，服务于国家发展战略。

主权历史性强调政治改革和民主化要立足国情，坚持走自己的路，充分发挥我国社会主义政治制度优越性，积极借鉴人类政治文明的有益成果，绝不照搬西方的政治制度模式。

八 迈向河清海晏、国泰民安的新时代

宏伟壮丽的蓝图已绘就，美好的发展远景已呈现。2021年3月闭幕的全国人大十三届四次会议通过了十四五规划和2035年发展的宏伟蓝图，指明了"今后怎么发展？为什么发展，怎么发展好"等问题，明确了完成新的发展目标的时间表、任务书和施工图。

"十四五"时期，中国国家制度在成熟定型上取得明显成效，"明法良治""政治清明"的治理格局基本形成，社会主义政治文明的发展优势和治理优势充分释放。积极推进政治文明建设，始终坚持党的领导、人民当家做主、依法治国有机统一，推动国家各项制度在成熟定型上取得明显成效，推动国家治理体系和治理能力现代化，全面建设社会主义法治国家，实现"良制善政""明法良治"的国家治理新格局，使中国特色社会主义政治制度的优越性充

分体现，社会主义政治文明的治理优势充分释放。推动国家治理体系和治理能力现代化取得突破性进展，中国特色社会主义制度优势、制度效能和制度威力显著提高，为探索形成全新的中国特色社会主义国家形态和政治文明形态奠定坚实基础。

至2035年，中国国家治理体系更加完善，国家治理体系和治理能力现代化基本实现，全面形成"政通人和""国泰民安"的良好政治生态局面，社会主义政治文明的政治优势和综合优势充分彰显。政治全面发展，各方面制度更加完善，各种政治关系更加顺畅，基本实现国家治理体系和治理能力现代化，形成全新的中国特色社会主义国家形态、制度体系和运行体制。以增强党和国家活力，调动人民积极性为目标，扩大社会主义民主，保证国家政治生活既充满活力又安定有序，推动形成"政通人和""国泰民安"的社会主义政治文明新状态，社会主义制度体系和社会主义政治文明的政治优势和综合效能得到充分彰显。中国特色社会主义政治发展道路更加宽广，人民当家做主的政治制度体系完善定型，社会主义民主政治的优越性充分展现，国家治理体系和治理能力现代化基本实现，中国特色社会主义制度的优势能更好更快地转化为国家治理的效能。

至2049年，中国国家治理体系和治理能力现代化全面实现。中国特色社会主义制度更加巩固，"政治昌明""协和万邦"的政治文明形态全面形成，社会主义政治文明的国际影响力和世界亲和力充分彰显。中国特色社会主义政治发展道路受到国际层面广泛赞赏支持，人民当家做主的政治制度体系全面完善，社会主义民主政治的优越性得到充分有效展现，协商民主广泛深入地落实到国家政治生活和社会生活之中，人民各项权利得到全面充分保障。中国特色社会主义法治体系全面完善，国家治理体系和治理能力现代化全面实现，富强民主文明和谐美丽的社会主义现代化强国巍然建成，展现中国发展和国家治理河清海晏、尧雨舜风、政治昌明的完美境界。

方向决定命运，制度决定兴衰，道路决定成败，政策决定民心。制度是根本性的，长远的，制度和方向定下来后，良政善策是赢得先机、拔得头筹的关键。面对国内外复杂多变的形势，我们的前进道路上可能会遇到狂风暴雨、惊涛骇浪，我们必须增强生存力、竞争力、发展力、持续力。

第 一 章

世界之乱的政治根源

一 世界政治40年：格局重构与主题变幻

当今世界正经历百年未有之大变局。近年来，全球化进程遭遇挫折，世界经济陷入低迷，个别大国的排外主义、单边主义、内顾倾向等霸权行为愈演愈烈。个别大国动辄对外"制裁"、实施"脱钩"，企图重新筑起分裂世界的"隔离墙"。2020年，人类历史上罕见的新冠肺炎疫情全球大流行，进一步加剧了国际力量的分化与重组，全球经济、科技、文化、安全、政治等格局急剧调整，世界进入了动荡、变革与深度调整期。

此次突如其来的全球疫情是一场"大考"，是对各国政治经济制度的一次全方位检验。在这场全面而深刻的挑战下，"东升西降""西方之乱、中国之治"的政治反差与力量格局愈发清晰：一方面，大洋彼岸的美国社会撕裂加剧、政治对抗升级、种族冲突激烈、街头暴力不断，到目前为止疫情也是愈演愈烈；另一方面，中国成功控制住疫情并快速复工复产，经济社会稳定运行并不断发展。

30年前冷战结束之际，"中国崩溃论""西式自由民主完胜论""人类历史终结论"甚嚣尘上。而如今，2020年新冠肺炎疫情、种族仇杀、政治撕裂等无情地扯下了美式民主和全球霸主的"遮羞布"。2021年初，大西洋一边，特朗普困兽犹斗，不愿承认大选失败而和平交权；大西洋这边，英国脱欧后，北爱尔兰和苏格兰十分不满，而在英国变异的病毒还在世界蔓延。2021年新年前后，西方主流媒体不断发出对于美国失败、英吉利王国解体的哀叹，国际政治观察者五味杂陈、感慨万千。几十年的光景，东西方之间、历史与当下之间的强烈反差不由让人深思。

（一）全球政治格局之变

在2013年的时候，世界历史出现了一个重要的转折点。2013年1月13日德国《世界报》刊发文章指出，到2013年，西方发达国家的经济总量将首次降至世界经济总量的一半。而在此之前的近两三百年间，由少数欧美国家组成的西方世界一直雄霸全球。2013年第1期的德国《文学和社会的批评》杂志也推出了题为《西方黄金时代已去》的文章。作者写道，历史上西方世界是相对于亚洲、中东和非洲等地的概念，不仅是一种发达经济和生活的象征，也代表着一种政治和经济模式。自第一次工业革命以来，西方逐渐占据世界主导地位。到19世纪中叶，西方已经成为国际上的统治者。近两百年是西方大跃进的时代。无论是在经济、文化，还是政治、科学方面，西方在所有领域都是领先者。但到了2013年前后，世界再次返回正常状态：只占世界人口15%左右的西方，将重新把权力交给拥有近85%的世界人口的新兴国家和发展中国家。文章提出，西方如何在全球化的今天找到新的位置，是一个新的问题。

西方世界在全球格局中位置的升降是一个标志性的历史性事件，这是两三百年来从未有过的大变局，许多西方国家为此而陷入了"集体性的哀伤"。实际上，2008年爆发的国际金融危机不仅引爆了西方世界积聚多年的"金融泡沫"，同时也戳破了西方世界的民主"神话"和政治"泡沫"。这场突如其来的金融危机深刻地暴露了资本主义的政治弊病。诺贝尔经济学奖获得者、美国经济学家克鲁格曼详细地考察了美国从 19 世纪末到 21 世纪初政治和经济的关系，得出一个结论：不平等的政治决定不平等的经济，而不是相反。他提出，无论是历史事实还是理论，都在清楚地说明这一点：经济出了问题，往往是政治先出了问题，而社会出了问题，乃是它们的综合症状。

2013 年 5 月，美国普林斯顿大学政治系主任兰·麦卡蒂（Nolan McCarty）、佐治亚大学政治系教授基思·普尔（Keith T. Poole）和纽约大学政治学教授霍华德·罗森塔尔（Howard Rosenthal）等专家合作撰写了一部新书，题目为《政治泡沫：金融危机与美国民主的失败》（*Political Bubbles: Financial Crises and the Failure of American Democracy*）。三位政治学者在书中提出，每个经济危机的背后都深藏着一个"政治泡沫"：政治偏见会助长不利于经济稳定的市场行为，而这种由信仰、制度及利益构成的偏见会不断增大市场的风险。他们认为，正如金融泡沫是由错误的信念、市场缺陷等一系列因素导致的一样，"政治泡沫"也是由僵化的意识形态、迟钝而低效的政府机构及特殊利益要求综合所致。

回想 1989 年，柏林墙倒塌后，西方世界为之欢呼雀跃。1991 年 12 月 25 日，苏联宣告瓦解，俄罗斯社会发展改弦易辙，以美国为首的西方世界宣布取得了政治、军事和思想等方面的全面胜利。此后，借助经济全球化和"民主化"浪潮，西方资本的贪婪和民主的乖戾借助新自由主义的催化剂，像变异的恶性病毒一样在国际上迅速蔓延。金融寡头借助西方国家的政治机器和经济网络饱食"冷战红利"，对内对外肆意进行经济掠夺和政治压迫。在西方大国的经济自私和金融大鳄的贪婪驱动下，许多国家经济虚拟化、产业泡沫化和金融欺诈盛行一时。西方在输出民主和鼓动"颜色革命"的同时，也催生了文明冲突和种族仇杀。

2008年爆发的金融海啸不仅使西方世界陷入了自20世纪30年代"大萧条"以来最为严重的经济大衰退,而且深刻暴露了西方社会制度的种种缺陷。在经济领域,"无形之手"——自由放任的市场万能论的神话又一次被打破;在社会领域,西方社会贫富两极分化,造富神话破灭,失业严重,中产阶级分裂,社会冲突加剧;在政治领域,政治阻塞、软弱、乏力,治理失败。面对这场世界性的灾难,金融大鳄乔治·索罗斯2012年1月23日在美国《新闻周刊》网站上惊呼,世界进入了近现代历史上最危险的时期之一——"邪恶"时期:欧洲面临陷入混乱和冲突的危险……美国街头的骚乱将引起残酷镇压,从而造成公民自由被严重剥夺,甚至全球经济体系都可能完全崩溃。

与当下西方世界的经济困境和政治无奈不同,一个蓄势待发的新东方正在为世界进步提供动力与活力。尤其需要关注的是,多年来中国的顺利发展是世界历史进程中的重要现象。在当今世界"东方与西方""社会主义与资本主义""苏联与中国"等比较框架下,中国道路愈发彰显出其独特的价值。30多年前,东西方阵营之间的"冷战"结束后,有着十几亿人口的中华民族在中国共产党的正确领导下,没有重蹈苏共败亡的覆辙,避免了苏联式崩溃和俄罗斯衰退的悲惨命运,实现了经济发展和民族复兴,始终保持着改革、发展、稳定的良好势头。2008年国际金融危机爆发后,西方社会经济制度和社会治理模式或碰壁或搁浅,国际上不少国家面临着不稳定和不确定的未来。与此不同,中国的应对和表现引人注目,表现出了独特的制度优势和治理能力。多年来,中国经济为世界经济发展提供了强大的动力,中国稳定的政局和治理形式影响着世界格局,丰富着世界政治的面貌。中国发展的价值取向和经验原则丰富了人类发展的内涵和理念,必将为世界文明图画留下浓墨重彩。

与西方国家的一些学者继续局限于"民主—专制""西方—非

西方"的两极对立思维模式不同，中国发展采取科学性的发展方式，沿着协调性的发展轨道，秉承着包容性的价值理念，为当今国际社会提供了非凡的答案。中国发展改变着世界，中国发展丰富着世界。借助于发展价值的多元性、发展进程的包容性、发展理念的科学性，中国拒绝了国际上盛行的那些思想偏见和政治短视。中国政治发展显示着强劲的政治竞争力和政治发展力，展示出良好的发展前景。

（二）资本的贪婪与财阀寡头现象

30多年前，随着苏联解体和柏林墙的倒塌，西方世界欢呼雀跃，庆幸并认定西式自由主义市场和政治模式自此将一统天下。此后，借助全球化和民主化的汹涌浪潮，西方世界乘机将资本主义的病毒带向全人类，资本的贪婪和民主的乖戾借助新自由主义的催化剂，像变异的恶性病毒一样在国际上迅速蔓延，侵蚀着社会健康的肌体，毒害着人类善良的灵魂。30多年来，一小撮金融寡头借助西方国家的政治机器和经济网络饱食"冷战红利"，对内对外肆意进行经济掠夺和政治压迫。西方世界在输出民主和鼓动颜色革命的同时，也催生了文明冲突和惨烈的种族杀戮。在西方大国的经济自私和金融大鳄贪婪胃口的驱动下，许多国家经济虚拟化、产业泡沫化和金融欺诈盛行一时。2007年底，隐藏在资本主义肉体里的邪恶病毒终于引发了一场大规模的金融瘟疫，就像凶猛的海啸一样，霎时间席卷了几乎整个世界。

2008年由美国次贷危机引发的这场金融海啸，使资本主义世界陷入了自20世纪30年代"大萧条"以来最为严重的经济大衰退。这场经济危机再次昭示了"资本的贪婪和民主的虚伪"，彻底暴露了西方社会制度的种种缺陷：在经济领域，又一次打破了"无形之手"自由放任的市场万能论的神话；在社会领域，西方社会贫富两极分化，造富神话破灭，失业严重，中产阶级分裂，社会冲突加剧；在政治领域，政权瘫痪，政治领导软弱、乏力，治理失败。

（三）国际金融危机与西方制度失灵

此次爆发的源自美国的国际金融危机，深刻暴露了资本主义发展模式的内在矛盾，令人对西方的自由民主发展模式产生怀疑。2009年1—2月出版的美国《外交》杂志刊载了美国政府财政部原副部长罗杰·奥尔特曼的长文，题为《2008年的大崩溃——西方的地缘政治挫折》。他写道："2008年爆发的金融和经济危机是75年来最可怕的一次，也是美国和欧洲遭遇的重大地缘政治挫折……美国、欧洲，或许不包括日本，都在发生严重衰退。此次衰退很可能比1981—1982年的那一次更具破坏性……此次灾难给美国的自由市场资本主义蒙上了一层阴云。世界许多国家正面临着历史性的大转折……在此过程中，美国的全球影响力乃至美式民主的魅力在不断减退。"

面对扑面而来的这场世界性灾难，2012年1月23日金融大鳄乔治·索罗斯在美国《新闻周刊》网站上惊呼：世界进入了近现代历史上最危险的时期之一——"邪恶"时期。欧洲面临陷入混乱和冲突的危险。美国街头的骚乱将引起残酷镇压，从而造成公民自由被严重剥夺，甚至全球经济体系都可能完全崩溃。

2012年5月21日，西班牙《起义报》刊登美国经济学家保罗·克雷格·罗伯茨的一篇题为《复苏还是崩溃?》的文章，称早在两年前，英格兰银行金融稳定委员会主席安德鲁·霍尔丹就公开承认，这场迄今已持续4年的金融危机最终将对全球经济造成60万亿到200万亿美元的损失。世界第一大经济体美国的国内生产总值大约是15万亿美元。这样估算，这场金融危机最终给全世界造成的损失大约相当于4个到13个美国国内生产总值的总和。这位美国经济学家认为，从长远看，对金融寡头的纵容或将导致西方文明毁灭。

西方资本主义深陷绝境，下一步是脱险还是转型？俄罗斯《独立报》在2012年3月7日刊登盖达尔经济政策研究所研究员基里尔·罗季奥诺夫的一篇文章，题为《未来世界的格局》。这位俄罗斯经济学家写道，始于2008年的国际经济危机是系统性、制度性的危机。它涉及面之广之宽、持续时间之长和程度之深，加之金融动荡与政治动荡交织在一起，都证明了这一点——世界迎来历史转折点。

（四）西方社会危机与政治乱象

这场金融危机使曾经成为神话的西方模式从神坛上跌落下来。美国这个自诩为被上帝宠爱的"山巅之城"，不得不脱下了皇帝的新装。世人发现，作为冷战后西方世界的代表和领头雁的美国，才是"人类灾难的制造者"。

2012年2月21日，美国战略预测公司网站发表的该公司总裁乔治·弗里德曼在一篇题为《世界状况：框架》的报告中称，苏联解体后，唯一的全球强国就是美国，它每年的国内生产总值（GDP）占全球总额的约25%，并控制着海洋，美国的全球优势地位达到前所未有的高度。2012年2月6日，德国《星期日法兰克福汇报》刊登了一篇题为《美国的哀愁》的文章，指出美国曾经被视为成功模式和理想国，而如今那里却充斥着怯懦和对不明灾难的恐惧……这场危机仍然是制度性的，资本主义仍然是病态的，西方被深深动摇，美国这支领导力量沉浸在哀愁当中。这次经济衰退是20世纪30年代世界经济危机以来最严重的经济衰退，社会的不均衡越来越严重，跨国公司和金融业掌握着无限的权力。

最近几年，描述西方社会昔日浮华背后的社会乱象的材料比比皆是。2012年5月15日和6月5日，英国《金融时报》先后发表首席经济评论员马丁·沃尔夫的文章，题为《一个超级大国衰败的时代》和《美国的新角色》。文中马丁·沃尔夫援引一位美国同行的材料称，1990年，（加利福尼亚州）在大学上的开支是监狱的2倍。而现在，它在监狱上的开支几乎是在大学上的开支的2倍。马丁·沃尔夫认为这个数据切中要害，美国的入狱率为全世界之最，这不仅是个社会统计数字，还是一个经济统计数字。在享尽了"冷战红利"和全球化的好处之后，美国经济不再像以往那样带来广泛共享的利益。2002—2007年间，1%的人口几乎占收入增长的2/3，而0.1%的人口又占收入增长的1/3以上。这种零和经济催生了不满和绝望，而此次危机又让愤怒情绪加剧。

对于美国的社会乱象，诺贝尔经济学奖获得者、世界银行前首席经济学家斯蒂格利茨有着深刻的分析。他在2011年5月出版的《名利场》杂志发表文章，题为《1%的"民富、民治、民享"》，深刻揭露了金融寡头对社会全方位的控制。

早在2008年之前，美国另一位诺贝尔经济学奖获得者克鲁格曼就已嗅到了经济危机的气息。他认为，其先兆和1929年的经济危机如出一辙，就是财富集中到了少数人的手里，而制度和政策偏向于富人，政府在某种意义上已经被金融资本绑架。伴随而来的就是政治领域问题频出。

近期西方社会主流媒体上充斥着对西方政治瘫痪景象的描述：西方政治精英们离现实和广大民众的需求越来越远；政治精英的合法性丧失；欧洲"民主赤字"；政治动荡和治理失败；美国处在衰落之中；即将分裂的欧洲；西方中产阶层的分裂；政局动荡、政党对抗、政策堵塞、执政红灯、执政困境；社会骚乱与社会冲突；等等。美国趋势研究所所长杰拉尔德·切伦特甚至预言，今后几年美国会出现内战。英国《金融时报》网站6月13日发表一篇题为

《大堵塞！美国政治的红灯》的文章，指出从经济、社会和政治上来看，现在美国社会似乎正在日益两极化。文章还引用了世界大型企业研究会最新的一次调查材料。这项调查让世界上约70名首席执行官评价目前的经济和政治气候。结果令西方政界和学界颇感震惊。当问及哪一个全球组织最具竞争力和可信度时，全球著名的CEO们列在第一位的是他们自己（约90%），第二位的是央行（近80%），而列在第三位的是中国共产党的领导集体（64%）。世界最有影响的CEO们认为，中国共产党近几年在应对政治和经济挑战时"有效"，这一比例远远超过美国总统的排名（33%），而美国国会仅仅获得了5%的支持率。另一项调查结果显示，自2008年金融危机爆发以来，美国国会的民众支持率一路走低。在2011年11月美国哥伦比亚广播公司进行的民意调查中，国会支持率甚至跌至9%，对其工作表示不满的比例则高达84%。

政治对抗、金钱政治、决策不畅等政治颓势，使得西方制度的政治能力和民主成色大打折扣。美国著名专栏评论家托马斯·弗里德曼认为，诸多因素导致美国整个政治体制陷入瘫痪。2012年4月22日，他在《纽约时报》刊发了题为《打倒一切》的文章，提出美国的政治分歧变得比以往任何时候都更为严重。他引用美国政治哲学家弗朗西斯·福山的观点说明，美国从一个民主政体变成了一个"否决政体"。而民主党前参议员拉斯·范戈尔德甚至戏谑地比喻，按照目前两极分化的速度，两党人士不久就会要求消费品反映他们的政治立场——美国将会有"共和党"牌牙膏和"民主党"牌牙膏。在美国政治生活中，资本的作用越来越大。金钱导致特殊利益集团游说者人数及其影响和阻碍决策的能力螺旋式轮番上升，成为一个政治悖论。美国政治学家曼库尔·奥尔森在《国家的兴衰》一书中警告说，如果一个国家积聚了太多高度关注的特殊利益游说集团——它们比关心整个国家利益的广大民众拥有更大固有优势，它们就会像多爪的章鱼一样，让政治制度失去活力，除非多数人群起而攻之。

（五）西式民主异化与政治衰退

美国斯坦福大学民主、发展与法治研究中心高级研究员弗朗西斯·福山作为《历史的终结和最后的人》一书的作者曾名噪一时。这位在冷战结束时曾经断定西式自由民主模式将一劳永逸地统治全球，并且这将意味着"历史的终结"的美国政治哲学家，现在由研究自由民主问题转向研究"政治秩序的起源"。福山对美国政治的现状十分不满，认为美国政治几乎步入政治利益集团对抗的"死胡同"。他认为，美国的特殊利益集团队伍比以往更庞大、更易动员、更富有，而执行多数人意志的机制却更乏力。这样一来的后果是要么立法瘫痪，要么就是小题大做，胡乱达成妥协方案，不求最优，这些方案往往是在面对危机时的应景之作。这就是美国特有的"否决政体"。福山等人进而提出，美国畸形的政治体制——国会变成了一个合法贿赂的论坛——实际上导致美国的裹足不前。

与此同时，福山还对金融危机对中产阶级的打击深感"痛心"。他在2012年美国《外交》双月刊1/2月号发表了一篇题为《历史的未来——自由民主能够在中产阶级衰退时幸存下来吗？》的文章。福山写道，如果某些十分棘手的经济和社会潮流继续发展下去，现代"自由民主"国家的稳定将受到威胁，民主思想将被颠覆。① 全球化资本主义模式正在蚕食自由民主所依赖的中产阶级社会基础。福山最后无奈地号召资本主义世界的思想家，共同寻找在现今资本主义框架下政治思想阐释的路径。

对于如何诊断美国政治制度的病因，美国政治学学界莫衷一

---

① Francis Fukuyama, *Foreign Affairs*, Jan/Feb, 2012, Vol. 91, No. 1.

是。美国的经济学家、诺贝尔经济学奖得主迈克尔·斯彭斯一针见血地指出，在今天的美国，钱是蛊惑人心的伟大推动者。美国已经从"每个有产者一票、每个白人一票、每个男人一票、每人一票向一美元一票发展"。美国的"民主政治"本质如此，头顶"自由、民主"价值光环的欧洲大陆政治情景也同样不妙。

对处于风雨飘摇的欧洲联盟，2012年初诺贝尔经济学奖获得者阿玛蒂亚·森在《纽约时报》发表的《欧洲民主危机》一文中指出，通往地狱的道路是用善意铺就的，如果这句格言需要证据的话，欧洲经济危机就可以说明。欧盟政策制定者的一些有价值但又狭隘的计划，对于构建健全完善的欧洲经济不仅被证明是不合适的，甚至还给欧洲带来了苦难和混乱。他认为，欧洲萎靡不振的最令人不安的方面也许是关于财政命令的民主承诺的更换，现在已经变为由欧盟领导人和欧洲中央银行，或者间接地由声名狼藉、不健全的信用评级机构的鉴定来确定。

2012年1月底，在巴西阿雷格里港举行的世界社会论坛会议上，论坛的几位创始人——葡萄牙社会学家博阿文图拉·德索萨·桑托斯、西班牙记者伊格纳西奥·拉莫内特、法国活动家贝尔纳·卡桑和巴西建筑师希科·惠特克等人一致认为，欧洲民主已经被"贪婪的"金融市场"绑架"，而且这个没有底线的市场现在已经威胁到了人权和政治权。桑托斯指出，"欧洲的民主和宪法都不合格，现在主宰它们的是高盛公司"。在桑托斯看来，有理由认为资本主义是反民主的。

实际上，无论是2011年的伦敦之夏，还是后来的华尔街之秋，发生在欧美国家的抗议运动具有深远的意义。它们的目标不仅是为了争取就业和福利等社会救济，也不是单纯发泄对金融寡头贪婪的愤怒，而是针对资本主义政治模式的病根——金钱操纵政治。这种政治的本质，就是华尔街大银行等跨国资本利用金钱收买并控制政府，用虚伪民主外衣掩盖的金融寡头统治。

（六）西式民主赤字与自由神话的破灭

很长的时期内，西方社会笃信存在一个永恒的、掌握了人类社会真理的"政治西方"。这个"政治西方"受到上帝的垂青，赋有拯救世界的历史使命。多少年来，西方主流社会思潮认定，西式的竞争民主和自由市场模式是普世的、永恒的，是全人类最后的"幸福归宿"。

"西方国家是民主的、民主属于西方国家、西方民主制度是普世的"等论调，像"圣经"教条一样被写进政治学教科书，回响在各种讲坛。民主成了政治的全部，民主涵盖了一切。在一些人眼中，民主与自由市场，富足等符号一起成了西方社会的象征。凭借对"民主概念"的垄断，西方国家占据了国际政治制高点。在这一过程中，"民主"被西方政治理论家提炼成西方政治制度的唯一真谛，成了西方政治人物的口头禅，并逐渐演变成一种政治宗教，变成西方对外政治输出的"政治圣经和基本软件"。

30多年前，柏林墙倒塌，宣告了冷战结束，以美国为首的西方世界暂时取得了政治、军事和思想等方面的胜利。西方学界和政界认定，评价一个国家政局的好坏，就是看这个国家是否有符合西方标准的民主制度。

冷战后，民主被泛化成一种无处不在的国际政治现象，成为国际政治和国际关系的焦点问题。民主成为西方划分关系亲疏和国际阵营的政治工具，成为国际政治较量的内容。在西方战略家眼里，民主已经成为一种全球化现象，民主政治和自由市场一样，演变成无处不在、无所不能的价值、观念、标准、制度、原则、做法等。

然而，随着美国对外"推销民主"战略的受挫，"颜色革命"泛起的民主泡沫一个个破灭，一些新兴"民主国家"治理陷入混乱，人们开始对民主问题以及以西方自由民主模式为标准观察、衡量世界的思维模式进行反思。与此同时，中国经济社会一直保持独立稳步发展，政治发展也取得了长足进步。西方某些学者指出，美国的民主与资本主义同时出现的情形，作为一种反常现象，也许不太适合世界其他地方。

诺贝尔经济学奖得主施蒂格利茨提出，20世纪90年代初以来的一个重大变化，就是人们认识到了民主的复杂性和局限性。哈佛大学商学院经济学家 B. 斯科特也说，那种将"有了宪法和选举就有了民主"的美国经验加以推广的做法是"非常愚蠢的"。[1]

福山在金融危机暴露美国模式弊端后进行了反思。他称"美国民主没什么可教给中国的，美国的民主曾被广泛效仿，但美国的道德资本在很短时间内消耗殆尽：伊拉克战争以及军事侵略与民主推广之间的密切联系给民主抹了黑，而华尔街金融危机则打破了市场自我调节的理念"。福山提出，客观事实证明，西方自由民主可能并非人类历史进化的终点。人类的思想宝库需要为中国传统留有一席之地……世界需要在多元的基础上实现新的融合。

国际历史经验表明，每个国家的民主都应符合自身国家特定的历史文化传统和现实条件，发展民主应当因地制宜，外部强加和全盘照搬往往是得不偿失。

（七）跨越西式政治陷阱

近年来，境内外关于"中国奇迹、中国道路"的话题越来越热。学术界在思考中国奇迹的同时，越来越多地追寻中国改革成功的政治条件和政治密码。但细心观察，西方研究者宁愿多讲"中国模式的经济成就"，也不谈或者有意回避"经济成绩"的政治因素

---

[1] 《"民主与资本主义同步"理论发生动摇》，http：//www.qianyan.org.cn/show_m.asp?id=410。

或政治优势。一些西方汉学家甚至不惜精力，试图从亚洲和中国的历史文化传统中去寻找中国成功的历史密码，却对中国特色社会主义的政治现实和中国共产党的执政理念避而不见。西方学界习惯了以西方固有的政治标准评价中国问题，或偷梁换柱，或盲人摸象，这样不可避免地出现"误读"或"误判"。古语说，"一叶障目，不见泰山"，以西方政治模式和政治价值框架观察和解释当代中国问题，不仅很难全面理解中国模式的"政治内涵"，同时也不可能找到中国成功的"政治密码"。

值得注意的是，近两年西方一些有识之士在认真反思西方制度弊端的同时，开始认真探究中国的成功之道。曾经把中国模式概括为"北京共识"的美国学者雷默在他《不可思议的时代》一书中文版序中写道，中国遇到的挑战，从规模来看，从复杂的程度来看，都是人类历史上从未经历过的。改革的本性是会产生出从未见过的新问题。这就需要一种新的创新，一种超越"中国特色"的创新。所谓"后中国特色"，是指中国将不再把国外的东西拿来，然后增加一些"中国特色"。中国创造出来的将是完全崭新、自主的创新。《当中国统治世界》一书作者、英国学者马丁·雅克说，很多人仍旧认为，只存在一种现代性模式，那就是西方的现代性模式，这是误区。越来越多的西方学者认识到，今天西方已经不能再用简单化的政治套话和二元对立的方法来讨论中国的发展、特别是政治发展问题了。

2012年2月16日，美国《纽约时报》评论版刊登了名为李世默的美国斯坦福大学MBA学员的文章，题为《为什么中国的政治模式是优越的?》。文章把中美之间的竞争说成是民主与专制之间的冲突，认为西方与中国目前的竞争并不是民主与专制的对峙，而是两种根本不同的政治观的冲突。现代西方把民主和人权视为人类发展的顶峰，这种信念以一种绝对信仰为前提。中国所走的道路则不同。让民众更多地参与政治决策，有利于中国的经济发展和国家利益，中国领导人就准备这样做，就像他们在过去10年中所做的那样。稳定开创了中国经济增长和繁荣的时代，使中国获得了世界第二大经济体的地位。

弗朗西斯·福山也不得不承认，中国模式与众不同，其政治体制最重要的优点是能够迅速做出众多复杂的决策，而且效果不错。而过去十几年，华盛顿外交、经济等政策出错，美国模式变得两极分化和思想僵化。如果政府内部分裂且无力治理国家，那么它对任何人来说都不是什么好模式。

与西方国家一些学者继续局限于"民主—专制""西方—非西方"的两极对立思维模式不同，中国采取科学的发展方式，沿着协调性的发展轨道，秉承包容性价值理念，为当今国际社会提供了非凡的答案。中国发展改变着世界，丰富着世界。借助于发展价值的多元性、发展进程的包容性、发展理念的科学性，中国拒绝了国际上盛行的那些思想偏见和政治短视。中国政治显示了强劲的政治竞争力和政治发展力，展示出良好的发展前景。

要关注本国的政治主题和发展顺序，注重培养国际政治竞争力。针对国际上流行的各种版本的"政治、民主、人权排行榜"，应当强调政治发展力和竞争力，研究一套科学而全面的政治发展力评估模型，研发中国版的"世界政治发展力评估报告"。要坚持政治性与科学性的统一，树立正确的民主发展观，探索全面而科学的政治发展理论，促进政治民主、政治稳定、政治效率、政治廉洁，推动中国特色社会主义政治发展道路越走越宽。

二　新冷战：思想梦呓？政治癫狂？

30多年前，柏林墙倒塌，东欧国家政治发生剧变，以苏联为首的原苏东政治阵营分崩离析,两年后苏共垮台、苏联解体。20世纪90年代初,苏联电视里总放着一首英文歌曲"Go to West",歌手声嘶力竭,伴奏高亢振奋。西方社会精英层自认为在东西方政治较量的大棋局中不战而胜。当时被胜利冲昏了头脑的西方政要和精英们弹冠相庆,高呼西式自由民主和市场经济模式站上了历史的巅峰,自此可以高歌猛进,无往而不胜。

(一)民主之过?政治之祸?

苏联的失败和冷战的结束,为西方地缘政治扩张提供了理由和动力。在西方战略家和谋士们的眼里,"民主""自由""人权"等政治工具功不可没,是摧毁社会主义、赢得冷战的政治"利器"。西方智囊和知识精英们鼓吹,国际上意识形态的争论就此终结,光鲜亮丽的西式民主永远站在人类历史的尽头。于是,战胜苏联之后,不久,西方阵营便开始大肆鼓吹民主泡沫,假借维护自由、推广民主之名,毫无顾忌地进行政治扩张。

借助东欧国家的投降归顺,西方阵营肆无忌惮地打着"民主、自由"的口号扩展政治经济地盘。不顾约定和俄罗斯的反对,蛮横地推进北约东扩。不断地策动"颜色革命",对外输出西方自由民主模式。误认为,西方世界永远占领了人类文明历史的制高点,取得了对社会主义的完胜,社会主义只剩下中国等几个孤岛,且中国崩溃为时不远。

在"第三波民主"浪潮汹涌的国际背景下,西方政治谋士们连出三招:首先,在理论和概念上,将西式民主和自由市场模式推向极致,将其泛化、模式化、神话,认为西方模式是普世的、超民族的、横贯人类历史的。其次,在实践上,将推广西式民主外交政策化,大肆对外输出民主,策动颜色革命,造成国际上又一轮的地缘政治争夺和恐怖动荡。最后,在思想和舆论上,将民主意识形态化，鼓吹和煽动民族、文明、宗教间的冲突。它们声称民主既为西方社会和西方文明所特有，又为广大国家所普遍适用。

在国际舞台上，西方政客不遗余力地推广西式民主和自由，企图以低廉的成本，捞取巨额的政治回报。进入21世纪不久，黎巴嫩"雪松革命"、格鲁吉亚"玫瑰花革命"、乌克兰"橙色革命"、吉尔吉斯斯坦"郁金香革命"等街头政治相继爆发。西方国家得以通过策动颜色革命而兵不血刃地促动对象国家政权更迭，从而达到西方扩大政治势力范围、争得地缘政治优势的目的。正是由于西方国家不计后果地极力对外输出民主，造成了国际上民族分裂不断、宗教种族冲突时起、国际社会严重分裂、国际政治生态急剧恶化。可以说，西方对外输出民主、对外政治干涉，成了当今世界政治生态恶化的乱源。最近两年爆发了第二次世界大战以来世界上最大的难民危机，数千万难民潮水一般涌向欧洲大陆，对此西方政客罪责难逃，西方国家是在自食其果。

（二）政治扩张与文明冲突

冷战结束后的30多年里，以美国为首的西方大国一方面为政治攻势摇旗呐喊，不遗余力地对外输出民主，另一方面又极力挑起文明对立和宗教冲突。这些不仅没有给世界带来民主与繁荣，却造成了一些国家和地区的政治衰败：政局动荡不安，治理失败，无法无天，冲突不断，老百姓流离失所，难民失去家园。

柏林墙倒塌后，西方阵营认为，政治上和意识形态上已无对手，西方模式取得了绝对的胜利，西方自由民主和自由市场模式将踏遍全球，统治全世界。一些自视高明的西方中心主义者四面树敌，借机夸大国际上民族、文明、宗教间的差异，激化民族宗教矛盾，挑起种族和教派冲突，鼓动民族分离主义，滋生排外主义，刺激了原教旨主义、极端主义。上述势力借助互联网和经济全球化的大潮，形成世界政治的暗流。在西方咄咄逼人的政治攻势下，巴勒斯坦与以色列的长期对抗又一次被引爆，进而打破了中东地区脆弱的平衡，点燃了宗教极端势力和恐怖主义的导火索。由此世界进入了新一轮的恐怖与反恐的动荡周期。而恐怖主义爆发、种族冲突蔓延，其中西方政界难辞其咎。

（三）丧失冷战红利

30多年来，西方借赢得冷战胜利，收获了数以万亿美元的巨额冷战红利，坐在了金字塔的塔尖上，妄想一劳永逸地主导世界政治经济秩序。以美国为首的西方世界打着"民主、人权"等旗号，对外大肆"输出民主"、煽动街头政治、策动颜色革命。西方大国凭借对"民主、自由、人权"等话语的垄断，推行双重标准，肆意打压其他与自己政治制度不同的国家。

西方政客醉心于对外输出民主，通过制造"可控混乱"，肆意干涉他国内政；拉帮结伙，煽风点火，挑起地区冲突，维护自身霸权，谋取政治私利；以意识形态划线，视中俄两国为敌，不时将思想、政治、外交、军事的矛头指向中国和俄罗斯。

俄罗斯学者称，当今世界又一次被西方政客划分为两个阵营：以美国为首的西方霸权阵营与其他被打压和制裁的非西方世界。可见，是西方自己制造了一个对立的、广大的"非西方世界"。近些年某些西方智库鼓吹"文明冲突论""新干涉主义""人权高于主权""新有限主权论""民主使命论"，某些西方外交智囊高唱"民主国家不战论"，但对价值观不同的非西方世界却宣扬或策动"可控混乱""离岸平衡""混合战争"。这不仅阻碍了国际关系民主化的进程，也给世界和平带来严重威胁。西方某些战略家动辄以"民主、自由"划线，甚至打造"民主同盟"，是在唤起新冷战。某些西方大国打着民主旗号，不惜诉诸武力，超越联合国，干涉他国内政，严重践踏国际法，妄图缔造新的"超级强权帝国"。所以，在冷战中自认为不战而胜的西方阵营并未实现"天下太平"，反而是世界政治生态更加"混乱而失序"。

30多年过去了，西方阵营曾推倒隔离墙，如今却奉行单边主义，鼓励排外，大肆筑墙，鼓吹脱钩，企图重新放下经济和技术"铁幕"。一些西方政客一方面到处游说，极尽挑拨离间、煽风点火之能事，另一方面对外发动"关税战"，散布"新冷战"，甚至扬言不惜发动热战。

为汲取冷战的政治教训，有必要在国际上明确以下几点：一是反对假借自由、民主名义，对外实施政治西化、分化、弱化和演化；二是破除民主一元论，反对将西式民主视为无所不能的软件程序，强行输出；三是反对策动颜色革命，反对谋求地缘政治私利，践踏他国主权和国际准则；四是警惕假借自由民主等名义，在国际事务中拉帮结伙，动辄对他国制裁、动武甚至武装颠覆他国主权；五是警惕极端势力、排外势力、民族分裂势力假借"民主"舞台登场亮相；六是要弘扬法治，识别真假民主，避免出现少数人绑架要挟的劣质民主。

三 世界之乱，谁之过？

2016年夏天，在北约召开华沙峰会之际，俄罗斯媒体称"北约已经将枪口瞄准俄罗斯"。30多年前，象征着东西方对抗的柏林墙倒了，可如今美国率领北约军队又修建了新的"华沙墙"，把冷战之墙向东推进到俄罗斯家门口。与此同时，美国一方面诱导和施压韩国部署"萨德"导弹防御系统；另一方面高调宣布制裁朝鲜最高领导人金正恩。在叙利亚，俄罗斯一架直升机被击落，两名俄罗斯教官丧生。俄罗斯媒体称，直升机是被美式武器击落的，并指出这实际上是美国间接对俄罗斯开战；众所周知，近年来叙利亚战场上反对派得到了大量的西式武器装备。在欧洲，类似发生在法国的恐怖袭击惨案渐次在德国出现，半个月内德国发生了三起案件。一些国家和地区的政治局势变得动荡不安，国际政治合作变少，对话变弱，对立、对抗却在增加。国际政治力量分化组合，世界正在走向失序，走向分裂，人们似乎隐隐闻到了战争的火药味。

20世纪80年代末到90年代初，是冷战结束时期。以柏林墙倒塌、苏联解体为标志，第二次世界大战后西方与东方阵营、资本主义与社会主义阵营、以美国为首的北约和以苏联为首的华约之间的对抗从此结束，世界进入"后冷战时代"。然而令世人失望的是，冷战结束、世界两极政治对立格局已经消失30多年了，人类社会却并没有"天下太平"。近年来，国际金融危机的爆发、国际恐怖主义蔓延、新干涉主义导致一些国家之间剑拔弩张，世界政治生态反而更加混乱而失序。在西方世界内部，经济危机造成贫富对立，社会矛盾加剧，排外主义、民粹主义和保守思潮蔓延。在国际领域，西方大国拉帮结伙、恃强凌弱，肆意干涉他国内政或垄断国际事务现象时有发生。霸权主义和强权政治仍是国际关系民主化的主要障碍，是世界政治生态恶化的乱源。

经历了美国"9·11"恐怖主义袭击之后，世界反恐形势却"越反越恐"，几乎陷入跳不出来的怪圈。政治渗透与输出混乱，地缘扩张与民主化改造成为西方国家危害别国的方式。

（一）政治渗透与输出混乱

30多年前，东欧剧变、苏联解体，西方大国自认为在东西方较量的大棋局中，取得了对社会主义的完胜。被胜利冲昏了头脑的西方政要和精英们弹冠相庆，自以为掌握了"西式自由民主和市场经济模式"制高点，从此就可以高歌猛进，无往而不胜。

近几年，国际社会是在惊恐和不安中度过的。连续升级的叙利亚内战、巴黎的恐怖袭击、欧洲应接不暇的难民潮，更使得各国民众茫然不知所措。

2016年英国公投"脱欧"、美国大选出现迷局，世界政治犹如坠入迷雾，不确定性进一步增加。与此同时，地球生态环境日益恶化，贸易争端增加，全球经济发展低迷。面对严峻挑战，世界各国领导人理应共谋发展，实现互利共赢，打造人类命运共同体。然而，西方政治家们却热衷于政治渗透与输出混乱，制造"可控混乱"、干涉他国内政、挑起地区冲突等现象频频出现。

（二）地缘扩张与"民主化改造"

冷战结束后，西方世界认为"西式民主"无往不胜，西方将高举民主旗帜，按照他们的标准一统天下。为掩盖地缘政治私利，西方媒体和学术界极力鼓吹"民主万能论""民主速成论""民主国家不战论""民主和平论""民主同盟论"，极力推行"价值观外交"，企图打造"自由和民主之弧"等。

在国际舞台上，西方政治家们在高举反恐大旗的同时，念念不忘地推广西式民主和自由。西方国家推广"民主"制有两种手段：武力强行输出和策动他国内部改弦易辙，或者外部暴力推翻和内部和平演变两种手段并用。随着美军攻打伊拉克和利比亚，开启了美国绕过联合国，公然纠结其"民主随从国家"用武力推翻一国合法政权的先例。俄罗斯学者称之为"炸弹下的民主"。

而黎巴嫩"雪松革命"、格鲁吉亚的"玫瑰花革命"、乌克兰的"橙色革命"、吉尔吉斯斯坦"郁金香革命"等街头政治，使得西方国家政治势力范围扩大，取得了地缘政治优势。这使得正陷于"反恐"泥潭的美国政界人士和谋士们如获至宝：无须导弹和航空母舰，通过外部策动"颜色革命"，操纵他国政权，这样既扩大了战略空间，又传播了西方的价值理念。

对于西方世界来讲，正可谓是成也"民主"，败也"民主"。这些年正是由于西方极力对外输出民主，造就了"民主异化、民主变质、民主赤字、劣质民主"等政治乱象，导致了民族分裂不断、宗教种族冲突时起，国际社会严重分裂，世界政治发展进程严重受阻，国际政治生态急剧恶化。可以说，正是西方政客将民主这个一定意义上的"好东西"变成了"坏东西"，自己砸了"民主"的金字招牌。西方政客的政治表演和胡作非为成了当今世界政治生态恶化的乱源。近两年世界上爆发了二战以来最大的难民危机，3000多万难民形成的难民潮汹涌澎湃，西方国家自食其果，西方政客罪责难逃。

2008年国际金融危机以来，整个西方世界难以独善其身，深陷政治困境。2013年5月，普林斯顿三位政治学教授合写了《政治泡沫——金融危机与美国民主制度的挫折》一书，指出每个经济危机的背后都有相对的政治泡沫，政治泡沫就是僵化的意识形态、迟钝低效的政府机构和特殊利益导致的信仰、制度、利益偏见，政治泡沫的形成会不断地增加市场的风险，从而导致经济危机。2008年，乔治·索罗斯也在美国《新闻周刊》上预测，世界历史可能进入一个邪恶时期，并预测欧洲可能陷入混乱和冲突。面对美国的政治困境，福山认为，美国两党竞争，导致政治极化，而民主的泡沫导致政治衰退。他认为，美国的民主政治演变成了一种否决政体，难以自拔。

2015年11月，英国的马丁·雅克在上海指出，未来十年，欧洲将会陷入恶性循环之中。俄罗斯学者则认为，美苏主导的冷战实际上是以信息战、心理战为标志的第三次世界大战，而如今第四次世界大战箭在弦上。对此，西方有识之士指出，西方政治已经被少数人绑架，政治运行遭遇政治红灯，政治激进主义，民粹思潮泛滥，表现为政治歧视、宗教极端思潮等排外主义、孤立主义盛行。

苏联解体后，西方政治精英认为，他们在冷战中获得了历史性的胜利。西方阵营拥有最强大的军事和经济实力，又打着民主自由的旗号，占据了世界政治和国际道义的制高点。环顾全球，世界政治版图上只剩下中国等几个社会主义孤岛，况且"中国崩溃"就在眼前。西方国家完全可以蔑视乃至无视俄罗斯的存在，独步天下，在国际事务上肆意妄为，甚至可以避开联合国，不顾国际法和国际准则。

然而，几十年的国际政治实践表明，正是西方的政治偏见、政治傲慢和政治私利导致了世界政治乱象。首先是西方社会自食其果，经济走下坡路，民主变质，陷入政治困局；其次是对外输出民主，结果输出的是动乱，给世界带来不幸；再次是所谓民主转型国家深受其害，或者为了搭便车失去主权，或者分崩离析，不得不重新探寻政治重建之路。

要充分认清"西式民主"，汲取政治教训：一是不能将西式民主视为无所不能的"软件程序"，只要安装就能顺利运行；二是不能肆意对外输出民主，这往往导致混乱；三是要警惕某些西方国家假借"民主"名义，在国际事务中拉帮结伙，干涉他国内政；四是警惕民粹排外主义、民族分裂势力、法西斯主义搭借民主舞台登场亮相；五是要弘扬法治，认清"假民主"，防止出现少数人绑架要挟的劣质民主；六是中国要勇于理论创新和实践创新，超越西式民主；七是将民主放于正确的位置，掌握民主的时与度，有效地驾驭民主；八是积极倡导国际关系民主化。

当今世界治理陷入泥潭，国际政治生态再现"弱肉强食"的"丛林法则"。特别是近些年来，某些国家或国家集团在国际政治中恃强凌弱，肆意干涉他国内政或垄断国际事务的现象时有发生。霸权主义和强权政治已经成为实现国际关系民主化的主要障碍。

西方政策的失败才是世界政治的乱源,单靠西方政治已无力解决世界的重大问题。在当今世界,中俄两国在国际事务中主持公道与正义,遵守国际法,主张发挥联合国的作用,反对西方大国在国际政治中到处煽风点火,炫耀武力。

四 世界政治乱象的美国病源

冷战结束,世界两极政治对立格局消失已30多年,但人类社会并未"天下太平"。近些年某些西方智库鼓吹"文明冲突论""新干涉主义""人权高于主权""新有限主权论""民主使命论"。纵观这些言论,其背后都有美国的推波助澜,使得世界政治陷入混乱。

(一) 美国将世界带向政治对抗

30多年的国际政治实践表明,正是西方政治的偏见、傲慢和自私导致了世界政治乱象。西方世界内部也是贫富对立、社会矛盾加剧,民粹主义、孤立主义、排外思潮蔓延。面对愈演愈烈的种族冲突、难民大潮、两极分化、社会撕裂等政治矛盾和社会乱象,作为西方世界代表的美国非但不审视自身错误,反而将责任转嫁到中国、俄罗斯及其他国家。美国掌权者为摆脱两党内斗和社会分裂困局,不惜四面树敌。冷战结束30多年后,难道美国又要将世界带入一个新的政治对抗周期吗?

如今,美国已由过去世界秩序的塑造者、领导者,变成"自私、无信、破坏、霸凌"等的代名词。美国政治成为全世界的"问题"。美国哈佛大学教授格雷厄姆·艾利森指出,美国民主长期的失败才是更深层的原因。在美国《外交》杂志一篇题为《自由秩序的真相》的文章中,他断言,美国政治体制的失败是对美国世界地位最大的威胁。

30多年前冷战刚结束时,美国GDP占全球的比重已从二战后的1/2降至1/4,现在更落到只有1/7。人们看到,美国确实在衰落。如何与衰落、孤立主义、单边主义的美国相处,是摆在各国面前的一个严肃政治问题。而美国选择什么样的姿态面对自身衰落,则是考验美国政要智慧与历史表现的关键。遗憾的是,过去一两年中,我们看到美国一方面内部政治分裂与极化加剧,另一方面却对外"四处出击、到处树敌",搅得他国和全世界不安。

作为最大的政治产品生产地和出口地,美国政府成了"全球之恶":挑起冲突、输出混乱,甚至不惜撕毁国际条约、准备热战。作为内政的延伸,美国外交和军事行动给世界带来深刻分裂和持久混乱。难怪美国国际政治专家罗伯特·卡根出于对美国"好战"和"侵略性"传统的深刻理解,得出"美国是个地地道道的危险国家"的结论。

美国政治上层企图树立外部敌人,借以弥合国内政治分裂,妄想掉转枪口一致对外,进而在国内进行政治动员。但唯我独尊、与世界为敌,尤其是将中国、俄罗斯视为敌手的政策,不可能使美国"再次伟大"。相反,这将加速美国的衰弱、衰落乃至失败。

(二) 美式政治病毒

美国在走下坡路,但必须看到,作为唯一的超级大国,它对国际社会而言仍是最具实质影响的政治力量。在可预见的未来,无论是作为全球正能量还是负能量,美国独一无二的地位还将长期延续。虽然以美国为首的西方阵营在全世界范围内的领导力已经衰落,但给他国制造问题、带来麻烦的破坏力仍然很强。在这一背景下,如何与美国打交道是全世界的一个大问题。

一是认清"美国问题"的实质。回顾冷战后美国与世界政治发展历程，我们看到，美国非但没能充分运用好自身权力和影响造福国际社会，反而循着称霸与对抗的行为逻辑越走越远，挥霍了苏联瓦解后在经济和政治层面留下的"冷战红利"。美国的学界和政治精英们鼓吹文明冲突，发动反恐战争，大肆对外输出民主，挑动"颜色革命"，最终使美国成为世界政治的乱源和"冲突制造者"。美式"恶政"以及世界政治的混乱现实，使越来越多国家认识到"美式政治"的危险及其后果。

二是客观全面审视美国。美国内部并非铁板一块。随着时间推移和矛盾加剧，美国的政治对抗会进一步扩大、社会裂痕将进一步加深。

三是跳出"美国即世界"的思维陷阱。世界那么大，不只有美国，还有广阔的亚非拉和其他地区。应当看到，即便美国自视"山巅之城"，即便美国模式被长时间奉为"神圣和经典"，"去美元化""非美国化""去美国化"的进程也已开启。世界上多数国家或忌惮或反对美国的单边主义，不希望退回从前那种撕裂、封闭甚至再对抗的老路。

四是把握节奏、保持战略定力。在美国一些精英眼里，世界是你争我斗的"擂台""拳台"。与美式"你死我活、有我没你"的擂台、拳台式政治不同，中国文化视野中的世界是展示人类不同文明的"大舞台"："各美其美、美人之美、美美与共"，"和而不同、和合共生、协和万邦"。作为东方文明大国，中国大可不必跟着美国的节奏起舞，应避免与其"缠斗"，把主要精力放在促进自身与世界的共同发展上。

五是超越"争斗和零和"的美式思维和行为方式。在这个全球化、多极化世界里，美国并非我们唯一的参照系，更非中国发展必须战胜或压倒的对象。跳出单一线性、非黑即白和零和博弈、二元对立的美式思维及行为方式陷阱，从中华文化和全人类文明的高度和广度看世界政治风云变幻,为中国发展和人类进步迎来海阔天空。

六是团结美国之外的多数国家,为人类发展开辟更广阔的舞台。世界上大多数国家和人民都是热爱和平,崇尚发展的,有着推动人类共同发展的关键因素。

一旦跳出"美国即世界"的思维陷阱,中国的发展与崛起实则拥有更为广阔的空间与目标。从文明发展和历史进步的角度看,我们的民族复兴和国家发展需要超越美国一贯奉行的大国对抗政治逻辑,转而着眼于自身壮大、推动全球发展。我们要与世界最多数人民携手共进,最大限度发挥自身比较优势,与国际社会分享中国改革和发展经验,共同迎接和拥抱一个没有霸权主导、全球化、多元化的崭新世界。

五 美式人权外交的霸凌本质

人权是历史的、发展的。每个人都能享有充分而全面的权利,是人类社会孜孜以求的伟大梦想。第二次世界大战后、特别是冷战结束以来,经济全球化成为世界发展的潮流,各国人民为提升人权质量、促进公平正义做出了不懈努力,共同促进了世界人权发展和文明进步。

然而长期以来,美国作为全球唯一超级大国,常在国际舞台上以"世界人权卫士"自居,扮演"世界警察",充当人权"师爷"。少数美国政客为了个人选票,无视国内人权赤字和民主缺陷,为谋求美国地缘政治利益、继而称霸全球,将人权工具化,在国际上极力推行美式人权"双标":一方面对不符合其战略利益的国家和地区,肆意歪曲、恶意贬低其人权状况;另一方面却对本国大规模系统侵犯人权的斑斑劣迹置若罔闻、熟视无睹。

美国政府的人权观表里不一，其人权标准游移不定。多年来，他们将人权问题政治工具化、外交武器化，借以补充美式霸凌单边政策的弹药库，动辄毁约、"退群"，肆意对他国进行政治打压，实施经济制裁，彻底暴露了美式人权观的自私和伪善。时至今日，美国国内种族歧视毒瘤未除，漠视和侵犯人权的案例层出不穷。这不仅严重伤害了美国不同族群的切身利益，造成严重的社会撕裂和政治对抗，而且对其他地区人民的安全福祉和世界政治的稳定，也造成了严重的威胁。

（一）美式人权观蕴藏着先天性致命缺陷

历史上，美式人权观曾经历过多次蜕变。美国建国初期，曾致力于反对宗教迫害和英国特权，激发了巨大的个人活力，推动其国家走向强盛。二战后，美国成了西方政治阵营的"大哥大"。冷战期间，美国祭起"人权、自由、民主"大旗，率领西方阵营软硬兼施、里应外合，成功击垮了苏联东欧阵营。冷战结束后，美国更是独步天下，自诩"山巅之城""天赋使命"，自恃占据世界人权道义制高点，极力向非西方世界输出美式自由民主，煽动宗教文明冲突，导致世界局势动荡、国际关系紧张，宗教极端主义和国际恐怖主义蔓延。

事实证明，不能超越历史经验，去抽象、孤立地讨论人权。美国人权政治的实践，源自于其一己的历史经验。美式人权观在萌生之初，就已经显露了局限性。美国政治体制和政治权力的运行方式，包含一系列致病基因缺陷和结构性政治病原。

美国的立国理念注定其宪政结构存在人权"基因缺陷"。开国伊始，参加费城立宪会议的白人富商、律师和农场主们，固守本阶级的政治立场，迥异于当时普通民众的利益和想法。以麦迪逊等为代表的美国制宪者认为，在一个多数人终会变成无产者的国家里，少数寡头的财产权本质上是脆弱的。因此立宪设计的焦点在于，需要一种表面共和、实则确保少数人财产安全、消解多数暴政威胁的政体。这一立宪初衷，成为今天美国的国家治理框架，也是美式人权观的重要理论基础。

法国思想家托克维尔曾指出，他最担忧美式民主的一点是，联邦党人并非真心拥护三权分立的权力制衡，而是要建立一个资产阶级集权政府。这种权力初始设置，实际上是为了保证当时及今后"少数人"的地位无须担忧。虽然两百年来许多价值准绳发生变化，但美国宪政结构中的基因代码始终未曾改变。麦迪逊强调："我们的宪政机器要设计得足够复杂，以避免人民轻易地改变它。"

设置权利门槛是美国政治制度和人权实践的真实逻辑。《独立宣言》的确提出了"人人生而平等"、拥有不可让渡的"生命权，自由权和追求幸福的权利"。然而初期美国宪法却在种族、性别、财产、教育程度、年龄和居住期限等诸多方面做出限制，使得黑人、妇女、印第安人以及大约三分之一的白人男子被剥夺了选举权。直到美国建国94年、144年和172年之后，前三者的法定选举权才得以承认。在财产资格、人头税和文化程度方面对选举权的限制，则到1856年、1964年和1970年才分别被取消。美国建国将近200年之后才通过第26条宪法修正案，规定不得以年龄理由剥夺18岁或18岁以上的公民的选举权。

设置财产门槛，是为了优先保护财阀寡头的权利。德意志银行首席国际经济学家托斯坦·斯洛克的报告显示，最近30年来，美国底层50%的家庭财富净增长基本为零，占比10%的最富有家庭所拥有的财富，却相当于底层90%家庭的总和。在保护财阀寡头利益的立宪理念指引下，美式人权观在发展过程中始终如一，万变不离其宗。以富人为核心、天然隔离弱势群体的人权理念，影响了美国国内人权发展，已经成为无法根除的政治毒瘤。

美式人权体系存在结构短板。人权是一个内涵丰富的多维权利体系，不同的人权观决定着人权实践的基准和方向。正如美国宪法学家路易斯·亨金（Louis Henkin）评论的那样，相比世界公认的人权标准，美国人的宪法权利"低于当代国际平均水平"，这是美国人权保障制度的"遗传缺陷"。

美国先民受到迫害、漂洋过海来到新大陆，这种政治传统让部分美国政客染上了"政治迫害妄想症"，进而形成了一种变态、分裂的美式人权政治观。在美国学者看来，美国的人权观念体系更多反映了一种政治上的选择权，美国独特的历史经验形成了以抽象的政治保护为基础的人权体系。美国政治学家霍夫施塔特曾将美国描述为"以新教思想和霍布斯主义为建国思想的国家"。这种过度拔高政治权利的人权观，使得其内部政治撕扯激烈，社会成本消耗巨大。

在广大发展中国家看来，不能只关注公民权利和政治权利，忽视经济权利、社会权利和文化权利；不能只关注少数人人权，无视多数人人权；不能只支持口头上的人人平等，不支持机会和权利平等、财富创造的通道平等，更遑论精神上的人人平等。

（二）美式人权"双标"害人害己

偏狭地理解人权概念、政治化操纵人权议题，美国的这套人权政治犹如思想鸦片，迷惑了许多善良人的双眼，钝化了普通人对基本权利的感知。在人权议题标签化、工具化的政治环境下，少数政客把持了美国政坛，只顾拼命炒作选举议题，煽动民众情绪，却无视大多数普通人的生活与命运。

近年来，美国国内枪击案频频发生，种族歧视愈演愈烈，弱势群体生存艰难，移民权益遭到侵犯……如此种种，引发了严重的人权灾难，波及全美，恶名远扬。2020年非裔公民弗洛伊德遭遇警察暴力执法致死案件犹如导火索，瞬间点燃了美国民众压抑多年的不满和愤怒，再一次刺破了美国国内种族与人权的政治脓疮。

种族主义和身份歧视是美国社会的遗传性顽症，难以自愈。美国精英阶层"白人至上"的政治架构与意识形态由来已久，近年来甚嚣尘上，少数族裔在美国的政治、经济、文化、社会生活等各个领域遭遇全方位歧视和压榨。皮尤研究中心 2019 年 3 月的一项调查显示，绝大多数美国受访者认为美国存在宗教歧视，尤其是针对穆斯林群体；64% 的受访者认为犹太人在美国遭遇歧视，比 2016 年高出 20 个百分点。2018 年，极端主义群体和个人制造了 249 起反犹主义事件，创下 2004 年以来最高水平。该中心还指出，美国的种族歧视系统地反映在贫困率、住房、教育、刑事犯罪、司法和卫生保健等方方面面；有 73% 非裔、69% 拉美裔、65% 亚裔、49% 白人受访者，均表示美国现任政府恶化了种族关系。

在美国，针对非裔的人权歧视往往出于政治目的。白宫高级顾问斯蒂芬·米勒、佛罗里达州州长罗恩·德桑蒂斯等少数政客，都曾在总统竞选活动中攻击非裔对手，其素材则来自白人至上主义者、伊斯兰教仇视者和极端右翼网站。2019 年 8 月 2 日，联合国非裔问题专家工作组发布报告指出，美国政治人物的言辞，刻意强调对非裔的负面刻板印象。炮制这种形象，是为了证明奴役非洲人的正当性，这对非裔族群造成了持续性伤害，并侵犯其人权。

种族歧视引发政策偏向，导致职业隔离和有色人种工人的持续贬值。美国进步中心网站 2019 年 8 月 7 日和 12 月 5 日报道，少数族裔与白人相比，面临职业发展的系统性障碍，经济福利不平等持续固化。美国 58% 农业工人、70% 女佣和清洁工、74% 行李搬运工、行李员和门房是少数族裔；过去 40 年里，非裔工人的失业率一直是白人的 2 倍。

美国国家暴力机器还对非裔进行了或公开、或隐匿的持续性暴力迫害。从 2014 年非裔青年迈克尔·布朗被警员无端枪杀，到 2020 年弗洛伊德窒息死亡、七枪连击非裔人士等事件，都在美国国内引发大规模民愤。联合国特别报告员直接指出，美国执法当局杀害和残暴虐待非裔公民的案件数量惊人，而且很少受到公正追究。

长期忽视和侵犯美洲土著权利，昭示美式人权的劣根性和原罪。美国建国之初，统治者就通过西进运动等，对印第安人进行了长达百年的杀戮。原住民群体享受的基本公共服务差，使其失业率、贫困率、死亡率更高，针对该群体的凶杀案和失踪案，发生率远高于其他群体平均值。联合国适当生活水准权问题特别报告员指出，直至今日，美国许多土著居民还长期在公共服务、社会福利等方面遭遇不公。每 1000 户当地土著居民家庭中，就有 58 户没有自来水管道系统。2019 年 5 月 10 日，联合国消除种族歧视委员会还曾致函美国政府表示关切，认为计划在夏威夷州建造的望远镜可能影响土著居民保有其祖传土地，同时该州卡那卡毛利土著居民墓地普乌恩沙丘群还遭到了亵渎。

系统性侵犯人格尊严和隐私权现象日趋严重。美国政府从不正面回应的一项基本事实是，其未告知并征得同意，大量掌握并滥用公民的生物和身份信息，这并非出于国家安全的需要。《达拉斯晨报》网站 2019 年 12 月 6 日报道，美国联邦、州和地方执法部门仅在得克萨斯州就设有 8 个秘密监视中心，共享情报监控社交媒体和其他在线论坛。美国审计署 2019 年 6 月 4 日的报告显示，联邦调查局的人脸识别办公室可以任意检索包含超过 6.41 亿张照片的数据库。乔治城大学公布的一项研究显示，约一半美国成年人（超过 1.17 亿）被纳入执法机构的人脸识别系统，其中审查非裔比其他族群更频繁。

同时，美国监狱管理混乱，导致虐囚丑闻频发：2011 年至 2015 年，美国监狱中性侵犯和性骚扰指控激增了 180%。英国《卫报》网站2019年9月4日报道，2017年的一项调查显示，美国每天都有约6.1万名囚犯被施以联合国认定的酷刑之一——单独囚禁。

警员队伍本应是维护社会安全和法律秩序的力量，然而美国警察过度用武、暴力执法伤人案件不断发生，全世界无出其右。美国警察滥用暴力的对象，多数是有色族裔尤其是非裔公民。非裔被监禁的概率是白人的5.9倍。2020年针对从弗洛伊德事件到雅各布枪击七次事件，美国接连出现全国性的示威大游行，可见民众反对警察暴力行为、要求改革的呼声日益高涨。

十分讽刺的是，这些示威本是平民抗议警察暴力执法，要求保障人权、得到公平对待，却激起了警察甚至军队更为蛮横的升级回应。因为总统要去白宫300米之外的圣约翰教堂摆拍，大批警察为其清场，动用催泪弹、闪光弹和橡皮弹驱散示威人群。共和党参议员柯顿竟然通过推特威胁说，武装到牙齿的美军第10山地师、第82空降师、第1骑兵师、第3步兵师都可以被动用，让"恐怖分子"无处可逃。而在不久前，对那些香港街头到处打砸抢的蒙面黑衣人，美国政客却称之为"和平义士"。

重大公共卫生危机爆发凸显国民健康权和生命权缺乏保障。2020年新冠肺炎疫情暴发以来，本届美国政府在对待人民生命安全等问题上所表现出来的随意与淡漠态度，令全世界震惊。尤其值得注意的是，美国社会少数族裔、老幼群体的患病和死亡率尤其之高。同时因疫情失业、种族矛盾激化导致大规模社会抗议，除造成社会关系紧张外，人员聚集感染又进一步威胁普通民众的生命健康，政府无力也无意控制，已形成恶性循环。

随着疫情的大范围扩散，美国政府不仅关闭部分医疗设施，而且对医疗补助计划和联邦医疗保险等设置上限，导致少数族裔缺乏足够的医疗保障。确诊的600多万美国人中，有将近1/10是儿童，

31个州超过1/3的新冠肺炎死亡病例来自养老院。美国人口占世界4%，新冠肺炎感染人数和死亡人数却分别占世界的24%和22%。疫情期间，美国政客撕下了"保护国际人权"的伪装，不顾联合国等组织呼吁，竟然下令强行驱逐了近15万移民、造成逾8000名儿童无人陪伴，导致家庭离散、人伦不闻。

美国民众对新冠肺炎疫情的焦虑情绪日益上涨。有民调显示81%受访者表示担心。美国全国公共广播电台和益普索公司2020年8月4日公布的一项联合民调显示，约三分之二的美国人认为美国新冠肺炎疫情应对情况不如其他国家。对此美国政治学者弗朗西斯·福山的评论更为直白，他说"疫情蔓延和大量本可避免的死亡是美国政治腐朽的代价。政客将疫情视为攫取权力和党派利益的契机，代价则是众多美国人的生命"。

美国对疫情的处置方式还在社会层面产生了极大的次生灾害，可能造成更大范围内的美国人权危机。受美国防控不力的影响，贫民阶层的境遇可谓是雪上加霜。据统计，自2020年2月以来，美国雇主裁员已经高达数千万人，低薪工人受到的打击尤其沉重；3月之后将近4300万美国人首次申请失业救济金。与此同时，美国富人的钱包却越来越鼓，12位全美最富有亿万富豪在此期间的财富总和增长了40%。

面对复杂严峻的形势，少数美国政客仍然借助对疫情带来的社会问题进行政治解读，或在国际领域寻求替罪羊，或利用疫情挑拨离间，谋取政治私利。格莱美音乐奖得主凯西·马斯格雷夫斯曾在歌曲中写道："贬低你的邻居，并不会让你高大上；煽呼人家的火，自己手指也会灼伤"。这种妇孺皆知的浅白道理，并没有阻止少数政客持续堕落。严重的疫情，犹如一面照妖镜，揭开了美国"世界人权卫士"的遮羞布，让人们又一次看清了人权华丽辞藻背后的霸凌主义真面目。

（三）美式人权外交凸显霸权本质

长期以来，凭借世界第一的经济、军事等硬实力后盾，外加一副长期打造的全球民主、人权"山巅之城"的伪装，美国政客虽然不时也会露出马脚，但依然能够靠软硬兼施的外交手腕蒙骗世界人民。冷战结束以来，"民主""人权"这些原本高尚的人类政治传统，已沦为美国霸凌主义的廉价脂粉，成为美国打压制裁、甚至颠覆他国政权的宗旨和抓手。依靠低成本、带病毒的政治"插件"，美国连续搞垮了苏联东欧阵营、搞乱了乌克兰、格鲁吉亚、黎巴嫩、吉尔吉斯斯坦、委内瑞拉等国家，一手导演了2011年以来西亚北非从"阿拉伯之春"到"阿拉伯之冬"的颜色革命。近年来，在叙利亚内战、委内瑞拉政变等的背后，更少不了美式人权干涉和霸凌主义的影子。近来，其国务卿蓬佩奥更是在欧洲之行中，赤裸裸地假借"民主""人权"的旗号，企图重演冷战旧戏，强拉他国打造反华联盟。

假人权旗号，实霸权逻辑。第二次世界大战结束后，由于实力远超他国，美国主宰世界的野心急剧膨胀。为维护自身战略安全、满足霸权企图，它针对不同国家和地区，使用扶持、打击、分化等不同策略。肯尼迪政府时期，美国针对社会主义国家和广大发展中国家，制定了"一手拿剑、一手拿橄榄枝"的和平演变战略，实质就是运用和平与战争的软硬两手，在社会主义国家策划和平演变，在亚非拉地区推行美国治下的新殖民主义。

20世纪70年代，美国政要先后通过《赫尔辛基宣言》、欧安会等外交平台，成功引诱苏联落入美国政府精心设下的"人权、民主、自由"等政治陷阱，将人权纳入对苏外交议题。美国政客和中情局前官员们不无得意地回忆说，将这些思想病毒植入了苏联社会肌体，成了阉割苏联东欧国家的"软刀子"，且屡试不爽。

冷战结束后，美国更是不遗余力地将美式人权标准普世化、格式化、工具化。将人权等口号包装成美式自由民主的基本组件，并作为美国的软实力要素打包对外销售。从克林顿政府发动的科索沃战争到小布什政府推行的"大中东计划"，从奥巴马执政时期的"阿拉伯之春"到特朗普掌权时期的"限穆令""修墙计划""人权审查委员会"，等等，历数冷战结束后美国在国际上推行人权政治的历史，美国人权政治的套路与霸凌主义本性清晰可见：维护人权是假，对外霸凌是真。

美式人权政治内外有别、表里不一。在美国政治中，人权有清晰的双重标准，其人权外交奉行赤裸裸的"双标"原则。具体实践中，又往往切割成了三个层次：盎格鲁-撒克逊与其他族裔的双重标准；美国与他国的双重标准；历史美国与当下美国的双重标准。里根政府提交国会的《人权备忘录》中，又规定了积极与消极的人权标准：对原苏联东欧社会主义国家适用积极的人权标准，惩罚它们不合标准的行为；而盟国即使存在侵犯人权现象，也适用消极标准，甚至漠然视之，对这类政权加以扶植。

美国人权问题上的"双标"源于"美国例外论"。同历史上的颠倒黑白相比，如今美国部分政客在奉行人权外交"双标"时更加肆无忌惮、蛮横无理。政治失败催生了美国社会的仇恨思维、排外主义和政治对立，触发了新麦卡锡主义、种族主义甚至法西斯主义思潮还魂。美国政客将全美各地抗议示威中的暴力活动者一概称为"暴徒"，却将其他地区类似的暴徒封为"民主斗士"；将美国警察暴力清场甚至滥用武力的手段赞为"法治""正义"，却将其他国家警员正常执法批为"野蛮""暴力"，成了他们兴妖作怪的"美丽风景线"。

人权外交成为美国思想渗透和政权颠覆的政治工具。美国极力推行本国的人权观，真正目的是推广美国模式。20世纪70年代，美国政府已将人权作为外交的主要甚至唯一核心议题推进，通过人权外交施压，推动菲律宾、洪都拉斯、巴西、秘鲁、玻利维亚和智利实现所谓"民主化"。20世纪90年代以后，美国为推行霸权企图，常常打着人权、民主等旗号，不惜采取思想渗透、政治瓦解、培养扶持代理人、制造混乱甚至颠覆合法政权等方式，实现美国不可告人的政治目的。

美国惯用人权的幌子，通过思想渗透和外交施压等手段诱发颜色革命，颠覆多国合法政权。冷战后的三十年间，美国在亚非拉和中东欧地区策划了多场街头政治和颜色革命。在乌克兰、格鲁吉亚等国的颜色革命中，美国支持的游行示威者或广场集会者，打着"民主""自由"的旗号，不承认选举结果，推翻不符合美国利益的政权并取而代之。从叙利亚内乱的第一天开始，打着"自由战士"旗号的极端分子就得到了北约军方的资助和指导。2011年4月《华盛顿邮报》刊文称，美国多年来一直暗中支持叙利亚反对派，并特别提到2009年于英国成立的叙利亚反对派"巴拉达电视台"（Barada TV），就是由美国资助的。

美国对外输出民主人权标准，有时是为了扶持听命于自己的傀儡政权，有时则是制造"可控混乱"。输出美式人权观，埋下混乱的种子，达到乱中取利的目的。策划"可控混乱"以实现离岸平衡、打造"自由之弧"；拉帮结伙、组建"民主联盟"取代联合国等国际组织，这些都是近年来美式人权外交的政治图谋。

颜色革命后，一些国家无法弥合社会分裂和政治动荡，经济瘫痪，百姓生活艰难，人权状况堪忧。更为严重的是，颜色革命引发了地缘政治冲突，造成"二战"以来全世界最大的难民潮。德国马歇尔基金会分析师伊恩·勒瑟尔指出："欧洲与中东之间形成的不稳定态势，将是欧洲未来战略环境的一大特点。如果难民大量涌入而美国坐视不理，可能会分裂跨大西洋关系。因为很多欧洲人都认为，难民潮是美国干预叙利亚政策失败的恶果。"

那些因颜色革命陷入动荡的地区，也成为恐怖主义滋生的温床。德国情报机构曾警告，欧洲境内的宗教极端主义现象骤增，"伊斯兰国"等极端组织在难民中招募武装人员，令人忧虑。埃及开罗大学教授赛义德·拉万迪也曾对此表示担心："革命意味着改变，但在阿拉伯世界，改变是毁灭性的，这些改变为地区内国家塑造了新的敌人：恐怖主义和分裂主义。"

美国当局以民主人权为借口，肆意颠覆他国政权，一些国家对此已有警惕。美国政客不达目的誓不罢休，往往气急败坏，干脆撕下自由、人权的面具，赤裸裸地露出各种政治恐怖或经济绞杀的霸凌凶相。

美国当局实施"经济绞杀"的典型做法是，以人权议题绑架经济往来，动辄实施经济制裁，迫使他国屈从。美国将人权与经济援助挂钩，强压接受美援的国家必须同时接受美国的人权标准，这是一种简单粗暴、无视受援国实际需求的蛮横霸凌行为。

我们看到，美国当局打着人权旗号的经济制裁，往往给他国民众带来人道灾难。经济封锁造成民生问题，加剧了被制裁国的经济困难、社会困顿。例如，美国长期的经贸封锁，致使古巴民众生活举步维艰。依据《防止及惩治灭绝种族罪公约》第2条，美国对古巴长达半个多世纪的经济、贸易和金融封锁是一项种族灭绝行为。近年来，联合国大会已经多次通过《必须终止美国对古巴的经济、商业和金融封锁》等决议。但美国政府却对此置若罔闻，不屑一顾。与此相似，委内瑞拉遭受美国非法制裁以来，饥荒蔓延、物资短缺、通胀严重，动荡无休无止，严重影响其抗疫斗争，危及当地群众生命。

美国还常常使用技术制裁手段干扰他国正常经济生活，制造人道灾难。伊朗近年来发生的多场空难就与此相关。在美国制裁下，伊朗早已无法购买美制飞机和零件，其民航干线上的波音客机已严重超期服役，不少飞机的机龄都超过了30年，已成为空难频发的根源。2009年7月接连发生了两起重大空难，造成200多人伤亡。2011年1月9日，一架波音727客机再次坠毁，造成77人死亡，27人受伤。伊朗国内舆论与航空专家十分清楚，事故频发的根本原因就在于美国等对伊朗实施的制裁。

美国还通过制造粮食危机获取一己私利。2020年5月19日，美军一架阿帕奇武装直升机在叙利亚一座村庄投掷燃烧气球，不仅点燃了当地的平民住宅，还将叙利亚丰收在即的30万亩麦田焚烧殆尽。叙利亚国内经济濒临崩溃，粮食危机愈益严重，美国为了推翻叙利亚政府，不惜实施类似"三光"的野蛮行径，明显具有反人类特征，严重侵害他国人民的生存权和发展权。

近年来，美国对他国实施经济制裁和技术割裂等更加频繁、也更加蛮横无理。2020年8月26日，美国商务部宣布将制裁俄罗斯5家"涉嫌从事化学和生物武器研究"的机构，其中就包括参与新冠病毒疫苗研发的俄国防部所属研究所。美国为了抢占全球疫苗市场、获得更多利润，将全世界民众的生命权抛诸脑后，不仅对美国民众不负责，更残酷打压其他国家人民的基本生命权。

假借"民主"的名义进行政治颠覆不成功，打着"自由"的旗号进行经济制裁行不通，美国当局就索性直接开动战争机器，用导弹空降"人权"。1999年，以美国为首的北约军事集团侵略南联盟，开创了人类历史上借口"人道主义"发动战争的恶劣先例。这场战争中，美国还悍然轰炸中国大使馆，造成3位中国记者壮烈牺牲、多位外交人员受伤。美国对外宣称，发动这场战争的目的是惩治南联盟总统米洛舍维奇的种族灭绝罪行，捍卫科索沃阿尔巴尼亚人的独立及生存权，但其实有更重要的地缘政治考量。美国试图通过军事干预，试探中国，并进一步压缩俄罗斯的战略空间、加剧巴尔干半岛分裂、推动北约战略转型。实质上是给侵略战争披上人权外衣,为霸权行径张目。

进入21世纪,美国一方面开动战争机器,另一方面发动舆论战、信息战,竭力鼓吹"人权高于主权",为政治打压、军事干涉制造舆论根据。"9·11"之后,美国先后在阿富汗、伊拉克发动战争,还出兵打击利比亚、叙利亚等,人权再次成为美国强权政治、军事干涉的幌子。美国强推"大中东计划",结果反倒加剧了仇恨与贫困,中东地区的民主、和平、繁荣依旧遥遥无期。

美国以反恐名义发动伊拉克战争,导致数以万计的平民无辜丧命,数以百万计的民众流离失所。美国布朗大学的研究人员指出,自2001年至2019年,美军以反恐为名,至少造成了24万贫民死亡。美国假人权之名、行霸权之实所体现出来的蛮横与专断,频频激起当地的反美风潮,导致国际恐怖主义此起彼伏。

除了上述花样百出的手段,美国当局还任意滥用司法,损人利己,践行单边主义、霸权主义。司法霸凌就是新的表现之一。通过所谓"域外法权"及"长臂管辖"等条例,借由人权议题,对他国的具体个人、企业或团体进行单边制裁,强取豪夺,霸占他国企业财产,或设下司法陷阱,诱捕他国公民,从而达到胁迫其政府的目的。近期美国机场执法人员频频以各种"审查"的名义寻衅滋事,严重损害留学生与学者的合法权益与人格尊严。

美国当局撇开联合国等国际组织,蔑视国际法,肆意扭曲国际司法判决。2020年9月2日,美国国务卿蓬佩奥以国际刑事法院持续调查美方人员为由,宣布对国际刑事法院首席检察官和另一位高级官员实施制裁。原因是两位官员认为美国确实在阿富汗战争中犯下了战争罪行。他们有足够证据认定,2003—2004年美方在阿富汗对在押人员施行虐待、侵犯个人尊严。人权观察组织国际司法部主理查德·迪克表示:"特朗普政府的制裁措施阻碍了司法公正,无视那些战争罪行受害者,以及向国际刑事法院寻求正义的受害者。"委内瑞拉外交部长称:"国际刑事法院有资格判处反人类罪,而美国罪行累累。美国'制裁'该法庭的检察官,并威胁所有官员不能调查其残暴罪行,这是违法的,等于承认了反人类罪。"

美国政客滥用域外管辖,非要给强权政治披上"合规"外衣。美国政府的出口管制、金融制裁体系以及所谓的"301调查"等,无不如此。其实并无公平正义可言,反而让司法的严肃性荡然无存。

美国的极端保守主义政府,为维护自身国际霸权,奉行单边主义,践踏以联合国宪章宗旨和原则为核心的国际秩序和国际体系,动辄"退群""毁约",推卸国际责任,动摇全球互信合作基础。2017年以来,美国已经宣布退出多个重要的国际组织和协议框架。这其中包括联合国人权理事会、世界卫生组织、《维也纳外交关系公约》、联合国教科文组织、《纽约难民和移民宣言》、万国邮政联盟等在世界人权事业发展中发挥重要作用的国际组织;先后退出了《中导条约》《伊核协议》《跨太平洋伙伴关系协定》等有关地区安全与发展的协定等。

全球疫情肆虐的当下,美国退出世界卫生组织尤其凸显出其虚伪面目。美国民主党参议员梅嫩德斯坦言,退出世卫组织这种不负责任的行为并不能保护美国人民的利益,只能"让美国人民感到恶心、使他们受到孤立"。美国舆论则称疫情当前,这是"对全人类的犯罪与背叛"。2020年7月29日《华盛顿邮报》报道中引述国际著名医学期刊《柳叶刀》杂志主编理查德·霍顿新作,指责美国在疫情期间削减对世卫组织的资助是"犯下了反人类罪"。

在全球积极应对新冠肺炎疫情的背景之下,美国政府漠视人命,强制遣返移民,加剧了全球疫情恶化。美国移民与海关执法局毫不关心遣返移民的基本健康和安全。一名美国记者指出,被强制遣返的人员长期密集滞留，卫生条件差，极易造成病毒的迅猛传播。被遣返者称滞留处为"病毒培养皿"，76 名从美国遣返至危地马拉的人员中，竟有 44 人被确诊感染新冠肺炎。因此 8 月号的日本《选择》月刊直言：美国才是最恶劣的新冠病毒输出大国。

宣扬"美国优先"，实质上是背信弃义，逃避本国责任，无视国际规则秩序，充分暴露了美国政客一贯蛮横无耻的霸凌本性。为避开联合国对美移民及抗疫政策的批评，蓬佩奥竟然绕开联合国人权理事会及国务院人权事务办公室，建立了一个所谓"人权审查委员会"，目的是让少数右翼宗教保守小团体把持裁判权。蓬佩奥寡廉鲜耻，声称"人权审查委员会"负责重新审核人权在美国外交政策中的作用，以及哪些权利应该被"尊重"。这显然是质疑联合国规定的人权观，甚至是美国人权标准的严重倒退。不难看出，美国一小撮政客为了一己之私，要一意孤行，妄图一手遮天，决意要站在世界绝大多数国家的对立面。

以所谓"人权"维护美国强权的霸凌行径，不仅没有给其他国家带来安全福祉，相反却损害和践踏他国人权，导致了一场场人间惨剧。20 世纪 90 年代，美国发起海湾战争并对伊拉克进行军事封锁，大量药品食物无法进入伊拉克境内，引发人权状况恶化。联合国儿童基金会在对 3 万个伊拉克家庭调查的基础上发表报告指出，1991 年战争之后，伊拉克 5 岁以下的儿童死亡率从 1985 年的 56‰ 上升到 131‰。

1999 年，以美国为首的北约侵略南联盟，持续 78 天的空袭导致 6000 平民伤亡，50 多座桥梁被毁，公路、铁路、机场、电站等基础设施更是损失殆尽，损失高达 2000 亿美元，百万人颠沛流离，当地人民的生存权、安全权、尊严权丧失殆尽。

2001 年，美国又以反恐为名发动阿富汗战争，至今也未完全结束。近 20 年的战乱使得阿富汗民不聊生，全国处于贫困线下的人口占比高达54.1%。联合国报告显示，仅2018年就有近4000名阿富汗平民在各类冲突中死亡，其中大约24%的伤亡归因于美国和其他北约成员国的空袭。战争中无辜的平民连最基本的人权都无法保障，只能沦为政治霸凌的牺牲品。

2015年9月，叙利亚三岁男童艾兰·库尔迪在逃难去希腊的海上不幸溺亡、伏尸土耳其海滩的图片，令全世界人民痛心。联合国称叙利亚危机导致了"冷战结束以来最严重的人道主义灾难"。据其统计，已有1200万人丧失家园，其中400多万人逃至周边国家。德国政府2015年报告显示，当年就有多达150万难民涌入德国寻求避难。而叙利亚周边国家已接收了400多万难民，承担巨大的人口及社会压力。仅黎巴嫩就接纳了大约150万难民，超过其人口的1/3。2018年，经地中海辗转欧洲的难民人数达116000人，地中海沿岸遇难人数为2300人。造成这场浩劫的始作俑者，正是躲在所谓"人权""民主"旗帜背后肆意妄为的美国。动乱一开始，美国便向叙利亚反对派提供大量的军事和经济支持，致使当地战火燃烧不断。然而在欧洲向难民敞开大门的同时，美国却躲在大西洋另一边隔岸观火。2015年美国政府竟宣布，来年最多只能接受1万名叙利亚难民，招致国际舆论的激烈批评。这种表面唱高调、背后敷衍塞责的伪善做派，让世界甚至其欧洲盟友也深感心寒。

（四）命运休戚与共，拒斥人权霸凌

2020年9月15日，美国皮尤中心发布的民调显示，美国政府应对疫情不力，国际形象进一步受损。民调涉及的13个国家中包括美国的诸多盟友，其中德国人对美国的看法尤其负面，只有26%的受访者对美国抱有好感。世界对美国的好感已经降至历史最低点。

美国学者直言，"人权注定要保留在美国外交议事日程上，美国在这个问题上没有选择的余地,美国将来也不会放弃人权外交。"这几年,美式人权外交除了已有的"傲慢与偏见",还增添了粗暴与刁蛮,花招百出、丑态毕现:有时以人权、民主为借口,打压对手,拉拢盟友;有时干脆扯掉人权的面纱,挑拨离间、煽风点火、恐怖、暗杀、蛮横无理……无所不用其极。国际上不少善良的人们担心,美国这一小撮政客的气急败坏和歇斯底里,恐怕会将世界带入一片未知的黑暗。

值得庆幸的是,世界上越来越多的人认识到,霸权主义和强权政治是世界和平与稳定发展的最大威胁与障碍。美国政客的倒行逆施,受到国际上越来越多有识之士的批判。如今美国"人权堡垒""自由灯塔"的形象已不复光鲜,霸凌行径越来越不得人心,拉帮结派、煽风点火、制造混乱,愈发招人厌烦。在经济全球化、文化多元化、国际关系民主化的今天,霸权主义、强权政治无论如何伪装,都注定将被淘汰进历史的垃圾堆,而其逆历史潮流而动的无耻行径,也注定将被钉在历史的耻辱柱上。

六 美式政治劣质化是全世界的灾难

当今世界面临着冷战结束 30 多年来最危险、最复杂的政治局面。大国间信任缺失,国际间出现了治理赤字、和平赤字和发展赤字。政治对立、价值纷争、经济制裁等取代了原来的对话与合作。"混乱、对抗"成了全球政治的主题词,大国间的政治关系可以形容为势不两立、剑拔弩张。世界为何陷入乱局,根源何在?世界怎么了,世界向何处去?这些问题不能不引发政治学者的担忧和思考。

冷战后全球政治生态严重恶化的根源在西方,在于以美国为代表的西方政治系统性衰败。直接原因就是以美国为代表的西方政治日益劣质化，西方政治阵营生产越来越多的思想病毒、舆情火药和政治垃圾，给全球政治生态造成一波又一波的严重污染。缺少应有的道德和专业水准的西方政客不断抛出劣质的政治产品，恶化了国际交往合作环境，干扰了全球化进程，拖累了经贸发展，打乱了全球产业链，人为制造敌人，激化民族矛盾，引发国际冲突。近年来西方阵营种种倒行逆施，可谓是罄竹难书；世界之乱，西方政客罪责难逃。

（一）全球政治生态严重恶化：源在西方，罪在政客

近几个月来，勉强上台的美国民主党政府，一改特朗普掌权时期唯利是图、四面出击的打法，重新捡起"民主、自由、人权"等口号，拉开架势，使出全力，对中国、俄罗斯等发起政治围攻。这些美国政客寄希望于拉帮结伙、重整旗鼓，重新找回原来一手遮天、独霸天下的全球霸主地位，给走下坡路的美国国运打一剂强心针，挽救衰退的老命。但近百年来世界政治历史经验表明，多行不义必自毙，这也是历史上任何霸权国家和强权政治的宿命。我们认为，无论打着多么光鲜的旗号，当下美国政客妄图通过打压中俄保住自身霸权优势，除了给世界带来些许麻烦困难之外，不仅不会得逞，还将加速自身的衰落，最终逃脱不了失败的命运。

（二）30多年来西方政治疯狂扩张给世界带来深重灾难

30多年前，柏林墙倒塌后，东欧国家倒向美国怀抱。此后，苏共垮台、苏联解体。我们知道，30多年前苏联解体的原因复杂多样，的确值得有识之士做出深入而全面的分析。但在骄傲而蛮横的西方战略家和谋士们的眼里，西方政治模式完美无缺、无与伦比，而"民主""自由""人权"等政治工具功不可没，是摧毁苏联阵营的政治"利器"。冷战结束后不久，这些西方政客便不假思

索地将民主、自由等工具化，将"西式民主"改造成一套功能强大的政治软件，可以随意叫卖、输出或强行安装。

借助东欧国家的投降归顺，西方阵营肆无忌惮地打着"民主、自由"的口号扩展政治经济地盘。不顾原来的约定和俄罗斯的反对，蛮横地推进北约东扩，步步紧逼，挤压俄罗斯战略空间。实际上，早在戈尔巴乔夫、叶利钦时期，俄罗斯已照方抓药实行休克疗法，痛快地服下西式"民主化、私有化"的药方。但蛮横无理的西方政客根本无视已经举手投降的俄罗斯，不仅在原苏联地区先后策动颜色革命，还不断加强对俄罗斯的政治渗透，企图策动白桦革命，以进一步削弱俄罗斯、羞辱普京。这当然激起有着强烈民族自尊的俄罗斯的奋力反击：以捍卫主权回应西方民主攻势。这样一来，尤其是2006年以后，傲骄的西方民主阵营将一个已经匍匐在地的俄罗斯，又一步步打造成自己的强劲对手。

（三）民主泡沫化与颜色革命

2000年以后，在西方政治阵营推波助澜下，国际上第三波民主浪潮未平，第四波民主化浪潮又起。黎巴嫩"雪松革命"、格鲁吉亚"玫瑰花革命"、乌克兰"橙色革命"、吉尔吉斯斯坦"郁金香革命"等街头政治相继爆发。在这其中，西方政治谋士们连出三招：首先在理论和概念上，将西式民主和自由市场模式推向极致，将其神话、唯一化、绝对化、普遍化、模式化，认为西方模式是普世的、超民族的、横贯人类历史的；其次无视文明差异和文明多样性，鼓吹西方中心论，煽动民族、文明、宗教间的冲突，声称民主既为西方社会和西方文明所特有，为广大国家所普遍适用；最后是在实践上将对外推销西式民主政策化，大肆对外输出民主，不时策动颜色革命。

为谋求政治霸权和国际话语权、掩盖其地缘政治私利，西方媒体和学术界接连抛出一系列虚妄的政治信条和口号:"民主万能论""民主速成论""民主国家不战论""民主和平论""民主同盟论",极力推行"价值观外交",打造"自由和民主之弧"。

这期间美国政客妄图以美式自由民主一统天下的目的昭然若揭,政治野心急剧膨胀,一些美国谋士或学界专家也摇旗呐喊。美国一所著名大学的几位法学教授居然公开鼓动,美国应撇开联合国,打造以美国为首的国际民主联盟。2000年左右,在美国外交界和情报系统幕后操控下,波兰等国跳出来召开所谓的"世界民主大会"。2006年前后,一贯以仇俄、反共著称的美国共和党议员麦凯恩到处鼓吹成立"民主联盟"。此举被普京斥之为患上了"越战后遗症",反映了此人难以医治的战俘式"病态心理"。

冷战后30多年期间,西方国家不时通过策动颜色革命而兵不血刃地促动对象国家政权更迭,从而达到西方扩大政治势力范围、争得地缘政治优势的目的。在国际舞台上,西方政客念念不忘推广西式民主和自由,企图以低廉的成本,捞取巨额的政治回报。结果是,西方政治阵营一度如日中天,不可一世,但同时导致国际不断的地缘政治冲突和恐怖活动。30多年中,以美国为首的西方大国不计后果地极力对外输出民主,不仅没有给世界带来民主与繁荣,却造成了一些国家和地区的政治衰败:政局动荡不安,治理失败,无法无天,冲突不断,老百姓流离失所,难民失去家园。正是由于美国的政治扩张,才造成了国际上民族分裂不断、宗教种族冲突时起,导致国际社会严重对立,国际政治生态急剧恶化。可以说,西方对外输出民主、对外政治干涉,成了当今世界政治生态恶化的乱源。

(四)蜕化变质的西式民主反噬自身

近年来,西方阵营强迫他国政治转型,借机政治扩张;鼓吹民主泡沫，煽动街头暴力，策动颜色革命，侵犯他国主权安全；散布文明冲突，刺激恐怖活动；等等。西方政治扩张不但没有给世界带来民主自由，反而造成自身能量透支，入不敷出，四面楚歌。西方阵营非但没能造福于世界，却成了全球混乱失序的病源。

西方之乱，病在自身。还在2005年，英国前首相布莱尔惊呼，西方民主已死。近年来一些民意调查结果也显示，西式民主频频失灵，而西方民众尤其是青年一代对西式民主的信心与信任逐年下降，美国人对民主制度的信心下降至30多年来最低点。美国社会撕裂加剧，金钱政治扭曲民意，选举成为财阀寡头的"独角戏"，种族歧视、仇恨政治愈演愈烈，冲击着美国政治的根基。乃至有学者提出，西式民主异化变质，或被民粹主义淹没，或被沙文主义、排外行为以及法西斯主义而侵蚀。

尤其是2008年爆发的国际金融危机表明，西方政治步入了一个分水岭：深陷政治困境，再难以独善其身。美国政治学者福山认为，美国两党竞争导致政治极化，而民主的泡沫导致政治衰退。他认为，美国的民主政治演变成了一种"否决政体"，政治被"党争民主"或极端思潮俘虏，难以自拔。欧洲政治观察家也认为，"民主变质""民主泛滥""过度民主"的欧洲将会陷入恶性循环之中。

如今的西方某些国家的政治已被少数人绑架，财阀当道，寡头掌权，政客在前台作秀。政治常常遭遇"塞车"或"红灯"。政治极端主义和民粹思潮泛滥，表现为政治歧视、宗教极端思潮等排外主义、孤立主义盛行。西方民主已变质、变坏，而且责任在其西方制度自身。美国教授艾利森指出，美国的问题就在于美国民主政治的衰败，而衰败的美国才是世界最大的危险和挑战。

（五）对外战争耗费冷战红利

20世纪80年代末到90年代初，是冷战结束时期。以柏林墙倒塌、苏联解体为标志，第二次世界大战后西方与东方阵营、资本主义与社会主义阵营、以美国为首的北约和以苏联为首的华约之间的对抗从此结束，世界进入"后冷战时代"。

在冷战中瓦解和摧毁苏联后，美国代表西方坐上世界金字塔的塔尖，收获数以万亿美元计的冷战红利。但同时，以美国为代表的西方政治阵营，仿佛在冷战后患上了"政治狂想症"：一方面肆意对外输出民主、妄图独霸全球；另一方面又臆想不同文明和宗教文化的冲突与对抗。世界又一次被西方政客划分为两个阵营：以美国为首的西方霸权阵营与其他被打压和制裁的非西方世界。西方某些战略家动辄以"民主、自由"划线，甚至打造"民主同盟"，企图唤起新冷战。

其结果是，过去 30 多年来，世界看到和经历的是西方阵营大肆输出民主，挑拨宗教对抗，鼓吹文明冲突，刺激国际恐怖，发动局部战争，策动"颜色革命"，侵犯他国主权。这些年，美国仅在中东地区几场战争中就直接耗费 6 万多亿美元，加上在阿富汗战争中的耗费，可能达 10 万亿美元之巨。美国航空母舰发射的巡航导弹没给伊拉克、利比亚等国带去民主自由人权，反而引发二战以来最大规模的难民潮，数百万人流离失所，两千多万难民无家可归。在国内，美国的民主践踏人权和种族平等，隔离排外行动盛行。最近几年，在实力衰落和国内矛盾加剧的背景下，美国的政治霸权的冲动演变成政治焦虑和政治癫狂，而且愈发严重。政治焦虑和政客癫狂，促使它常常变得歇斯底里，无所不用其极，不惜祭出种种对抗性，甚至自杀式政治手段打击他人，以维护自己霸权地位。

（六）民主话术与政治赌注

30 年前，美国曾带领西方阵营推倒柏林墙，如今却奉行单边主义，肆意排外，动辄无理制裁，大肆筑起"隔离墙"，鼓吹经济技术与他国"脱钩"，企图重新放下经济和技术"铁幕"。如今，一些西方政客不敢公平竞争，妄想拾起过去驾轻就熟的"民主牌"，妄图重演以"人权牌"瓦解苏联的"老把戏"：一方面到处游说，极尽挑拨离间、煽风点火之能事；另一方面重拾"老套路"，拉帮结伙，以"民主自由"划线，妄想重温昔日的"冷战"。

美国由过去世界秩序的塑造者、领导者，如今却成蜕变成了"自私、要挟、无信、破坏、蛮横、霸凌"等的代名词。美国政治成为全世界的头号问题。世界之乱的病源在美国。是美国政客将腐朽变质、带有政治病毒的"民主、自由"肆意传播，将世界带入对抗、冲突、流血甚至热战等万劫不复的境地。从这样的角度看，美国不配再充当世界领袖。这样整天煽风点火、到处打打杀杀的世界领袖不要也罢。绝不能让西方少数醉心玩弄"民主、人权"老把戏、自私自恋而又不负责任的西方政客将世界带入不可预测的政治深渊。

过去几年，由于政治衰朽变质和政客低质，美国政坛给全世界上演了多场政治闹剧。尤其是2021年1月6日，不服输的在任总统蛊惑部分民众冲击国会大厦，彻底撕下了美式民主光辉神圣的面具，暴露出美式民主的真面目。如今，美国人民每天还在承受着政客玩弄"民主、人权"游戏的痛楚：疫情蔓延，夺走了近60万人的生命；政客不顾新冠病毒蔓延，大肆传播有害的政治病毒；种族歧视司空见惯，警察过度暴力执法；经济下行背景下财阀狂欢与失业者的无奈等。

什么是美国社会当今面对的最大威胁？美国哈佛大学肯尼迪政府学院教授格雷厄姆·艾莉森指出，美国民主长期的失败才是更深层的原因。2018年8月28日，他在美国《外交》双月刊发表题为《自由秩序的真相》的网文中断言，美国政治体制的失败是对美的世界地位最大的威胁。

30年前，冷战刚刚结束时，美国国内生产总值占全球的比重已经从战后的二分之一降至四分之一，现在更是落到只有七分之一。近几年国际民意调查结果显示，美国国际形象连续大幅度下跌。据2020年9月18日英国《卫报》报道，一项全球调查表明，如今的美国政府在全球的名声一落千丈。甚至越来越多的西方国家和美国的盟友认为，美国已经失去了主导世界的担当和责任。皮尤研究中心在国际社会展开了调研，结果显示，国际社会对美国的信心和信任普遍下降。人们看到，美国确实在衰落。但它是"优雅地退出世界舞台的中央"，还是"碰撞得头破血流，跌跌撞撞地摔下国际舞台"？也许未来几年会见分晓。但什么样的结果将取决于美国政治精英的政治选择。

2019年4月30日美国《华盛顿观察家报》报道，美国国务卿蓬佩奥团队核心成员之一、国务院政策规划主任基轮·斯金纳（Kiron Skinner）在华盛顿一场安全论坛上谈到，中美之间的博弈是不同文明之间的斗争，美国当前是首次面对非白人种族的强大竞争对手。美国政要内部重拾20多年前"文明冲突"的论调，显示美国政策有滑向"法西斯主义"的危险。

过去几年中，一方面美国内部政治分裂与极化加剧，另一方面美国对外"四处出击、到处树敌"，搅乱他国和让全世界不安。作为最大的政治产品生产地和出口地，美国政府成了"全球之恶"：横行霸道、挑起冲突、输出混乱，甚至不惜撕毁国际条约、伺机煽风点火，准备热战。作为美国内政的延伸——美国外交和军事行动给世界带来深刻分裂和持久混乱。难怪美国国际政治专家罗伯特·卡根出于对美国的"好战"和"侵略性"传统的深刻理解，得出"美国是个地地道道的危险国家（Dangerous Nation）"的结论。

如今，世界各国如何与步步衰落却要恢复霸权、企图开历史倒车的美国政权相处，是摆在美国之外其他国家领导人面前的一个严肃的政治问题。而美国选择什么样的姿势面对自身的衰落则是考验美国政要智慧与历史表现的关键。美国政治上层企图树立外部敌人，借以弥合政治分裂，妄想掉转枪口一致对外，进而在国内进行政治动员。但唯我独尊、与全世界为敌，尤其是将中国、俄罗斯视为敌手的政策，不可能使美国"再次伟大"，相反，这将加速美国的衰弱、衰落乃至失败。

沉舟侧畔千帆过，病树前头万木春。通过分析研究冷战前后40年来世界政治跌宕起伏的过程，中俄政治学者得出如下政治结论：一是反对假借"民主、自由"名义，对外实施政治西化、分化、弱化和演化；二是破除民主一元论，反对将西式民主视为无所不能的软件程序，强行输出；三是反对策动"颜色革命"，反对谋求地缘政治私利，践踏他国主权和国际准则；四是弘扬法治，识别真假民主，避免出现少数人绑架要挟的劣质民主；五是警惕极端势力、排外势力、民族分裂势力假借"民主"舞台登场亮相；六是警惕假借"民主、自由"等名义在国际事务中拉帮结伙，动辄对他国制裁、动武甚至武装颠覆他国主权。

亲仁善邻、协和万邦是中华文明一贯的处世之道。一个不可改变的趋势是，世界正朝着多极化和多向度发展，世界多元文明之花将竞相绽放。中国的发展观和全球观与美国政客眼中有你没我式的"比、争、斗"不同，将超越大国对抗的逻辑，超越自我，成就更高、更强、更好的自我。中国眼中的世界发展，不是你输我赢的淘汰赛，也不是你死我活的擂台赛，而是田径赛，你追我赶，大家奋勇争先。中国眼中的全球政治系统，是一个立体多样的百花园，各美其美，美美与共。和平发展、公平公正，互帮互助、共建共享。合作是业，安宁是福。中国人心中的世界政治愿景是，国家长治久安、民众安居乐业、个人家庭幸福美满。

第二章

大国之殇

一 方向决定命运

2021年正值苏联解体、苏共垮台30周年。30多年前的苏东国家剧变给世界社会主义运动带来了严重挫折，改变了世界政治版图。历史表明，苏联解体是苏共后期蜕化变质的结果。而戈尔巴乔夫盲目的政治改革和匆忙的民主化正是这一过程的加速器和导火索。

2009年，美国苏联历史问题专家、戈尔巴乔夫改革的拥趸者史蒂夫·科恩在《苏联的宿命与失去的抉择：从斯大林主义到冷战》一书中写道，如果使用通常的政治语言来看，戈尔巴乔夫失败了。因为他在苏联进行的"民主化改革"，最终导致了国家解体和政权的瓦解。[①] 应当指出，苏共败亡和苏联瓦解既是一项严肃的历史课题，也是一项政治性和思想性很强的研究项目。面对30多年前那些纷繁复杂的历史事件，需要拨云见日，抓住关键因素，得出政治性的结论。

---

① Stephen F. Cohen, *Soviet Fates and Lost Alternatives: From Stalinism to the New Cold War*, Columbia University Press June, 2009, Cloth, 328 pages.

（一）政治制度：改革还是改向？

十月革命胜利后，新生的苏维埃社会主义政权自建立之日起就引起西方帝国主义的强烈仇恨，遭到国内外敌对势力的疯狂破坏和捣乱。帝国主义的政治家们一开始就发誓，一定要把这个崭新的社会制度"扼杀在摇篮之中"。二战结束后，西方大国更是将以苏联为代表的社会主义国家视为"自由世界"的威胁。此后50多年，西方阵营除保持强大的军事压力外，更是选中了"和平演变"作为与苏联进行政治和思想较量的手段。丘吉尔、杜鲁门、尼克松、里根、布什等许多西方政要都坚持，要针对苏联进行政治战、心理战、文化战，以民主、人权为工具，摧毁苏联社会主义制度。

冷战以后，西方国家积极利用"民主、人权"等借口，将其视为攻击苏联政治制度的有效砝码和利器。西方称苏联是"共产主义专制"国家，祭起"人权""民主""自由"等旗号，对苏联发动猛烈政治和外交攻势。60年代以来，利用苏美高层会晤的机会，美国政府将"人权""民主"和"自由"等问题列入会谈的议程，对苏联领导人施加强大压力。同时，西方国家先后成立各种形式的民主基金会，并与外交、情报等部门配合，在苏东阵营寻找政治代理人，支持苏联持不同政见者或民族分裂势力。美国"全国争取民主基金会"旗下的刊物——《民主》杂志两主编之一、政治学家拉里·戴蒙德曾毫不掩饰地说，美国和西方国家在苏联等社会主义国家推行"人权"和"民主化"，就是要改变这些国家的政治制度。

在国际共产主义历史上，面对"民主、自由、人权"等资产阶级的政治圈套和话语陷阱，列宁一语道破。列宁指出，民主、自由和平等从来都是具体的、历史的。列宁反对笼统而抽象地谈论一般性或普遍性的"民主""自由"与"平等"。① 列宁认为，不应当抽象地谈论民主，不要相信什么"普遍民主"或者"绝对的民主"的谎言，②不存在什么"全民的、全民族的、普遍的、超阶级的民主"。③ 他指出："只要阶级还没有消灭，对于自由和平等的任何议论都应当提出这样的问题：是哪一个阶级的自由？到底怎样使用这种自由？是哪个阶级同哪个阶级的平等？到底是哪一方面的平等？"④

然而，20世纪60年代以后，苏联政治领导人逐渐失去了政治信仰，理想信念开始动摇，最后落入了西方国家设下的"民主、人权"等政治圈套。1983年，美国前总统尼克松在考察几个东欧社会主义国家后得出这样的结论：苏东共产党人已经失去信仰，这些国家正在崛起的一代领导人，不是思想家而是务实派。戈尔巴乔夫⑤自己承认，他早就不相信科学社会主义的生命力，因此在上任后便企图用"西欧式的社会民主思想"来改造苏共。

戈尔巴乔夫后来承认，正是1987—1988年期间他的思想发生了根本转变。他自白："随着经验的积累，变得明确了：在70年代末和80年代初袭击我国的危机并非局部，而是整个制度的性质。发展的逻辑使我们认识到，不是应该完善整个制度，而是攻入它的基础本身。"⑥ 他写道："1988年我们意识到，必须对制度本身进行根本改革。由此进入了内容丰富的第二阶段的改革，这应立足于另

---

① 《列宁全集》第36卷，人民出版社1985年版，第335页。
② 《列宁选集》第4卷，人民出版社1995年版，第68页。
③ 《列宁选集》第3卷，人民出版社1995年版，第721页。
④ 《列宁全集》第39卷，人民出版社1986年版，第423—424页。
⑤ 俄罗斯学者指出，戈尔巴乔夫出生在1927—1933年间，被称为"金色的一代"。因为1918—1926年出生的男性参加了卫国战争，不少人战死在疆场。而戈尔巴乔夫一代是在40年代末和50年代接受大学教育，又在赫鲁晓夫的"非斯大林化"时期开始步入社会。——参见［俄］亚·谢·巴尔辛科夫《当代俄罗斯历史导论（1985—1991）》，莫斯科2002年俄文版，第56页。
⑥ ［俄］米·谢·戈尔巴乔夫：《对过去和未来的思考》，新华出版社2002年版，第71页。

一些意识形态观点，其基础就是社会民主思想。"① 上任后不久，戈尔巴乔夫便提出"公开性、民主化、改造"② 等口号，力图通过在苏联内部的"民主化"配合向西方退让、妥协的外交"新思维"。

对于以戈尔巴乔夫、雅科夫列夫等为代表的苏共最高领导人政治信仰和思想立场的转变，除上面提到的尼克松之外，时任美国驻苏联大使、著名的苏联通小杰克·F.马特洛克，③ 美国政治家布热津斯基等人早已洞若观火。布热津斯基在1989年写道：戈尔巴乔夫在改革过程中已逐渐走上了修正主义道路……他不仅要改变苏联的经济结构，还要修改苏联制度的思想基础，甚至要在一定程度上改变苏联的政治程序……在克里姆林宫出现一位修正主义的总书记所造成的影响是巨大的……世界共产主义就会有瓦解的危险……有朝一日，苏共要丧失对社会的垄断控制，苏维埃联盟随时可能解体。④

改革是社会主义的自我完善的手段，改革不能变成"信仰放弃、方向背弃、主义抛弃"，改革不是改向。苏共后期主要领导人放弃自己的政治信仰，否定苏共历史，这对于一个无产阶级政党来讲，无异于是"思想自杀"行为。在戈尔巴乔夫等领导人的带领下，苏共借批判"斯大林模式和苏联社会主义模式"之名，力图改

---

① 参见［俄］《自由思想》杂志1995年第3期，第9—10页；转引自李兴耕等编《前车之鉴：俄罗斯关于苏联剧变问题的各种观点综述》，人民出版社2003年版，第38页。

② 俄文"перестройка"一词，过去中文通常译为'改革'，而英文则直接音译"Perestroika"，原意为"改造、重建、重构、解构"等意。"改造"一词最早出现1986年4月6日，戈尔巴乔夫在视察陶里亚蒂市时与当地居民交谈时首次说出"перестройка"—"改造"一词，后出现在1986年3月苏共二十七大报告中。"改造"与外交的"新思维"（"новое мышление"，直译应为"新的思维方式"，是一个被俄学者批评为词语语法均搭配不当的词组）一起，成为戈尔巴乔夫自创的俄语词汇，也是他的政治新发明。

③ ［美］小杰克·F.马特洛克：《苏联解体亲历记》，世界知识出版社1996年版，第162、164、169页。

④ ［美］兹·布热津斯基：《大失败——20世纪共产主义的兴亡》，军事科学出版社1989年版，第65—66、76—77页。

弦易辙，走一条社会民主主义道路，不但于事无补，反而导致了苏共丧失执政的合法性，引发了政治分裂和国家瓦解，从此走上了一条政治自杀的绝路。在短短的 6 年左右的时间里，这股打着"民主、人道"旗号的政治思潮不仅使得苏联改革误入歧途，而且葬送了 74 年的苏联社会主义事业，埋葬了国际共运中最具影响力的、有着 90 年历史的苏联共产党。

苏共后期的领导人放弃了科学社会主义，转而接受民主社会主义思潮。其中除领导人的因素外，也有着复杂的社会文化原因。20 世纪 80 年代的苏联社会，在经历了几十年的社会主义历史之后，还不能一下子接受盎格鲁－撒克逊式的自由资本主义。而与欧美自由资本主义模式相比，民主社会主义更具亲近性和诱惑力，再加上苏共主要领导人的鼓舞与带动，更使得这股思潮具有内部性、蛊惑性、隐蔽性和危险性。但是，民主社会主义令人炫目的愿景并没有给苏联社会带来安定和富裕。民主的梦幻不仅没有给苏联人民带来自由和人权，反而使苏联社会失去了公平、失去了 70 年之久的社会主义。更加引人深思的是，20 世纪 80 年代民主化、人道化的口号引来了俄罗斯"财阀、寡头的为所欲为"，为 90 年代野蛮的、原始的、犯罪式、官僚式的俄罗斯资本主义打开了大门。

（二）政治之基：坚持还是放弃？

苏维埃社会主义共和国联盟是苏共一手创建的。苏共是苏维埃政权和政治体系的根本和核心，苏联大厦维系在苏共这一重要的政治支柱上。戈尔巴乔夫上台后，先削弱、后放弃苏共的领导地位。5 年左右的时间里，苏共遭受了被改革—被削弱—被边缘—被分化—被抛弃的悲惨命运。失去了苏共也就没有了苏联。

第一，内部削弱。改革初期，苏联和改革的命运在很大程度上还取决于苏共。但在戈尔巴乔夫倡导的"民主化"和"公开性"

思潮的冲击下，苏共开始逐渐丧失引导改革和国家发展的能力，在政治生活中逐渐被边缘化。戈尔巴乔夫在改革不力的情况下，把苏共视为改革前进和社会发展的"阻碍机制"。戈尔巴乔夫把1800万各级管理人员都看成"改革的阻力"，放任"自由民主激进派"对苏共和政府的干扰和攻击。雷日科夫出任苏联部长会议主席仅一年半的时间内就被激进的议员提出6次不信任案。原俄共领导人波洛兹科夫反思道："改革一开始就出现重大失误，夸大了党内、党员干部和国家机关中保守主义的危险性，拼命攻击党，人为地培植反对派。本应从党抓起，使之成为社会主义改革的有力工具，本应用加强组织性来促进民主化，可是戈尔巴乔夫却背道而驰，这个教训是十分深刻的。"①

所有这些逐渐导致苏共成为舆论批评的众矢之的。1990年，苏共已经感受到非常严重的危机，当社会上自上而下地出现了意识形态和政治多元性后，苏共已经是徒具形式上的统一，党的凝聚力和向心力大大被削弱。在1990年苏共二十八大上许多代表表达了对党的高层领导及总书记身边人员的不满情绪，许多人忧虑党的意识形态原则的摇摆不定。二十八大通过的纲领中苏共党的宗旨出现根本性的变化，组织基础遭到彻底的改变。许多党员认为，实际上把党变成了一个"意识形态俱乐部"，削弱了党的意识形态和政治战斗力。除此之外，大会还规定了各个联盟共和国的共产党拥有无限的独立性。

第二，外部取消——由领导党变为议会党。早在1988年，一些非正式组织如"民主联盟"就提出废除苏共领导地位的问题。随着人民代表选举活动的开展，一些政治势力看到与苏共拉开距离更容易走上政治舞台，于是，在1989年5月第一次人代会上和同年

---

① ［苏］《真理报》1990年11月16日，转引自吴恩远《从共产党的先进性看苏共丧失执政地位的历史原因》，载《苏联史论》，人民出版社2007年版，第347页。

12月的第二次人代会上,"民主派"代表多次提出废除宪法中有关苏共领导地位的条款。之后,1990年2月4日,在苏共中央召开二月全会的前夕,莫斯科有20万人举行集会游行,喊出了"取消苏共领导地位、审判苏共、实行多党制"等口号。

1990年前后,受到东欧剧变的影响,戈尔巴乔夫开始对多党制表示认可。随后在1990年苏共中央二月全会上,正式提出了修改宪法第6条的决议,取消苏共对国家政权的法定领导地位。在苏共二十八大上,戈尔巴乔夫声明,苏共将起着议会党的作用。在咄咄逼人的民主激进势力的进攻下,苏共先后在许多共和国、州、市丧失了执政地位。

第三,分裂肢解。如果说早在20世纪80年代中后期,苏共最高领导层就已冒出分裂的念头,那么苏共灭亡、改革失败的命运早已注定。[①] 早在戈尔巴乔夫刚刚上台之际,他身边的政治谋士已经准备了从政治和思想上将"苏共一分为二"的计划。1985年12月,雅科夫列夫利用苏共中央宣传部长的身份上书苏共中央总书记,向其提出实行民主化、公开性、多党制和总统制等一系列全面政治改革的建议。建议在组织上将一分为二:分成社会党和人民民主党,全民投票选举总统,任期10年……政府由在全民选举中获胜的党的总书记领导,等等。据原苏联科学院美国和加拿大研究所所长、曾担任过几位苏共总书记政治顾问的格·阿·阿尔巴托夫院

---

① 1991年"8·19"事件后,戈尔巴乔夫随即宣布解散苏共。他描述了当时苏共中央内部的状况。从中我们可以看到苏共面临分裂的危局。戈尔巴乔夫写道,苏共发展到一定阶段必然要解体,"因为它包含了各种各样思想、政治派别的代表。我主张通过民主的道路达到这一点——11月举行党的代表大会,到时候在会上进行分野,好说好散。我和我的志同道合者所提出的党纲模式,根据一些民意调查,党员支持率在三分之一左右。其余部分就各奔东西了:有支持尼娜·安德烈耶娃和安皮洛夫的,有支持布兹加林和科索拉波夫、久加诺夫、罗·梅德韦杰夫和杰尼索夫、利皮茨基和鲁茨科伊的。看来有相当一部分人加入了民主俄罗斯,与特拉夫金的民主党、基督教民主主义者为伍了。这件事(指他宣布解散苏共的事——引者注)归根结底还是发生了"。参见《戈尔巴乔夫回忆录》下册,社会科学文献出版社2003年版,第1369页。

士证实，当时苏共最高领导人也曾讨论过这一方案。以这位院士为代表的一些苏联高级知识分子也认为这是可行的，党可以分裂成两个或三个党，其中一个是强大的社会民主派。

苏共的失败是从苏共党内的分裂开始的，而民族主义是撕裂苏共的口子。在80年代后期苏联各地民族主义分裂势力兴起之际，当地苏共党组织姑息、纵容甚至参与民族分裂活动。1989年末立陶宛共产党脱离苏共而宣布独立，拉开了苏共分裂和苏联解体的序幕。1989年6月，为抵制以戈尔巴乔夫为首的苏共中央的不作为，建立了独立的俄罗斯联邦共产党。但他们后来在叶利钦等为代表的自由民主派势力的影响下，不由自主地汇入瓦解苏联的大潮中。正可谓，一个染上民族主义的党，是一个走向灭亡的党。①

苏共二十八大通过的政治纲领为按民族和地区继续分立留下了空间。这次代表大会规定，除了与苏共保持共同的"纲领性原则"之外，各个加盟共和国的共产党以后都可以"制定自己的纲领和文件，独立解决政治、组织、干部、宣传和财政问题，在共和国的国家体制、社会经济和文化发展领域实行各自的路线，与其他包括国外政党的组织和社会运动单独建立联系"。苏共党内各地民族政治精英人物先后脱党或脱离联盟中央，成为民族和地方分裂势力的急先锋。正如俄罗斯学者写道："在各共和国的共产党之间建立联邦关系是导致后来苏联被否定和肢解的一个最为重要的因素。"②

第四，抛弃与葬送。苏共后期，除了在外部面临民主派的竞争与攻击外，苏共实际上已经被戈尔巴乔夫等高层抛弃。1990年前后，戈尔巴乔夫对党已经失去信心。戈尔巴乔夫在向"民主派"做了一系列政治让步之后，开始为自己安排退路：提出设立总统一

---

① ［俄］叶·库·利加乔夫：《警示》，当代世界出版社2001年中文版，第284页。
② ［俄］Д. Л. 兹拉托波里斯基：《摧毁苏联》，莫斯科1998年俄文版，第24页（Златопольский Д. Л. Разрушение СССР. М., 1998. С. 24）。

职。1990年3月戈尔巴乔夫当选苏联第一任总统之后，立即成立了总统委员会。总统委员会制定决策方案后，或通过总统交给立法机关议决，或由总统发布命令执行，苏共中央政治局和书记处再无能力影响重大决策的制定与执行，制约戈尔巴乔夫的能力越来越小。虽然戈尔巴乔夫仍保留了总书记的职位，但更多的是利用权势以摆脱苏共的控制，直到最后完全摈弃苏共。

1990年夏，苏共总书记戈尔巴乔夫已经决定彻底抛弃苏共。① 苏共二十八大会议期间，苏共已经近乎分崩离析。曾担任政府总理的苏共政治局委员雷日科夫痛心地说："党到1990年已经缓慢地濒临死亡。"

1990年7月苏共28大之后，苏联的国内形势更加危急。反共反社会主义的集会和示威连续不断，此起彼伏。广大党员对党的前途失去了信心，引发了大批苏共党员退党。大批党员退党或脱党实际上是对戈尔巴乔夫搞垮苏共的不满和抗议。② 据苏联《对话》杂志报道，1985年苏共退党人数4万，1986年为4.5万，1987年为4.9万，1989年14万，1990年上半年达到37.1万，而苏共二十八大以后七八月份又有31.1万人退党，出现退党高潮。1991年7月，据苏共中央公布，在最近一年间共有420万党员退党。苏共由1900

---

① 在苏共二十八大上，身为苏共中央总书记的戈尔巴乔夫对多年的亲信阿·切尔尼亚夫讲："听着，托利亚（切尔尼亚夫的名字——笔者注），我……许多人像是约好了一样，都说服我甩掉总书记一职。可你要明白：这个讨厌至极的疯狗不能松开绳子。如果我这样干了，那这个庞然大物就会全部扑向我。"有关戈尔巴乔夫要摆脱党的思想，身为亲密助手的阿·切尔尼亚夫在1993年和1998年两次回忆录中透露。只是在1998年用"怪物"一词代替了"狗"。分别参见［俄］阿·切尔尼亚夫《与戈尔巴乔夫一起的六年》，莫斯科1993年俄文版，第356页；《苏联总统助手日记》，莫斯科1998年俄文版，第326页；［俄］阿·切尔尼亚耶夫《在戈尔巴乔夫身边六年》，世界知识出版社2001年版，第425页。

② 戈尔巴乔夫亲手解散了苏共，但他并不为自己的言行有丝毫的悔意与不安。他说："从更广袤的历史前景的角度来看待所发生的一切。苏共到一定的阶段要解体，这是不可避免的"，"为苏共解散而大为惋惜是没有意义的。它起到了自己的历史作用，该退出历史舞台了"。参见《戈尔巴乔夫回忆录》下册，社会科学文献出版社2003年版，第1369页。

万党员的队伍减为1500万,退回到1973年的水平。据苏联官方统计资料表明,在退党党员中工人党员所占的比重较大。1990年头5个月,在莫斯科的1.1万退党党员中,工人党员占57.4%。1990年6月15日,全苏矿工代表大会在通过对政府的不信任案的同时,声明矿工"不认为目前这种形式的苏共是工人自己的党"。①

在内外敌对势力的夹击下,到1991年夏天,苏共——这个有着90多年光荣历史和70多年执政经验的大党已经风雨飘摇、危在旦夕。1991年7月,叶利钦签署了其就任俄罗斯总统后的第一道总统令,宣布禁止一切政党在俄罗斯联邦政府机关和国营企业内的活动,蓄意要把共产党的组织机关从政府机关、军队和企业中清除出去。而此时戈尔巴乔夫的态度却是拒绝动用总统权力维护苏共的利益,直至苏共解散。②

(三)国家体制:完善还是拆毁?

20世纪80年代中后期开始,苏联部分高层领导决意要与现行的苏联社会主义制度彻底决裂。他们在推行"公开性、民主化和新思维"等思想政治和外交路线的同时,先后发起了大规模激进的政治改组和宪政改革。苏共领导地位、苏维埃社会主义政权、联盟国家是苏联政治制度的三大根基。而自1988年开始后的两三年的时间内,戈尔巴乔夫通过激进的政治改组拆毁了苏联国家和宪法的根

---

① 转引自马岩《意识形态与苏联解体》,《马克思主义研究》1997年第3期。
② 时至今日,戈尔巴乔夫依然在为自己开脱,认为他的改革之所以失败,除叶利钦等势力的干扰外,来自苏共的阻碍是关键因素。他后悔没有一开始就下手对苏共实施"彻底改革"。例如,2010年4月6日,在"改革"25周年之际,俄罗斯《独立报·政治专刊》刊登对戈尔巴乔夫的专访。记者问:"有人指责您把关于苏共领导地位的条款从宪法中删除了,而且您却没有把国家管理现代化的工作进行到底。您同意这些说法吗?"戈尔巴乔夫回答:"我以为(我看成是自己的第一个错误),就是没有及时改革苏共,这导致苏共后来实际上变成了一系列至关重要的进程的障碍。"

基。1990年前后，戈尔巴乔夫积极推动修改苏联宪法，① 取消了苏共领导地位；② 宣布政治多元化，实行多党制；③ 设立独揽大权的总统职位。④

1988年开始，在政治多元化和多党制的浪潮下，苏联民族分裂势力在各加盟共和国迅速得势，向中央发起了"法律战""主权战"，纷纷宣布"主权独立"。民族分裂势力与俄罗斯内部以叶利钦为首的民主激进派遥相呼应，⑤ 戈尔巴乔夫开启的民主化运动落入陷阱，政治改革也随之走向了绝路。

（1）政治热与治理失败。戈尔巴乔夫认定，苏联部的官僚阶层是苏联落后的"罪魁"，官僚机构是阻碍改革和前进的最大绊脚石。⑥ 为此，政治改革的矛头应当转向各级权力机构。1988年6月，苏共召开了第19次全国代表会议，全面拉开了民主化和政治变革的大幕。从此，苏联社会的政治热潮更为高涨，经济改革和社会发展被遗忘。1989年的差额选举、苏维埃大会的辩论，引发了苏联社会从未有过的"政治高烧"，被唤起的各种势力纷纷投入政治热潮。经济改革不见任何成效，人民生活日益恶化。进而中央权威丧失殆尽，各地纷纷抗缴税款，经济割据现象愈加严重。分裂势力和激进势力趁机将矛头对准了苏联及其国家制度，⑦ 短短不到两年

---

① 中国人民大学苏联东欧研究所：《戈尔巴乔夫言论选录（政治部分）》，第92页。
② 《苏共中央总书记米·谢·戈尔巴乔夫在苏共中央全会上的报告（1990年2月5日）》，载《苏共中央二月全会文件选编（1990年2月5日—7日）》，莫斯科1990年俄文版，第3、4页。
③ 《苏共中央总书记米·谢·戈尔巴乔夫在苏共中央全会上的报告（1990年2月5日）》，载《苏共中央二月全会文件选编（1990年2月5日—7日）》，莫斯科1990年俄文版，第4页。
④ 戈尔巴乔夫推动设立苏联总统职位，赋予自己"非常大的权力"，可以行使强权，宣布紧急状态，实行"总统直接治理，对议会行使否决权，等等。
⑤ ［俄］尼·克拉斯尼科夫：《中情局用经济绊倒苏联？——西方特工机构插手摧毁苏联》，［俄］《共青团真理报》2010年12月8日。
⑥ 参见《内部最坏的敌人》文集，莫斯科1987年俄文版；［苏］《莫斯科真理报》1987年5月7日。
⑦ ［俄］叶·盖达尔：《帝国的消亡：当代俄罗斯的教训》，社会科学文献出版社2008年版，第237页。

的时间苏联社会政治经济秩序全面失控。

（2）政治混乱与秩序失控。随着戈尔巴乔夫公开性和民主化政策的推进，非正式组织和地下刊物问题又滋生开来，短短三四年的时间便犹如雨后春笋、四处蔓延，最后变得不可收拾，酿成大祸。① 1987年12月非正式组织数量有3万个，1989年2月增加到6万个，1990年发展到9万个。其中多数是有目标、有组织的反共反社会主义的政治组织。有的打着维护本民族利益的旗号，有的打着西式自由的旗帜，有的要求复辟沙皇贵族统治等。1987年底之后，一些组织的思想和主张开始激进化。特别是一些反社会主义和反苏共的组织更加积极，如"民主和人道主义"小组等。这些非正式组织也称得上是培养自由主义或某些极端势力的初级党校。

（3）民族冲突与国家瓦解。20世纪80年代后期，戈尔巴乔夫的政治改革非但没有为经济改革和发展提供保证，反而导致社会经济每况愈下，民族区域的离心倾向愈发明显。部分民族地区政治精英认为，苏联已经走进了"死胡同"，"苏共所代表的社会主义模式失败了"。在这种社会气氛中，"民族主义、分离主义成为苏联许多地方都吸食的麻醉剂"②。

几经试探后，波罗的海沿岸三国首先打出"主权和独立"的大旗。首先是三个共和国的党中央委员会向戈尔巴乔夫发难，要求在"民主集中"的原则下，扩大党内民主。随后，一些名为"人民阵线"的民族分裂组织在各地成立，直言"主权独立"。一些共和国的党组织对此暗地支持。看准了政治气候的转变，许多民族官员开始涂抹"民族主义的色彩"，抛弃马克思主义意识形态，选择民族主义旗号，借以吸引选民的注意。以叶利钦为首的俄罗斯联邦起了

---

① 参见［俄］亚·谢·巴尔辛科夫《当代俄罗斯历史导论（1985—1991）》，莫斯科2002年俄文版，第87、88页。

② ［俄］亚·雅科夫列夫：《一杯苦酒——俄罗斯的布尔什维主义和改革运动》，新华出版社1999年版，第262页。

领头羊的作用，他们与苏联境内的民族分裂势力遥相呼应，反苏共、反中央，拉起了"独立""自由"的大旗。这样，戈尔巴乔夫所代表的苏联和苏共"腹背受敌"，"民族独立"和"民主化"像两把利刃直逼而来。

20世纪80年代后半期苏联民族冲突越演越烈，几年后雪崩式的压垮苏联。1986年12月的阿拉木图事件，是戈尔巴乔夫执政后发生的首次大规模民族动乱；1988年2月开始，亚美尼亚与阿塞拜疆围绕着纳戈尔诺—卡拉巴赫州的地位问题发生了越演越烈的冲突，持续多年；1990年1月又发生巴库事件。除土库曼共和国之外，14个加盟共和国都发生了大规模民族冲突。1988年到1991年的4年中，苏联境内共发生175起民族冲突事件，造成1万人死亡，数万人受伤。这些民族冲突的背后是由民族分立主义势力操纵的，他们同苏共党内的激进势力和社会上的政治反对派汇合在一起，对抗联盟中央，制造分裂。波罗的海三国立陶宛、拉脱维亚、爱沙尼亚的人民阵线以及白俄罗斯人民阵线、乌克兰"鲁赫"民族运动、阿塞拜疆人民阵线、格鲁吉亚民族解放运动等，纷纷提出民族独立的口号，反对苏共和苏联。这些民族分裂主义势力与俄罗斯的"跨地区议员代表团"的激进势力遥相呼应，迅速成为能够左右苏联政局、动摇瓦解苏联基础的政治力量。[①]

民族分离主义、地区分离主义是瓦解苏联社会的催化剂和起爆器。1990年之后，立陶宛、爱沙尼亚和拉脱维亚率先宣布自己拥有国家主权，提出要退出苏联。而以戈尔巴乔夫为首的苏联领导人在处理这些事件时表现的优柔寡断，反而更加纵容了各地民族主义分裂势力，苏联国家已经濒临分崩离析的境地。

到1991年8月，苏联的政治危机、经济危机、民族危机不仅

---

① 《叶利钦总统的讲话》，[俄]《消息报》1991年11月28日。

没有缓和，反而急剧加深。8月19日，部分苏联领导人仓促策划了"国家紧急状态委员会"。然而，由于缺乏政治意志力和社会支持，这次挽救苏联的绝望的努力不到三天便宣告失败。随后，苏共中央宣布解散。1991年12月25日，苏联国旗从克里姆林宫上空黯然落下，苏维埃社会主义加盟共和国联盟完全解体。

短短6年的时间，苏共成了戈尔巴乔夫"改革"的陪葬品，苏联社会主义被送上"祭坛"。"改造"既没有带来民主，也埋葬了苏联社会主义，相反，却成就了财阀资本主义和寡头政治。苏联改革的教训极其深刻。

苏共政治改革失败的教训警示后人，改革是社会主义制度的自我完善，必须坚持社会主义方向，必须在党的领导下进行。政治改革必须有利于国家稳定和民族团结，必须有利于提升政治民主、政治稳定和政治效率。要树立正确的民主观，探索一条科学的政治发展之路。

与苏共败亡的悲惨历史相反，有着百年光荣历史的中国共产党人交出了一份份令人民满意的政治答卷。在70多年的领导中华民族伟大复兴的历史征程中，战胜了一个个急流险滩，表现出极高的政治领导力。在当今国际政治舞台上，40多年来，中国社会以全面、科学、包容的政治发展观破解了"民主迷思和自由迷局"，有效地处理了改革、发展、稳定的相互关系，展示出公认的政治发展力和国际政治竞争力，同时也彰显出中国道路独特的政治优势和理论价值。

二 党风政风与组织溃烂

苏联共产党，这个曾经在全世界影响最大的共产主义政党，他领导的苏联也是世界超级大国。30年前，曾经如日中天的世界大党却在短短几年时间里灰飞烟灭，苏联也随之分崩离析。作为以马克思主义为指导思想的无产阶级政党，苏共曾在长期的革命和建设进程中，注重将发动群众、动员领导民众作为党一以贯之的根本工作方针。然而，随着苏共执政的长期化与执政地位的稳固，党内形式主义、官僚主义、享乐主义和奢靡之风愈演愈烈。在苏共执政后期尤其是勃列日涅夫时期，苏共在党风建设方面所暴露出的问题十分尖锐。

在苏共解散前，当时的苏联科学院曾进行过一次民意调查，在被调查者中，认为苏共仍然能够代表工人的占4%，代表全体人民的占7%，代表全体党员的占11%，而认为代表党的官僚、干部和机关工作人员的比例竟高达85%。回顾苏共"20万人时建国、200万人时卫国、2000万人时却亡国"的历程可以看出，苏共执政后期党风的持续败坏与民心的不断丧失，无疑是导致苏共最终走向败亡的一个重要原因。

（一）形式主义泛滥

在勃列日涅夫时期，严重脱离实际、脱离群众的形式主义说教已经充塞了苏共整个的意识形态宣传领域。苏共虽然还继续强调坚持马克思主义，但党在指导思想上已经走向高度僵化，万金油式的套话和千篇一律的官话充斥在党的各种宣传话语中。

正如原苏共中央政治局委员利加乔夫所言："理论脱离实际、言行脱节左右了社会和政治发展的主要趋势。党内、社会上普遍养成了说的是一套，做的是另一套的风气。"而《真理报》原总编辑阿法纳西耶夫回忆其在苏共中央文件起草小组的工作经历时也指出："上面并不要求有什么独到的思想，重要的只有一点，就是要善于给那些早已陈旧、无人感兴趣的思想换上新形式，找到新的表达方式。"在这些空洞乏味的陈词滥调中，党同人民群众的血肉联系被逐渐肢解，并进而演变为广大人民群众对苏共的厌烦、冷漠乃至阳奉阴违。到20世纪70年代，苏联社会所谓的"夜间人"现象几乎已经普遍存在。这些人以知识分子、大学师生和官员为主体。在白天，他们时刻注意与官方保持一致，高唱赞歌；而到了夜间，他们则进行秘密集会，阅读地下出版物，交流政治笑话乃至嘲讽和抨击权贵。在形式主义、教条主义的长期影响下，苏共在党与人民之间挖了一道难以跨越的鸿沟。

此外，对领导人盲目的个人崇拜成为该时期形式主义之风的重要表现。在勃列日涅夫执政中后期，个人崇拜现象愈演愈烈并大有超过斯大林时期之势。例如，原苏共中央政治局委员谢瓦尔德纳泽就曾肉麻地把勃列日涅夫吹捧为"真正的列宁式的领导人""党和国家的英明领袖""英明的理论家"。在空前高涨的领袖崇拜浪潮中，甚至连勃列日涅夫本人都加入到了自我吹捧式的个人崇拜行列之中。众所周知，勃列日涅夫在二战期间及战后并无任何突出的战功与政绩。在强烈的虚荣心和一些人的阿谀逢迎下，勃列日涅夫不仅一步步"晋升"自己为苏联元帅，而且还先后出版了三部回忆录，每部出版之时，《真理报》等重要媒体都要在重要位置刊发书评，大肆吹捧。

在苏联全社会一浪高过一浪的个人崇拜风潮中，最高领导人已经同广大人民群众完全隔绝开来，成了仅能供人膜拜的偶像。普通群众了解党和领导人的途径，大多只是来自宣传机器枯燥乏味的说教以及刻板老套、毫无新意的文本。

在勃列日涅夫时期，针对领袖人物的大量虚假空泛的个人崇拜，以及阿谀奉承之风和官话套话，大大助长了党内形式主义与个人专断的不正之风，也在不断加深着人民群众对领导人和执政党的不信任感，不断恶化着党群关系。

(二) 官僚主义日益严重

在苏共党内,官僚主义首先表现为官僚机构及人员的不断膨胀。应当指出,直到赫鲁晓夫执政时期,苏共党内虽然也暴露出了一些官僚主义的苗头,却远未达到严重泛滥的程度。到了勃列日涅夫时期,从单纯追求干部队伍稳定的角度出发,党员领导干部职务终身制实际上得到了全面恢复,由此所带来的党政机构和人员的不断膨胀以及领导干部队伍严重的老化现象,使得该时期苏共党内的官僚化程度大大加深。

在1976年苏共二十五大上,连任的中央委员比例高达83.4%。如果去掉已经逝世的,连任比例竟高达90%。而到了1981年苏共二十六大时,新一届中央政治局和书记处成员居然完全是上一届的原班人马。同时,干部职务终身制的延续必然导致干部队伍严重老化。在1964年勃列日涅夫担任苏共中央第一书记时,苏共中央主席团委员、候补委员、书记处书记和部长会议主席团成员的平均年龄分别为61岁、52.8岁、54.1岁和55.1岁。进入20世纪80年代后,其平均年龄分别增加到了70.1岁、62.5岁、67岁和68.1岁。

干部体制的老化与僵化,不仅使整个党员干部队伍暮气沉沉,效率低下,而且也在不断强化着党内的官僚主义作风,严重阻碍甚至是隔断了党组织内部成员之间以及党与人民群众之间的血肉联系。

早在苏联建立初期,列宁就曾一针见血地指出:如果说有什么东西会把我们毁掉的话,那就是这个(共产党员成了官僚主义者)。随着官僚队伍的不断膨胀,部门职责不明,不同部门之间相互推诿扯皮等官僚化倾向与弊端也开始不断显现。

20世纪60年代末,为加速科技发展,苏共中央政治局曾专门召开过一次中央全会并委托一个由数位中央书记组成的专门委员会负责。然而，在该委员会将总结报告上交给总书记勃列日涅夫审阅后，此事便再无下文。直到1982年勃列日涅夫逝世后，这份尘封已久的文件才在清理档案时被偶然发现，而此时的苏联科技事业早已跟不上全世界日新月异的科技革命浪潮。

正如列宁所言：我们需要的党，应该是真正同群众有经常联系的党，善于领导群众的党。然而，苏共执政后期却一步步丢弃了群众路线这一布尔什维克党的制胜法宝，从而使列宁当初的告诫最终不幸成为残酷的现实。

（三）享乐主义思想不断蔓延

列宁时期，时任苏维埃粮食人民委员的瞿鲁巴因饥饿晕倒在人民委员会会议上。为了保证党员干部尤其是高级别干部的基本生活，列宁建议设立"疗养食堂"。从斯大林时期开始，出现过"钱袋制度"，即当时的党内高级领导干部，除了工资之外，还会同时收到一个装有特殊津贴的"信封"。但斯大林时期和赫鲁晓夫时期，特权现象并不严重。勃列日涅夫时期，扩大了干部特权的享有人数，提高了特权标准，特权现象开始在整个干部队伍中不断蔓延。

作为苏共最高领导人，勃列日涅夫的享乐主义思想无疑在苏共党内和广大人民群众面前树立了一个极端恶劣的反面典型。众所周知，勃列日涅夫具有浓厚的"勋章情结"，在喜欢给别人颁发各种勋章或奖章的同时，还热衷于"自我授勋"。据不完全统计，他一生共获得过多达数百枚的各类勋章或奖章，以至于在勃列日涅夫死后的送行队伍中，仅为他捧勋章或奖章的军官就有44人之多。在1978年，勃列日涅夫甚至还获得了代表苏联军队最高荣誉的"胜利勋章"，从而成为"二战"结束之后获得该勋章的第一人。除此之外，勃列日涅夫还乐于向别人炫耀其奢华的物质生活。在当选苏共最高领导人后，勃列日涅夫就曾志得意满地带着其从乡下赶来的母亲炫耀其豪华别墅以及其他贵重礼品、豪华轿车等。

除了最高领导人，苏共党内的享乐主义思想已经逐步蔓延到了整个特权阶层。这一阶层的主体力量是那些握有实权的党政干部，他们位高权重，自成一体。据俄罗斯学者估计，当时这个阶层大约有50万至70万人，加上他们的家属，共有300万人之多，约占全国总人口的1.5%。

在全社会一片上行下效的风气之中，特权阶层利用手中掌握的权力和资源，大兴享乐主义与特权腐败之风。利加乔夫曾回忆道，当他担任苏共中央组织部长后，第二天就配备了"海鸥"牌汽车。而当他提出自己不喜欢乘坐这个型号的车，并且想换一辆低级一点的车时，利加乔夫本人竟因搞"特殊"，"破坏机关风气，使其他干部为难"的缘故受到了苏共中央办公厅主任的训斥。由此可见，在森严的等级序列之下，苏共党内的特权格局已经逐渐固化并将广大人民群众严格排除在外。

虽然从总体上看，特权阶层在当时的比重并不大，但其在瓦解党群关系并进而使党的宗旨和性质发生蜕变方面却起着难以估量的巨大破坏作用。

（四）奢靡之风盛行

在享受勋章或奖章带来的荣誉感的同时，勃列日涅夫也表现出对奢华物质生活的极度追求。除了勋章或奖章，勃列日涅夫还酷爱打猎、住豪华别墅和收藏高级轿车。同时，在勃列日涅夫时期，苏联各级官员之间的送礼之风也发展到了登峰造极的地步。据统计，在勃列日涅夫所收受的不计其数的贵重礼物中，仅豪华猎枪就有100多把。而在对阿塞拜疆加盟共和国的一次视察中，该共和国第一书记阿利耶夫竟然送给勃列日涅夫一座纯金半身塑像。此后，阿利耶夫很快便被调到首都莫斯科担任苏联部长会议第一副主席，并成为中央政治局委员。

与此同时，勃列日涅夫的不少亲属也纷纷借助其帮助，利用裙带关系获取各种高官厚禄，享受各种奢靡生活。例如，勃列日涅夫的女儿加琳娜就在父亲的庇护下，收藏各种珠宝首饰，长期过着骄奢淫逸的生活。而她的丈夫丘尔巴诺夫最初仅仅是一名内务部上尉警卫，在成为勃列日涅夫女婿后，迅疾被提升为内务部政治部主任、内务部副部长、第一副部长，同时还担任苏共中央候补委员和最高苏维埃代表，并被授予上将军衔。

在履职期间，丘尔巴诺夫利用职务之便，以权谋私，大搞贪污腐败。据有关部门统计，在1976—1982年，丘尔巴诺夫仅受贿数额一项就高达656883卢布（约110万美元），几乎相当于一个苏联工人270年的工资。然而，直到勃列日涅夫逝世近五年后的1987年2月，丘尔巴诺夫最终才因贪污受贿、滥用职权等罪行被逮捕并送交军事法庭审判。

到了勃列日涅夫执政中后期，随着石油外汇的锐减以及苏联自身经济的衰退，广大人民群众的生活水平不断下降。而党内的特权阶层却依旧对此视若无睹，继续沉浸于奢靡享乐之中，直到最终被人民彻底抛弃。

客观地说，面对苏共后期的变质，一些苏联共产党员还是有抗争的。除后期每年有上百万党员退党外，"8·19"事件也是为避免苏联被瓦解进行的一次重要抗争。"得民心者得天下，失民心者失天下。"苏共后期对马克思主义、党的根本宗旨以及群众路线的全面背离，无疑是苏共最终走向败亡的深层次原因。1991年8月被迫解散之时，苏共仍拥有近2000万党员、2600万团员和43.3万个基层党组织。然而面对自身即将终结的命运，广大群众和苏共党员或漠然视之，或痛斥党员干部的腐败现象，或见风使舵转投他处，却始终无一人对此时已经蜕化了的苏共表示声援和支持。

三 国家解体、政党败亡的政治教训

人们通常讲的"苏联剧变"实际上包含以下四个方面的含义：一是苏联作为一个由15个加盟共和国组成的统一国家分裂、解体；二是社会主义道路在其首选地——苏联中断、夭折；三是作为执政时间最长、国际共运中影响最大的共产党——苏共解散、垮台；四是马克思主义在苏联失去了作为意识形态指导思想的地位。苏联解体、苏共垮台已经过去了30年之久，剧变本身仍环绕着不少谜团有待探究，发生剧变的原因及其后果仍是一笔不可多得的政治历史和思想理论遗产有待人们去思考、去挖掘。

近年来，国内理论界对于苏共蜕变和苏联演变的原因的分析已经积累了不少深刻而有价值的成果。[①] 一些成果明确指出，戈尔巴乔夫之流在思想信仰上的背弃、路线道路上的背离和政治上的背叛是导致苏共垮台和苏联剧变的罪魁祸首。一些专家在分析总结20世纪末15年间苏联—俄罗斯社会演变的一系列惨痛教训时强调，信仰、方向是灵魂，路线、道路是根本；以背弃、背叛为标志的修正主义路线害死人，以西化、自由化、私有化为标志的资本主义复辟道路坑死人。

（一）思想背离与政治背叛

1985年3月，戈尔巴乔夫上台出任苏共中央总书记。短短6年之后，曾经执政74年之久的苏联共产党丢掉政权，统一的苏联多民族国家分崩离析，社会主义成果丧失殆尽。短短6年的时间，戈尔巴乔夫鼓吹和推行的"民主社会主义"非但没有给苏联百姓带来

---

① 如江流、陈之骅主编《苏联演变的历史思考》，中国社会科学出版社1994年版；周新城《对世纪悲剧的思考：苏联演变的性质、原因和教训》，中国人民大学出版社2000年版；等等。

真正的"民主和人道"，反而导致亡党亡国，政治上遭到了彻底的失败。从政治上看，戈尔巴乔夫在苏联推行的民主社会主义是"假民主、真背叛""民主是假、祸国殃民是真"。如今，在俄罗斯社会中表面华丽诱人的"带有人道面孔的民主社会主义"口号已变成了戈尔巴乔夫本人推卸责任的一块"遮羞布"，不仅在政治上彻底破产，而且在思想理论上变得一文不值，在实践和生活中也遭到俄罗斯民众的唾弃。

1988年前后，上台不久的戈尔巴乔夫便发誓要彻底摧毁苏联社会主义制度，改变社会的方向。他咒骂苏联社会主义制度是"极权主义"，要以民主的方式改造它。在戈尔巴乔夫发起的"改造和重建"运动中，一步步对苏联社会主义进行丑化和攻击。

雅科夫列夫利用自己在党内的特殊身份，乘势反戈一击，从内部给予苏共头脑以致命一击。雅科夫列夫后来承认，他一开始就不相信戈尔巴乔夫"全面完善社会主义"的说法，认为是一种"幻想"。只能完全打碎、彻底击垮官僚专政。[①] 而彻底击垮苏联制度，只能靠"投机性地玩弄政治手腕"。攻克的办法只能采用迂回战术，和灵活机智地从正面意义上利用"言行不一"这种久经考验的方法。[②]

为达到搞垮苏共、抛弃甚至消灭苏联社会主义的目的，雅科夫列夫在戈尔巴乔夫刚刚上台后不久便提出应当考虑将苏联共产党"一分为二"。1985年12月，雅科夫列夫利用苏共中央宣传部长的身份上书苏共中央总书记戈尔巴乔夫，提出实行民主化、公开性、多党制和总统制等一系列全面政治改革建议。建议在组织上一分为二：分成社会党和人民民主党，全民投票选举总统，任期10年

---

① ［俄］亚·尼·雅科夫列夫：《一杯苦酒——俄罗斯的布尔什维主义和改革运动》，新华出版社1999年版，第175—176页。

② ［俄］亚·尼·雅科夫列夫：《一杯苦酒——俄罗斯的布尔什维主义和改革运动》，新华出版社1999年版，第175页。

……政府由在全民选举中获胜的党的总书记领导，等等。① 据原苏联科学院美国和加拿大研究所所长、20 世纪 60 年代以后曾担任苏共几任总书记政治顾问的格·阿·阿尔巴托夫院士证实："的确，苏共最高领导人在一个小圈子里也曾讨论过这一方案。"院士本人也认为是可行的，"党可以分裂成两个或三个，包括一个强大的社会民主派"。② 雅科夫列夫向戈尔巴乔夫建议分裂苏共时声称："生活在迅速地赶超理论、赶超构思。"③ 他认为，应该赶在事件发生的前头。也许，讲党分成两个部分是明智之举。那样就可以给现有的分歧以组织上的出路。可以想象，80 年代中后期，苏共最高领导层就已冒出分裂的念头，苏共灭亡、改革失败的命运早已注定。

20 世纪 80 年代后期，在苏共一小撮高层人物背弃、背离、背叛路线的怂恿和带动下，苏联思想理论和文化舆论界霎时间也变得波涛汹涌、浊浪滔天。借民主化、公开化之际，清算苏共历史，向苏联制度抹黑的言论和文艺作品不断在出版物和大众传媒上出现。

后来有俄罗斯历史学家写道，1989—1990 年间，苏联对任何形式的社会主义信仰都在知识分子当中迅速地消失。苏联的知识分子思想进一步激化，多数社会学家、经济学家转而信仰西方式的自由资本主义④。部分人文知识分子，对西方模式顶礼膜拜，对苏联的历史和现状心存不满。一时间，"市场、民主、自由、私有制、发达国家、西方文明世界"成了激进知识分子的口头禅。他们认为，社会主义的劳动生产率极低，平等在苏联的表现就是"同等贫穷"。

---

① ［俄］亚·尼·雅科夫列夫：《一杯苦酒——俄罗斯的布尔什维主义和改革运动》，新华出版社 1999 年版，第 182 页。

② ［俄］格·阿·阿尔巴托夫：《苏联政治内幕：知情者的见证》，新华出版社 1998 年版，第 462 页。

③ ［俄］亚·尼·雅科夫列夫：《一杯苦酒——俄罗斯的布尔什维主义和改革运动》，新华出版社 1999 年版，第 33 页。

④ 参见［俄］亚·谢·巴尔辛科夫《当代俄罗斯历史导论（1985—1991）》，莫斯科 2002 年俄文版，第 95—96 页。

他们企望在弹指一挥间跨越时代和社会鸿沟，从社会主义必然性的堡垒一下子就跃进成为西方自由主义的自由王国。

1988年之后，也就是戈尔巴乔夫上台两年多的时间，苏联社会思想舆论彻底转向，苏共在改革模式、发展道路的选择问题上迅速"右倾"，社会主义事业已经危在旦夕。俄罗斯历史学家写道，在戈尔巴乔夫当政后期，苏共领导人费尽心机、摇摆不定，企图在不同的"道路""模式"和"路线"之间进行选择。苏共先是坚持"完善社会主义"，后又提出"人道的、民主的社会主义"，倡导"西欧共产主义"思想，主张吸收全人类的文明成果，提倡对外关系的新思维。

在改革"模式"和道路的选择上，苏共先是学习匈牙利等东欧国家的经验，转而寻找北欧国家模式。戈尔巴乔夫后期，苏共领导尤其对瑞典的"福利社会模式"大为推崇。主管意识形态的苏共高层干部纷纷前去访问、取经。但是很快人们便发现，1989—1990年间苏联社会中"社会主义"已经开始失去吸引力。即使戈尔巴乔夫给社会主义加上诸如"民主的、人道面孔的"前缀也是徒劳。例如，戈尔巴乔夫宠信的苏联科学院院士、苏联社会学会会长塔·扎斯拉夫斯卡娅终止了她"社会主义是可以改革"的研究方向。1990年，她在苏联理论界关于社会主义的"大型研讨会"上公开宣称，与会者一致认为，资本主义和社会主义两种体制的根本区别根本上就是不存在。成熟的资本主义具有"社会主义的特征"，而这种观点也得到了当时主管苏联科学院社会科学研究的副院长弗·库德里亚采夫院士的赞同。[①]

苏共领导层在思想路线上的动摇在思想舆论界造成了严重混

[①] 应当指出的是，分别作为法学家、社会学家的库德里亚采夫和扎斯拉夫斯卡娅院士在苏联解体后不久便开始反思，他们分别对剧变之后的社会犯罪猖獗和社会严重分化现象进行了深入研究。

乱，加上戈尔巴乔夫的"改革"迟迟不见成效，一些激进势力乘机夺取话语权。对于苏联社会主义制度，自由激进派代表人物、历史学家尤·阿法纳西耶夫宣称："这种体制不应当修补！它有三大支柱：苏联作为一个中央集权的、自治化没有得到充分体现的国家的帝国主义本质；非市场经济的国家社会主义；党的垄断。应当逐步地、不流血地、拆除这三根支柱"。① 一位西方苏联专家曾这样描述当时苏联知识界的情绪和期盼："社会主义不是以公有制为基础……不会取代资本主义，更不会提供另一番图景。"②

1989 年，一些东欧国家风波骤起，苏共和苏联社会内部的激进派受到了强烈的启发。"向西方资本主义看齐"的口号极为诱人，反社会主义的旗帜深得人心。1990 年前后，社会思潮进一步激进化。转向西方、抛弃社会主义的思潮在苏联社会达到高潮。一项全国性的民意调查结果显示，居民在回答"苏联选择什么样的前进之路"时，有 32% 的被调查者认为要效仿美国；17% 选择了德国；11% 的人看好瑞典；只有 4% 的问卷选择了中国方式。③ 苏联社会一些政治势力决定走一条"彻底革命"之路，逃离社会主义的"此岸"，一步跨入资本主义的"彼岸"。当时的苏共中央意识形态领导人亚·雅科夫列夫写文声称："如果社会主义发展道路是条死胡同，那么要从死胡同走出来只有一个办法，那就是退回去，退到由于暴力革命而离开的那条大路上去。"④

1990 年举行的第二十八次代表大会上，苏共纲领性的声明和章程中已经表明，其目标是在国内建立"人道的、民主的社会主义"。

---

① [俄] 弗·索戈林：《现代俄罗斯政治史》，莫斯科 1994 年俄文版，第 55 页。
② 参见 [美] 大卫·科兹、弗雷德·威尔《来自上层的革命——苏联体制的终结》，中国人民大学出版社 2002 年版，第 91 页。
③ 《社会与经济变动：社会舆论调查》，《全俄社会舆论调查通报》1993 年第 6 期，第 14 页。
④ [俄] 亚·尼·雅科夫列夫：《一杯苦酒——俄罗斯的布尔什维主义和改革运动》，新华出版社 1999 年版，第 274 页。

显然，一个马克思列宁主义的政党已经抛弃了科学社会主义的原则，企图试穿西方社会党的外衣，思想开始迷乱，组织上自掘坟墓。此时的苏共不仅丧失了改革的主动权、失去了社会控制力，而且苏共本身离最后分裂和失败的日子也不远了。

（二）"自由民主派"与政治激进化

20世纪末，曾为苏共中央政治局候补委员的叶利钦是一度是作为苏共内部政治中的反对派出现的。直到1990年夏天以前，叶利钦等人仍宣称忠于"社会主义"，不敢公开叫嚷使用"自由主义、资本主义"等概念。出于政治上的考虑，那时他们也不时要附和戈尔巴乔夫的"民主社会主义"学说，号称信仰民主社会主义、信仰以"趋同论"为基础的"普遍价值观"。例如，叶利钦在1989年12月举行的苏联第二次人民代表大会上宣称，他与戈尔巴乔夫在发展道路的理解上没有分歧："社会主义道路也是革新我国社会的道路。"甚至在1990年7月举行的苏共第二十八次代表大会上，叶利钦还强调信仰民主社会主义。[1]

但是，随着叶利钦当选为俄罗斯联邦最高苏维埃主席，逐渐掌握政治大权，他便公开与苏共彻底决裂。叶利钦代表的自由主义政治势力开始抛弃任何形式的社会主义，政治上转向反共、反社会主义立场，思想上宣誓忠于西方教科书上的"纯自由主义和纯资本主义"。

1990年底以后，叶利钦在否定十月革命、否定苏联制度、否定苏共的同时，毫不掩饰地表达对西方自由资本主义制度的崇拜。以叶利钦为代表的自由派势力，主张苏联应利用大好的历史时机，参照西方资本主义社会的模式，对旧制度进行根本性的变革。主张要

---

[1] ［俄］弗·索戈林：《自由主义在俄罗斯的第二次降临》，［俄］《国内历史》杂志1997年第1期，第109页。

全面学习和照搬以美国为代表的大西洋资本主义文明，移植自由市场经济的资本主义模式，走一条彻底的西方资本主义化的道路，使俄罗斯尽快融入西方文明世界。

（三）西式民主化改造

短短6年的时间，戈尔巴乔夫推行以"民主化、新思维"为旗号的修正路线，非但没有革新苏共、给百姓带来真正的民主和人权，反而彻底葬送了社会主义，成就了西方资本主义的霸权。戈尔巴乔夫民主化的改革引来了叶利钦时期野蛮资本主义的倒退和"鲍利斯沙皇"专制的复辟。理论上诱人的民主社会主义"妖姬"，吞食和埋葬苏联70多年社会主义建设的成果，换来了横蛮的"官僚和寡头的资本主义怪兽"，倒退到犯罪猖獗、黑势力猖獗的原始资本主义泥潭。

苏联剧变后不到两年的时间，经历了短暂的民主、自由之梦后，俄罗斯大多数百姓发现，民主派、自由派宣扬的"民主政治神话"已经破灭。盲目照搬的西方的宪政民主制度几乎将俄罗斯引入绝路。正如许多俄罗斯学者所言，苏共之后的俄罗斯政治制度是一种不伦不类的制度体系，表面上貌似民主的外壳，在实际政治运行层面则是完全相反：在"超级总统制"的形式下，实际上是大权旁落，家族势力和幕后政治盛行；财团寡头操纵媒体，要挟国家；地方势力乘机坐大，车臣分裂分子武装拒合，公开对抗联盟中央。国家统一受到威胁，权力机关分庭抗礼，秩序混乱，政令不一，令行不止，政局跌宕起伏，官场腐败丛生。

戈尔巴乔夫鼓吹的"民主化改革"没能提高官僚机构的效率，没能推进经济改革、提高人民生活，相反，社会形势持续恶化，政局动荡不安，经济陷入崩溃的境地，最终导致苏共瓦解、苏联解体。叶利钦时期的政治现实表明，从西方移植的民主形式在俄罗斯并未开花结果：超级总统制专权，三权分立名不副实；宪法为政治而量身定做，文本规定与政治现实相差甚远；多党倾轧、黑金政治横行；财阀当道、操纵媒体，家族、寡头政治盛行；贪污腐败蔓延，黑手党猖獗，行政效率低下；政治动荡，政局不稳。上述事实说明，俄罗斯宪政民主化进程并不成功，政治"休克疗法"没有导致政治发展，反而造成严重的政治衰退。俄罗斯大多数居民不接受现行的政治制度。

20世纪90年代中后期，越来越多的俄罗斯民众否定戈尔巴乔夫和叶利钦所选择的政治道路。社会舆论调查结果显示，俄罗斯居民中承认"俄罗斯是民主社会"的比例越来越小。如今，60%—73%的俄罗斯人认为，俄罗斯政治制度并非民主制度；俄罗斯人民需要民主，但掌权者破坏了民主的声誉；当今的"民主政权"与维护多数劳动者权利的"民主"毫无共同之处。

苏联解体、苏共垮台后，戈尔巴乔夫自己也不得不承认，民主化进程遇到挫折，民主的成果被俄罗斯当权派篡夺，俄罗斯当权者"损害人权、压制民主"。[①] 追随戈尔巴乔夫的一些社会民主势力认为，1993年之后俄罗斯的国家体制是"带有早期资本主义野蛮性的官僚污吏们的野蛮杂种"。[②] 苏共垮台后的当今俄罗斯政权保留了"后共产主义时期的官僚体制"（特权体制）。当今的民主体制只是一种装饰和"总统独裁的'遮羞布'"，俄罗斯的政治体制可以看作是一种半独裁体制。地方自治丧失了实际权限，独立司法制度仍然是远离现实的幻想。政府在犯罪化，一些被收买了的官僚和金融

---

① 参见［俄］米·谢·戈尔巴乔夫《对过去和未来的思考》，新华出版社2002年版，第47、66、99页。

② 转引自《俄罗斯联邦社会民主党政治宣言》，［俄］《世界经济和国际关系》杂志1996年第10期，第138页。

寡头们将国家权力"私有化了"。①

现实生活中的政治混乱，尤其是1993年10月的炮击议会事件，打碎了俄罗斯人心中的民主之梦。俄罗斯民众发现，借助自由民主的旗号上台的政治精英，不但在政治上掌握了比原苏共官员更大的权力，而且又从私有化和经济改革中捞取了更大的经济好处，及时地将权力转化为资本，并使其合法化。而俄罗斯社会中绝大多数居民认为，普通居民的民主权利和社会福利得不到应有的保障，居民对政权机关的信任程度大幅度下降。

20世纪90年代俄罗斯民主化波涛如潮起潮落、来去匆匆，政局变幻与社会动荡足以令世人反思与感叹。几年的时间里，俄罗斯选民很快由"渴望民主"变为"厌倦民主"和"拒绝民主"。② 90年代中期以后，俄罗斯居民对这种"换汤不换药""新瓶装旧酒"的所谓"自由民主政治"迅速感到厌倦。苏联解体前后，俄罗斯选民之所以企望西方民主制度，是因为他们常常将"民主与生活富足"联系起来，然而现实生活却打破了他们的幻想。俄罗斯历史学家写道："俄罗斯人在苏共时期不好过，以为在民主下将会好些。然而事情并非如此。虽然自由多了些，但生活却更困难了。"③ 如今在俄罗斯社会中"自由民主派"的光环早已变得黯淡。长期驻莫斯科的意大利著名记者朱利叶托·基耶萨写道："对于大多数俄罗斯人来说，1992—1996年之后，'民主派'一词和妓女一样，已经成

---

① 《俄罗斯联邦社会民主党第三次非常代表大会的政治决议——"国内的形势和俄罗斯联邦社会民主党的任务"》，载［俄］E. H. 帕申采夫编《当代俄罗斯的反对派政党和运动》，莫斯科1998年俄文版，第155页。

② 近年来有大量俄罗斯舆论调查材料表明，俄罗斯人对民主表示失望，渴望秩序，甚至为恢复秩序不惜任何代价。一项调查显示，48%的俄罗斯人拒绝民主（参见［俄］鲍·尼·卡什尼科夫《作为俄罗斯困难命运的民主》，［俄］《社会科学与现时代》杂志1996年第2期，第43页）。

③ ［俄］列·姆列钦：《权力的公式——从叶利钦到普京》，新华出版社2001年版，第369页。

了不加引号的骂人话。"①

苏联解体后，俄罗斯社会的政治蜕变也同样遭到了西方社会一些人士的强烈批判。1998年4月7日，美国前国家安全事务助理兹比格涅夫·布热津斯基在美国《华尔街日报》撰文，描述俄罗斯社会是"一个由无政府状态和民主政治、个人独裁和政体混乱、垂死的福利经济和寄生的资本主义、政治精英对原超级大国地位恋恋不舍的怀旧情绪和公众对旧的帝国野心的厌倦等组成的'大杂烩'"。一时间，西方世界批判俄罗斯的文章比比皆是，用俄罗斯学者的话说，"西方只有懒汉才不骂俄罗斯"。②

（四）对"西式民主化改造"的政治反思

2005年，普京总统在国情咨文中强调，苏联解体是20世纪最大的地缘政治灾难之一，这对于绝大多数俄罗斯人民来说是一场真正的悲剧……许多人失去了信仰和价值追求。针对戈尔巴乔夫和叶利钦时期的"民主化"，普京曾在2002年1月中旬在对波兰和法国的访问中指出，（俄罗斯）过去的那种"民主秩序"只是对极少数寡头有利……经历了10多年激烈的变革，俄罗斯社会还处在"过渡阶段"。③ 普京强调，20世纪90年代初期俄罗斯建立的所谓"民主"并不是真正的民主，是"偏激"的和"年幼"的，④ 那种所谓的自由只是极少数掌握金钱和财富的上层人物的自由。

如今，俄罗斯政界和学界在反思"民主化"的过程中指出，20世纪80年代后期，戈尔巴乔夫提倡和发起的"民主化、公开性和

---

① ［意］朱利叶托·基耶萨：《别了，俄罗斯！》，新华出版社2000年中文版，第73页。
② ［俄］阿·弗·卢金：《民主化还是帮派化？——西方学者对俄罗斯变革观点的演化》，［俄］《政治学研究》杂志2000年第3期，第61页。
③ 参见俄罗斯国家新闻网站 www.nns.ru/archive/center/2002/01/16。
④ 在2000年就任俄罗斯联邦总统的招待会上，普京说道"我们政治开端的偏激性和我们民主的年幼性都已成为过去"，参见《普京文集》，中国社会科学出版社2002年中文版，第66页。

新思维"运动，是出于对西方民主模式的盲目追求。戈尔巴乔夫、叶利钦等人借鼓吹民主模式的普世性之名，将"民主化"当作政治夺权、推动民族分裂和搞垮苏共的工具和手段。如今多数俄罗斯政界和知识界代表人士开始反思，他们认为1985—1999年这15年是俄罗斯灾难性的15年，是政治混乱和社会倒退的15年。①

他们指出，当时的苏共异己分子和自由西化政治势力狂热地崇拜西方的民主样板，照搬西方的自由民主价值观，造成国家分裂，民族冲突，至今后患难消。对于苏联的失败，俄罗斯政界主流人士强调，在这其中西方"战略家"罪责难逃。他们认为，20世纪末期，西方战略家有意识地向苏联等其他国家输出"软弱的自由民主思潮"，却为自己保留了极端保守和富有进攻性的"保守主义"思想，其目的与其说是为了苏联的民主化，不如说是为了搞垮苏联。而戈尔巴乔夫等人落入西方的圈套，盲目进口西方的"民主价值"，导致"民主、自由"泛滥，国家解体，人民丧失了尊严。如今，西方某些国家仍然在民主问题上推行"双重标准"，不是真正以民主，而是以利益或关系亲疏来划分所谓"民主阵营"，其目的是进一步打压俄罗斯，更大限度地实现自己的地缘战略利益。普京总统的政治助手多次强调，当今俄罗斯政治精英特别是州级以上的高级官员一定要对20世纪末后15年的政治混乱和政治谎言有清醒的认识。②

在反思戈尔巴乔夫时期为盲目模仿西方民主而丧失自我、损害主权的同时，如今俄罗斯当局也极力与叶利钦时期的"寡头式民主自由体制"划清界限。俄罗斯政治学者亚·叶利谢耶夫写道，俄罗斯文化历史上缺少民主思想的浸淫，过去的"民主"常常被用来作

---

① 参见［俄］维·沃洛金《俄罗斯有比西方更多的民主》，http：//www.edinros.ru，访问日期：2006年9月13日；德·梅德维杰夫访谈，http：//www.strana.ru/stories/02/03/19/2607/，访问日期：2006年9月15日。

② ［俄］弗·苏尔科夫：《主权民主的构想依靠的是俄罗斯民族的尊严》，http：//www/edinros.ru，访问日期：2006年9月8日。

为政治斗争的工具,并非叶利钦等"民主自由派"的理想和追求。叶利钦时期的自由民主派表面上打着西方民主的旗号,实际上是将"民主、民族自决"等口号作为他们打败苏共的手段。苏共失败后,自由民主派曾期望使用"这种民主体制"能够比苏共模式更有效,但 90 年代近 10 年的政治结果却适得其反。他们并不了解民主的真谛,也不是发自内心的向往。① 打垮了苏联、拆毁了苏共之后,俄罗斯没有实现真正的民主,出现的是极少数人的"寡头式的民主":个人专权、寡头政治、犯罪猖獗、黑手党为非作歹、腐败贪污盛行。②

在反思苏联末期"历史虚无主义"泛滥的同时,俄罗斯越来越多的人意识到,苏联时期不是什么"历史的黑洞",苏联也不是邪恶帝国。俄罗斯要保持思想和道德的继承性,历史的不间断性。③

2005 年 12 月 25 日是苏联解体 14 周年。在 2005 年的 10 月份,俄罗斯一家著名的社会舆论调查机构——"全俄民意调查中心"分别对俄罗斯 46 个州、边疆区和共和国的 153 个居民点进行了民意调查。调查结果表明,57% 的受访者认为,苏联解体是可以避免的,66% 的人对苏联解体表示惋惜,76% 的居民认为苏联有许多值得骄傲的地方。苏联的解体不仅意味着失去了原有的国家政治制度,而且意味着丧失了一系列历史信仰。与此同时,俄罗斯另一民意调查机构"巴什基罗娃及伙伴"发表的一项社会调查结果显示,与其他历史时期相比,72% 和 80% 的俄罗斯人分别认为戈尔巴乔夫和叶利钦时期走了一条错误的道路。调查中目前只有 1% 的俄罗斯

---

① [俄]亚·叶利谢耶夫:《"主权民主"成为"民族的"》,http://www.prognosis.ru,访问日期:2006 年 9 月 5 日。
② [俄]安·科列斯尼科夫:《主权民主对抗民主》,http://www.gazeta.ru,访问日期:2006 年 9 月 8 日。
③ [俄]维·特列齐亚科夫:《主权民主》,http://www.archipelag.ru,访问日期:2006 年 9 月 8 日。

人希望生活在叶利钦时期。

历史表明，戈尔巴乔夫引领的"民主社会主义"路线和之后叶利钦宣称的"自由民主主义"道路不仅没能行得通，反而将苏联、俄罗斯先后引向一条绝路和迷途。近几年，许多俄罗斯社会调查结果显示，俄罗斯人普遍认为20世纪最后十几年是俄罗斯近百年、甚至两三百年中最差的历史时期。这10多年中，俄罗斯经历了制度性崩溃和体制性的危机，经受了国家分裂、生活和道德水平下降，社会和百姓付出了极大的代价。如何吸取其中的历史经验教训？从中能否得出今后发展的方向？俄罗斯社会对此仍未有统一的认识，社会政治力量之间仍在争论"怎么办"的问题。经历了多年的左右摇摆和反复，俄罗斯社会逐渐认识到：一是社会革新是必要的，但有些东西是万万不能动的，有些事情是万万不能做的；二是借鉴他人经验是必要的，但决不能全盘照搬，有些东西对于他人是美酒，但对于自己可能是致命的毒药。

回溯历史，不难发现无论是戈尔巴乔夫式的民主社会主义，还是叶利钦式的西方式的自由民主主义在政治上都是致命的，在政治路线上是极其有害的，这段历史的教训极其深刻。结合1985年以后15年间苏联—俄罗斯社会演变的历史进程，我们完全可以得出如下政治结论：苏联、东欧的变化，并不是科学社会主义的失败，而是放弃社会主义道路的结果，证明了民主社会主义的破产。世界上第一个社会主义国家在戈尔巴乔夫手里搞垮了……最根本的原因就是戈尔巴乔夫背弃了马克思列宁主义、社会主义的基本原则，包括取消党的领导，抛弃无产阶级专政。其中的教训是十分深刻的。

四　思想较量与道路之争

如今多数俄罗斯居民认为，苏联的解体是一场历史悲剧，导致这场悲剧发生的主要因素是苏共的失败。而苏共的失败首先是从思想领域开始的。苏共后期部分领导人纵容或直接鼓吹指导思想上的多元化导致党内思想混乱，为敌对势力和西方思想的渗透打开了大门。苏共内部的叛徒与西方敌对势力"里应外合"，"相互策应"，导致苏共队伍丧失了信仰、丢掉了灵魂、成为泥足巨人，最终在内部瓦解和外部侵袭下，轰然倒塌。下面通过分析苏共在意识形态工作方面的几个重大失误来阐述苏共是如何被搞乱头脑、迷失方向、失去灵魂，继而在思想上被彻底瓦解的。

（一）苏共末期思想与信仰的蜕变

俄罗斯一些学者在分析苏共失败的原因时认为，苏共是自赫鲁晓夫上台后开始"脱离真正的马克思主义理论"的，实际上奉行的是"右倾修正主义"。苏联的演变发生在20世纪的后半期，即赫鲁晓夫到戈尔巴乔夫执政时期。[①] 俄罗斯著名政论家、历史学家、持不同政见者罗伊·麦德维杰夫2000年对记者表示，赫鲁晓夫在苏联和国际共运史上的作用很大，苏联后期领导人的政治意识恰好是在他领导苏共的11年内形成的。对于赫鲁晓夫的短视和鲁莽，苏联思想理论界缺乏应有准备，苏联社会一些人因此出现动摇和怀疑，甚至变得惊慌失措。一些人开始怀疑马克思列宁主义的作用，怀疑苏联社会主义模式的生命力。社会主义事业出现曲折，苏联历史遭到怀疑。

斯大林逝世后，苏共再也没有一个党的领导者既具备远见卓识的理论家才能，又视野宽广、具有战略思考和高超组织能力。知识渊博的社会科学方面的专家很少被吸引担任苏共上层领导。近40

[①] ［俄］理·科索拉波夫：《戈尔巴乔夫现象》，［俄］《对话》杂志1998年第12期，转引自李兴耕等编《前车之鉴：俄罗斯关于苏联剧变问题的各种观点综述》，人民出版社2003年版，第96页。

年的时间里,苏共上层领导丢掉了列宁、斯大林时期的传统,思想停滞不前,工作安于现状,不善于独立思考和战略谋划,经常满足于顾问班子、专家和助手们下的万金油式的套话和千篇一律的官话。① 20 世纪 50 年代后期,随着老一辈无产阶级革命家相继去世,苏共中央领导层多数来自经济和组织部门,对马克思列宁主义认识有限,理论素养不高。60 年代前后,苏共意识形态组织领导水平下降的情况愈发明显。② 虽然形式上一直保留着党的第二把手主管意识形态工作的传统,但思想干部经常受到经济工作和干部工作领导人的蔑视。社会思潮中对物质社会和生活享受的追求也排挤了理论的思考和思想的对话。

在后期,苏共在组织和领导意识形态工作的机制、方式和方法等方面出现了不少失误,但关键性的错误还是出在 80 年代后期的领导层面:将意识形态领导权拱手交给了苏共叛逆者。

1983 年,尼克松在考察几个东欧社会主义国家后得出这样的结论:共产党人已经失去信仰。正在崛起的一代领导人,不是思想家而是务实派。戈尔巴乔夫③自己承认,正是 1987—1988 年期间他的思想发生了根本转变。他自白道,随着经验的积累,变得明确了:在 70 年代末和 80 年代初袭击我国的危机并非局部,而是整个制度的性质。发展的逻辑使我们认识到,不是应该完善整个制度,而是攻入它的基础本身。④ 他写道:"1988 年我们意识到,必须对制度

---

① 参见 [俄]《对话》杂志 1996 年第 2、3 期,《国外理论动态》1996 年第 34 期,转引自李兴耕等编《前车之鉴:俄罗斯关于苏联剧变问题的各种观点综述》,人民出版社 2003 年版,第 97—100 页。

② 李兴耕等编《前车之鉴:俄罗斯关于苏联剧变问题的各种观点综述》,人民出版社 2003 年版,第 97 页。

③ 俄罗斯学者指出,戈尔巴乔夫出生在 1927—1933 年间,被称为是"金色的一代"。因为 1918—1926 年出生的男性参加了卫国战争,不少人战死在疆场。而戈尔巴乔夫一代是在 40 年代末和 50 年代接受大学教育,又在赫鲁晓夫的"非斯大林化"时期开始步入社会。——参见 [俄]亚·谢·巴尔辛科夫《当代俄罗斯历史导论(1985—1991)》,莫斯科 2002 年俄文版,第 56 页。

④ [俄]米·谢·戈尔巴乔夫:《对过去和未来的思考》,新华出版社 2002 年版,第 71 页。

本身进行根本改革。由此进入了内容丰富的第二阶段的改革，这应立足于另一些意识形态观点，其基础就是社会民主思想。"①

实际上，据戈尔巴乔夫最亲近的一位助手阿·切尔尼亚耶夫回忆，"戈尔巴乔夫早在来莫斯科任职前，内心深处就做好了来摧毁马列主义正统思想的准备。"② 为达到目的，他认真阅读各种地下出版物及助手们挑选和推荐的一些内部读物和翻译作品。因此，戈尔巴乔夫求助于那些自由主义的、国外的社会主义思想是自然而然的。戈尔巴乔夫提出："我们肯定舆论多元化，摒弃精神垄断的做法。"③ 戈尔巴乔夫所谓破除精神垄断和推行多元化说法实际上就是放弃对意识形态工作的领导，搞放任自流。20 世纪 80 年代后期，苏联改革刚刚起步，身为苏共中央总书记的戈尔巴乔夫的思想就发生了根本的转变，这对苏共意识形态工作的方向和内容产生的巨大影响是可想而知的。

1991 年底，苏联解体，苏共败亡。戈尔巴乔夫完成了自己的"民主改革使命"，开始公开宣告与苏联社会主义决裂。2010 年 4 月，在自己发动"改革"25 周年之际，戈尔巴乔夫在接受《独立报》主编采访时说道："当别人问到我是个什么样的人的时候，我的回答只有一个：'我是社会民主主义者'。如果要思考未来，思考我们朝什么样的社会目标努力，我不止一次论述过，我们面临的，绝不是在社会主义或是资本主义之间进行选择的问题。我们的未来是一个趋同的社会，具有趋同性的价值基础。在这种社会中融合了资本主义的经验，还有很多其他可以利用的东西。不仅是市场，还

---

① 参见［俄］《自由思想》杂志 1995 年第 3 期，第 9—10 页；转引自李兴耕等编《前车之鉴：俄罗斯关于苏联剧变问题的各种观点综述》，人民出版社 2003 年版，第 38 页。

② ［俄］阿·切尔尼亚耶夫：《在戈尔巴乔夫身边六年》，世界知识出版社 2001 年版，第 209 页。

③ ［苏］米·谢·戈尔巴乔夫：《在苏共第十九次全国代表会议闭幕会上的讲话》，［苏］《真理报》，1988 年 7 月 1 日。

有所有制问题，以及对所有制的态度。而我对趋同性社会的理解是，这是一种与人的面孔的民主社会主义相似的制度。"为更好地贯彻自己的意图，戈尔巴乔夫重用亚·雅科夫列夫，取代叶·利加乔夫来主管苏共意识形态工作。

20 世纪 80 年代中期以后，苏共背弃共产主义理想、放弃马克思列宁主义指导思想地位的代表人物是亚·尼·雅科夫列夫。作为戈尔巴乔夫政治上的左膀右臂，原苏共中央政治局委员、中央书记处书记亚·尼·雅科夫列夫曾负责苏共的意识形态工作。然而，正是这位苏共意识形态领导人却疯狂地诋毁马克思主义、恶毒攻击社会主义。但对资本主义的观念却赞不绝口、顶礼膜拜。

不难想象，80 年代后期，戈尔巴乔夫当政期间，一个极力反对和抵制马克思列宁主义、仇恨十月革命和布尔什维克运动的人，进入了苏共的领导核心，成为苏共意识形态工作的主要领导人，苏共从内部被搞垮就不足为奇了。

由于长期在苏共思想宣传部门工作，雅科夫列夫深谙思想斗争和开展内部瓦解工程的技巧。他写道，在当时的条件下，彻底肃清布尔什维克主义、打碎苏联机构不能采取直线进攻的方式进行……要避免失败，就应当讲策略，对有些事情缄默不言，有些问题要绕着走，这样才能达到目的。攻克的办法只能采用迂回战术、灵活机智和从正面意义上利用"言行不一"这种久经考验的方法。

其实，早在戈尔巴乔夫刚刚上台之际，雅科夫列夫便开始实施从思想和组织上瓦解苏共的秘密工程。1985 年 12 月，他上书戈尔巴乔夫，提出"苏共一分为二"的建议，把苏共分成社会党和人民民主党，全民投票选举总统。之后他利用戈尔巴乔夫纪念十月革命讲话推销自由化思想。在负责新闻媒体工作期间，他撤换异己，安插和恣惠自由报刊主编，领导对苏共历史的翻案，压制和打击党内不同声音等。对于雅科夫列夫从内部瓦解苏共的"功绩"，就算是一直与他因为在戈尔巴乔夫面前争宠而后来反目的阿·切尔尼亚夫也毫不隐瞒:"尽管如此,我还是不想否定他在打破统治我们几十年的马克思主义、列宁主义、斯大林主义的谎言和教条中所起到的巨大进步作用。"①

(二) 放任自流、丢弃思想防线

20世纪60年代中期以后,美国和西方的政策制定者和谋士们认为,思想战、信息战、心理战是对付东方阵营的有力武器。而欲取得效果,进而取胜,必须依靠"里应外合"。因此,西方专家非常关注在苏联和其他社会主义国家出现的各种社会思潮和政治流派,并努力与之建立对话的渠道。美国政界和学术界十分希望苏联社会出现一种"内部力量",使得这个国家朝着有利于西方的方向"改革"。布热津斯基曾提醒注意多关注苏联的民族问题,认为民族主义在20世纪是强大的政治力量。如果克里姆林宫在非俄罗斯族群日益增长的民族自觉意识的压力下做出让步,那么通向和平演变的大门就打开了。为此,西方专家提出,必须破坏苏共对大众传媒的全面控制体系,在苏联提倡公开的政治竞争,保障选举的自由。共产主义的光环一旦褪色,它的灭亡也就指日可待。

80年代中期以后,苏共主动打开"闸门",自愿放弃思想支柱,拱手让出舆论阵地。雅科夫列夫一方面利用戈尔巴乔夫"心腹和亲信"的身份,直接进言或采取适当迂回策略,另一方面,积极借助长期负责意识形态和宣传的机会,网罗了一批变质的苏共报刊舆论领导人,有意识地放纵和引导舆论。1986年至1988年间苏联一批有影响的报刊先后被"新人"接管:《消息报》《星

---

① [俄] 阿·切尔尼亚耶夫:《在戈尔巴乔夫身边六年》,世界知识出版社2001年版,第227页。

火》画报、《莫斯科新闻》《共青团真理报》《论据与事实》周刊、《莫斯科真理报》《莫斯科共青团员报》《青春》杂志、《新世界》杂志等。苏共《真理报》、《共产党人》杂志、《经济报》等报刊的编辑部也大幅度调整。其中苏共机关最重要的理论刊物《共产党人》杂志的主编科索拉波夫被解除职务，调往莫斯科大学任教。在雅科夫列夫的纵容和支持下，1987年至1991年苏联解体前，正是这些全苏性质的主流报刊煽风点火、左右舆论、成为"公开性"运动的急先锋。2000年，雅科夫列夫自己在《记忆的旋涡》中公开承认，他主动担负起保护一些尖锐文章作者的责任，"保护了一些人，纵容了一些人"。①

80年代后期，在苏共某些领导人的纵容和支持下，许多西化自由化的人物逐渐把持了主要报刊舆论工具。他们纠集和网罗了一批笔杆子，肆意歪曲历史，恶毒攻击苏共。1987年开始，一些报刊开始借历史问题，特别是斯大林时期的问题大做文章。靠揭露历史、暴露"隐蔽"材料，一些报刊的发行量剧增。例如1985年，《人民友谊》杂志发行量只有不到12万份，1989年借刊登雷巴科夫的小说《阿尔巴特大街的儿女们》，发行量激增至近80万份，1990年突破100万份。《新世界》杂志借刊登索尔仁尼琴的《古拉格群岛》发行量由1985年的42万份，1989年夏天猛增至250万份。这些还只是订户统计数字，还不包括零售数量。② 80年代末期，其他所谓"民主派"的发行量也十分惊人：《论据与事实》周刊1991年发行2400万份；《星火》画报1988年发行180万册，1989年发行350万册，③ 1990年发行高达760万册。

1990年上半年，苏联境内各种"非正式"出版物达上千种。

---

① 参见［俄］亚·尼·雅科夫列夫《记忆的旋涡》，莫斯科2000年俄文版，第256页。
② 参见［法］玛丽雅·费列蒂《记忆的紊乱：俄罗斯与斯大林主义》，www.polit.ru 网站，2002年11月20日。
③ 参见《1989年中央报刊征订结果》，［苏］《苏共中央通报》1989年第1期，第139页。

1990年6月12日，《苏联出版法》正式颁布，① 反对派和私人办报合法化。这样一部重要的法律文件出台得却很仓促。自1989年酝酿到1990年6月法律出台，仅一年左右的时间。该法明确提出，对大众传媒禁止进行书报检查；国家机构、政治组织、社会团体、劳动集体，以及任何年满18周岁的苏联公民均可以获得登记出版资格。

在《苏联出版法》的鼓励下，一些报刊先后宣布"自主办报"，借机摆脱苏共和主管部门的束缚。一些苏共或国有的报刊纷纷"独立"，成为社会刊物或为编辑记者集体所有。例如《论据与事实》周报是苏联改革以来至今在俄罗斯十分流行、发行量位居首位的报纸。它在1990年10月获得重新登记后，马上在头版声明：请读者注意，我们原来报头上标注的全苏知识协会（相当于"科协"）主办，已经变为记者集体自己主办。另外，1990年前后，《消息报》的编辑和记者为获得"财产和报纸的独立和自由"和原所属的苏联最高苏维埃打得不可开交。最后结果却是掌握着权力和证据的最高立法机构惨遭失败。由此，《消息报》变成俄罗斯激进、西化自由派的舆论阵地，而且一度为外资控制。

此后，在办了登记手续的报纸中，苏共掌握的仅占1.5%。② 许多传播自由、激进思潮的出版物如《论据与事实》报、《莫斯科新闻》周刊、《星火》画报的印数达到数百万份。而且是常常刚刚出版就被抢购一空。当时的苏联知识分子"虽然腹内空空如也，但却贪婪、如饥似渴地呼吸这'自由'的空气"。以《仇恨的面孔》批判美国而受到赏识的维·科罗季奇成为《星火》画报的主编，很快将刊物变成侮辱苏联军队、丑化历史、否定斯大林的阵地。苏联

---

① 参见［俄］鲍·伊·瓦列茨基《书页沙沙、旗帜猎猎——三种政治制度下的俄罗斯报刊》，莫斯科2001年俄文版，第191—192页。

② 参见《苏共的失败及教训》，中共中央党校出版社1994年版，第168、171页。

解体后，他及时移居美国，并受到隆重的接待和欢迎。①

各种非正式出版物纷纷出台，苏共报刊舆论阵地逐渐被蚕食，反对派极力挤进电视台并且要求直播，以挣脱控制和剪辑。如由几位年轻记者在电视一台创办的直播政论性节目"视点""第五车轮"等。一些哗众取宠、造谣惑众的信息满天飞。各种攻击、谩骂苏共和社会主义制度的言论、文章纷纷出炉，反马克思主义思潮泛滥。包括一些学术刊物和书籍在内，整个苏联历史都被冠以"极权主义"的帽子，被描述得一团漆黑。在市场和物欲的影响下，报刊、电视台、电台以及出版社纷纷追求利润。宣扬色情、暴力的报刊纷纷出炉。苏联时期严肃的学术著作和科普队伍一度销声匿迹，严肃的学术著作只能依靠内部印刷小范围交流。

不仅报刊电视台成为反马克思主义、反社会主义的阵地，苏共的党代会和后来全程直播的人民代表大会也成为反对派传播思想的重要舞台。1988年以后，苏共领导人搅起了"民主化"浪潮，席卷苏联社会的政治选举热也强烈冲击着苏共思想根基和民众心理。1989年春天，根据修改后的宪法，全苏社会进行人民代表差额选举。对于苏共反对派来说，此时的竞选活动可谓是天赐良机：不仅有了染指权力的机会，而且可以合法地批判苏共，宣传自我。更重要的是走上最高议会论坛，通过电视直播将自己的声音传遍全国。

（三）失魂落魄、变成泥足巨人

人们至今很难理解，为什么号称有坚定信仰、高举马列主义大旗的苏共一下子倒下了？为什么苏共掌握的庞大宣传机器一夜间失灵了？为什么几十万人的苏共社会科学理论研究和教学队伍霎时间失语？为什么苏共多年培养和扶持的知识精英会突然调转枪口？为

---

① 参见［俄］弗·亚·利西齐金、列·亚·谢列平《第三次世界大战：信息心理战》，徐昌翰等译，社会科学文献出版社2003年版，第211页。

什么对马列主义的信仰会转变为对西方极端自由主义教科书的崇拜？为什么严肃的理论研究未能抵挡住一些简单的口号、无耻的谎言、空头的许诺和政治神话的诱惑？要回答这些问题，就必须深入地分析苏共后期的意识形态工作，剖析苏联崩溃前夜的思想舆论状况和知识分子心态。

事实上，80年代末期，伴随着苏共意识形态领导人的背叛，苏共思想领域的一些异己分子也乘势反戈一击，与社会苏共势力和西方反苏势力遥相呼应。原先的"列宁主义者"摇身一变成为反对"极权主义"的斗士。一股股激进思潮在苏联社会知识分子队伍中急速蔓延。

苏共垮台、苏联解体之际、苏联知识界多数成为"旁观者"，而少数的知识精英却成了瓦解苏共的"吹鼓手"和"先锋队"。至今，连西方学者都感到困惑，为什么数以万计的苏共知识精英和人数更多的马克思列宁主义理论队伍背弃了苏共？为什么苏共多年精心培养的理论队伍和思想精英一夜间将枪口转向，对准了自己？为什么知识精英同一些党政官员、经济管理干部、民族精英、灰色经济势力以及犯罪黑势力等一起成为苏共的掘墓人？

《焚毁的俄罗斯知识分子》（1998）、《论苏联知识分子》（2001）及《论意识操纵》等论著的作者、俄罗斯著名学者谢·卡拉－穆尔扎，《来自上层的革命——苏联体制的终结》一书的作者、美国马萨诸塞州立大学经济学教授大卫·科兹等对80年代末期苏联知识精英嬗变现象做了详细的分析。他们认为，除领导原因外，激进天性以及对物质利益及名利的追求是苏联文化和知识界精英迅速蜕变的主要原因。

在"民主化"精英的带领下，苏联部分激进的知识分子，特别是一些记者、编辑和作家纷纷撰文，无情揭露和指责苏共的过去，诋毁苏联的历史及其英雄人物。苏联社会知识分子队伍中的激进思潮急速蔓延。西方观察家指出，1989—1990年间，社会主义信仰在苏联知识分子当中迅速地消失。苏联的知识分子思想进一步激进化，多数社会学家、经济学家转而信仰西方式的资本主义。① 部分人文知识分子，对西方模式顶礼膜拜，对俄罗斯的历史和现状心存不满。一部名为《20世纪的俄罗斯》的历史教科书上标题充斥着"极权政治制度的形成""大规模镇压""农业中的困难""民族矛盾""新的镇压浪潮"等。一时间，"市场、民主、自由、私有制、西方文明国家"成了激进知识分子的口头禅。他们认为，社会主义的劳动生产率极低，平等在苏联的表现就是"同等贫穷"。企望在弹指一挥间跨越时代和社会鸿沟，从社会主义必然性的堡垒一下子就跃进西方自由主义的自由王国。

开放传媒和自由竞选运动进一步加剧了苏共的信任危机，成为思想上和组织上否定苏共的开始。正如美国前驻苏大使、苏联问题专家马特洛克在其回忆录《苏联解体亲历记》中说，当他看到苏共会议文件时兴奋不已，新内容比比皆是……我从未在一份共产党官方文件中看到对诸如……权力分散、司法独立……等原则给予如此广泛的重视……有些提法似乎是从美国宪法中翻译过来的。除了"社会主义"这个词汇外，文件与《共产党宣言》、甚至与《资本论》几乎没有一点联系。有关"社会主义"的那些苏联惯用提法也不见了。从某种程度而言，这些提法更接近于欧洲的社会民主。

20世纪80年代末期，苏联社会在政治领域和社会思潮出现的重大变化在舆论和话语体系方面有强烈的反映。报刊中苏共过去惯用的套话少了，而激烈和蛊惑性的言辞更会受到读者的欢迎。大学里马克思主义哲学往往成为被嘲笑的对象。全国上下众多的科学共产主义教研室仿佛一瞬间都变成了传播西方政治学的基地。一些口

---

① 参见［俄］亚·谢·巴尔辛科夫《当代俄罗斯历史导论（1985—1991）》，莫斯科2002年俄文版，第95—96页。

头说出几句晦涩难懂英文或西方辞藻的经济学、法学和社会学反叛人士往往被捧为知识高深的大家,不但受到媒体的追捧,而且不少人一步登天。像盖达尔、丘拜斯、阿文等人,由原来的副教授、教研室主任或实验室主任摇身一变,成为人民代表甚至总理、部长,形成俄罗斯政坛一大景观,后也成为被讽刺的对象。

(四) 不见硝烟——来自西方的反苏信息战和心理战

"二战"以后,苏联不仅没有被战火摧毁,反而更加强大。然而,硝烟未尽,冷战开始了。美国当局认为,意识形态领域成为与苏联进行战争的重要战场。以美国为首的西方国家在积极进行军备竞赛的同时,积极准备信息心理战。

1948年8月18日,美国国家安全委员会批准了20/1号指令——《美国对俄关系所要达到的目的》。这项指令揭开了一场本质为新型战争的序幕。信息成了武器,而作战的目的是操纵和改变苏联的社会意识。战争的任务在于使苏联社会形成对周围世界虚假的认识,以利于进一步操纵控制该国居民及其管理精英,进而改变其制度。美国中央情报局一马当先,出台了"水滴石穿"计划。声称要"调动一切手段,包括精神手段,摧毁敌人意志"。他们广泛招募各学科的专家、学者,利用宣传、互访、侦察、谍报等手段,进行大规模的心理战。援助、支持苏联东欧境内的持不同政见者;利用民族主义矛盾,煽动社会不满情绪;散布政治谣言,丑化领导人的形象;制造对苏联制度的仇恨,培养对西方的向往。50年代以后,美国先后成立了一些以苏联和东欧共产主义国家为研究对象的研究所,一些大学开设苏联东欧历史和政治专业的课程,美国外交政策的"智库"也将关注的重点转到苏联和华沙条约组织国家。

俄罗斯学者谢·卡拉-穆尔扎在《论意识操纵》一书中指出,苏联在冷战中的失败与其说是军事上、经济上原因,不如说是思想上的原因。作者认为，正是由于西方对苏联社会"文化核心"的"分子入侵"，先是制造怀疑情绪，然后逐步否定社会制度的合法性，最后直至解体。他认为，这一过程至少在 60 年代就开始了。产生这种情况，有内部的原因，也有外部的原因。① 俄罗斯科学院院士利西齐金在《第三次世界大战——信息心理战》一书中提出，苏联作为一个堪与美国匹敌的世界超级大国在长达半个世纪之久的一场没有硝烟的战争中失败了，这是信息心理战的结果。信息心理战在内外力量的协同配合下，使苏联人民接受了假象，坠入空想，采取了大规模自我毁灭的行动，最终导致了苏联的解体和苏共的垮台。②

苏共后期在意识形态工作中犯下了一些致命的错误，特别是在思想领域和知识界内部出现了一些严重的问题。苏共在西方进行和平演变和开展对苏"心理战""攻心战"的形势下丧失警惕，全面敞开胸膛，妄想投入西方的怀抱，融入西方，跻身西方文明社会，最后在这场信息战、宣传战中遭受彻底失败，结局惨痛，教训深刻。

苏共垮台后，社会在经历了一段意识形态的"真空"期后，林林总总的思潮旋即登场，纷繁复杂，泥沙俱下。俄罗斯社会长时间如一盘散沙，思想混乱，社会犹如失去了前进的航标，至今仍在徘徊探索，当然这是另一话题，但其中的因果关系不言自明。总之，分析和总结苏共在意识形态工作中的失误和教训有着很强的历史价

---

① 参见［俄］谢·卡拉－穆尔扎《论意识操纵》，社会科学文献出版社 2004 年版，第 2 页；《反苏计划》2003 年俄文版，第 8—9 页。

② 除上述两部译作外，俄罗斯最近出版了几部描述美国是如何开展信息攻击和文化渗透的作品。一部名为《中央情报局进攻苏联》，作者为俄罗斯著名历史学家尼·雅科夫列夫；另一部名叫《信息的威力》或译《信息的霸权》，作者为俄罗斯著名学者、俄罗斯外交学院副院长；第三部书名为《反苏计划》，作者就是《论意识操纵》的俄罗斯著名政治学家谢·卡拉－穆尔扎。这些俄罗斯学者从各自的角度，运用大量可查的材料，详细论述论西方针对苏联开展攻心战、心理战，进行和平演变的过程，分析精辟、深刻，资料新颖、翔实，在当今俄罗斯思想界和知识界产生了巨大反响，触发了新一轮的反思热潮。

值和思想价值。既有助于我们总结历史经验，分清苏共失败思想根源，又有助于我们坚定信仰、明确方向、研究如何提高精神领域的免疫能力，筑牢信息防线，保证国家的长治久安。

五 政治精英的蜕变

30年前，一场由戈尔巴乔夫发起的"改革"运动引发了苏联社会的剧变，结果导致苏共垮台、苏联解体，原有的社会制度和意识形态被抛弃，社会改变了方向，政权改变了颜色，其影响犹如改朝换代一般。30年过去了，革命的硝烟渐渐散去，俄罗斯民主选举层出不穷，政权更迭不断，新老政治精英交替登场，然而官场生态难改，政权生态依旧。不仅西式民主法治没有实现，苏联时期政治的效率和秩序也已丧失殆尽，于是形成了一种奇怪的"非东方、非西方""非资、非社"的政治生态。

（一）苏联社会精英的内部自我循环

"精英"一词原本是一个政治学和社会学的概念，其被很多俄罗斯学者及一些西方学者用来研究原社会主义国家的权力演变问题。但也有不少人认为，俄语中的"精英"一词带有褒义，而当今的俄罗斯上层并非真正的社会精英，因而不配使用，主张以"新阶级""新权贵""官僚阶层"等词语代替。

一般来讲，苏联社会精英阶层是苏联时期高度集中的政治、经济和社会管理体制的产物，是列宁逝世后苏联社会中后期演变的结果。在苏共精心构筑的权力体系中，苏共最高领导层端坐于"金字塔"的顶端，构成了社会精英阶层的核心。在苏联有一份列有各类最高级职务人员姓名的秘密名册，涉及苏共、最高苏维埃，以及政府的经济、外交等各部门，甚至波及了一些军事和社会群众组织，总计 11000 个领导职位。而占据这些重要职位的领导人，毫无疑问地被认为是社会的"执政精英"或"权贵阶层"。另据一些研究俄罗斯精英问题的专家测算，苏联时期联盟和地方两级的权贵阶层约75 万人，若加上他们的亲属，则有大约 300 万人，占居民总数的 1.5%。

苏联时期精英阶层不仅数量庞大，且等级分明，要想当官必须沿着由苏共设计的"独木桥"，爬过层层阶梯，方能步入"精英"的序列。而这一阶层内部通常又分为 14 级，各级的任命程序都有严格的规定。内部更新换代要按照特定的程序和原则，且一般情况下排除家庭继承或子女世袭。在苏共内部，有一个不成文的规定，高级干部子女不就高位，尤其不允许继承父辈的职位，他们大多被安排到国外尤其是西方国家工作。

通常情况下，每个总书记的更替都伴随着高层干部的大换班，并在随后的两到三年内形成自己固定的亲信班子，如勃列日涅夫时期的"第涅伯河帮"。受严格的程序与阶梯的约束，很多人往往等到踏着人梯，成为"人上人"之时，业已精疲力竭，步入古稀之年。明显的例证是 20 世纪 80 年代初期，苏联政坛上一批老朽的"政治精英"的存在。其造成的压抑和沉默的政治氛围，如一位俄罗斯社会学家所言，出现了苏共末期政治僵化、老人政治、病人掌权等现象。20 世纪 80 年代中期，苏共和苏联最高领导人勃列日涅夫、安德罗波夫、切尔年科短短几年时间内相继病死在最高权位上。被当时的国际社会戏称为，正是这些老态龙钟的苏共领导带领着苏联，提前完成了"5 年中为 3 位总书记送终的国家计划"。

（二）政权更替与精英更迭

戈尔巴乔夫上台后，大搞政治改组和干部撤换。一方面他希望借此培植和安插自己的同盟者；另一方面则幻想通过人员变动推动改革。因为在他看来，改革之所以停滞不前，是由于社会中存在着庞大的"阻碍机制"，而维持这种机制的关键就是"官僚机关"。于是，在其带领下，20世纪80年代后期的苏联社会掀起了一场声势浩大的反"官僚机关"、反"阻碍机制"的改革浪潮。在"民主"和"公开性"的旗帜下，政治改组成为戈尔巴乔夫执政时期改革的主要内容，也为以后政治进程埋下了不少陷阱。

政治上的风云突变，打破了原来封闭的权贵体系，在"民主化、公开化、反特权、争独立"的呼声中，"反精英"势力也呼之欲出。结果原来属于第二梯队、第三梯队的年轻政治精英走上前台，获得了执政大权，成为独立后俄罗斯政坛上的主宰。叶利钦便是他们中的"旗手"和领头人。而原加盟共和国则在苏联解体后借机独立、自成一统，其第一书记也随之摇身一变，成为国家"总统"。

由此，原苏联政治精英集团四分五裂，纷纷自寻出路。有的改头换面或改弦易辙，成为民主浪潮的弄潮儿，如前苏共中央政治局候补委员、莫斯科市委第一书记叶利钦；有的适应了新的权力体制，且占据了权力的巅峰，如原政治局委员，并先后担任过苏联联盟院主席、俄罗斯外交部长、政府总理的普里马科夫；也有的从此步入商界，及时将权力和关系变为资本，成为商界名流，如前莫斯科市领导人塞金等。

在一般人的眼里，革命意味着"刀光剑影、你死我活"，有时甚至会造成血流成河。不过这种情形在原苏联各国并不多见。在这里，人们看到的只是一部分较为"激进"的精英夺取了另一部分较为"保守"的精英手中的权力。或者说是第二梯队、第三梯队的精英排挤了老精英。与权力更替相比，意识形态、政权形式显得并不重要，不过是手段而已。

(三)"新精英"与旧生态

苏联解体后的俄罗斯政坛好像出现了一些"新面孔",但细心的人们发现,同过去相比,俄罗斯精英阶层的核心以及权力的性质并未改变。权力斗争的冲击波过后,政治生态如旧,俄罗斯人对权贵的"政治感受"依然如前,而新老当权者之间的差异只是在年龄、出身等方面。

一份被广泛引用的俄罗斯科学院的调查材料显示,新的精英中,"前朝遗老"的比例竟超过了70%。而在俄罗斯地方政权中,保留下来的旧时精英比例更高,约占80%以上。1992年底的一项对地方领导人的调查也表明,民主浪潮对苏共地方党委书记们并没有多大的冲击。这正像一位作家描述第一次世界大战后的德国那样:德意志皇帝没有了,而德国将军们却留了下来。

经过了几年的激烈民主化和市场化改革以后,到20世纪90年代中期,人们发现叶利钦周围75%的亲信来自原党政经权贵,在政府中比例也高达74%。实际就连叶利钦总统自己也有着长达30年的苏共党的工作经验。叶利钦于1976—1985年曾担任苏共州委第一书记,1985—1986年任苏共中央书记,1985—1987年任苏共莫斯科市委第一书记,1986—1988年为苏共中央政治局候补委员。

需要指出的是,一些东欧和西方国家的学者在对俄罗斯和其他东欧国家1989年以后精英变动情况做比较研究后也得出与前述相同的结论。1993—1994年间,一个由美国和几个东欧国家社会学家组成的课题小组对俄罗斯以及波兰、匈牙利等5个东欧国家的精英情况进行了调查。他们通过对40000多人的采访和对2000多名精英人员的访谈后得出结论,与东欧一些国家相比,俄罗斯老权贵更成功地维续了他们原有的权力或影响。

(四)权力、资本、选举下的精英劣质化

苏联解体后,俄罗斯每每出现30岁左右的"后生"担任部长、副总理甚至总理要职。虽然"少壮派"在政坛上有时只是昙花一现,但与苏共时期不同的是,此时政治上的失落,并不意味着仕途的终结。辞职后仍可东山再起,或干脆步入商界。与苏联时期相比,当今俄罗斯政坛的开放性、流动性都有了增强。组织政党、参与竞选、经商、专家咨询等都是可以登上政治"金字塔"顶端的大门。但是,精英阶层外表的光鲜依旧遮不住内部生态的恶化与蜕变。

第一,权力万能,腐败成风。在苏联解体后的俄罗斯,为何有这么多的人热衷于当官,原因就在于权力万能。俄罗斯私有化的实施,让官员能够及时将手中的权力和关系转化为所有权,并使之合法化。权力万能、权力本位现象十分严重,掌握权力成为社会成功的重要标志。叶利钦总统恢复沙皇时期的官衔制度,级别分明,并几次提高薪俸。不过,这并不能阻挡官员们不时伸出"第三只手"。在俄罗斯官场,贪污受贿盛行。俄罗斯报刊透露,组织一次与副总理的"会见",好处费可达几千甚至上万美元。记者采访、拍照均"酌情收费"。描述私有化内容的手稿尚未面世,作为作者的一些政府高官却各自收取稿酬达45万美元。苏联解体后的俄罗斯政治捐助盛行,商业利益、金钱与权力日益结合。上层政治斗争甚至失去了意识形态的味道,越来越多地表现出小集团或派系之间的利益纷争或权力之争。叶利钦先后换了4任总检察长,而其中有的总检察长也是由于贪污或其他丑闻下台。

第二,机构臃肿,效能低下。俄罗斯新政权机构臃肿,越减越膨胀,官员队伍达700万。苏联时期平均每10万人工作可养活1000个管理者,而1994年的俄罗斯平均每10万人则要养活1500

个管理者，到了 1996 年，这个数字膨胀到了 1700—1800 个。1995 年底，俄罗斯中央执行机构的改组人员为 33800 人，计划利用半年的时间精简 15%，结果却增加了 1000 多人，致使总数达 4 万人。新权力机构招牌常换，但内部工作人员几乎是原班人马。为官的风气和道德水准每况愈下，俄罗斯政权机关继承了苏共时期的官僚遗风，效率低下、文牍盛行，普京总统将之比喻为"一台生锈的、呼哧作响的破旧机器"。

第三，任人唯亲，自私自利。大多数研究精英问题的俄罗斯学者对这个阶层的评价都不高，他们认为其特点是：小集团利益盛行，忽视公众利益；专业水平低，缺少有才干的领袖人物；官僚文牍主义，脱离多数百姓；缺少为官之道，贪污普遍；实用而短视，缺乏战略和理论思考；缺乏团结和全民动员力量。除此之外，还应补充一条"任人唯亲、帮派盛行"。

第四，院外游说盛行，寡头政治出现。苏联解体后，俄罗斯国家经济控制能力削弱，资本高度集中，金融势力急剧膨胀。在政治经济利益的驱使下，"压力集团""院外游说"大步走上政治前台。新生的金融资本"爆炸"式的裂变，积聚了强大的实力，捞取经济利益和待遇。1995—1997 年间，为瓜分国有资产，争抢"最香的肥肉"，部分俄罗斯财团和寡头不惜血本，相互攻讦。以政治家为旗手，构成了由政治家—政党—政治派别—财团—院外游说团体—新闻媒体—保安机构等组成的多层次政治实体。影子政治现象十分明显，政治生活中"非正式因素"的作用增强。

第五，权力资本，交相融合。人们发现，俄罗斯"新贵"的发迹史与经济改革的轨迹几乎同步。早在戈尔巴乔夫执政的 20 世纪 80 年代中期，苏共一些权贵便开始利用手中的权力为自己积累财富。而叶利钦时期经济改革和私有化将"权力变为资本"的过程合法化。在公司化、市场化的浪潮中，原经济部门的管理官员们已伺机行动。他们凭借手中的权力，深深地潜入新的经济体系。于是，管理者变成"占有者"，"管理权"变成了"所有权"。私有化使他们的行为合法化，他们一方面是苏联中央机构的"掘墓人"，一方面成为名副其实的国家财产的"继承者"。而原苏共权贵之所以未加任何反抗地接受了苏共政权的垮台，其中一个重要的原因就是他们及时利用自己的地位和关系，在市场化和自由化的条件下，悄然地获得了前所未有的经济好处。另一方面，摆脱了党的纪律的监督，抛弃了意识形态约束，大批原苏共官员积极投身于自由市场的浪潮中，正是在这种"蜕变"的过程中，俄罗斯的商界精英也诞生了。

可见，新生俄罗斯十几年激进的市场私有化进程为权力演化成资本提供了良好的机会。市场化、民主化并未给原苏共官员和管理层带来灭顶之灾，相反他们却利用手中的资源获得了新生。厂长经理们变成了"红色资本家"，"共青团干部"则早已成为金融资本的代表人物。社会舆论调查结果显示，绝大多数俄罗斯居民认为当今俄罗斯是少数人统治的社会。由掌权精英操纵的20世纪90年代的俄罗斯改革，最终使得占人口比例不到2%的精英阶层获得了最大的利益，他们代表的是俄罗斯社会极少数人的利益。

六 经济私有化与政治寡头化

20世纪70年代末、80年代，苏联社会出现危机。1985年3月戈尔巴乔夫继任苏共中央总书记，先后打出了"民主化、公开性、改革与新思维"等旗号，在不到6年的时间里，搞乱了苏联社会、搞垮了苏联经济、瓦解了东欧社会主义阵营，1991年12月25日，戈尔巴乔夫宣布辞去苏联总统之职，这也意味着统一的苏联国家不复存在。以叶利钦为代表的激进自由派掌握了新独立后俄罗斯的国家大权。1992年开始，在国家解体、政权更迭和制度更替的背景下，在西方势力的支持下，一场以"私有化、自由化、西方化"为标志的激进变革迅速席卷俄罗斯大地。

"私有化"是俄罗斯"自由改革派"上演的一台重头戏，是一场空前的财产"大分割"运动。几年间，大规模、"闪电式"的私有化运动从根本上改变了整个俄罗斯社会的面貌，瓦解了原制度的经济基础，改变了社会的阶层结构，催生了私人资本特别是大资本的形成，一度导致了"财阀横行、寡头参政"的局面。俄罗斯"私有化"运动激化了社会矛盾，滋长了经济犯罪，贻害无穷，教训深刻。

（一）私有化的政治背景与思想动因

1991年底开始的俄罗斯私有化运动被认为是世界历史上规模最大的一次所有制革命。① 私有化运动自一开始就带有很强的政治和意识形态色彩，是继俄罗斯"政权大革命"之后的一场空前的"社会财产大分割"。

俄罗斯私有化运动开始之初，改革派对私有化给予了极大的希望。他们认为，私有化是改革的关键，是摆脱旧体制的根本。根据他们对西方教科书的理解，认为"私有制"是市场经济的基础和先决条件。俄罗斯政府中一些年轻的改革派领导人直言，"私有制"的优越性被人类几百年的历史所证明。俄罗斯必须踏上私有化的征程，才能最终融入"世界文明之林"。②

俄罗斯年轻的改革派将建立私有制视为转轨的主要目的和内容，为此可以牺牲一切，包括管理效益、收入等。被称为"私有化

---

① ［俄］罗·麦德维杰夫：《俄罗斯向何处去——俄罗斯能搞资本主义吗?》，徐葵等译，新华出版社2000年版，第200页。

② ［俄］弗·索格林：《当代俄罗斯政治史：1985年—1994年》，莫斯科1994年俄文版，第118页。

之父"的丘拜斯在《俄罗斯私有化史》一书中写道："我过去和现在都认为，私人所有制在俄罗斯的建立是绝对的价值。而为实现这个目标，有时候只能放弃某些经济上的有效方案。这是不同度量的范畴。经济效益是以1年、2年、10年的度量衡量的，而私有制则会在百年、千年和更长的时间中发挥作用。"①

俄罗斯改革派将建立"私有制"视为通往西方"天堂式"生活的法宝，将私有化看作是拯救俄罗斯的"救世灵方"和"灵丹妙药"，建立了私有制，就能融入西方。丘拜斯提出，私有化是一项政治任务，必须加速进行，甚至可以打破常规，不考虑后果。因为私有化的目的"就是在俄罗斯建成资本主义，并且要在几年中用突击性的方法完成世界上其他地方用数百年才完成的那些工作"。②

盖达尔和丘拜斯认定，必须把所有权从国家和官僚手中夺过来。"无论把财产分给谁，哪怕是分给强盗，只要把财产从国家手里夺过来就好。如果强盗变成自己资本的有效主人，他就不会再做强盗了……"③

俄罗斯年轻的改革派极力地在西方自由主义经济学家那里寻找理论依据。他们的幻想与西方自由派谋士的主张不谋而合。盛行一时的所谓"华盛顿共识"推出经济转轨的模式，制定一个个模仿的样板。按照美国哈佛大学谋士给东欧诸国开出的药方，经济改革无非是"价格自由化"和"私有化"，而私有化又是改革中的重中之"重"。

俄罗斯改革派认为，冷战结束后西方会给俄罗斯大量的经济援助。他们在设计经济改革方案时，对西方的援助和贷款寄予了极大的期望。一些西方国家和国际金融机构，包括国际货币基金组织和

---

① 参见［俄］《新时代》周刊1997年第48期，第10页。
② 1994年6月29日丘拜斯答《详情》电视节目记者问。
③ ［俄］《文学报》1997年6月25日第25—26版。

世界银行在内纷纷将私有化和经济自由化程度作为提供贷款的先决条件，要求俄罗斯政府必须进行私有化改革。

（二）大规模私有化的起始

戈尔巴乔夫执政后期，苏联内部政治混乱，社会经济开始失控，实际上已经开启了"非国有化"的大门。1990年前后，学术界开始讨论私有化的问题。苏联解体为俄罗斯实施私有化提供了条件。1991年11月，丘拜斯出任推进私有化的国家财产委员会主席后，迅速拟定了一份新的私有化纲领。一个月以后，1991年12月29日，这份纲领的主要条款被叶利钦以总统令的形式获得批准并开始实施。由此正式拉开了俄罗斯私有化运动的序幕。①

观察俄罗斯国有资产私有化进程，可以发现俄罗斯私有化有以下几个特点。

1. 私有化更多地出自政治上动因，而非经济上的考虑

私有化成为新政权摧毁原制度经济基础的工具，必须在抓住政治机会，迅速将国有财产分配下去。② 丘拜斯在电视节目中宣称："私有化的目的，就是在俄罗斯建成资本主义。"以至于西方经济学家也认为，俄罗斯私有化操之过急，"只算政治账，不算经济账"，是另一种形式的"斯大林主义"。③

2. 私有化法律准备严重不足

俄罗斯私有化遵循的一些空泛的理念或概念，依靠的是"总统令"和纲要，而不是靠法律进行。这样可以绕开议会中的抵制。私

---

① 有关俄罗斯私有化进程和具体情况可参见拙作《私有化是祸？是福？——俄罗斯经济改革透视》，经济科学出版社1998年版，第129—160页。
② ［美］约瑟夫·布拉西、玛娅·克罗莫娃、道格拉斯·克鲁斯：《克里姆林宫经济私有化》，上海远东出版社1999年版，第39页。
③ 转引自崔之元《逆取而不顺守：掠夺俄国国家资产的新动向》，新加坡《联合早报》2000年8月25日。

有化运动实际上加快了旧官僚和新权贵将手中"瓜分的社会财产"合法化的进程。

3. 追求速度和规模，大规模、突击式、闪电式地推进私有化

西方资本主义走过了几百年时间，而俄罗斯改革派期望短时间培育出千百万私有者。英国一个大型企业的私有化平均需要6年时间，而俄罗斯期望在一两年的时间突击式完成15000家国有企业的私有化。

4. 与其他国家不同，俄罗斯被私有化的是国有资产中的较好的甚至是最好的部分

在俄罗斯大型国有企业私有化过程中，一些潜力雄厚的资源、原料型企业首先被私有化，如石油开采、冶炼，有色金属、航空企业等。

5. 权钱交易严重，私有化的社会后果十分严重

私有化既没有解决经济上的收入、效益等问题，也没能解决结构调整的任务。私有化不是结束，而是开始了财产的争夺。私有化运动带来大量消极的社会后果，引发了许多严重犯罪，造成社会财富两极分化，损害了经济和国家安全。

（三）一场财产大瓜分

按照《俄罗斯私有化纲要》的规定，官方宣称的私有化要实现以下七个重要目标：形成一个私有者阶层；提高企业的经济效益；利用私有化所得的收入建立社会保障资金体系；促进国家财政状况的好转；提高竞争力、经济非垄断化；吸引国外投资；为私有化创造条件、建立良好的组织体系。

然而，私有化几年过后，俄罗斯社会普遍认为私有化的实际结果与最初目标相差甚远。私有化既没有实现收入目标，也没有达到效益目的。私有化实际上成为一些国有优势企业的"大拍卖"，为瓜

分国有资产提供了机遇和依据,使少数人借机暴富,进而演变成"财团巨富和金融寡头"。

1. 私有化未能改善财政状况,相反却导致国有资产大量流失

俄罗斯社会中大多数意见认为,俄罗斯国有资产的私有化未能改善政府的财政状况,私有化收入也微乎其微,实际结果和几年的统计数字也证明了这一点。

在1992—1994年的两年时间里,俄罗斯有共计64829个企业进行了私有化改造,① 占4年间私有化企业总数的一半以上。统计资料表明,在1993—1996年的4年中,俄罗斯私有化的收入只占俄罗斯国内生产总值的0.02%—0.04%,占预算收入的0.13%—0.16%。②

在俄罗斯"贱卖国企"的过程中,国有资产流失严重。私有化为少数人提供了绝好的敛财机会,无法统计的国有财产被变相转手或侵吞,削弱了国家的总体经济实力。俄罗斯约有500家大型企业被以72亿美元的低价出售,而这些企业的实际资产要达2000多亿美元。③ 莫斯科"吉尔"汽车制造厂资产总量约合10亿美元,一家私人财团购得价格仅为400万美元。后经营不利、负债累累,莫斯科市政府不得不又重新收归国有。莫斯科市化工进修学院的房产及设施价值约1亿美元,被某公司仅以此800万卢布的价格购买。类似的例证很多,俄罗斯报刊对此经常披露。④ 除有形资产外,无形资产和知识产权的流失更难以统计。

2. 私有化未能达到提高经济效益的目的

调查结果表明,俄罗斯私有化后的企业与原国有企业的经营

---

① [俄]阿·科赫等:《私有化(1996):结果与结论》,[俄]《社会与经济》杂志1997年第1—2期,第206—207页。
② 参见[俄]《真理报》1996年4月24日。
③ [俄]《真理报》1995年1月25日。
④ [俄]《俄罗斯与独联体经济新闻报》1997年第13、19期;《真理报》1995年1月17日、1996年4月18日、1996年4月24日。

状况相差不大，经济效益差别不甚明显。一些社会学调查结果显示，在经营管理、劳动态度等方面，私有化的企业与原国营企业并没有明显的差异，反倒是一些新出现的私营企业大大区别于私有化的企业和国有企业。① 俄罗斯国家杜马稽查委员会在一次对私有化的专门调查中指出，1992—1994 年俄罗斯中央一级所属的 1666 家机器制造企业中有 1389 家被股份化，占 83.4%。这期间，1992 年生产下降幅度为 11.5%，1993 年下降为 14.9%，1994 年竟达到 43.9%。

俄罗斯学者认为，仅仅改变所有制的形式并不能保证经济效益的提高。将"无主的'公有'"变为"少数人的'私有'"只是为增加效益提供了理论上的可能性。改革企业内部管理，加强市场调研，更新设备，改善工艺等都是提高经济效益的有效途径。

3. 私有化损害了俄罗斯产业部门的竞争力

私有化过程中，由于国外产品、特别是西方舶来品的冲击，俄罗斯企业及其商品失去了自己的市场。机械产品生产量连年下降，1994 年下降幅度达 45%，日用消费品生产下降了一半以上。90 年代中期，俄罗斯 80% 的食品依靠进口。

在反垄断方面，"反垄断"的旗号被用来当作利益均沾、你争我夺的掩护。由于某些反垄断措施"操之过急"，结果破坏了原有的经济联系，特别是对农工综合体、森林工业和冶金工业等部门的负面影响巨大。一些有利可图的石油工业、航空运输和原料部门等分离出不少公司，例如原统一的"苏联航空"分成 420 家大小航空公司。② 但俄罗斯一些原料和燃料部门仍为特大型金融—工业集团或私人财团所控制。

---

① ［美］约翰·艾尔、理查德·罗伊斯：《俄罗斯私有化：经济行为与政治激情》，［俄］《经济与管理》杂志 1996 年第 10 期，第 148 页。
② 参见［俄］《苏维埃俄罗斯报》1997 年 5 月 7 日。

4. 私有化吸引外资效果微乎其微

在吸引外资方面，俄罗斯私有化的作用亦不甚明显。1994年正值俄罗斯私有化的高潮时期，1994年前9个月的外国投资仅为7.68亿美元，而1993年为－29.2亿美元。而1995年估计仅私有化企业改造所需要的费用就达1500亿—2000亿美元。不少外资、特别是金融"游资"投放到证券市场。多数外国投资集中在那些利润丰厚的原料采掘部门。几年来，俄罗斯石油天然气勘探和开发领域的国外投资成倍增长，而机器制造、建筑业的外资增长却大幅度回落。

一些俄罗斯问题专家认为，外资不"青睐"俄罗斯的主要原因有两个：一是俄罗斯国内政局不稳；二是外国投资者权益的法律保障问题。由于治安状况不佳和法律制度不健全，影响了外国企业在俄罗斯的投资。据美国企业家透露，在俄罗斯经营的外国企业，要把总收入的10%—20%拱手交给犯罪集团。[①]

几年来，西方在俄罗斯的投资平均每人只有47美元，而在波兰为326美元，而智利为585美元。截至1995年，根据俄罗斯国家财产管理委员会资料，在私有化过程中，外国投资者购买股票只占总额的10%。

5. 私有化恶化了社会局势，导致社会两极分化严重

1994年6月底，叶利钦总统宣布俄罗斯已有70%的工业企业实行了私有化，俄罗斯社会4000万人成为股票持有者。然而，社会学调查结果表明，大多数人并不认为私有化使自己成为"真正意义上的所有者"。真正在私有化中分得好处的只有70万人到90万人，最后能够分抢到最大蛋糕的只是极少数，这就是金字塔顶尖上

---

① 参见［匈］阿科什·西拉迪《叶利钦主义的终结》，［俄］《俄罗斯与当代世界》杂志2000年第2期，第57页。

那不足 2000 人。①

1993 年 4 月份一项社会调查结果显示，俄罗斯有 15% 的被调查者认为"证券私有化"能使自己变为所有者，1993 年底这一比例一度增至 19%，然而一年之后却降至 9.6%。与此同时，俄罗斯 64% 的居民认为私有化只不过是"政治手腕"，不能解决实际问题。因为大多数股票持有者根本不可能、也无法参与企业管理，而取得红利的人数也微乎其微。

1994 年只有 4%—5% 的股民开始收取"分红"，② 实际上由于企业大部分停工或开工不足，"股东"已名不副实。俄罗斯私有化第一阶段的公式为：1 张私有化证券 = 俄罗斯 70 年社会资产总量 ÷ 全体居民总数 = 10000 卢布。两年后变为：1 张私有化证券 = 面值 10000 卢布 = 7 美元 = 1 公斤香肠。

在社会心理方面，大多数人不认为分得的是国有财产，只不过是微不足道的"补助"，或是一张"彩票"。俄罗斯学者指出，这种"平均分配"国家资产的作法实际上是一种"欺骗"，在政治上是有害的，经济上也是徒劳无益的。大多数居民没能、也不可能成为"真正意义上的投资者或所有者"。随着"大众私有化"阶段的结束，"货币私有化"的开始，俄罗斯一些"油水"企业纷纷拍卖、招标，绝大部分居民更是无缘，只能做"看客"。

俄罗斯自由派改革者最初提出，私有化的社会政治目的是剥夺官僚机构手中的"国家财产支配权"，造就新的所有者阶层。而私有化的结果却是，旧官僚、影子经济成分等才是真正的赢家。

6. 私有化严重损害了俄罗斯国家安全

俄罗斯有关部门认为，私有化纲领中没有顾及国家的经济安全

---

① ［俄］弗·利西奇金：《丘拜斯式的私有化，或俄罗斯经济的黑洞》，［俄］《今日俄罗斯联邦》杂志 1998 年第 20 期，第 27 页。

② 参见《证券私有化的结果，居民的评价及意见》，［俄］《经济与社会变动：公众舆论显示器》1994 年第 4 期，第 66 页。

和国防安全，过急的实施办法激化了社会矛盾，造成了社会局势紧张，严重影响了国家和社会安全。

第一，损害了经济安全。俄罗斯国家杜马稽查委员会的特别调查报告中指出，私有化非但没能使转轨政府的预算增加多少，反而使国家失去了对一些大型企业、甚至工业部门的控制。俄罗斯几年的实践表明，私有化步伐快的领域，往往正是利润丰厚、前景诱人的部门。① 俄罗斯境内外的灰色经济势力的目标从港口指向陆地，从地下指向天上。石油、有色金属等原料部门，航空和军工企业都成为各种资本势力争夺的对象。俄罗斯安全机构的报告显示，俄罗斯2/3的具有丰富资源和经济潜力的地区已被各种灰色经济势力、黑手党组织所控制，对俄罗斯的经济安全构成严重威胁。②

第二，威胁国防安全。俄罗斯私有化的后期提出，具有战略意义的国防工业企业一般不纳入私有化的范围。重要军工企业私有化的名单由政府和议会审查决定。但俄罗斯安全情报部门的报告指出，在私有化过程中，外国商人直接或通过俄方公司购买军工企业的股票，或采取建立合资企业等形式，窃取尖端技术，达到进入或控制这些企业的目的。类似的现象在航空航天、导弹制造等军工企业尤为普遍。

第三，导致社会冲突、危害社会安全。私有化导致了俄罗斯社会贫富差距扩大、两极分化严重。20世纪90年代中后期俄罗斯社会最高阶层平均收入是最低平均收入的14—15倍，最高工资与最低工资的差距扩大为27∶1。

俄罗斯学者认为，私有化的推行，使得俄罗斯社会的贫富差别不仅表现在工资收入上，而更多地体现在占有财富和资产的多寡

---

① ［俄］弗·麦德维杰夫：《政府是怎样扶持寡头的，国家因此损失多大》，［俄］《今日俄罗斯联邦》杂志1998年第8—9期，第12—13页。
② ［俄］《论据与事实》周报1996年第30期。

上。随着资本收益几何级数的增长，俄罗斯社会的贫富分化将更为严重，势必激起社会大多数的不满情绪，导致社会的紧张状态。社会调查结果显示，90年代中期，俄罗斯社会的紧张程度已接近社会冲突的临界点。① 另一方面，私有化过程中，企业改组、破产数量增多，使得俄罗斯社会已十分严峻的就业形势更加恶化，特别是在一些工业企业较多的地区和城市失业人口增长。仅1996年俄罗斯失业人数为670万人，约占整个社会有劳动能力人口的9.1%。

7. 私有化引发了严重的社会犯罪

伴随着大规模的经济私有化，俄罗斯社会治安状况急剧恶化，经济领域犯罪猖獗。俄罗斯内务部及总检察院的报告中一致认为，私有化是犯罪形势最为严峻的领域。1997年，时任政府副总理兼内务部部长阿·库利科夫认为，私有化中损公肥私现象严重，灰色交易盛行。俄官方内部资料显示，仅1996年，俄罗斯私有化过程中，共有1746起犯罪案件登记在案。而自私有化运动开展以来，共发案30000余起。② 1997年初，俄罗斯联邦内务部将一份题为《俄罗斯联邦反经济犯罪和贪污的情况与措施的报告》提呈叶利钦总统，报告中援引俄罗斯科学院分析中心的材料指出，在私有化过程中，约有55%的资本和80%的有表决权的股票落入俄境内外犯罪集团手中。③

私有化过程中最为普遍的犯罪活动是滥用职权、以权谋私、贪污受贿以及欺诈行为等。更为严重的是私有化的主管部门——国家财产管理委员会"丑闻"不断。仅1996年就有152位该部门官员，6000名负责拍卖、招标的人员被检察机关起诉。④ 特别是1997年

---

① 参见俄罗斯科学院社会政治研究所《俄罗斯社会及其社会政治形势：分析与预测》，莫斯科1995年俄文版，第81—83页。
② ［俄］《独立报》1997年1月17日。
③ ［俄］《独立报》1997年1月17日；《消息报》1997年2月6日。
④ ［俄］《俄罗斯与独联体经济新闻报》1997年第13期。

夏天揭露出的涉及俄罗斯几任私有化领导班子的"9万美元稿费丑闻",导致了副总理、国家财产管理委员会主席等7位"私有化高官"的解职。而稿费事件同俄罗斯私有化历史上最大的一桩拍卖——"电信投资"有直接的关系。俄罗斯舆论称,稿费丑闻可作为窥视私有化的"一面镜子"。近年来,俄罗斯私有化、特别是一些特大型石油企业的拍卖已成为政治经济生活中斗争的焦点。

观察俄罗斯私有化的进程,可以得出结论,私有化没有带来经济发展和企业效益迅速提高,相反却引发了财产争夺战,导致国有资产严重流失,一些工业部门衰落,经济衰退。私有化后,俄罗斯航空制造业的生产能力只有原来的12%—15%。以前每年生产400架各种类型的飞机,现在生产大大萎缩,每年不超过20架。俄罗斯的有色金属业基本被外国籍的私人控制。1996年俄罗斯经济的损失相当于苏联在二战中的损失的2.5倍。[1]

私有化给俄罗斯经济和安全带来严重负面影响的同时,还导致了十分严重的政治斗争和社会冲突,引发了大量社会问题。

作为一场急风暴雨式的财产争夺战,私有化触及社会各阶层的切身利益,改变了社会的利益格局,激化了本已十分尖锐的社会矛盾。在许多俄罗斯居民看来,又是"一场改革闹剧"。"公平分配社会财产"的迷雾渐渐散去,俄罗斯老百姓发现,身边的少数人一夜之间暴富。一些资深的社会学家指出,在这场以"私有化券"为赌注的赌局中,大多数百姓是输家,普通人"当家作主"的情况更少。真正的赢家是原厂长经理阶层,还有一些暴发的地下经济势力。

俄罗斯私有化一开始就伴随着激烈的政治斗争,每项私有化纲领的出台都成为各种政治势力争论的焦点。私有化不仅引起左翼反

---

[1] [俄]弗·利西齐金:《丘拜斯式的私有化或俄罗斯经济的黑洞》,[俄]《今日俄罗斯联邦》杂志1998年第20期,第28页。

对派的抗议，而且导致自由派内部的分裂。当然，俄罗斯经济私有化最严重的政治后果是催生了一些私人财团，豢养了少数金融寡头，这也是叶利钦不情愿遗留下来的最沉重的政治遗产。

私有化开始以来，俄罗斯国家杜马议员、地方官员、执法部门、学者以及普通居民对私有化的指责不绝于耳。俄罗斯科学院的一份研究报告指出，私有化结果和其他改革措施一样，都未达到预期目的。私有化应防止国家资产控制权落入官员们手中，但事实上，私有化后许多官员却合法地掌握了这些资产。私有化并未造就广泛的私有者阶层，但却形成了一小撮国家资产继承者。私有化非但没有克服、反而强化了经济的垄断。国家反垄断政策根本没有奏效。一些"横空出世"的私人金融工业集团比原国家性质的集团更缺乏责任感、更具威胁。

俄罗斯私有化的一个严重后果就是"财团控制经济、寡头参与政治"。特别是1996年寡头出资赞助叶利钦连任后，部分寡头变本加厉，向当局要求政治回报，甚至进行要挟。少数财团乘机控制新闻媒体，借机操纵政治，分享权力，成为俄罗斯社会生活中的一个"怪胎"。[①]

俄罗斯私有化暴露出的问题，特别是一些财团寡头的所作所为不仅激怒了俄罗斯百姓，而且也为西方社会学术界所不齿。诺贝尔经济学奖获得者约瑟夫·斯蒂格里茨、哈佛大学俄罗斯经济问题教授马歇尔·格德曼等多次对俄罗斯改革模式以及私有化运动提出批评。乔治·索罗斯经常对俄罗斯私有化提出批评。索罗斯把俄罗斯经济制度定义为"掠夺式资本主义""强盗式的、野蛮的资本主义"。索罗斯几次在公开场合直面俄罗斯新生寡头，咒骂他们的暴富靠的是私有化中的"犯罪、盗窃"。他说："我认为，俄罗斯已

[①] 《俄"中心电视台"总裁奥·波普佐夫答〈共同报〉记者问》，转引自 http://www.nns/ru/chronicle/center/03082001。

从苏维埃制度的一个极端走向了一种恣意妄为的、更近于掠夺性的资本主义的另一个极端。"这位美国金融大亨对"俄罗斯寡头这种粗暴野蛮和凶恶贪婪的行为"感到震惊。索罗斯写道:"国家瓦解了,而每个人都在千方百计偷窃国家的财产。"索罗斯认为,丘拜斯推动的私有化是为了将"掠夺性的资本主义得以变成合法的资本主义"。①

1999年8月26日美国《国际先驱论坛报》发表了一篇题为《经济学的至理名言,也许对真正的老百姓却是灾难》的文章,其中援引联合国开发计划署对苏东国家经济转轨的调查报告,称"私有化使得1亿多人陷入赤贫,数百万人失去社会保障"。与此形成强烈对比的却是私人财团"爆炸式"的膨胀,约5%的人在短时间内聚敛了无数的财产之后暴富。

(四) 普京的拨乱反正

20世纪90年代中后期以来,俄罗斯社会反对私有化的声音越来越强烈。1999年11月,俄罗斯"罗米尔"社会舆论调查机构进行了一次社会学调查,结果显示,65%的被调查者同意重新审查私有化的结果,18%的人表示反对,17%的被调查者没有回答。曾任政府总理的普里马科夫多次表示,如果私有化过程中存在经济犯罪,私有化造成停产,分光资源等现象,就应当审议私有化结果,甚至考虑重新国有化。普里马科夫甚至宣布,已经为那些在私有化中巧取豪夺的"寡头"们准备好了"监狱号子"。

2005年俄罗斯社会舆论基金会调查结果显示,俄罗斯社会有60%以上的受访者认为,私有化带来的更多的是坏处和损失。

2000年,普京上台不久,便在国情咨文中几次谈到"寡头参

---

① [俄]《实业界报》1997年6月25日。

政、操纵舆论、瓜分财富"等情况。普京总统强调，国家权力不应被少数寡头收买或私有化。之后，普京巧妙利用机会和矛盾，"稳、准、狠"出击，各个击破，先后查处了传媒大亨古辛斯基、"克里姆林宫教父"别列佐夫斯基和俄罗斯首富霍多尔科夫斯基。杀鸡儆猴、敲山震虎。

俄罗斯经济私有化变成了一场场少数财阀和寡头分肥的盛宴。为克服私有化的后果，打击寡头势力，不容许部分寡头恣意妄为、操纵媒体、插手政治，普京总统甚至不惜利用安全和强力部门的力量。对此，普京总统曾对西方记者反问道，在俄罗斯少数人不到3—4年就聚集起几百亿美元之巨的财富，这在西方社会能想象吗？

对于20世纪90年代私有化导致的社会两极分化，普京也有过精彩的分析。他指出，本来起点和条件一样，忽然有一天情况变了，一些人近水楼台先得月，利用国有资源，摄取了亿万（美元）财富。越来越多的俄罗斯人认为，今日俄罗斯的不平等就是源于不公正的国有资产私有化。

时至今日，普京总统的经济治理和政治整顿行动得到了社会多数的支持，达到了预期的经济目的，取得了良好的社会效果。

七 西化邪路：失败与教训

20世纪末，苏联—俄罗斯大地上进行了一次自由主义的试验，结果不仅导致了国家的解体，政权的衰亡，而且使社会陷入了空前的危机，至今仍后果未除、灾难未消。

（一）激进思潮与方向迷失

20世纪70年代末、80年代，苏联模式出现危机。戈尔巴乔夫上台后开启的改革不但没能救活苏联制度，反而导致国家解体、苏共灭亡。国家大权最终落入以激进反对派面目出现的叶利钦等人手中。在国家解体和制度更替的背景下，俄罗斯新当权者迫切寻找新的"药方"。在西方样板的引诱下，在西方某些政治和经济势力的推动下，一股激进的自由主义改革思潮迅速在俄罗斯社会蔓延起来。

俄罗斯的历史与西欧国家不同。西欧国家，特别是法国的资产阶级革命，先是经历了长时间的思想启蒙运动。而俄罗斯社会，包括宣扬自由主义的当权派没有经历多少自由主义思想熏陶，更缺乏相应的理论准备。在俄罗斯，自由主义缺乏相应的历史传统和社会基础。"改革派"更多的是将自由主义当作对抗苏共正统思想的武器，将西方道路看作是"摆脱社会主义"的捷径。面对庞杂的自由主义理论体系，他们表现得"饥不择食"，甚至是"生吞活剥"。他们往往推崇和选择那些最原始的、最书本的、最简单化的，甚至在当代西方社会也抛弃了的某些自由资本主义的信条和概念。

苏共垮台后，曾占社会指导地位的苏共意识形态被抛弃。俄罗斯社会短时间内出现了思想的"真空"。人们发现，激进派除了反共、反马克思主义以及追求所谓"自由、独立"等口号外，缺乏成熟的思想和理论，也拿不出成熟的改革方案。

不过，戈尔巴乔夫改组失败，使一种逻辑越来越鲜明地印在叶利钦等激进自由派的头脑中。这个逻辑推理简单而明了：既然苏联70年的社会主义制度在与西方的竞赛中败北；既然苏共改革和完善这种制度的努力也未奏效，那么只有完全抛弃这种制度，全面照搬和推行在西方社会行之有效的体制，这就是俄罗斯跻身于西方文明社会的唯一正确之路。这也是当时俄罗斯社会主流思潮的真实写照。

1992年初夏，叶利钦第二次访问了美国。与上一次出访不同，他已不再是落难的苏共反对派，而是新俄罗斯的最高领导人。在美国的一次演说中，叶利钦言道，他代表世界上最年轻的"民主国家"，来到了民主传统悠久的"圣地"。自此，共产主义的试验在俄罗斯大地"一去不复返"。所有文明世界具有的东西将会在俄罗斯"开花结果"。

在俄罗斯国内，与叶利钦遥相呼应，俄罗斯自由主义先锋加·波波夫、叶·盖达尔等人直言"抛弃社会主义、移植资本主义，用最资本主义的方法改造俄罗斯"。① 当时叶利钦的首席谋士根·布尔布利斯宣称，"资本主义"是目前为止人类创造出来的虽不是最理想但却是最好的制度，俄罗斯可以大胆采用，无须任何民族性的修饰。② 后被称为俄罗斯"私有化之父"的阿·丘拜斯宣称，私有制和市场是俄罗斯社会富足的唯一保证。

与政治宣传与舆论鼓动相呼应，由被称为"年轻改革派"组成的俄新政府也加紧制定经济改革方案。美国经济学家杰·萨克斯等人被邀担当俄罗斯政府"顾问"。与此同时，俄罗斯政府官员、智囊班子也经常飞往大洋彼岸学道取经。一批批西方自由派、货币派经济学家应邀充当盖达尔政府的"智囊"，仅俄罗斯国有资产私有化委员会聘请的西方顾问一时间就有 200 多人。

以 1992 年初为起点，一场被称为"休克疗法"的激进变革在俄罗斯全面展开：瞬间全面放开商品价格；商业、外贸自由化；大规模私有化。随着一些激进自由主义政策的实施，俄罗斯年轻的改革派也武断而狂妄地推销着他们一些自由主义的极端言论。这些言论虽有悖于俄罗斯传统和现实，但听起来却不失"新鲜和耸人"。

俄罗斯自由改革派丝毫不用掩饰"激进自由化改革的政治目的"。20 世纪 90 年代初期时任俄罗斯国务秘书、实为叶利钦政治

---

① 参见 [苏] 叶·盖达尔《胜利与失败的日子》，莫斯科 1996 年俄文版，第 365 页；[俄]《真理报》1990 年 4 月 16 日。

② 参见 [俄] 符·索戈林《当代俄罗斯政治史：1985—1994 年》，莫斯科 1994 年俄文版，第 118 页。

上左膀右臂的布尔布利斯直言，俄罗斯的经济改革就是要建立起"私有制"，一千年的历史表明，人类社会还没有创造出比它更符合人天性的东西来。私有制可能不是最理想的，但却是现实中最好的。这种制度存在于欧洲、美洲及东南亚，并无须任何民族性的修饰。①

丘拜斯在一次电视讲话中宣称，正如民主一样，私有制是万能的。经济自由化是为了彻底摆脱"官僚机构"的束缚，而私有化目的是使革命不可逆转，防止苏联制度复辟。他坚信，市场和私有制是俄罗斯社会富足的充分保证，也是政治和精神自由的靠山。

在经济生活中，俄罗斯年轻的改革派主张"完全自由的市场"。停止国家对经济工作的干预，认为市场与计划"水火不相容"；让市场的"自然法则"充分发挥作用，"物竞天择"；打破国家所有制，实行私有化，推行纯粹意义上的私有制……

在"胜利情绪"的驱使下，俄罗斯一些人文知识分子和艺术界人士也摇旗呐喊。他们坚信，市场经济能够带来俄罗斯文艺的复兴。他们认为，在自由和市场的条件下，通过市场"优胜劣汰"，可以筛选出优秀的成果或文艺作品。

新俄罗斯诞生之际，俄罗斯社会满怀着对新生活的憧憬，到处弥漫着浪漫主义情绪。过去共产主义的"神话"，被新缔造的"自由主义神话"所代替。当时一位自由派的女经济学家的言语，真实地表露了20世纪90年代初期俄罗斯社会的主流思潮和社会心态。她写道：社会主义与市场、民主"水火不相容"。俄罗斯应在最短的时间内，以革命的速度实施经济自由化。取消并禁止共产主义的意识形态。将"历史的罪人"推上"审判台"。俄罗斯社会要"忏悔"，将列宁的遗体迁出埋葬。把所有共产主义的象征物搬进博物

---

① 参见［俄］符·索戈林《当代俄罗斯政治史：1985—1994年》，莫斯科1994年俄文版，第118页。

馆。俄罗斯人蕴藏的商业意识全部释放出来之时，正是俄罗斯的复兴之日。①

然而，现实生活很快击碎了自由派知识分子的迷梦。1992年全面改革之后，俄罗斯政治、经济生活全面失控，社会危机四伏。政治生活中，由于滥用民主，不习惯自由，各级新的政权体系几乎陷于瘫痪，出现权力"真空"。俄罗斯各地时常爆发"主权大战""法律大战"。一时间俄罗斯出现了20多个大小"总统"。甚至一个城市中，小区也要求"主权独立"。因为区长是选举产生的，区长与市长可能政见不同、党派各异。这种俄罗斯式的民主就是"斗争"，完全忘却了"妥协"。当时的副总统亚·鲁茨科伊大声疾呼："俄罗斯的'民主'正变为无政府主义，变成街头政治的专政。"②

在社会内部，权力的转换并没有带来类似西方社会中的民主与法制，相反社会却愈来愈失去控制。面对大量错综复杂的社会问题，新的民主设置或新掌权的自由派显得无能为力。相反，各种黑社会势力却乘虚而入，大行其道。更重要的是，"休克疗法"式的经济改革难遂人愿，物价飞涨，居民生活一落千丈。私有化成就了少数权贵和财团寡头，大多数百姓愈发感觉到"受了欺骗"。舆论界对政府的怀疑和批评日益增多，怀旧情绪日益增长。

在外交上，苏联解体后，俄罗斯自由派政府奉行向西方"一边倒"的外交政策，唯美国马首是瞻，国际地位下降，失去了传统盟友，地缘政治形势恶化。西化政策损伤了俄罗斯固有的民族自尊心。不少人俄罗斯人在怀念过去超级大国的荣耀和尊严的同时，开始怀疑和批评自由派政府政策和路线。

1993年10月，叶利钦"炮打白宫"，武力强行解散当时的议

---

① 阿·彼娅舍娃，俄罗斯经济学家，90年代初期曾任莫斯科市政府经济顾问。参见［俄］阿·彼娅舍娃《靠自由痊愈》，［俄］《祖国》杂志1990年第5期，第8页。
② ［俄］维·维汝多维奇：《鲁茨科伊要负责纪律和秩序》，《消息报》1991年12月27日第2版。

会——最高苏维埃。之后，俄罗斯政治分化和社会思潮演变进程进一步加快。到90年代中期，一小撮口头上标榜"自由、民主"、实际上却大肆瓜分和攫取人民财富的激进自由主义力量遭到了唾弃。私有化运动和1994年的首次车臣战争导致了俄罗斯自由主义势力严重分裂：一部分转入民族国家主义者阵营，另一部分转向社会或民主自由主义。① 民主自由主义者谴责激进自由主义的方针是为少数人的利益所进行的改革。他们反对以盖达尔为代表的俄罗斯激进自由主义者提出的"首先应当奠定资本主义基础，然后再考虑资本主义的最佳模式"的论点，主张改革"不能不计社会后果，必须首先赢得社会中的多数人的支持"。

20世纪90年代中期，正当俄罗斯以"西化、激进"为标志的自由主义思潮四面楚歌的时候，"中派运动"、左翼社会主义力量和俄罗斯民族主义思潮的影响愈发强烈。1998年夏，俄罗斯爆发金融危机，标志着俄罗斯追求西化的激进自由主义经济模式彻底破产。1999年，随着普京上台，代表中派、务实色彩浓厚的国家主义势力走上前台，自此自由派势力更加一蹶不振。

（二）自由诱惑与政治陷阱

20世纪90年代初期，俄罗斯自由主义势力主张利用大好的历史时机，参照西方资本主义社会的模式，对旧制度进行根本性的变革，使俄罗斯融入西方文明世界。自由派认为，俄罗斯的历史中更多的是"缺点"，而不是"优势"。在政治生活中，必须完成从极权主义向民主的转变，走出"苏维埃野蛮"的死胡同（"历史的黑洞"）；在经济生活中，坚持市场万能，反对国家的干预，要求国家彻底退出经济领域，实行价格完全自由化；推崇私有制，推行大规

---

① 《家园与祖国》［俄］《俄罗斯报》附刊1996年10月19—25日，转引自［俄］罗·麦德维杰夫《俄罗斯往何处去：俄罗斯能搞资本主义吗？》，新华出版社2000年版，第73页。

模的私有化政策；坚持货币主义，实行紧缩的货币财政政策；打开大门，实行经济"世界主义"等。

1. 目标极端化

俄罗斯自由派常常表现出"两极化"的思维方式：彻底抛弃苏联的一切，全面照搬西方的模式。自由派表现出一种强烈的"使命感"：彻底埋葬共产主义，防止社会主义复辟。

1991年，叶利钦在纽约大学的演说，曾为俄罗斯自由改革派先锋的盖达尔直言：抛弃社会主义模式，移植资本主义，用最资本主义的方法改造俄罗斯。① 曾先后担任经济部长和总统经济顾问的叶·亚辛认为："俄罗斯已经选择了资本主义。今天我们要做的是在有效的资本主义、无效的资本主义和寡头资本主义之间做出选择。"②

在经济方面，俄罗斯激进派认为70年建立起来的苏联经济根本无法改革，应当完全拆除。③ 他们提出："无论是俄罗斯本身还是世界，都不需要俄罗斯建立的工业"，必须把它完全拆除和摧毁；在被摧毁的经济废墟上实现"原始积累"之后，才能建立起新的、进步的、符合一切条件的现代工业；为了"建立"和"启动"这样的工业，必须开放俄罗斯的市场，进口西方的产品，出口俄罗斯的原料。④

2. 手段激进化

俄罗斯激进派认为，改革是关系到你死我活、是"谁战胜谁"

---

① 参见［苏］叶·盖达尔《胜利与失败的日子》，莫斯科1996年俄文版，第247、365页；《真理报》1990年4月16日。
② ［俄］《真理报》1995年10月5日。
③ ［俄］罗·麦德维杰夫：《俄罗斯往何处去——俄罗斯能搞资本主义吗？》，徐葵等译，新华出版社2000年版，第14页。
④ 《大陆》杂志（莫斯科—巴黎）1991年第89期，第205页，转引自［俄］罗·麦德维杰夫：《俄罗斯往何处去——俄罗斯能搞资本主义吗？》，徐葵等译，新华出版社2000年版，第15页。

的问题，必须加速，抢时间、争速度。在社会变革方式上，俄罗斯激进自由派叫嚷必须加快改革的步伐。如苏联时期的著名持不同政见者萨哈罗夫所言："渐进道路的唯一途径、唯一可能性——这就是使改革激进化。"①

俄罗斯自由主义者推行改革的过程中"迷信模式"，习惯于提出庞大的纲领或计划，企图利用他们设想的模式和定律"一揽子"改造社会。② 从戈尔巴乔夫前期的种种改革纲领，到后来的"500天计划"，以及盖达尔的"休克疗法"都是这种激进思潮的具体表现。

俄罗斯私有化之父阿·丘拜斯提出："私有化的目标就是要在俄罗斯建立资本主义，而且是要以突击的速度用几年的时间完成世界上其他国家花了几百年时间才完成的工作。"③ 丘拜斯说，私有化是政治性任务，必须闪电般完成，目的是拆毁原制度的经济基础，防止复辟。俄罗斯自由主义的改革往往变成"破坏性"的亢奋，忽视制度营建和法制建设。针对俄罗斯文化和民族心理的如此特点，1913年捷克总统马萨里克在《俄罗斯精神》一书中指出，俄罗斯人没有耐心，使得俄罗斯不能经历酝酿过程，不能享受缓慢和自然的文化带来的益处。

在对苏联的态度上，激进自由主义者认为要想建立新的社会发展模式，就必须废除苏联的一些原则，而不只是修补。如阿法纳西耶夫所说的："这种体制不应当修补！它有三大支柱：苏联作为一个中央集权的、自治化没有得到充分体现的国家的帝国主义本质；非市场经济的国家社会主义；党的垄断。应当逐步地、不流血地、

---

① ［俄］符·索戈林：《现代俄罗斯政治史》，莫斯科1994年俄文版，第55页。
② ［俄］嘉·阿芙钦诺娃：《政治激进主义是俄罗斯的传统之一》，［俄］《权力》杂志1996年第3期，第74页。
③ ［俄］《独立报》1997年9月11日。

拆除这三根支柱。"①

3. 政策西方化

俄罗斯不仅承载着几百年的传统文化，而且也承袭了近70年苏联制度和文化的影响，这种影响涉及几代人。俄罗斯自由主义的改革不考虑俄罗斯传统，不考虑俄罗斯社会和俄罗斯民族的特点，否定历史，诋毁过去。20世纪80年代末90年代初，俄罗斯自由主义是依靠揭批苏共历史，否定斯大林、列宁以及苏联社会制度发起的。丑化苏共历史最终导致了俄罗斯理论界的肆意"揭批俄罗斯的历史缺陷、民族虚无主义和崇拜西方、诋毁国家"。有关俄罗斯文明较之西方存在着"历史性缺陷"的说法，构成了俄罗斯新自由主义的概念基础和历史哲学基础。在80年代末期，苏联舆论界宣扬应改革就是要"全面更换俄罗斯的文明模式和民族社会文化习俗"。②

在俄罗斯自由主义者看来，历史总是直线地向前发展，过去永远不如现在，现在不如未来。因此，只要勇敢地打碎旧秩序，抛弃苏联身上的一些包袱，俄罗斯便会跨入美好的明天。他们认为，原苏联一些加盟共和国是必须扔掉的"穷包袱"，抛弃一些中亚共和国，新俄罗斯才能轻装前进，进而顺利地融入西方世界。对于苏联时期遗留下来的大量的苏联军工企业，俄罗斯激进改革派提出，与其对其改造，不如任其崩溃。③

俄罗斯自由主义者天真地认为，一旦俄罗斯踏上自由市场的轨道，便会跻身于发达国家之列。当今应想尽一切办法，停止国家对经济工作的干预，放任市场的"自然法则"发挥作用，为社会造

---

① ［俄］符·索戈林：《现代俄罗斯政治史》，莫斯科1994年俄文版，第55页。

② ［俄］安·米格拉尼扬：《当代俄罗斯的国家意识形态问题》，载《俄罗斯现代化与公民社会》，新华出版社2003年版，第268—269页。

③ ［俄］罗·麦德维杰夫：《俄罗斯往何处去——俄罗斯能搞资本主义吗?》，徐葵等译，新华出版社2000年版，第32页。

福。他们坚信西方经济学教科书上的优胜劣汰法则，主张最大限度的自由化和私有化，对病危的俄罗斯经济，采取"休克疗法"，快刀斩乱麻。

俄罗斯自由主义的亲西方色彩有其历史和现实的根源。俄罗斯历史上总是落后于西欧，激进变革总是与西化思潮密切相连。因此，俄罗斯总是以一种追赶的姿态与欧洲较量。每当俄罗斯社会陷入困境，缺乏耐心的激进主义者便会提出全盘西化的主张，号召俄罗斯走出死胡同，转到西方文明的道路上来。

盖达尔提出，俄罗斯摆脱落后的捷径和赶上西方文明的正确选择是改变社会经济制度结构本身，努力抖落许多世纪形成的特性层，恢复同欧洲已经中断的在社会和文化上的统一，从'东方'的道路上转到'西方'的道路上来。

在对外战略方面，俄罗斯自由主义者提出，要尽快加入西方"文明国家大家庭"。这一政策的实质就是，在民主化、非意识形态化、非军事化和对外政策的非全球化的标志下，使俄罗斯同西方结成平等"伙伴"和"盟友"，成为世界最发达国家俱乐部中的强国之一。①

对自由主义的崇拜西方的心理，西方的"苏联学家"倒是有深刻的认识。1991年，兹·布热津斯基在一篇题为《俄罗斯的机会》的文章中揭示道："大多数俄罗斯人都渴望着'正常化'，他们把正常化等同于政治和经济上的西化……俄罗斯人习惯于或者陷入高度的傲慢，或者陷入极端的自卑，目前正患了自我揭露的瘟疫。他们在自己的命运中看到了命定的历史失败，并绝望地在国外寻找他们的理想。他们希望模仿美国，或者更希望模仿瑞典，因为这个国

---

① ［俄］赫·基迈尔曼：《俄罗斯的对外政策：寻找新的共识》，［俄］《世界经济和国际关系》杂志1994年第2期，第19页。

家把民主与繁荣同社会平等结合起来,这使他们感到倾倒。"①

对西方模式的倾倒,幻想得到西方的援助,这也是俄罗斯自由派选择资本主义模式的一条重要原因。苏联最后一任政府总理瓦连京·帕夫洛夫,曾要求西方金融家提供240亿美元,以支持苏联的改革。后来的盖达尔,曾指望从西方国家和金融中心获得200亿—400亿美元的援助。在沙塔林-亚夫林斯基的《500天计划》纲领中,也提出要在5年时间内争取外资向俄投入1500亿美元。

(三)理论误区与现实困境

俄罗斯极端自由主义者曾一度掌握俄罗斯大权,具有强烈的进攻性。他们借助叶利钦的保护,采取强硬的手段,不计社会后果,强行推行私有化等激进的改革政策。他们拒绝妥协,忽视社会上大多数成员的意见,过高地估计自己的能力,过度迷信自己的说教,最终导致自由派在舆论上和政治上陷入孤立。十多年的社会实践也暴露出自由主义学说的种种缺陷和理论误区。

1. 政治上的理论误区

第一,将民主概念"意识形态化",将民主与反共主义、分离主义等同起来。认为苏联制度是专制的壁垒,是民主的死敌。反共、瓦解苏联即意味着民主的胜利。西方主流学者曾鼓吹,在共产主义壁垒的苏联社会实施广泛的民主化是唯一合乎逻辑的正确道路。

第二,将民主形式化、抽象化。将民主化进程视为西化,将民主与现行的西方政治体制等同起来。将西方政治形式理想化、模式化、概念化、绝对化。将西方的物质上富裕与民主观念等同起来,

---

① [俄]《首都》杂志1992年第27期,第8—9页。

认为民主化就是"西方化、美国化"。①

第三，过分强调民主的普遍性，忽视民主的多样性、现实性、阶段性。将民主概念扩大化。认为政治发展就是民主化。实际上单纯的民主化、自由化并不等同于政治发展，就像市场化并不能自动带来经济发展一样。政治发展意味着"民主（自由）、秩序（稳定）和效率"三项指标在一定时期的最佳组合，政治发展最终应有利于经济发展和社会进步。

第四，将民主化与市场化和改革派等同起来。认为支持市场化的改革派即是民主派。将民主化与个别领袖人物如叶利钦、盖达尔甚至丘拜斯等联系起来。②

第五，将民主问题片面化、庸俗化。认为民主就是政治放松、绝对自由，忽视公平与平等；将民主化进程强调为政治斗争和对抗，忽视妥协与和解。笃信搞民主化就是要搞大规模的政治改组，搞政党斗争，要组织投票选举，必须进行全民公决。实际上，民主也意味着妥协、协商。民主要求良好的政治素养和成熟的政治文化。

第六，将民主进程绝对化。误认为民主是唯一的和终极的，不顾甚至抛弃"稳定、效率、秩序"等指标，追求最大限度、所谓绝对的"自由"。表现为：目标极端化，将市场与计划、民主与共产主义、极权主义对立起来；手段激进化，摧毁一切，打碎一切。割裂传统，非黑即白，拒绝中间过渡，搞政治"休克疗法"。③

十年的政治动荡打碎了俄罗斯人的民主之梦。他们发现，所谓

---

① ［俄］格·伊·维施登：《"全球民主化"与俄罗斯过渡》，［俄］《政治》杂志1999年第3期，第108—109页。

② ［俄］托马斯·格拉海姆：《俄罗斯腐败与美国的政策——1999年9月30日在参议院外交委员会听证会上的发言》，［俄］《政治》杂志1999年第3期，第128—129页。

③ ［俄］阿·弗·卢金：《民主化还是帮派化？——西方学者对俄罗斯变革观点的演化》，［俄］《政治学研究》杂志2000年第3期，第62—63页。

自由只是极少数"寡头"和权贵的政治经济自由。

2. 经济理论方面的误区

第一,俄罗斯年轻改革派所崇尚的古典资本主义模式,与当今西方社会的经济模式有着很大的差别。英文原版经济教科书中的一些原则和成熟市场经济社会的做法,与转轨过程中的俄罗斯经济相差甚远,结果造成了西方"偶像"的失灵。

第二,笃信只需推行自由贸易、宏观稳定和放开价格,政府便可"撒手不管",自由市场便能有效地进行资源配置。俄罗斯改革派在极力追求上述目标的同时,却严重忽略了发挥市场作用不仅需要低通胀,更需要良好的金融规范、竞争环境以及良好的经济透明度。没有一个强固、有效的金融市场,经济很难动员有效的储蓄和配置资本,市场往往无法弥补缺口。[①]

第三,俄罗斯自由派对"私有制"的理解还停留在 19 世纪的传统资本主义时期。西方学者认为,从未有过人们普遍接受的产权理论。私有制的优越,在大多情况下包含着人们哲学性的思考、经验性的阐述和理论上的推理。在产业国际化、信息化的今天,社会产权的多样性日趋明显。对于转轨国家来说,所有制改造困难更大,需要解决一系列的社会、政治和法律等问题。

第四,短时间放弃国家的管理作用并不意味着市场关系的自动确立。确立有关市场关系的经济、法律制度和习惯,比过去的行政管理要广泛而复杂。

第五,在经济缺乏自由竞争的条件下,俄罗斯所进行的自由化和私有化往往导致"寻租"和更大的腐败,而不是导向创造财富。

1993 年后,俄罗斯自由主义思潮的影响在逐渐下降。从在国家杜马中的影响来看,1993 年的议会选举中以盖达尔为首的"俄罗

---

① 参见《战略与管理》杂志 1998 年第 5 期,时任世界银行副行长、首席经济学家约瑟夫·斯蒂格里茨 1998 年 1 月在芬兰赫尔辛基联合国大学发表的年度演讲。

斯选择"还在杜马中位居首位，而在 1995 和 1999 年两次议会选举中自由主义政党在杜马中的席位已经远远逊于俄共了，到 2003 年自由派政党已经被排除在议会之外。

自由主义政党的影响之所以会迅速下降，主要有以下原因：

首先，正是自由派失败的改革导致俄罗斯的困境。正如普京所言："俄罗斯正处于其数百年来最困难的一个历史时期。大概这是俄罗斯近 200—300 年来首次真正面临沦为世界二流国家，抑或三流国家的危险。"苏联曾是世界第二经济大国，而如今俄罗斯甚至被巴西、印度等发展中国家超过。

激进改革造成多数俄罗斯人生活水平一落千丈，社会两极悬殊、贫富分化严重。多年来，俄罗斯社会 10% 的最高收入阶层与 10% 的最低收入阶层的收入相差为 14 倍。自 1992 年起，俄罗斯人口开始逐年减少，死亡率是出生率的 1.8 倍，人口自然增长出现负数，人口形势十分严峻。

其次，俄罗斯自由主义派别内部纷争也影响了自由主义思潮的扩散。在掌权前，尽管激进运动成分庞杂，但反对派运动反苏共、求独立、反苏联模式等问题显然还是统一的。在掌权之后，随着共同的对立面的消失，"自由派"内部的意见分歧逐渐暴露，争权夺利严重，形成了许多独立的派别。一派执政的自由主义者并没有给俄罗斯社会带来幸福，相反，更加严重的贪污、犯罪以及多数居民的贫困化都是他们身上抹不掉的污点。而另一派自由主义势力，打着民主、社会、公平、公正的旗号，经常以"批判者"面目出现，他们长于说教，却脱离社会实际，在解决经济危机面前毫无作为，被人们称为"永远的反对派"。自由派自身组织上的不统一，派别林立也造成了自由派政党的影响下降。

最后，不顾俄罗斯实际情况、照搬西方模式、盲目倒向西方也是俄罗斯民众对自由主义产生反感的重要原因。

在俄罗斯，西化思潮与自由主义思潮往往是一脉相承，有着大致相同的历史文化背景。西化思潮渊源已久，早在19世纪30、40年代，俄国就有一批主张走西欧道路的知识分子，被称为"西方派"。现代俄罗斯"西方派"推行"欧洲—大西洋主义"，认为俄罗斯要摆脱"东方的野蛮和专制"，走追赶西方文明之路。他们宣扬"世代培育起来的私有观念是欧洲文明的基本点"，国家在经济生活中只能充当"守夜人"。在外交政策上，西方派认为俄罗斯的首要任务不是同苏联原共和国的重新联合，也不是搞东西方平衡，而是尽快跻身西方"文明世界大家庭"，视西方为"天然盟友"。俄罗斯"大西洋主义"的代表人物、俄前外长科济列夫在《独立报》上撰文说："俄罗斯必须进入最蓬勃发展的民主国家俱乐部，俄罗斯与其邻国——美国、日本、欧洲之间没有任何无法克服的分歧和利益冲突，因此，完全有可能同他们建立友好关系。"[①] 科济列夫外长是这种"一边倒"的西化政策的代表。[②]

俄罗斯外交政策上的西化思潮曾一度盛行，与内政中的自由主义遥相呼应，影响很大。俄罗斯新兴资本势力、特别是私人金融资本势力正是得益于此。近几年，在金融寡头控制的媒体中，西方、特别是美国的文化如电影和通俗音乐等泛滥。"新俄罗斯人"代表的奢侈的消费方式以及不择手段的致富方式影响着俄罗斯青少年的心理和价值观。由于某些西方派的代表人物非俄罗斯族，这导致了社会上"斯拉夫派"人物的强烈反感。俄罗斯"反犹主义"的呼声和其他种族纷争此起彼伏，经常见诸报端。

一度兴盛的俄罗斯自由主义思潮在1993年后由强变弱，在1995年由于人权问题、车臣问题又出现分裂。而后在国有资产私有化问题上一些自由势力又大打出手，使得俄罗斯自由主义背上了

---

① 参见［俄］《独立报》1992年4月1日。
② 李静杰、郑羽主编：《俄罗斯与当代世界》，世界知识出版社1996年版，第84—87页。

"强盗、野蛮、犯罪的资本主义"的历史污点。1997 年以后，特别是 1998 年俄罗斯金融危机的爆发，宣告了俄罗斯自由主义者进行的资本主义试验彻底失败。从此，以对内实行整顿秩序、对外维护俄罗斯利益为特征的权威主义、国家主义逐渐走上俄罗斯社会前台。

1999 年，普京总统执掌俄罗斯大权，俄罗斯自由主义势力进一步被边缘化。2003 年底，俄罗斯第四届国家杜马选举后，代表自由派的"右翼势力联盟"和"亚勃卢"政党被选民关在议会门槛之外。普京总统在一次全俄电视直播节目中谈到，右翼力量之所以失败首先是在其政策。① 近年来，普京总统惩治那些靠私有化暴富的"寡头"和财阀的一系列行动，着实给俄罗斯自由主义以沉重的打击。而被关押的俄罗斯首富霍多尔科夫斯基在狱中的"忏悔信"，反思了自由主义的所作所为，道出了自由派人士的心理危机和道德困境。2004 年春天，俄罗斯自由主义派别进一步分化，内部思想支柱逐渐瓦解。对于俄罗斯右翼自由派势力的现状和未来，俄罗斯媒体评论到，他们已经沦为政治的边缘，② 类似一具"政治的僵尸"。③

八 毁灭与重生

1985 年至今近 40 年，俄罗斯分别经历了戈尔巴乔夫、叶利钦和普京执政的三个不同的历史时期。西方主流舆论和大多数政治学者至今坚持认定，戈尔巴乔夫的 6 年是历史上最民主自由的；叶利钦的 9 年是与西方关系最为接近的；而普京执政后的俄罗斯则背离

---

① 参见《2003 年普京总统与全俄直播热线资料》，www.strana/stories/03/12/18/。
② 参见《康·西蒙诺夫、米·列昂季耶夫》，http：//www.ancentr.ru/portal/article1634.html。
③ www.strana/stories/03/12/16/.

了民主，与西方世界渐行渐远。

然而，俄罗斯民众的看法却截然相反。2005年的10月，俄罗斯一家名为"全俄民意调查中心"的社会舆论调查机构分别在46个州、边疆区和共和国的153个居民点进行了民意调查。调查结果显示，分别有72%和80%的俄罗斯人认为戈尔巴乔夫和叶利钦时期走了一条错误的道路，只有1%的人希望生活在叶利钦统治下的"自由民主时期"。该项调查结果表明，俄罗斯民众对普京的支持率最高，为67%。而现实生活中，普京在前两个任期的8年中的政治支持率也一直保持在70%—80%的高位。

（一）戈尔巴乔夫时期：民主的诱惑与制度的裂变

1985年之后的短短6年的时间里，戈尔巴乔夫推行以"民主化、公开性、新思维"为旗号的"改革"路线，[①] 非但没有革新苏共、给百姓带来真正的民主和人权，反而彻底葬送了苏联。1988年以后，在政治多元化、多党制的浪潮下，苏联民族分裂势力在各加盟共和国迅速得势，向中央发起了"法律战""主权战"，纷纷宣布"主权独立"。在俄罗斯联邦和各加盟共和国遥相呼应下，戈尔巴乔夫被自己所谓的"人道的民主的社会主义"束缚住手脚，无力维护联盟的统一。1991年8月，苏联的政治危机、经济危机、民族危机不仅没有缓和，反而急剧加深。由部分苏联领导人仓促策划的8·19事件不仅没能挽救苏联的解体，反而加剧了形势的危机。最终，在1991年12月25日，苏联国旗从克里姆林宫上空黯然落下，苏维埃社会主义加盟共和国联盟完全解体。

---

① 俄文"перестройка"实际上含有"改造、改建、重建"等意思，与通常使用的"改革"（реформа）不同。戈尔巴乔夫1986年4月在一次外出讲话中第一次使用"перестройка"一词，后来"改革"一词与"公开性、新思维"等词汇成了戈尔巴乔夫自造和专属的政治名词。在英语、德语等文献中，"改造、公开性"等俄语词汇一般采用音译标注。20年来，中文习惯将其翻译成"改革"。为便于阅读，这里也只好沿用这种译法，但提请读者注意其特有的含义。

戈尔巴乔夫鼓吹的"民主化、公开性"没能提高苏联官僚机构的效率，没能推进经济改革、提高人民生活水平，相反，却恶化局势，催化了民族矛盾和社会冲突，最终使苏联陷入瓦解崩溃的境地。① 越来越多的俄罗斯居民认为，是戈尔巴乔夫的仓促而草率的"公开性、民主化"埋葬了苏共、葬送了强大的苏联。② 2009 年，美国苏联历史问题专家、戈尔巴乔夫改革的拥趸者史蒂夫·科恩在其《苏联的宿命与失去的抉择：从斯大林主义到冷战》一书中写道，戈尔巴乔夫失败了。因为他在苏联进行的"民主化改革"，最终导致了国家解体和政权的瓦解。③

(二) 叶利钦时期：政治黑帮化与寡头化

戈尔巴乔夫政治改革的失败换来的是叶利钦时期野蛮资本主义和"鲍利斯沙皇"的专制。叶利钦近十年的"民主化"试验的结果表明，最终受益的只是极少数财阀、寡头，而绝大多数百姓被愚弄、被抛弃。

20 世纪 90 年代俄罗斯民主化波涛如潮起潮落、来去匆匆，政局变幻与社会动荡足以令世人反思与感叹。俄罗斯选民由"渴望民主"变为"厌倦民主"，后来又变为"拒绝民主"也不过是几年的时间。④ 20

---

① 参见［俄］亚·菲利波夫《俄罗斯现代史（1945—2006）：教师参考书》，中国社会科学出版社 2009 年版，第 274—275 页。

② 2005 年 5 月，在戈尔巴乔夫上台 20 周年之际，俄罗斯"社会舆论基金会"的一项调查结果显示，多数俄罗斯人认为，戈尔巴乔夫领导层的错误导致改革的失败。同时"全俄舆论调查中心"在 3 月份的一项调查显示，现在 61% 的俄罗斯人对戈尔巴乔夫的"改革"持否定态度，参见 www.strana.ru，11.03.05。

③ Stephen F. Cohen, *Soviet Fates and Lost Alternatives: From Stalinism to the New Cold War.*, Columbia University Press, June, 2009, Cloth, 328 pages.

④ 近年来有大量俄罗斯舆论调查材料表明，俄罗斯人对民主表示失望，渴望秩序，甚至为恢复秩序不惜任何代价。一项调查显示，48% 的俄罗斯人拒绝民主（参见［俄］鲍·尼·卡什尼科夫《作为俄罗斯困难命运的民主》，［俄］《社会科学与现时代》杂志 1996 年第 2 期，第 43 页）。

世纪90年代中期以后，俄罗斯居民对这种"换汤不换药""新瓶装旧酒"的政治变革迅速感到厌倦。原先俄罗斯选民之所以企望西方民主制度，是因为他们常常将"民主与西方的生活富足"联系起来，然而现实生活却打破了他们的幻想。俄罗斯历史学家写道："俄罗斯人在苏共时期不好过，以为在民主下将会好些。然而事情并非如此。虽然自由多了些，但生活却更困难了。"[1]

苏共下台后不到几年的时间，俄罗斯民主派的光环早已变得黯淡。90年代中期以后，对过度自由化已经感到厌倦的俄罗斯选民已经开始怀念秩序和稳定。俄罗斯百姓认为90年代是几百年来俄罗斯历史上最困难的时期之一，成为俄罗斯历史上的又一个"混沌时期"。

叶利钦时期的政治现实表明，从西方移植的民主形式在俄罗斯并未开花结果。三权分立名不副实；政党制度还不完善；选举制度存在不少弊端；法院司法尚待重建。在实际政治生活中，财团参与政治、寡头政治盛行；黑金政治，家族、帮派"暗箱"操作；新闻媒体被财团控制，恣意妄为；腐败蔓延，行政效率低下；政治动乱，政局不稳。上述事实说明，20世纪90年代俄罗斯"民主化"不成功，政治"休克疗法"没有导致政治发展，反而造成严重的政治衰退。

1998年4月7日，美国前国家安全事务助理兹比格涅夫·布热津斯基在美国《华尔街日报》撰文，描述当时的俄罗斯社会是"一个由无政府状态和民主政治、个人独裁和政体混乱、垂死的福利经济和寄生的资本主义、政治精英对原超级大国地位恋恋不舍的怀旧情绪和公众对旧的帝国野心的厌倦等组成的'大杂烩'"。

对于发生在20世纪80年代末90年代初的所谓民主变革，原

---

[1] ［俄］列·姆列钦：《权力的公式——从叶利钦到普京》，徐葵等译，新华出版社2001年版，第369页。

苏联部长会议主席尼·伊·雷日科夫说："世界上最好的老师就是生活本身，生活告诉我们，所谓的民主变革实际上给我们带来了什么，特别是在千百万人民的社会经济地位方面。许多人都在越来越经常地问自己：难道真的需要这场改革吗？难道它真的是历史的必需和必然吗？""人民终于明白，原来第一拨'民主派'厚颜无耻地欺骗了他们。"①

俄罗斯政治学者威廉·斯米尔诺夫在《俄罗斯政治改革：从浪漫到现实》一文中指出："就其性质而言，这属于一场反革命政变。这场政变的绝大多数拥护者都曾浪漫地相信，同时对苏联政治体制实施全面拆除，在经济领域进行激进的市场改革，在社会政治领域建立民主的法治国家和公民社会，不仅是可能的，也是必要的。"为了达到上述目的，进而实现俄罗斯的变革，激进民主派认为"在摆脱了共产党政权之后，必须利用这个短暂的'机会之窗'大开的时期，对国家上层体制进行最迅速和根本的变革"。② 为走出苏联解体后俄罗斯的政治泥潭，以叶利钦为代表的"自由民主派"最后选择了依靠武力驱散议会的方式，形成了以超级总统制为核心的政权体制。然而，90年代以来的俄罗斯的政治现实和经济衰败打碎了俄罗斯人的民主梦想。

20世纪90年代初俄罗斯所实施的激进政治改革表明，一方面"民主派"对"自由、民主、市场"的主张只是对自由主义理论的简单化，"追求的是对具有某种象征意义的西方社会体制模式的重建，甚至是对革命前俄国的复兴"。③ 另一方面，所谓的"民主化"

---

① ［俄］尼·伊·雷日科夫：《大国悲剧——苏联解体的前因后果》，徐昌翰等译，新华出版社2008年版，第3页。
② ［俄］威·斯米尔诺夫：《俄罗斯的政治改革：从浪漫到现实》，康晏如译，《国外理论动态》2006年第2期。
③ ［俄］威·斯米尔诺夫：《俄罗斯的政治改革：从浪漫到现实》，康晏如译，《国外理论动态》2006年第2期。

与"市场化"政策依靠"革命式"的手段去实施,"民主俄罗斯"运动联合主席之一列夫·波诺马廖列夫就说过,"要用革命的速度去分配土地和组织工业、商业的私有化……要像叶利钦在政变期间(指1991年"8·19"事件)的做法那样行事"。[①] 这种脱离国情、幻想一蹴而就的政治改革注定要遭到挫败,变成昙花一现。

20世纪末的这场俄罗斯民主化浪潮来势凶猛,却黯然退场。俄罗斯在90年代以后叶利钦掌权的近10年中,自由民主化却造就了总统专权和寡头干政,破坏了政治稳定,失去了治理效率,击碎了多数俄罗斯人的民主梦想。变成了寡头民主、财阀当政、总统家族式的统治。10年间俄罗斯政治舞台上,一些政客"你方唱罢我登场",宣讲着各种的政治言辞,试穿不同颜色的政治外衣,显得热闹非凡。唯独绝大多数普通百姓仍然是"沉默的大多数",被迫游离于政治和经济生活的边缘。

叶利钦执政时期俄罗斯政治转轨的一个特点就是"破坏性有余,而建设性不足"。叶利钦摧毁了苏共建立的苏维埃体制,但是却没有建立起另一套行之有效的制度,加上社会在转型过程中法律的缺失与国家权威的衰落,俄罗斯的政治转轨伴随着大量的新伤与痼疾,政治发展和民主化进程不可能一帆风顺。现在,连西方社会有识之士也承认,西方学术精英开出的自由主义改革药方已经在俄罗斯失效,[②] 西方的"民主转型"理论不能解释和指导俄罗斯以及一些非西方转轨国家的政治现实。

曾经梦想一步迈入西方式民主天堂的俄罗斯,在短暂的"自由民主之梦"后蓦然惊醒。痛定思痛、改弦易辙,2000年之后普京总统开始痛苦地反思,力图探求一条符合俄罗斯实际的"普京之路"。

[①] [俄]亚·卢金:《俄罗斯政治1985—1993:俄罗斯民主派的形成和演变》,普林斯顿大学《当代中国研究》杂志1998年第3期。

[②] 参见[美]马歇尔·戈德曼《改革出了什么毛病?》(Marshall Goldman, What Went Wrong with Perestroika: The Rise and Fall of Mikhail Gorbachev, W. W. Norton, 1991)。

(三) 历史反思与普京信念

俄罗斯 10 年的政治转轨表明,从西方移植的民主形式在俄罗斯并未开花结果。在叶利钦时期的 90 年代,三权分立名不副实,政党制度还不完善,选举制度弊端众多,法院等司法系统尚待重建。在实际政治生活中,财团参与政治、寡头政治盛行;家族、帮派"暗箱"操作;黑金政治,新闻媒体被财团控制,无法无天;腐败蔓延,行政效率低下,调控不力,令不行禁不止;政治动乱,政局不稳。上述事实说明,俄罗斯政治转轨并不成功,政治"休克疗法"没有导致政治发展,反而造成严重的政治衰退。

2007 年 11 月 21 日和 11 月 29 日,普京先后两次严词批判 90 年代的当权者及其改革政策。普京在讲话中揭露当时的当权者结党营私、中饱私囊,导致了国家分裂和百姓贫困。普京指出,90 年代的那群当权者仍企图卷土重来,重新瓜分国家财富,搜刮百万无助的居民。4 年后,2011 年俄罗斯议会选举期间,普京使用类似的话语又一次对俄罗斯新老"自由派"进行了批驳。

普京认为,俄罗斯的 90 年代是失败的。2007 年 11 月 21 日晚,普京在讲话中对 90 年代的当权者及其政策给予了严厉的抨击,并与戈尔巴乔夫时期、特别是叶利钦时期的"改革"彻底划清了界线。普京把 20 世纪末俄罗斯普遍的贫穷和贪腐盛行归罪于高层领导的失败。普京认为,以戈尔巴乔夫为首的当权者在"80 年代末期抛下人民不管,导致人们甚至得不到最起码的服务和商品,人们没有糖、肉、盐、火柴等等"。普京指出,"毫无疑问,正是他们的政策导致了苏联的解体"。普京毫不留情地指责以叶利钦为代表的那些在 90 年代身居高位的人:"10 年前,政治投机者控制了联邦会议和政府的关键席位。高官们为了迎合寡头而不惜损害俄罗斯的社会和国家的利益,把国家财产挥霍殆尽。腐败是他们进行政治和经济竞争的手段。这些人年复一年制订的预算既不平衡，也不负责任，导致我们负债累累，经济崩溃，人民生活水平成倍地下降。"普京愤怒地指出，人们开始满怀幻想。可后来呢，情况更糟糕。一场场悲剧使人们大失所望：把胡作非为当成民主，把洗劫千百人的血汗和一小撮人的暴富当成市场和市场关系，放纵瓜分和盗窃本属于全体人民的巨大财富。这就是90年代俄罗斯社会的真实写照。

普京把那时的当权者称为"人民的敌人"。普京指出，这些人出卖俄罗斯利益，不顾百姓的疾苦，他们厚颜无耻，疯狂敛财。普京称"正是这些人在20世纪末造成了俄罗斯普遍贫穷和腐败蔓延，至今仍祸患未除"。普京指责这些人是西方的"走狗"。普京直截了当地批评叶利钦时期的当权者、也就是现在的一些政治反对派："……这些人另有目的，另眼看待俄罗斯。他们需要一个虚弱病态的社会。他们希望俄罗斯社会混乱无序、迷失方向、分崩离析。这样他们就可以在背地里耍花招，拿我们的利益去换一点蝇头小利。遗憾的是，我们国家里有这么一些人，他们向外国使馆、外交代表机构摇尾乞怜，指望外国基金会和政府的扶持，而不是自己国民的支持。"普京在讲话中一针见血地指出，要吸取西方势力在格鲁吉亚、乌克兰利用选举、扶持代理人、煽动"颜色革命"的教训，揭露一些人"从西方专家那里学了两招，又在邻国接受了训练，现在他们要上街游行了，想要煽风点火和进行挑衅"。

以上可以看出，普京在政治立场上与叶利钦时期的"寡头式民主自由体制"划清了界限。2007年11月，普京指出，在当今俄罗斯，不是所有人都喜欢我国稳定地向前发展的。也有一些人，他们狡猾地利用假民主和华丽辞藻，想让我们返回到不久前的过去：有些人想能像过去那样不受惩罚地窃取国家的公共财富，掠夺人民和国家，还有些则想使我国在经济和政治上失去独立性。2010年12月16日，在评价西方支持的俄罗斯自由派人物时，普京又一次鲜明地指出，这些人想要的只是金钱和权力。普京称，90年代他们与别列佐夫斯基以及那些当下正被关在牢里的人一起窃取了数十亿美元的资产。现在他们被从能捞到油水的地方赶走了，钱也花得差不多了，自然想回来填满自己的口袋。可是，如果我们允许他们这样干，几十亿美元已经难以满足他们的胃口，他们会将整个俄罗斯都卖光。

如今以普京为代表的俄罗斯政治精英达成共识。2007年出版的全俄社会舆论研究中心编写的《从叶利钦到普京》一书中叶利钦时代被冠以"混乱的90年代"之名。描述叶利钦改革时期的章节多出现"混乱、冲突和经济萧条"等字眼。而俄罗斯电视台播放反思叶利钦时期改革乱象的电视片也被冠以"彪悍而肆无忌惮的90年代"之名，揭露那时靠瓜分国有资产或浑水摸鱼的一些人的种种行径。

痛定思痛。一些俄罗斯学者认为，民主不能靠打碎和抛弃国家来建成，而是多年培养的结果。经历了10多年的政治动荡，俄罗斯社会开始对国家、民主、自由等问题进行反思，对稳定、秩序、效率等问题重新定义。2000年以来，普京决意加强权威，恢复地方控制，整顿经济秩序，引导舆论声音，出击寡头势力……可以认定，普京整顿政治秩序的行动将意味着俄罗斯新一轮政治时期的开端。

21世纪初期，普京刚刚上台之际，俄罗斯以及西方的媒体纷纷对普京及其思想进行猜测，一些分析家试图给普京贴上这样或那样的颜色标签。有人断言普京是"反共分子"；有人认为他是要退回到苏联的"保守克格勃"。俄罗斯有人认定普京"是对俄罗斯独特道路不感兴趣的西方派"；西方则有人认为普京是"地地道道的民族主义者"。有人说普京是"自由民主派"；也有人称普京是"铁腕专制主义者"。俄共认为普京在经济上实行的是"自由主义",而右派则指责普京企图恢复"警察式的国家"的国家主义者。有学者将普京比喻为"戴高乐主义";有的则把普京与"皮诺切特"模式联系在一起。历史学家认为普京像亚历山大三世;有的则认为普京更崇拜彼得大帝。对于上述议论,一些人认为有些合理的成分,但形容得并不完全准确,一些标签显得牵强。于是有的分析家采取了"排他法",提出普京既不属于右派,也不属于左派,政治上非白,也非红:普京支持民主,但有别于自由派,经济上欢迎市场原则,但又强调国家和控制。他们认定普京在政治上倾向权威主义,在经济上推行国家主义,在思想和道德上属于保守主义,在外交政策上实行现实主义。

我们认为,将普京及新时期俄罗斯将选择的道路用某种"主义"来概括未免失于简单。普京治国理念最大的特点就是以务实的精神,不以任何"主义"为目标,而以解决问题为目的,以俄罗斯实际为坐标,对各种思想兼收并蓄,因此其思想呈现出一种多彩的、混杂的、交叉的景象。应当说普京的历史观和社会价值观集中反映了普京初期的治国理念,而普京的治国之道则具体体现在其对时代、阶段、战略、目标、方向、任务、手段、策略等问题的认识上。

社会观。普京认为,有两种因素决定着未来发展的趋势:一是过去百年的例子证明,苏联共产主义的尝试遭到失败,是因为以市场经济、民主、尊重人权和自由为原则的体制在全球扎根。二是后工业化社会的形成。虽然各国步伐不一,但现代化要求必须推广高新技术,增加知识密集型产品的生产,转变生产结构,大力发展信息、公共设施、科学和教育体系。

历史观。普京认为应该尊重历史和传统,不应"数典忘祖"。普京认为,刚刚过去的70多年的苏联历史,与父辈们的生活命运紧密相连。俄罗斯著名政治分析家、原《独立报》主编特列齐亚科夫写道，普京的政治哲学中包含了以下重要思想，即苏联时期不是什么"历史的黑洞"，苏联也不是邪恶帝国。俄罗斯要保持思想和道德的继承性，历史的不间断性。[①] 普京公开提出，苏联解体是20世纪最大的地缘政治灾难之一，这对于俄罗斯人民来说是一场真正的悲剧；卫国战争中的苏联红军是为自由而献身的反法西斯战士；年轻的俄罗斯民主是俄罗斯国家历史的继续。普京反对将历史"碎片化"，强调通过历史来弘扬爱国主义，保存民族的历史记忆。

价值观。普京认为，在一个四分五裂、一盘散沙似的社会里是不可能有建设成就的，应当寻找能够凝聚全社会的"俄罗斯新思想"。俄罗斯新思想是一个合成体，它把全人类共同的价值观与经过时间考验的俄罗斯传统价值观，尤其是与经过20世纪波澜壮阔的100年考验的价值观有机地结合在一起。普京认为，俄罗斯思想中应当包含以下核心价值内容：爱国主义、强国意识、国家概念、社会团结。普京提出，当今俄罗斯社会应当重新弘扬"爱国主义的传统"；俄罗斯必将成为"一个伟大的国家"；在俄罗斯强有力的国家是"秩序的源泉和保障，是变革的倡导者和主要推动力"；俄罗斯应发扬互助精神，保持稳定和社会和谐，防止重新陷入"政治内讧"。因此，可以将普京的价值观概括为"爱国主义是旗帜，强国意识是核心和支柱，国家主义是手段和动力，社会团结和稳定是基石"。

道路观。普京提出，苏维埃政权走了一条死胡同。俄罗斯决不能简单地回到过去。另一方面，普京对独立10年来俄罗斯所进行的激进改革提出批评，认为社会已经"精疲力竭"，再也无法忍受激进改革。俄罗斯必须寻找一条符合自己国情的渐进改革道路，不能照搬别国的经验，更不应照抄外国教科书上的模式和公式。

---

① ［俄］维·特列齐亚科夫：《主权民主》，http://www.archipelag.ru，2006年9月8日。

普京提出，俄罗斯社会"绝大多数人反对激进主义和极端主义"，希望维持来之不易的政治稳定。2001年2月26日，普京在出访韩国之前对韩国电台记者说："叶利钦工作在革命时期，而我认为革命对俄罗斯已经够了。现在应该开始一个稳定、正常的、加强国家机构、发展公民社会和经济的时期。"可见，冻结革命、拒绝极端、保持稳定是普京思想的重要组成部分。2007年9月普京在与境外俄罗斯问题研究专家和记者对话时谈道："至于2012年以后会怎样？你们知道，很难预料。我的任务是保证这个大方向：政权要稳定、正常运转和有效。"①

普京认为，俄罗斯"你死我活"的革命性阶段已经过去，俄罗斯应当转入日常的建设时期，"强国富民"是根本任务。对于执政的目标和任务，普京明确提出要维护国家主权统一，解决社会贫困，提高人民的生活水平。俄罗斯的目标是，保住自己有价值的东西，找到俄罗斯建设民主、自由、公正的社会和国家的道路。

政治观与民主观。普京认为90年代的俄罗斯民主是"偏激"的和"年幼"的，②超越了社会现实。普京认为，90年代末期俄罗斯所谓的"自由"，只是极少数掌握金钱和财富的上层人物的自由。2004年9月，在别斯兰恐怖事件发生后，普京在全国电视讲话再次强调："我们现在生活在伟大国家——苏联解体之后形成的环境中……我们生活在经济过度不符合现状和政治体制不符合社会发展水平的条件下。"③

普京认为，推进民主化应符合俄罗斯现实、历史和文化传统。

---

① [俄]普京：《与"瓦尔代"国际俱乐部代表的见面会》，载《普京文集（2002—2008）》，张树华等译，中国社会科学出版社2008年版，第564页。

② 早在2000年就任俄罗斯联邦总统的招待会上，普京就说到"我们政治开端的偏激性和我们民主的年幼性都已成为过去"。参见《普京文集》，中国社会科学出版社2002年版，第66页。

③ http://www.kremlin.ru/appears/2004/09/04/1752_type63374type82634_76320.shtml.

在2005年的国情咨文中普京强调："作为一个主权国家，俄罗斯能够自主地决定民主道路上的一切时间期限，以及推进民主的条件。"① 普京认为，现阶段只有强有力的国家才能保护俄罗斯人民的自由和民主，国家的软弱只会阻碍民主进程。② "国家的软弱无力对自由和民主的威胁，与独裁政权对自由和民主的威胁同样严重。没有国家的有效工作既不会有人和公民的权利，也不会有人和公民的自由，说实在的，也就不会有公民社会本身。"③

普京指出，民主应当建立在一定的经济条件之上。在2000年的国情咨文中普京说道："俄罗斯需要一种有竞争力的、有效益的、社会公正的、能够保证政治稳定发展的经济体制。稳定的经济——这是民主社会的主要保障，是世界上受尊敬的强国的基础。"④ 2004年3月，普京向法国记者表示："绝对的民主概念是不存在的。当然，有一些不能不遵从的民主基本原则。但是如果没有达到一定的经济发展水平，想要保障这些民主原则是不可能的。"⑤ 谈到民主与法治、秩序的关系，普京提出，法治是民主的基础，推进民主不能以牺牲法治和稳定为代价。"学会按照宪法生活，这是民主的高等学校，是我们大家必须掌握的一门学问。"⑥ 在2005年的国情咨文中普京又强调，"在俄罗斯发展民主的必要条件是建立有效的法律及政治体系。法治、来之不易的稳定、平稳推行现有经济方针，发

---

① 《2005年国情咨文》，参见http：//www.kremlin.ru/appears/2005/04/25/1223_type63372type82634_87049.shtml。
② [俄]普京：《向俄罗斯联邦会议提交的2000年国情咨文》，载《普京文集》，中国社会科学出版社2002年中文版，第81页。
③ [俄]普京：《发挥非政治性社会组织在社会经济和政治进程中的作用》，载《普京文集》，中国社会科学出版社2002年版，第316页。
④ 普京：《向俄罗斯联邦会议提交的2000年国情咨文》，载《普京文集》，中国社会科学出版社2002年版，第80页。
⑤ 2004年3月普京答法国《巴黎竞赛画报》记者问。
⑥ 普京：《学会按照宪法生活，这是民主的高等学校》，载《普京文集》，中国社会科学出版社2002年版，第521页。

展民主不能以牺牲上述一切作为代价"①。谈到民主与新闻自由问题，2005年5月，普京在接受美国哥伦比亚广播公司记者采访时表示："如果我们想要保证大众传媒的真正独立，最重要的是要为他们建立起独立的经济条件，使他们既独立于国家又独立于那些只保护自己集团利益而不是人民利益的寡头集团。"②

主权观。普京在政治思想上最重要的成果便是"主权民主论"。"主权民主论"既是对西方兜售民主、发动"颜色革命"的回应，同时也表明要与戈尔巴乔夫时期的"西化、民主化"和叶利钦时期的"寡头式的自由"划清界限。主权民主的思想体现了以普京为代表的俄罗斯政治精英的思想共识：消除政治混乱，实现政治稳定；通过政治治理，完善体制，巩固国家；民主化要有序地、自主地实行。

2007年9月，普京在与参加"瓦尔代"俱乐部会议的境外俄罗斯问题研究专家和记者对话时指出，在当今世界还存在集团势力和单极霸权的情况下，主权概念非常重要。普京讲道："坦白地说，当今世界上有幸宣称自己拥有主权的国家屈指可数。也就是中国、印度、俄罗斯，还有几个国家。其余国家在一定程度或很大程度上要么互相受制，要么受制于某个集团的首要国家。这听起来让人不太舒服，但我个人坚信这就是事实。因此，主权是当今最宝贵的东西，可以说是无可替代的。没有主权，俄罗斯无法生存。它要么成为一个独立的主权国家，要么就什么都不是。"③

"国际观"和"时代观"。普京的亲密战友、时任俄罗斯第一副总理、国防部长谢·伊万诺夫曾撰文论述俄罗斯的国际定位。他

---

① 2005年普京致联邦议会的国情咨文，见 http://www.kremlin.ru/appears/2005/04/25/1223_type63372type82634_87049.shtml。

② http://www.kremlin.ru/appears/2005/05/09/0800_type63379_87802.shtml。

③ ［俄］普京：《与"瓦尔代"国际俱乐部代表的见面会》，载《普京文集（2002—2008）》，中国社会科学出版社2008年版，第532—533页。

认为，当前世界重要的特征就是竞争。竞争不仅表现在政治、经济等领域，而且表现在包含各种价值观在内的意识形态领域。当今世界大国不仅有边境、经济、军队，还有着自己特殊的意识形态和思想体系，并且借此影响或决定世界主题和人类社会的发展方向。伊万诺夫写道，俄罗斯应当提出自己的意识形态方案，迎接挑战，参与到严酷而不妥协的斗争之中。俄罗斯不能躲避必然的对抗，应当彻底和充分地维护自己的立场，与公开或隐蔽的敌人做斗争。①

（四）普京的政治整顿与经济治理

2008年2月8日，在即将离任总统之职的国务委员会扩大会议上，普京满怀深情地回忆："你们都很清楚，八年前国家的形势是极其严峻的。国家凋零衰败，公民的货币储蓄变得一文不值。恐怖分子在我们眼皮下发动了大规模的内战，粗暴地入侵达吉斯坦，在一些俄罗斯城市中爆炸楼房。但是我们的人民没有绝望，没有被吓倒。相反，我们的人民挺起了腰杆，加强了团结，以此进行了回答。起来捍卫俄罗斯及其领土完整的不仅是军人，而且是整个社会。许多个月没有得到工资的医生和教师们忠实地履行了自己的职责。工人、工程师和企业家们辛勤地在自己的岗位上劳动，力图使我们的经济摆脱停滞和崩溃。"②

在第一个任期期间，普京先后出台了一系列果断而强硬的政治举措：出兵打击分裂势力、维护国家统一；整顿联邦秩序、恢复和加强中央权威；出台相关法律，强化政党管理；打击寡头势力，规范和控制传媒；提倡爱国主义，凝聚国民意志等。这些治理整顿的措施，符合俄罗斯多数居民的愿望，适应了俄罗斯社会摆脱危机的

---

① ［俄］谢·伊万诺夫：《民族价值观的三大支柱》，http://www.old.mil.ru/articles/article14358.shtml。
② ［俄］普京：《关于俄罗斯到2020年的发展战略》，载《普京文集（2002—2008）》，中国社会科学出版社2008年版，第670—671页。

现实要求，得到了上层政治势力特别是军队及强力部门的大力支持，逐渐形成独具特色的治国理念和执政风格。

2012年3月普京第三次当选俄罗斯总统。为什么俄罗斯人需要普京？2011年10月15日俄罗斯信息分析中心网站发表一篇编辑部文章做了如下分析：俄罗斯人需要普京，因为他给俄罗斯人带来了民族复兴的梦想和自豪感，并使国人振奋精神，重新燃起对大国地位的强烈渴望。俄罗斯人不会忘记，正是普京结束了叶利钦时代的内政混乱、经济衰退及国际地位下降，开辟了"普京道路"，在这一过程中粉碎了车臣非法武装，实现了政治稳定和经济复兴。俄罗斯人不会忘记叶利钦"迷失的时代"以及西方所给予的惨痛教训。普京面对西方国家显得更加强硬，风格果敢，带有一种不可动摇的淡定，这些都让俄罗斯人钦佩不已。这篇文章写道，俄罗斯人知道，普京之所以敢强硬地同西方国家抗衡，是因为他内心充满重塑国家大国地位、重返先进国家之列的决心。俄罗斯人希望拥有一个强大的国家，一位有才华的领袖以及永不熄灭的造福人类的渴望。他们希望享有尊严和荣耀，他们拒绝平淡、毫无色彩的生活。

普京就像一面镜子，他让俄罗斯人看到了内心的渴望，因此他成为人民心目中的英雄，因为人民需要普京这样的领袖。现总理之所以能征服俄罗斯人的心，还有一个原因，即他的无私无畏，他敢于代表人民利益。在普京当总统期间，俄罗斯政治稳定、经济繁荣、国力增强、人民富裕。GDP增长和国民收入水平的提高早已变成俄罗斯人难忘的记忆。普京还毁灭了靠国家大发横财的寡头，平息了民愤。文章提出，西方指责普京推行"可控民主"，但俄罗斯人反倒认为，普京象征着稳定、发展和秩序。在他们看来，没有"秩序"就谈不上"稳定的民主社会"和"繁荣的市场经济"。民主社会离不开国家实力。民主是一种建设性力量，不应该与国家精神背道而驰。人们相信，在普京的领导下，拥有健康民族和高素质专业人才的俄罗斯将稳定发展，并向世界展示发展奇迹。

普京掌权期间，坚决打击分裂势力，削弱寡头影响，整顿经济秩序，规范大众传媒，改组权力结构，集聚社会资源，强化中央权威，力图走一条俄罗斯式的政治发展道路。然而，以美国为首的西方国家显然不喜欢俄罗斯的特立独行甚至离经叛道。他们既害怕俄罗斯的重新"崛起"，又不满俄罗斯"脱离西式自由民主模式"。因此这些年来，西方政要和媒体对普京进行了连篇累牍的批判。他们指责俄罗斯政府"压制民主、控制传媒、强化警察军队等国家机器、损害人权、打压反对派、破坏司法独立、压制非政府组织、阻碍他国的民主化进程……"认定俄罗斯"在民主上退步，在恢复苏联传统，倒退回苏联"。甚至不惜给普京扣上"独裁、专制"的帽子。2006年7月，随着八国峰会在圣彼得堡的召开，西方社会批判俄罗斯"压制民主"的声浪达到高潮，西方政界人物和一些主流媒体甚至公开宣称，应将俄罗斯开除"八国集团"。

西方认为，普京加强中央集权，对新闻媒体严加管控，是在背离"市场和民主的轨道"。2005年7月，欧洲议会提交了300多页的报告，对俄罗斯民主状况提出严厉批评，认为俄罗斯已经"很难称得上是一个民主国家"。2005年2月，美国国务院正式表态，将停止对俄罗斯经济改革的援助。2006年将是美国对促进俄罗斯经济改革实施援助的最后一年。与此同时，美国计划大量增加对俄罗斯民主发展的资助，更确切说是对独立于当局的非政府组织的资助，首先资助的是反对党。美国政府声称，"俄罗斯民主和人权方面的消极趋势要求我们在2006年给予更多的援助……特别是对非政府组织，独立的媒体和司法机关改革的援助"[1]。

这几年，伴随着西方政界不时鼓起的阵阵"新冷战"阴风，西

---

[1] 参见 США Выделят на "Развитие Демократии" Около ＄32 Млрд（美国拨款320亿美元用于推广"民主"），俄罗斯 www. strana. ru 网站，访问日期：2005年7月21日。

方一些保守主义思潮浓厚的智库也纷纷发表报告和言论。2008年4月27日，《历史的回归与梦想的终结》一书的作者、供职于美国卡内基国际和平基金会的罗伯特·卡根在《波士顿环球报》发表题为《重新武装世界》的文章，宣扬中国、俄罗斯国家是"专制独裁制度"，声称这些国家的发展是对西方世界的挑战。西方国家应当联合起来，组成"民主国家同盟"共同应对东方专制主义、市场列宁主义的复兴。

例如，美国北卡罗来纳大学的政治学家格拉姆·罗伯逊断言，普京统治下的俄罗斯形成了"新的家长式的、21世纪专制新模式"。哈佛大学的蒂莫西·科尔顿和华盛顿大学的亨利·海尔共同撰写的一篇名为《普京式投票：杂交体制下的总统选举》的文章中，将俄罗斯政治比喻为"杂交"体制，是非西方的异类。2008年1月5日，法国评论家蒂埃里·沃尔顿《费加罗报》发表题为《要知俄罗斯向何处去，请看看中国》的文章，称西方世界要警惕，要团结起来应对中国和俄罗斯在思想和道路上的挑战。他写道，克里姆林宫的当政者想要对西方国家进行报复，因为他们把苏联解体和后来俄罗斯衰败的责任归咎于西方国家。沃尔顿甚至危言耸听地声称，西方世界要警惕正在形成莫斯科—北京轴心。

2009年6月，美国哈佛大学约翰·肯尼迪政治学院下属的贝尔弗科学和国际问题研究中心发表美国海军军事学院国家安全事务专业教授、贝尔弗中心国际安全计划和原子能控制项目研究员托马斯·尼科尔斯题为《改善俄美关系：今后的步骤》的文章。提出，美国政府要继续压制俄罗斯完善民主发展进程，并以此作为俄罗斯成为大西洋共同体成员国应付的代价。俄罗斯要想与西方站在一起，就必须在民主问题上就范。美国对此不能迁就。不与美国站在一起，就是美国的敌人，就是不民主的国家。在此文中，政治大西洋中心主义昭然若揭。一切以美国利益为准绳，以美国好恶来划线。民主标准也不再是一个标尺和信仰，而是变成了随意变换的旗号。

面对西方的政治压力和频频发起的"民主攻势"，普京领导的俄罗斯也不甘示弱，一方面在外交场合积极对话，一方面内部采取措施、主动应对。普京总统多次与布什在不同的场合就民主话题直接交锋。普京讲到，俄罗斯在追求适合自己国情的民主模式时，并没有否认民主共同的基本原则。2006年7月12日，在接受美国、加拿大和法国三国媒体采访时普京表示，俄罗斯的民主模式秉承了民主的基本原则和价值观，并强调俄罗斯选择民主道路是"自愿的，并没有外界的强制力量"。①

2007年2月10日，在世界高官和媒体云集的慕尼黑安全会议上，普京直言不讳，一针见血地反驳了西方霸权思想，回击了对俄罗斯民主和外交的指责。在这篇名为《打破单极世界幻想，构建全球国际安全新结构》的讲话中，普京比喻美国像是森林里为所欲为的"狼同志"，提出某些国家在破坏世界秩序，企图主宰整个世界。普京谈道："今天我们看到的几乎全是，在国际事务中毫无节制地肆意使用武力，世界因此陷入了冲突不断的深渊，最终无力解决任何一个冲突，反而使政治解决问题变得无望。"② 普京指出："当然，这与民主没有任何共同之处。众所周知，民主是顾及少数人利益和意见的大多数人的政权。顺便说一句，经常有人给我们俄罗斯上民主课。但是，那些给我们上课的人，不知出于什么原因，自己却不愿学习。"③

---

① 《普京接受美国、加拿大和法国三国媒体采访》，http：//www.kremlin.ru，访问日期：2006年7月12日。

② ［俄］普京：《打破单极世界幻想，构建全球国际安全新结构——在慕尼黑安全问题会议上的讲话》，载《普京文集（2002—2008）》，中国社会科学出版社2008年版，第372页。

③ ［俄］普京：《打破单极世界幻想，构建全球国际安全新结构——在慕尼黑安全问题会议上的讲话》，载《普京文集（2002—2008）》，中国社会科学出版社2008年版，第372页。

以美国为首的西方国家不仅在政治外交上攻击普京领导的俄罗斯，而且采取一系列实际行动、直接影响和干涉俄罗斯内政。为推销"民主"，美国政府不仅出钱、出力资助和支持他国的非政府组织，而且设立专门机构，加大在世界范围内推行"民主化"的力度。据美国政府网站公布的数据，从2006年起美国国务院和国际开发署在俄的项目为8.6亿美元。2011年该署在俄的活动就花掉近1.3亿美元，其中7000万美元用于发展民主和人权。美国国际开发署自苏联垮台以来共计花费27亿美元用于影响俄罗斯内政。

面对美国和西方愈演愈烈的"民主化"攻势，俄罗斯内部积极部署、采取一系列实际措施，避免在俄罗斯内部发生类似颜色革命的"白桦革命"。例如：挖掘和迅速打击潜在的政治反对派人物和西方的政治代理人，利用查税或丑闻等手段削弱政治对手，限制政治反对派的活动空间；扩大安全部门权力，整顿外国背景的各种基金会；采取法律、行政、经济等手段管制传媒；成立金融信息监测署，构筑金融安全网；公开透明包括高官在内的收支及个人和家庭账户；规范政党秩序，改革选举制度；加强青少年工作，支持成立亲政府的青年政治组织，培养后备干部队伍；强调历史传统、强化爱国主义教育；利用经济特别是能源手段转移话题，引诱或分化西方阵营；利用反恐等其他问题避开在民主人权上的分歧，躲过西方批评的锋芒；成立对外文化交流和宣传机构，加强外交工作，壮大俄罗斯"软实力"，改善俄罗斯国际形象；等等。

（五）政治分野与发展困境

30多年前，戈尔巴乔夫推行的"民主化"和外交"新思维"最终导致了苏共垮台和苏联解体。苏联之后的俄罗斯，不仅失去了全球性"超级大国"和社会主义阵营"首领"的地位，而且被西方大国视为"冷战"失败的国家。为迎合西方，叶利钦推行"倒向西方"的政策，不但没有得到回报，反而受到西方大国的轻蔑和进一步挤压。20 世纪 90 年代叶利钦掌权的 9 年间，西方阵营抛弃自己的承诺、坚持"北约东扩"、轰炸南斯拉夫、在原苏联地区策动"颜色革命"，大大压缩了俄罗斯的地缘政治空间。直到 2000 年前后，普京掌管俄罗斯，政治上整顿治理，经济上强化国家掌控，逐渐稳定了社会秩序。依靠巨额的石油收入，多年后俄罗斯终于恢复了元气，站稳了脚跟。犹如对西方世界多年压制的"反弹"，普京不时挑战西方主导的国际政治和经济秩序，在国际事务中俄罗斯重新树立了政治大国、军事强国和能源大国的形象。

2008 年，连任两届 8 年期满的普京婉拒"民族领袖"的称号，安排"年轻、正派、有修养"的梅德韦杰夫竞选总统，自己则出任总理和执政党的主席，以保证政局稳定和政策延续。然而 2008 年爆发的国际金融危机重创了俄罗斯，严重依赖外部市场的俄罗斯经济急速下滑。俄罗斯内政外交政策重新面临重大调整，社会又一次走到了选择的十字路口："俄罗斯是谁？""怎么办？""俄罗斯向何处去？"

当时，俄罗斯社会和政治精英在有关"国家定位和发展道路"等问题上表现得举棋不定，在"民主观、历史观和价值观"等问题上各持己见。这些意见分歧与价值争议也不同程度上反映在梅德韦杰夫和普京的言行之中。而 2011 年和 2012 年的议会和总统选举更加凸显了各派的政治分野和思想分歧。

1. 政治：求稳还是求变？要稳定？还是要竞争？

2008 年 3 月，在普京的安排和支持下，梅德韦杰夫当选俄罗斯总统。梅德韦杰夫刚刚上台之际多次言称，将沿着普京既定方针，保持大局稳定，保证大政方针的延续。梅德韦杰夫盛赞前任普京的功绩，称在俄罗斯处于危难之际，普京拯救国家于深渊。称俄罗斯在普京的正确领导下实现了稳定和发展。梅德韦杰夫表示今后在总统的职位上要竭尽全力，实施由普京领导的"统一俄罗斯党"提出的到2020年的"普京计划"。执政初期，梅德韦杰夫提出了两个重点问题即制度创新和反腐败。

然而2009年前后，梅德韦杰夫的言辞中开始表露对俄罗斯现状特别是政治生态的不满。梅德韦杰夫公开批评，执政的"统一俄罗斯党"官僚化严重，垄断了过多的政治资源，压制了其他在野党的政治空间。梅德韦杰夫担心，由于俄罗斯政治生态中缺少活力和竞争，这将导致政治发展出现停滞。梅德韦杰夫进而提出，国际金融危机的教训是，俄罗斯应当彻底改变过去的生产方式和经济发展模式，要走向现代化，而现代化的内容也包括政治现代化。

2008年7月，由梅德韦杰夫亲自担任监事会主席的智囊机构——现代发展研究所就出台一份政治报告。这份长达80页的未来政治发展计划是由该所理事长伊·尤·尤尔根斯牵头，委托政治运作中心基金会联合俄罗斯一些自由派政治学者完成的。报告的题目为《民主：发展俄罗斯模式》[①]。指出普京的政治模式是"手动挡式的管理模式"，不利于调动社会的积极性。在普京治理期间，俄罗斯民主发展进程缓慢。报告的撰写人甚至批评普京时期的政治运行机制"只是依靠自上而下的官僚体系，缺少横向的联系"。报告指出，俄罗斯公民社会弱小，社会封闭，这是这些年"手动管理模式"的结果。报告中提出，如果一个社会只依靠独裁、权威领袖的眼光，那么这个社会就会暗含极大的危险。这类社会压制政治和社会主体的独立性，割断社会联系，其民主前景黯淡。报告中提出，传统的现代化模式中开始并不需要民主化，反而需要权威统

[①] 参见http：//www.riocenter.ru/ru/events/index.php? id4=226。

治。但俄罗斯在地理上属于欧洲，具有欧洲历史文化传统。该报告提出，民主是现代化的前提。俄罗斯必须发展民主，否则难以实现现代化。报告建议今后俄罗斯要确定俄罗斯式民主，走发展民主之路。

随着经济危机的加深，俄罗斯社会各阶层的不满情绪也在增长。得到西方舆论支持的自由反对派势力频频举行游行示威活动，他们喊出了"不要普京"的口号，矛头直指普京。梅德韦杰夫周围的自由派智囊也接连出台报告或发表文章。2010年2月，现代发展研究所又发布一篇报告，标题为《21世纪的俄罗斯形象》。在现行的执政模式下，提出梅德韦杰夫的现代化战略和创新计划只是徒有虚名。就任总统两年来，梅德韦杰夫未能推出有效的具体政策措施，俄罗斯仍然是沿着普京制定的"管制型"政治模式行走。俄罗斯很难摆脱"原料和能源出口型"的经济发展道路。

报告中提出，前任总统普京实行的是强权政治，对于平息20世纪90年代俄罗斯的混乱局面起到了很大作用，不过，2008年以来的国际金融危机以及国际石油价格的下跌暴露了这种政策的局限性。梅德韦杰夫智囊撰写的这份报告对普京时期形成的"垂直"的强权体制提出了批评，指出只有"政治自由"才是实现现代化的前提条件。报告呼吁重建议会和司法等国家政治制度；完善投资环境；保护私有财产等。报告提出，历史上有两次俄罗斯快速向现代化迈进的时期，这就是彼得大帝和斯大林时代。这两次都是"自上而下的现代化"，社会付出了巨大的代价。梅德韦杰夫的智囊为俄罗斯描绘了一条欧洲式的发展路线，提出俄罗斯要改变发展方式和道路，面向西方走欧洲的现代化之路。

梅德韦杰夫及其智囊提出改革，矛头指向普京留下的、俄罗斯现行的政治机制。而在此之前，观察俄罗斯政局的人士注意到，稳定是普京时期的代名词。2007年底即将离任之际，普京曾说过，他喜欢稳定。

2010年11月，梅德韦杰夫指出俄罗斯国家政治生活陷入停滞的迹象。[①] 2011年1月26日，俄罗斯《导报》刊登了对梅德韦杰夫的访谈录，标题为《梅德韦杰夫：政治竞争是必要的》。在此次访谈中梅德韦杰夫向俄罗斯社会提出，俄罗斯的现代化要全面进行，现代化也包括政治领域。梅德韦杰夫称："有一些国家管理非常严厉，甚至是专制的社会，但在经济上非常成功，很少腐败，一切都按十分理想的经济版本得到发展，而在这些国家政治体制并不发达。"[②] 梅德韦杰夫进而提出，竞争是预防出现极权主义和权威主义倾向的疫苗，是解决矛盾的方法。

2. 道路选择的困境：自由派的挑战与官僚的制约

可见普京政治道路受到了来自左右两方面的挑战。首先是来自右翼自由反对派的政治压力。自由派在西方舆论的支持下，利用金融危机后俄罗斯经济的困境，不时在俄罗斯各地发起抗议活动。自由反对派认为，普京"压制民主"，俄罗斯建成的是"蛮横的警察国家"，普京必须下台，俄罗斯必须实行彻底的西方式的自由市场和政治民主。

俄罗斯自由派人士断言，只要俄罗斯的"专制政权"不被"民主政权"所取代，现代化就无从谈起；而俄罗斯要想确立真正的民主政权仍然"道路漫漫"，因而俄罗斯的现代化前景自然也就不令人乐观。

普京提出的振兴俄罗斯的宏大战略也受制于干部匮乏和贪腐盛行而难以落实成真，可能成为水中月、镜中花。[③] 在当今俄罗斯，

---

① http://www.rian.ru/politics/20101124/300458422.html.

② http://www.vedomosti.ru/newspaper/article/253776/politicheskaya_konkurenciya_neobhodima_dmitrij_medvedev#ixzz1CE5lAIee.

③ 参见2010年7月19日俄罗斯《导报》刊登的美国华盛顿世界安全研究所俄罗斯和亚洲项目主任、俄罗斯问题专家尼·兹洛宾的文章，题为《选择的需求》。

梅德韦杰夫和普京宣扬的"现代化"口号难以落地，主要是因为找不到推进现代化进程可以依靠的力量。俄罗斯各级官员只是口头应付，实际却是推诿怠工。俄罗斯学者分析，官僚阶层已经习惯了依靠出口高价的原材料和石油天然气轻松获利，他们的眼光只盯着油井和输气管，内心和行动缺少创新的愿望和动力。俄罗斯后工业化社会研究中心主任、《自由思想》杂志主编弗·伊诺泽姆采夫认为，在国际上一些成功实现现代化的国家里，现代化是当政者保持权力的手段。而在俄罗斯，权力和财富结合得太紧密，人们从事政治仅仅是为了金钱，掌权变成了盗窃掠夺的手段。官僚阶层看重的不是政权，而是眼前的财富。

2009年俄罗斯政府下达1753条命令，只有1084条得到执行，执行率下降了15%。普京执政8年间平定了分裂和动乱问题，但俄罗斯的官僚机构增加了1倍，行政效率降低，司法进步甚微，腐败现象蔓延。俄罗斯自由派知识分子断言，普京时期形成的政治阶层和官僚才是现代化的障碍。

3. 目标与途径的矛盾

俄罗斯现代化构想能否顺利实现还需解决经济目标与政治目标的矛盾，竞争性改革与维护稳定的矛盾，国有资本与私有经济的矛盾，利益集团之间的矛盾等。

如今，俄罗斯社会又好像进入一个新的历史周期，又处在一个社会发展关节点上，俄罗斯又一次面临方向性的战略选择：

在思想和方向上，是继续像普京时期那样，坚持国家主义或开明的保守主义，强调俄罗斯历史文化的"独特性"和连续性、秉持欧亚定位、宣扬爱国主义和强国思想，还是接受西方的思想理念和价值标准，"切割"苏联这段历史，宣扬个人自由，试图靠近欧洲？

在外交战略上，是强硬地反击西方、敢于说"不"，坚决维护自身利益和势力范围，敢于挑战美国和与其对抗？还是将外交重点转向西方，避免与美国正面为敌，努力寻求与欧洲的合作？

在政治领域，是强调"主权民主"，继续加强中央权威，重视国家机器的作用，约束反对派，规范媒体，还是要"政治改革和现代化"、结束"政治停滞"、鼓励反对派政党的竞争，给予自由派势力以政治空间，引进欧洲的法制环境，认同西方的政治标准和民主理念？

在经济生活中，是保持俄罗斯作为传统的原材料和能源大国的优势，加强国家对经济的战略掌控，还是面向欧洲国家的技术和产业标准，突出技术创新和智能经济，争取在核能、纳米等产业或技术上有所突破和领先，进而向"现代化"目标迈进？是要自主性发展，还是期望西式现代化？

俄罗斯社会在政治、经济和思想领域的争论和分歧，部分源于普京和梅德韦杰夫两人的人生阅历和政治经验的差异。相差13岁的普京和梅德韦杰夫两人，在人生履历、经验、知识禀赋和世界观等方面均存在较大的差异。梅德韦杰夫曾在高校教授法学，世界观中具有浓厚的理想色彩和西方情节。梅德韦杰夫有关"政治改革和现代化"的言行曾一度受到了部分知识分子和自由派媒体的欢迎。普京倚重的是政治实权派，掌握着国家经济大权，权力运行靠的是信任关系而非制度约束。两者虽然都提出"现代化"的目标，但在途径、模式及紧迫性上有差异。总体来讲，普京希望国强民富的现代化结果，强调国家的权威和作用，希望走一条俄式的国家资本主义的道路。而梅德韦杰夫的目标则是自由资本主义，现代化的设想多停留在"口号"和"想法"上，企图借用一套全新的欧洲式的现代化系统，重复西方国家的现代化道路。

当然，除去主观的、个人方面的因素之外，思想差异和道路分歧更多的是当今俄罗斯社会现实矛盾的反映，是俄罗斯社会历史文化传统惯性的两极性张力的结果。在争论和分歧的背后，更隐藏着当今俄罗斯不同政治派别的尖锐争斗和利益集团的激烈较量。

另一方面，从客观历史条件看，与20世纪30年代斯大林时期的苏联工业化相比，俄罗斯现代化之路也不会一帆风顺。苏联解体后，俄罗斯失去了原有的经济空间和产业链，苏联留下的技术潜能和工业老底折腾殆尽。先后20多万科技人才流失海外，俄罗斯科技教育整体水平下滑。再加上当今俄罗斯司法烦琐、低效，官员腐败盛行，行政障碍重重，这些都严重制约着经济活力和社会创造力。

几十年来，从苏联瓦解的废墟中重新站起来的俄罗斯，仿佛又陷入了"社会混乱—权力膨胀—行政低效—经济下滑—官员腐败—犯罪猖獗—经营困难—增长乏力"的怪圈。人们常用一个很流行又很贴切的比喻来形容当今俄罗斯：丢了苏联时期的好东西，留下了缺点；没学到西方的好东西，拿来了唯利是图等弊端；非东非西，不伦不类。可以判断，未来很长一个时期里，俄罗斯社会难以形成良好的法治环境和社会治理机制。自由派人士、经济学家亚辛也认为，俄罗斯缺少机制和技术，难以走欧洲现代化的道路；俄罗斯缺乏"细致和勤劳"，也不能照搬中国、日本等亚洲模式。今后俄罗斯可以模仿加拿大和澳大利亚等国家模式，利用能源和原材料优势，参与世界分工。当然，俄罗斯与澳大利亚和加拿大不同的是，俄罗斯还可以保持自己在政治和军事上的国际影响力。

4. 普京之路与俄罗斯向何处去？

自2011年国家杜马选举以来，俄罗斯各派政治力量十分活跃。各种政治主张和政治思潮纷纷出炉，各种利益集团在台前幕后的活动更加积极。是选择开明的保守主义，走一条自主的、依靠自身力量的国家主义发展道路，还是接受西方自由民主的价值理念，重复欧洲的成功之路，是摆在俄罗斯执政精英面前的艰难选择。

面对制度性的缺欠和社会中显见或隐含的各种危险，俄罗斯如何实现现代化？通过什么途径实现现代化，实现什么样的现代化？面向西方的"缓和与微笑外交"能走多远？西方国家能够真心或出力帮助俄罗斯实现现代化吗？对上述问题，至今俄罗斯当局和精英层均没有给出明确的答案，俄罗斯又一次步入道路选择的十字路口。民主与经济发展、自由与现代化，稳定与廉洁、效率与民主，谁是因？谁是果？谁是条件？谁是答案？看来，俄罗斯还一时找不到合适的数学公式解开这几道自己编写的作业题。

九　历史观与历史政治

2021年是苏联解体30周年。2013年1月5日，习近平总书记在新进中央委员会的委员、候补委员学习贯彻党的十八大精神研讨班上意味深长地指出："苏联为什么解体？苏共为什么垮台？一个重要原因就是意识形态领域的斗争十分激烈，全面否定了苏联历史、苏共历史，否定列宁，否定斯大林，搞历史虚无主义，思想搞乱了，各级党组织几乎没任何作用了，军队都不在党的领导之下了。最后，苏联共产党偌大一个党就作鸟兽散了，苏联偌大一个社会主义国家就分崩离析了。这是前车之鉴啊！"①

（一）历史观关乎国运、关乎命运

2016年9月23日，俄罗斯总统普京在克里姆林宫会见议会大选获胜的党派领导人时称，从青年时期就要培养责任心和爱国精神。他在回应俄罗斯共产党领导人久加诺夫呼吁加强警惕反苏行为、仇俄行为和清算历史旧账等问题的发言时讲道："您了解我对于苏联解体的态度，这本完全可以避免，当时可以进行改革，包括

---

① 《十八大以来重要文献选编》，中央文献出版社2014年版，第113页。

带有民主性质的改革。但我想提醒你注意的是，当时领导苏联的正是苏联共产党，而不是其他主张民族主义和一些破坏性思想的政党，而这类思想对任何一个国家，尤其是像俄罗斯这样的多民族国家来说是毁灭性的。"① 需要强调指出的是，普京此处指的苏共是戈尔巴乔夫掌权的苏共，是被戈尔巴乔夫改造后、自取灭亡的末期的苏共。

普京反问俄共领导人久加诺夫说，纠缠旧账不好，可是清算历史是在苏联时期开始的。一次次的苏共中央全会上掀起我们历史上那些沉重的篇章。这样做，对与不对？让历史学家去说吧！当然了，有积极的成分，但更多的情况是，最终造成摧毁了这个制度。这是好事，还是坏事呢？这又是另一回事。

联想到 2016 年 1 月普京曾在全俄人民阵线论坛上发表讲话时表示，他至今保存着苏联共产党党员证，并指出，他至今仍然喜欢共产主义思想。2005 年 4 月，俄罗斯总统普京在国情咨文中谈到，苏联解体是"本世纪最大的地缘政治灾难之一"。从普京的言论可以看出，普京对历史特别是不久前的苏联那段历史有着自己的看法。但是囿于政治上的考虑和多重角色的限制，他对历史问题的评价只能点到为止，其历史观也不乏自相矛盾之处。这正像 1000 多年跌宕起伏、多灾多难的俄罗斯民族历史一样，既有辉煌的篇章，也有黑暗的一页。

与此相对照的是，多年来戈尔巴乔夫却一直在推脱自己对苏联解体的责任，在西方媒体上批评普京。戈尔巴乔夫称"普京在拉着俄罗斯回到过去"。戈尔巴乔夫说道，困扰我的是普京率领的统一俄罗斯党和政府的所作所为。他们想维持现状，没有向前迈步。反之当国家急需现代化时，他们却拉着我们回到过去。统一俄罗斯党

---

① 参见俄罗斯总统官网链接 http：//www.kremlin.ru/events/president/news/52957。

有时令我想起从前的苏共。① 戈尔巴乔夫的一席话令人想起美国政要如奥巴马和希拉里等对普京的批评"普京一只脚还踩在过去","普京在恢复苏联"。

如何正确对待党的历史,如何公正地评价历史人物、特别是领袖人物的作用和功过是检验一个党是否成熟的重要标志。作为创建和建设世界上第一个社会主义国家的苏联共产党,在其70多年的执政历史过程中取得了巨大的成绩,也出现了坎坷和失误,其中某些阶段的历史问题需要澄清。但是,对待历史遗留问题,首先应当树立一个正确的指导思想,必须尊重历史事实,与此同时,要处理好历史与政治、领袖与政党、历史与意识形态、历史与现实等的相互关系。对待党的历史,要坚持党性原则,以科学的、实事求是的态度,在认真总结经验教训的基础上,随着国内整个"改革"的进行而逐步解决。要评价领袖人物的功过是非,更要结合具体的历史环境总结其中的历史经验和教训。反思历史,绝不能心血来潮、一哄而上,或只强调阴暗一面,不去全面历史地看问题。大搞全盘否定过去,实际上是迎合当前的政治需要,这实质上是重复了过去的错误,不仅是有害的,也是可耻的。

然而,20世纪80年代后期以戈尔巴乔夫和雅科夫列夫为首的苏共领导人及其周围的某些"自由民主派"却是这样全面否定苏联历史的。② 戈尔巴乔夫和雅科夫列夫从全面否定斯大林开始,不仅延伸到包括列宁在内在苏共所有领导人,而且借批判"肃反"运动,怀疑苏共历史,全面否定苏联的社会主义模式。③

---

① 参见 http://www.21ccom.net/html/2016/rwcq_0926/8478_all.html。
② 《米哈伊尔·戈尔巴乔夫:我应该更早些放弃共产党》,原载于2011年8月16日英国《卫报》,参见李慎明主编《亲历苏联解体:二十年后的回忆与反思》,张树华等译,社会科学文献出版社2012年版。
③ 参见 [俄] 安·康·索科洛夫、维·斯·佳热丽科娃《苏联历史教科书(1941—1991)》,莫斯科高校出版社1999年俄文版,第349页。

苏联的历史，自20世纪30年代初苏联史学界的政治教育运动以后，特别是1938年《联共（布）党史简明教程》出版以后，已经有了一套基本上固定不变的框架和解释。但是1956年苏共20大上赫鲁晓夫借秘密报告批判斯大林个人迷信后，引起了人们思想上的混乱。60年代中期勃列日涅夫上台后又对赫鲁晓夫及其做法提出了批评。被称为"20大产儿"的戈尔巴乔夫上台之后，为了达到自己的政治目的，发起公开性和民主化运动，号召"新的思维方式"，多次鼓吹"苏联历史上不应该有被遗忘的人和空白点，不应该存在可以避而不答的问题"，强调"不论是今天的痛处或是过去历史上的悲惨事件，都可以成为报刊分析的对象"。在他的鼓励下，苏联思想文化领域一些极端势力掀起了一股"历史反思热"。

在他们的直接支持下，一些人热衷于纠缠历史旧账，肆无忌惮地否定苏共过去的一切。先是诅咒斯大林，随后又否定列宁、怀疑十月革命、批判苏联体制、抛弃马克思列宁主义。由戈尔巴乔夫和雅科夫列夫共同掀起的这股"历史热"来势汹涌，触目惊心，引起了社会对历史的全面审视和激烈争论，其规模之大、影响之深远在世界上实属罕见。①

（二）苏共后期历史反思潮

人们了解的历史常常是现代生活的映照，历史叙事实际上是现代观念的努力。而不可否认的是，现实生活中往往是谁掌握了统治权，谁就掌握了历史叙事权。

当今一些俄罗斯历史学家在评价戈尔巴乔夫时期掀起的"反思历史热"运动时写道，在改革初期戈尔巴乔夫、雅科夫列夫等号召填补"空白点"、改写历史，具有很强的政治性和思想倾向性，并

---

① 参见陈启能《苏联解体前的"历史热"》，《史学理论研究》杂志1998年第4期。

非是对历史问题感兴趣，而主要是为推动他的改革制造舆论，实现其政治目的。①

20世纪80年代后期，在戈尔巴乔夫"公开性"和"新思维"政策的影响下，苏联境内外激进政治势力大肆抹黑苏共和苏联社会主义历史。戈尔巴乔夫大肆鼓吹"民主化"和"消除历史空白点"，酿成了苏共后期的"反思历史热"和"清算历史"运动。1987年、1988年以后，一些苏联作家、记者和编辑热衷翻历史旧账、歪曲历史记忆，鼓吹"去苏联化、去红色化"，大搞历史翻案和社会复辟。他们借反思历史之名，乘机诋毁苏共，怀疑十月革命，否定苏联社会主义。照搬西方学术界"极权主义"等概念，污蔑苏联，怀疑和歪曲列宁，全面否定斯大林，妖魔化苏共，实际上是把苏共推上历史的审判台。结果是，苏联人民的理想破灭，人们心中的"偶像"坍塌。而旧沙俄时期的陈迹得到吹捧，末代沙皇像被重新供奉。短短3—5年的时间，苏共就像失去灵魂的泥足巨人，轰然倒下。

在这股历史反思热潮中，当时的苏联各类学校的历史教学活动首当其冲，受到"肢解历史、改写历史浪潮"的冲击。1986年11月，在全苏社会科学教研室主任会议上，戈尔巴乔夫指责苏联历史教科书存在着公式主义、教条主义和形式主义。他要求要重新编写教科书。1987年苏共中央一月全会之后，戈尔巴乔夫多次向新闻界下令，说"历史问题上不应遮遮掩掩"。为保证新闻舆论思维正确的"宣传口径"，戈尔巴乔夫和雅科夫列夫经常和新闻界领导人"对表"。1987年7月，戈尔巴乔夫在和新闻界和艺术创作领导人座谈会上谈到，1937—1938年的事件不能、也不应被原谅和饶恕。②

---

① 参见［法］玛丽雅·费列蒂《记忆的紊乱：俄罗斯与斯大林主义》，www.polit.ru网站，访问日期：2002年11月20日。
② 参见［苏］《戈尔巴乔夫言论集》，莫斯科1988年俄文版第5卷，第217页，转引自［俄］亚·谢·巴尔辛科夫《当代俄罗斯历史导论（1985—1991）》，莫斯科2002年俄文版，第84页。

1987 年，苏共召开纪念十月革命 70 周年大会。会前，由雅科夫列夫等精心策划和起草了戈尔巴乔夫在纪念大会上的报告。① 报告在以列宁的名义为掩护，对斯大林主义提出了尖锐的批评。戈尔巴乔夫后来自己得意地回忆，这个报告的创新之处就是"由揭批斯大林转到批判斯大林体制"。② 雅科夫列夫坦白，他目的是想借 70 周年大庆的环境将"新思想"推向前进。在这份名为《十月革命与改革：革命在继续》的报告中戈尔巴乔夫声称继续 60 年代未完的事业，恢复历史公正。③ 雅科夫列夫在纪念大会的吹风会上对记者讲，不应把此次纪念大会上的对历史的分析视为最终的结论，不应将报告中的一些结论教条化、固定化。进而继续煽风点火，为全面否定历史的势力加油、打气。④

　　应当指出，当时苏共党内和领导层对待这场"历史热"的态度是不一致的。苏共政治局委员利加乔夫和政治局委员、克格勃主席切布里科夫都反对"意识形态的多元化"和片面地丑化苏联历史。切布里科夫警告说，帝国主义的密探正在赞助一些作家去丑化苏联的历史。⑤ 对于反思历史、翻历史旧账，苏联社会中不但历史学界深表担忧，苏共普通党员和群众中反对丑化历史的声音也很强烈。1988 年 3 月 13 日，《苏维埃俄罗斯报》发表了列宁格勒技术学院女教师尼娜·安德烈耶娃的一封读者来信，题为《我不能放弃原则》。来信批评了社会中涌动的一股股"反思历史潮流"，指出，当前报刊上轰动一时的文章只能教人迷失方向，是给社会主义的苏联抹黑。文章

---

① ［俄］亚·尼·雅科夫列夫：《一杯苦酒——俄罗斯的布尔什维主义和改革运动》，新华出版社 1999 年版，第 185—186 页。

② 参见［俄］戈尔巴乔夫、斯拉文《尚未结束的历史：戈尔巴乔夫访谈录》，中央编译出版社 2002 年版，地 25 页。

③ 参见［苏］《戈尔巴乔夫言论集》，莫斯科 1988 年俄文版第 5 卷，第 386—436 页。

④ 参见［俄］亚·尼·雅科夫列夫《看破红尘之苦》，莫斯科 1991 年俄文版，第 93 页（Яковлев А. Н. Муки прочтения бытия. М., 1991. С. 93）。

⑤ 参见［苏］《真理报》1987 年 9 月 11 日。

提出了当时舆论界许多不正常的现象：如非正式组织活动，宣扬应该实行西方的议会分权制，否认党和工人阶级的领导地位，恶毒攻击苏联历史等。文章指出，"改革"进行几年了非但未见成效，反而导致生活水平下降。改革缺乏明确的纲领和目标，隐藏着世界主义的倾向。文章发表后，一些州的报刊纷纷转载，一些党组织开始讨论。

尼娜·安德烈耶娃的信引发了轩然大波，"自由改革派"将其视为"保守势力和苏共旧势力"的反攻倒算。苏共中央政治局接连两天召开紧急会议讨论对策。最后，在雅科夫列夫直接授意下，维·阿法纳西耶夫亲自组织，4月5日在《真理报》发表了反击文章《改革的原则：思维和行动的革命性》，对安德烈耶娃给予全面反击和打压。《真理报》将尼娜·安德烈耶娃的信称为是"反改革分子的宣言"，把尼娜·安德烈耶娃称为"改革的敌人、斯大林主义分子、保守派、机关官僚、党的权贵代表"。《真理报》的文章认为，安德烈耶娃是在为斯大林辩护，是苏联社会的保守势力的声音，企图阻止改革的进程。此次争论后，苏共领导人不仅开始揭批斯大林，而且进一步升级，批判马列主义是空想和教条。从此以后，在戈尔巴乔夫和雅科夫列夫的直接参与下，苏共在否定斯大林、否定过去的历史道路方面走得更远。①

（三）借"反思历史"、推行政治复仇

斯大林当政时期，由于当时特殊的历史条件和阶级斗争扩大化的错误，曾出现过一些冤假错案，从赫鲁晓夫时代起，这些冤假错案陆续得到纠正。纠正冤假错案是完全应该的，问题在于，自戈尔巴乔夫提倡民主化、公开性之后，恢复名誉者或其亲属描述案情的

---

① 参见［俄］安·康·索科洛夫、维·斯·佳热丽科娃《苏联历史教科书（1941—1991）》，莫斯科高校出版社1999年俄文版，第349—350页。

文章在报刊上越来越多,形成强大的舆论冲击力,严重动摇了苏共和苏联制度的根基和基础。1988年初,苏共中央成立了30年代清洗受害者平反委员会,后由苏共政治局委员、书记处书记亚·雅科夫列夫亲自挂帅,对一些历史事件重新审查。更加引人注目的是,1988年7月4日,根据戈尔巴乔夫的建议,苏共中央政治局做出决定,在莫斯科为斯大林时期被迫害致死的数百万人建立纪念碑。

在戈尔巴乔夫推动的"公开性、民主化"浪潮的鼓舞下,政治风向急速转变。一些民间"历史平反"活动也在苏共最高领导人的默许下开展起来。1988年11月26日,《星火》周刊举办了大规模群众性"良心周"活动,隆重纪念斯大林时代的受害者。与此同时,苏联建筑家联合会、电影家联合会、《星火》画报和《文学报》共同组织了名为"纪念"的历史教育协会。该协会的目的就是在全苏范围内促进平反历史案件,还历史真相,为苏联历史受害者建立纪念碑。1988年以后,一些"反思历史"的激进报刊如《星火》画报和《莫斯科新闻》逐渐暴露其历史的真面目:借否定过去,否定苏共历史,否定社会主义,进而改变改革的方向,使改革沿着他们设计的道路进行。①

(四) 新闻媒体等充当了"历史翻案"的急先锋

20世纪80年代末期,苏联解体前夕,参与这场"历史反思热"的专业历史学家很少,许多非历史专业的文人、写手等却充当了"急先锋",而新闻媒体和文学电影在这场历史虚无主义运动中起到了推波助澜的作用。正如苏联科学院通讯院士 И. В. 沃罗比耶夫在1989年初所指出的那样:"唤起人们对历史的兴趣的,不是我们职业历史学家,而是政论家、作家、经济学家。正是他们把历史

---

① 参见 [俄] 亚·谢·巴尔辛科夫《当代俄罗斯历史导论(1985—1991)》,莫斯科2002年俄文版,第93—94页。

变成现在这种社会力量。至于职业历史学家，除极少数人积极卷入这项工作外，真是屈指可数。"①

不过，还是有少数激进的历史学家投入到"改写历史"的运动中，如历史档案学院院长尤·阿法纳西耶夫和苏军政治部将军德·沃尔科戈诺夫。正是源于此，前者一度被包装成"民主斗士"，90中期以后又偃旗息鼓；后者则由苏军总政治部负责心理战、宣传战的副部长变成了叶利钦的"御用文人"，②攻击列宁和斯大林。③现这股反思历史的潮流造成整部苏联历史都需要改写。1988年6月，苏联有关部门做出决定，取消当年的中小学历史课考试。今后中小学历史教科书要重新编写。在苏联官方的鼓励下，以揭露历史真相为主要内容的"历史热"，像一股巨大的龙卷风席卷整个社会，而且越刮越凶猛。

面对历史领域的混乱状况，1989年10月3日，苏共中央召开了历史学家座谈会，会议由苏共中央书记瓦·梅德韦杰夫主持。他在开场白中辩解："当前的社会政治气氛取决于对历史的看法。不应维护那些应当受到揭露的东西。良心不能交易。对过去错误的清算必须进行到底，不能有任何的限制！"④参加此次会议的苏联历史学界的权威、苏联科学院院士格·斯米尔诺夫、尤·库库什金、德·科瓦里钦科等纷纷发言，对当时社会的历史热潮表示忧虑。格·斯米尔诺夫院士提出，他不赞成对包括卫国战争、战后恢复在内的苏联历史一概抹黑。尤·库库什金院士提出，缺乏对马克思主义的尊重，改革缺乏理论准备，很难取得成效；改革不能打着历史

---

① 《苏美历史学家"圆桌会议"》材料，[苏]《历史问题》杂志1989年第4期，第100页；转引自陈启能《苏联解体前的"历史热"》，《史学理论研究》杂志1998年第4期。

② http://dic.academic.ru/dic.nsf/ruwiki/626735.

③ http://www.felshtinsky.com/? p=195.

④ [苏]《历史问题》杂志1990年第1期，第3、6页；转引自[俄]亚·谢·巴尔辛科夫《当代俄罗斯历史导论（1985—1991）》，莫斯科2002年俄文版，第140页。

虚无主义和非意识形态化的旗号,大众传媒和一些极端势力不能强迫历史科学非意识形态化。尤·库库什金院士和苏联科学院历史学部学术秘书德·科瓦里钦科院士要求苏共中央应该有自己的原则立场。面对院士们的发问,身为中央书记的瓦·梅德韦杰夫轻描淡写、一语带过:列宁、十月革命、社会主义选择。① 之后,此次苏共中央的座谈会便没有了下文。在苏联后期,政治浪潮风起云涌,政治高烧不断,社会情绪高涨,在这种背景下,专业历史学者的理性的声音被汹涌的浪涛淹没了。②

后来俄罗斯历史学家反思道,20 世纪 80 年代下半期(即"历史热"时期),主要是新闻记者和非职业历史学家对过去苏联历史评价的重新审视。一般说来,它们都"带有极端片断的、目光狭隘的性质,兴趣集中于负面的事实和现象,在没有考虑整个发展过程及其复杂性和矛盾性的情况下大写特写不同活动家的悲剧命运。提出来的许多解释和评价是在当时新闻记者对事件的带有感情色彩的感受水平上形成的,缺乏对形势、历史传统、社会经济过程复杂性的深刻知识"。③

(五)错误的历史观是导致苏共败亡的思想祸根

自苏共二十大之后,苏联社会始终潜伏着一股全盘否定斯大林的思潮。这股历史虚无主义思潮在戈尔巴乔夫的民主化、公开性推

---

① 参见[俄]亚·谢·巴尔辛科夫《当代俄罗斯历史导论(1985—1991)》,莫斯科 2002 年俄文版,第 141 页。

② 参见[俄]戈尔巴乔夫《我是一个社会民主主义者》,[俄]利加乔夫《有两种不同性质和风向的改革》,[俄]雷日科夫《政治斗争打乱了经济改革部署》,谢瓦尔德纳泽《我和戈尔巴乔夫商量好要抛弃民德国》,载李慎明主编《亲历苏联解体:二十年后的回忆与反思》,张树华等译,社会科学文献出版社 2012 年版。

③ [俄] Г. Я. 阿列克谢耶娃:《历史·意识形态·政治(二三十年代)》,载《20 世纪俄国的历史科学》,第 84 页,转引自陈启能《苏联解体前的"历史热"》,《史学理论研究》杂志 1998 年第 4 期。

动下，如死灰复燃，很快成蔓延之势。有针对性和选择性地公开斯大林时期历史文献档案，借一些所谓历史冤假错案为全盘否定斯大林做准备。在1987年6月，由苏共异己分子把持的《星火》画报①第26期披露了列宁的战友拉斯科尔尼科夫1939年8月17日给斯大林的公开信，信中严厉谴责斯大林逮捕和杀害无辜的军界和文化界著名人士。不久，《莫斯科新闻》刊载了从未发表过的肖洛霍夫1927年写给老党员列维茨卡娅的一封信，批评农业集体化过火，"压制富农，可把中农也压扁了，贫农也在挨饿"，致使"人们狂怒，情绪极端恶劣"。《科学与生活》杂志则刊登了作家西蒙诺夫多年前写的《历史的教训与作家的职责》，谴责斯大林在战争开始前和战争初期处决三批高级军事干部，给军队带来无法估量的损失和对国家造成的严重危害，等等。

这股清算思潮自1987年底开始，到1988中达到高潮。批判的矛头已由斯大林主义指向20—50年代的社会制度。否定苏联体制，认为斯大林代表的苏联体制是典型的"行政命令"体制，是"极权主义"，是万恶之源。1989年以后，揭批斯大林的材料开始减少，对斯大林主义的批判逐渐转变为批判布尔什维克主义、否定十月革命。一些文章或明或暗地提出，十月革命与布尔什维克主义，列宁与斯大林实际上有着直接的联系。②

1988—1989年苏联意识形态领域最有影响的事件之一就是哲学博士亚·齐普科在《科学与生活》杂志上发表的长篇文章《斯大林主义的起源》。此文在维护马克思主义的掩盖下，否定十月革命，否定苏联社会主义的历史。认为，十月革命是俄国激进主义的产

---

① 《星火》画报是苏联著名的政治刊物。80年代中后期，由维·科罗季奇担任主编。此人在70年代曾发表揭露美帝国主义的《仇恨的面孔》，言辞激烈，受到赏识，担任画报主编后把《星火》变成了揭批苏共、仇恨苏联制度的大本营。后来科罗季奇移居美国长期居住。

② 参见1990年春由刚刚赢得选举的莫斯科民主派主办的杂志《首都》周刊，或［苏］亚·齐普科：《我们的原则好吗？》，［苏］《新世界》杂志1990年第4期。

物，中断了俄国历史的正常进程。文章将"好"的列宁思想与斯大林"坏"的社会主义对立起来。作者提出，1917年到1988年间苏联激进主义的思想和实践是当今社会的重要障碍。① 现在看来，此文逻辑混乱、叙述烦琐。但由于年轻的哲学博士齐普科在苏共中央机关工作，特殊的身份使得此文当时在思想界影响巨大。②

随着"历史热"的深入和"禁区"的不断被打破，列宁的形象也遭到讽刺和丑化。苏联社会主义制度和马克思主义本身也遭到质疑。人们开始失去方向、丧失信仰，各种思潮泛滥，使人无所适从。苏共党内和苏联社会的思想被彻底搞乱。历史根基的丢失和思想的混乱成为苏共组织瓦解的先导。

自揭批斯大林开始，进而否定十月革命，怀疑十月革命后的制度，最后导致美化沙俄历史或否定自我，迷信西方道路。这些迷信在当时已经深入人们的生活。打开一本当时的笑话集，可以读到这样的内容："一辆美国汽车停在莫斯科，车身下的泥浆中躺着几位正在扎轮胎的俄罗斯人。问：你们在那里干什么？答：我们想吸一些来自美国的自由空气。"

在当时学术界的一些讨论会中，经常能听到这样的话："在俄罗斯可以谈论何种经济？只能是原始穴居的野人经济。"有时，甚至可以听到遗憾的叹息："唉！为什么我们没有被德国人占领？"在这一时期，一些改革的风云人物，自由民主化的"弄潮儿"的演讲几乎多是从痛斥苏维埃的过去开始，而以赞扬西方结束。"如果人

---

① ［苏］亚·齐普科：《斯大林主义的根源》，［苏］《科学与生活》杂志1988年第11期、第12期。
② 亚·齐普科现为俄罗斯科学院国际政治经济研究所（原社会主义经济体系研究所）高级研究员。毕业于莫斯科大学哲学系。先后在《共青团真理报》，苏联共青团宣传部以及苏共中央宣传部（任顾问）工作（1986—1990）。后来先后在日本北海道大学和美国学术机构访问。曾任戈尔巴乔夫基金会调研部主任（1995—1996）。此人善于发表怪异、先锋的文章，经常被一些学者批驳。近年，齐普科的观点似乎发生了很大的变化。如［俄］《分析通报》杂志2004年第3期的刊登了他长篇论文《后苏联自由主义失败的原因与本质的思考》。

们所想的希望落空了,那么对于这个带有一种始自伊凡雷帝的天生极权主义特征的、不合格和未开化的民族来说,有一条简单而自然的出路——这就是在经济、社会和意识形态等各个领域把国家全面引向殖民地状态。"有的报刊文章还证明说,有必要在苏联领土上引入联合国仲裁,引入"维和部队",实施"人道主义援助",设立联合国监督员和观察员。① 有一家名为《自鸣钟》的报纸曾刊载了这样一句话:"我们真诚地期待这样的结局,而且,殖民地状态有什么不好?"于是,该文接下来就讨论怎样才能成为殖民地,并为此建议向西方商人求助。②

正是在苏共领导人戈尔巴乔夫和雅科夫列夫的推动下,以重新评价历史为名,否定苏共,否定社会主义革命和建设的历史,否定苏联社会主义制度,导致了社会思想混乱,为从思想上瓦解思想打开了历史之门。80年代末期,某些涉及历史问题的书籍、文章和言论公开全面否定斯大林,讽刺和挖苦列宁,否定十月革命,否定马克思主义,把苏共视为"官僚障碍机制的物质载体"和"沉湎于谎言和自我欺骗之中的故步自封的组织机构",大加挞伐,实际上是把苏共推上历史的审判台。

苏联解体后,身为原苏共中央政治局候补委员的叶利钦摇身一变,出任俄罗斯总统,全面否定苏联社会主义历史,宣布"由一种意识形态占垄断地位的时代一去不复返",在教育领域推行"非政治化""非意识形态化"。实质上这是全盘走向另一个极端的西化、自由化政策,而俄罗斯历史研究和教学领域继续混乱不堪。1994年12月,俄罗斯教育部推出了一项过渡时期的历史教育战略,提出:

---

① 在戈尔巴乔夫执政末期、苏联解体前夕,由于苏联社会商品和其他日用消费品极度短缺,西方一些国家特别是欧洲向苏联运送了食品等"人道主义"物资。一些食品包装直接用俄文标注"人道主义援助"。

② [俄]弗·亚·利西齐金、列·亚·谢列平:《第三次世界大战:信息心理战》,社会科学文献出版社2003年版,第264页。

废除人文学科教学的统一的国家意识形态的垄断，实现研究历史概念方法的多样性，更新历史教育内容，为教学体系编纂新一代的教科书。之后"去苏联化""去苏共化""否定社会主义"的历史书籍泛滥，否定历史、自我抹黑的教材大行其道。美国的索罗斯基金会也趁机给原苏联各国出资，赞助撰写符合西方口味的教科书去占领学校讲堂。

（六）应对外部思想侵袭，维系俄罗斯的文化根脉与空间

苏共败亡和苏联解体之后，一些独联体国家为了巩固"独立"地位，纷纷寻找本民族的"文化根源"，独自编写自己的历史教材。在西方势力的支持下，这些国家在历史领域开始了"去苏联化、去苏共化"的进程，通过在历史上"去共产党化、去社会主义化、去红军化"来凸显"政治独立"和"西化"立场。一些东欧国家和原苏联加盟共和国的政治势力有意诋毁苏联和苏军在二战期间的历史作用，甚至把苏联红军与纳粹相提并论。波罗的海三国认定二战后是"被苏联占领"而非从纳粹铁蹄下"解放"。2007年4月27日，爱沙尼亚发生了从首都塔林市中心拆除和迁移苏军解放塔林纪念碑的事件。2008年，立陶宛政府坚持要求俄承认苏联侵占的事实并赔偿高达280亿美元的损失。同年底，乌克兰也向联合国大会提交议案，要求审理20世纪30年代苏联曾在乌克兰制造了"大饥荒"，并要求将此定性为"种族屠杀"；2009年2月4日，拉脱维亚也出现了亵渎苏军烈士纪念碑的事件。上述这些言行严重损害了俄罗斯与原苏联各加盟共和国之间的关系，也对俄罗斯的国际声誉造成了不良影响。

为支持东欧国家去社会主义化、去苏联化、反俄的文化政治行动，远在大西洋彼岸的美国也遥相呼应。2003年以来，在积极支持和策划俄罗斯邻国的"颜色革命"的同时，西方阵营掀起了一股批判俄罗斯的浪潮，纷纷指责俄罗斯压制人权和自由、背离西方民主道路、滑向独裁和专制。2007年欧洲议会通过所谓"批判共产主义的决议"。与此同时，美国在华盛顿设立所谓"共产主义受害者纪念碑"，支持格鲁吉亚设立苏联恐怖博物馆。欧美大国力挺东欧和波罗的海一些国家在历史问题上对俄罗斯进行挑衅。对于俄罗斯重编历史教材、尊重苏联历史的举动，西方媒体也大肆渲染。2007年夏天，英国《泰晤士报》称"这是普京在宣传自己的历史观"。而美国《华尔街日报》则指责普京"妄图改写历史"。美国《新闻周刊》认为普京是要"重新回到苏联"。

对此，俄罗斯自由民主党主席弗·日里诺夫斯基认为，如今"歪曲篡改历史是一种新冷战的形式"，歪曲历史事实就意味着对国家的侮辱。面对苏联周边国家在历史和文化领域的"反俄""去苏化"行为，俄罗斯社会各界痛心疾首。一些有识之士指出，如今俄罗斯所面临的外交和文化困境，实际上是苏联解体的"后遗症"，是30多年前由戈尔巴乔夫、叶利钦、雅科夫列夫等人发动"抹黑历史、否定历史"运动的结果。30多年前，正是苏联社会对自己"挖根、掘墓"，割裂苏联历史，否定苏共领袖人物，才导致今天的"自欺欺人"和别人的"忘恩负义"。

（七）汲取惨痛教训，纠正历史领域的混乱局面

一个自我否定，不尊重、丑化甚至诅咒本国历史的民族，很难自信地屹立于世界民族之林。如今一些俄罗斯有识之士终于切身感受到了30多年来在历史领域的惨痛教训：一些人瞄准斯大林，打中的是苏联共产党；本意批判或打击苏共，倒下的却是连同苏共在内的整个国家——苏联。一些曾经将矛头指向本国历史的俄罗斯知识分子，如今感叹悔之晚矣。正像普京当局认定的那样，戈尔巴乔夫和叶利钦掌权的15年是"失败的、混乱的"15年。在这期间，

俄罗斯历史已经被肢解、碎片化、俄罗斯民族被丑化，苏联军人在"二战"中的功绩被贬低、苏联历史形象被丑化和妖魔化，俄罗斯失去了文化认同和历史记忆，国家主权和民族团结隐藏着进一步分裂和对抗的危险。

历史沧桑，斗转星移。世纪之交，普京掌管了俄罗斯。普京在强力维护国家主权和领土完整的同时，在政治思想领域特别是历史领域也试图纠正一盘散沙式的混乱局面。普京十分关注俄罗斯青少年历史教育和历史教科书问题。身为新俄罗斯国家的总统，可谓是日理万机，但普京却在历史教材问题上"事必躬亲"，多次关注历史教育和历史教材的编写工作，非同寻常，这在苏联时期，就连苏共总书记都很少做到。

2000年普京刚刚就任总统，就几次表达对历史教材和历史教育的不满，号召"认真思考俄罗斯历史"。2001年底，普京在西伯利亚地区视察一所大学时表示，他对过去10年间（暗指叶利钦时期）的"破坏"深感痛心。之后普京又提出，俄罗斯应当有统一的历史教科书，历史学特别是历史教材应当团结社会，而不是罗列各种不同的观点，不应成为政治斗争的工具和场所。

2003年底，普京在国家（列宁）图书馆同部分史学家座谈时指出，过去史学家过于强调历史污点，造成书刊和教材中有大量糟粕和泡沫，必须剔除这些糟粕、去伪存真。一个月之后，普京又亲自指示俄罗斯科学院，要对所有的历史教科书进行"鉴定和筛选"。在2004年7月召开的一次最高国务委员会会议上，普京再次表示，许多参加卫国战争的老战士向他表达对学校历史课程的不满。普京为此专门指示："各个社会组织和青年团体应该加强爱国主义教育，不应该只做一些形式上的、表面上的工作。"

普京号召加强对青少年爱国主义的教育，学习和珍视自己国家的历史包括苏联时期的历史，这与戈尔巴乔夫和叶利钦极力"抹黑"和"割裂"苏联社会主义时期的历史有很大的不同。对此普京有过解释。2000年3月，在《头号人物·访谈录》一书中普京自豪地说："可以毫不夸张地说，我是苏联爱国主义教育的成功典型。"在2000年12月有关国家标志问题的一个讲话中，普京总统建议国家杜马用苏联国歌作为俄罗斯的国歌，并用红旗作为俄罗斯武装力量的军旗。他呼吁人们记住肖洛霍夫、加加林等著名人物在历史上取得的令人自豪的成就，记住俄罗斯历史和苏联卫国战争中的伟大胜利。

（八）统编历史教材、弘扬爱国主义

俄罗斯教育与科学部长德·利瓦诺夫曾表示："俄罗斯全国范围内有各类学科的教科书1000多种，其中历史教材不下几十种。我们不需要这么多不同的教科书。"多年来，普京当局汲取戈尔巴乔夫和叶利钦时期"历史虚无主义"的深刻教训，决定从历史教育和教材编写入手，整顿历史领域的乱象。俄罗斯有关部门先后采取了一系列具体措施：

2001年俄罗斯政府召开专门会议讨论重新评估历史教材。

2001年和2005年俄罗斯政府制定并颁布了《俄罗斯联邦2001—2005年公民爱国主义教育纲要》和《俄罗斯联邦2006—2010年公民爱国主义教育纲要》。

2003年11月教育部取消了占据中学课堂10年之久的一部"抹黑"俄罗斯历史的中学历史教材的教科书资格，规定中学教材必须经过教育部的"评审和推荐"。

2004年开始，俄罗斯教育部开始重新审议所有历史教科书。俄罗斯任命著名学者、莫斯科大学教授安·福缅科院士为历史教材评审委员会主任；之后在全国范围招标并评选优秀历史教材。

2004年，在时隔50年之后俄罗斯第302次再版并发行了《联共

(布)党史简明教程》。

2007年6月,在全俄历史教师代表和历史教学会议上前夕,两部官方授意和资助的教材由俄教育出版社出版:一部是由亚·菲利波夫等人编写的中学历史教学参考书——《俄罗斯现代史(1945—2006年)》,另一部是教学参考书《社会通识:21世纪的全球化世界》。

2007年6月,普京出席全俄历史教师和历史教育会议并讲话。

2007年7月,俄罗斯国家杜马和联邦委员会分别通过了《教育法》修正案,规定了历史教材的审核批准制度,该修正案已于2007年9月1日生效。

教育部、科学院等联合研讨和出台历史教学统一的国家标准。

建立了专门的历史教育网站。

政府将加大对优秀教师的奖励,更新学校教学设备,将教材编写和出版列为国家"全民工程"的重要部分。

2009年,俄罗斯教育部门又相继出版了两部供高级中学11年级使用的新编历史教科书——《俄罗斯历史(1900—1945年)》和《俄罗斯历史(1945—2008年)》,历史教材的数字化成果也相继出版。

2009年成立总统下属的"反击篡改历史行为的委员会"。提出,将对传播极端主义、煽动民族仇恨以及否定二战历史等言行以及为此提供平台的媒体追究法律责任。

在普京的指示下,俄罗斯成立或恢复历史协会和俄罗斯军事历史协会。俄罗斯国家杜马主席纳雷什金出任历史协会会长,俄罗斯军事历史协会会长则由文化部长梅金斯基担任。

2013年2月19日,普京主持召开了民族关系委员会扩大会议,部署落实2012年12月签署的《2025年前国家民族政策构想》的具体措施。会上普京提出,俄罗斯政府要拨付巨额专项资金,大力推广和普及俄语，强化对青少年的历史传统教育，加强爱国主义教育，提升国民认同感。普京当场指示俄罗斯有关部门，要尽快为全国各年级的中学生编写统一的历史教科书。

普京要求"新的历史教科书要用俄语编写，要语言精美，内容不能自相矛盾，力戒含糊不清甚至南辕北辙"。普京进一步提出，这些新的历史教材应面向不同年龄的读者，选材要得当，以具体的史实来说明俄罗斯是一个多民族、多文化传统组成的一个命运共同体。普京提出，今后各级各类教材的编写都应严格标准、严格要求。普京要求，今后俄罗斯历史教科书的编写工作，除以前参与这项工作的俄罗斯教育与科学部和俄罗斯科学院以外，还应吸收历史协会和军事历史学会参加。

普京如此关心历史教育与历史教材问题有其特殊的历史背景和现实指向。自2008年国际金融危机爆发以来，普京领导的俄罗斯出现了政治紧张、社会冲突、阶层分裂和派别对抗的趋势。俄罗斯社会长期潜伏的民族、宗教矛盾开始抬头，在西方政治势力的插手和怂恿下，甚至有引燃和爆发的态势。这是自2000年掌权以来普京遇到的前所未有的政治挑战，也是俄罗斯社会稳定、国家的统一和民族团结面临的最大威胁。

外部压力与内部矛盾交织迫使普京当局未雨绸缪：一方面加紧修改法律法规，严格执法，强化对反对派的政治打压；另一方面积极倡导爱国主义和青少年历史文化传统教育，加强以东正教为首的宗教间的和谐共处，强化以俄罗斯人和俄语为主的族际融合和族际文化交流。普京认为，应对思想和政治挑战，强化俄罗斯青少年的国家观、历史观和民族认同十分关键。对青少年进行正确的国家历史教育十分重要，而优秀的、统一的中学历史教科书又是实现上述目标的关键所在。

2014年1月16日，普京召见新版统一历史教科书编纂委员会成员,指令要在新的指导思想下尽快编写出统一的历史教科书。同时指出,编写当代俄罗斯历史要延伸到2000年之后。2014年6月2日,鉴于克里米亚由乌克兰重新回归俄罗斯,普京签署命令,委托俄罗斯政府和俄罗斯历史协会要在新版统一历史教科书中写进有关克里米亚的历史。2014年7月3日,普京召集并主持了民族关系委员会会议,指出理顺民族关系,培养青少年的爱国主义和民族友爱意识,新俄罗斯历史教科书至关重要。在普京的督促下,如今俄罗斯中学生已经使用统一的俄罗斯历史教材。

(九) 维护本国历史、保卫共同精神家园

近些年来,面对来自西方强大的思想压力和舆论攻势,普京领导俄罗斯,一方面积极进行政治和外交上的应对,另一方面加紧凝聚社会共识、与西方展开历史与文化上的思想较量。俄罗斯当局认为,近期俄罗斯境内外一些教科书任意歪曲历史、特别是二战史,美化法西斯,这是对俄罗斯人民的侮辱。

2009年5月8日,时任俄罗斯总统的梅德韦杰夫在其个人视频博客上讲道:"篡改历史的行为越来越猖獗,充满恶意和具有挑衅性。"梅德韦杰夫强烈谴责某些国家企图改写二战史的做法。他说:"苏联在第二次世界大战中抗击法西斯的贡献不容贬低和篡改。我们决不会忘记我们的国家苏联对第二次世界大战的胜利所做出的决定性贡献。正是我们的人民摧毁了纳粹,并付出了巨大的代价,至少2700万苏联民众为此献出了生命,卫国战争才取得了胜利……我们将始终捍卫和坚守这一事实,任何人都不应对此有所怀疑。"他认为,20世纪40年代发生的一切并非仅仅是书本上那几页薄薄的纸,无论今天某些人多么处心积虑,历史也决不容许其重写或者篡改。因为这些历史对具有军国主义野心、种族矛盾和任何企图重构世界版图的行为起着威慑的作用。

俄罗斯准备出台"关于反击在独立的原苏联国家境内为纳粹主义、纳粹罪犯及其帮凶平反活动"的法案。根据这项法律，对于苏联在二战中的贡献进行任何形式的诋毁都将被视为与鼓吹法西斯同等罪行。法案对歪曲、篡改历史的行为做出一系列惩罚性的规定。触犯法律的俄罗斯人或外国公民都将有可能受到3—5年的监禁，同时罚款10万—50万卢布。法案还对歪曲或篡改二战历史的国家提出了外交和经济制裁意见。对于触犯国，俄罗斯将有权驱逐其大使或与其断绝外交关系，有权对其实施全面的运输和通信封锁。

2012年1月9日，梅德韦杰夫签署了《关于在俄罗斯全境举办俄罗斯历史年》的总统令，决定将2012年定为"俄罗斯历史年"，并开展一系列的历史纪念活动。莫斯科大学历史系主任、俄科学院院士谢·卡尔波夫指出，举办"俄罗斯历史年"的主要目的是"净化并确立俄罗斯人民的历史记忆"。他认为，这是争取俄罗斯民众心灵和头脑的"记忆之战"，俄官方已准备好打响这次"争夺历史的战争"。

2012年10月20日，普京签署《关于完善国家爱国主义教育政策》，决定在总统办公厅成立社会项目管理局，主管全国的爱国主义教育。今后俄罗斯将斥巨资开展各式的爱国主义教育活动，强化历史传统教育，提高国民认同。为此，普京提出"新爱国主义"的概念，更强调包括沙俄时期在内的俄罗斯的传统道德价值观，敦促学校加强对青少年的历史、文化和道德教育。

2012年12月12日，普京向俄罗斯联邦议会上下两院发表了年度国情咨文。此次普京的国情咨文充满了沉重的历史感和危机感。在咨文开篇普京便开门见山地指出："单是在20世纪，俄罗斯就经历了两次世界大战、一场内战、若干革命，国家两度分崩离析。俄罗斯人的生活也有过数次翻天覆地的变化。在21世纪之初，我们遭遇了真正的人口及价值观危机。倘若国家不能维持现有人口数量并实现增长；倘若国家失去了发展的方向和理想，无需外敌，俄罗斯将自掘坟墓，躲不过败亡的命运。"普京讲道，评判爱国者的标准，其中重要的一条就是"对本国历史常怀尊崇、挚爱之心"。普京提出，为了让民族意识重新觉醒，我们需要将各个历史时期完整地联系在一起，重新认识这样一个普通的真相：俄罗斯不是始于1917年，也不是1991年，我们有共同的延绵千年的历史，依托这个历史，我们才有内力，民族发展才有意义。

普京讲道，2012年"俄罗斯历史年"即将结束，但对祖国历史、教育和科学项目的关注不能减弱。普京希望，重建的俄罗斯历史协会和俄罗斯军事历史协会以及俄罗斯地理协会要积极发挥作用。普京号召，俄罗斯应当保留祖祖辈辈传给我们的经验。俄罗斯数百年以来一直是一个多民族国家、一个文明国家。俄罗斯应当坚定不移地发展，同时也应该保留自己民族精神的特点，俄罗斯民族不能迷失自己，俄罗斯永远应当是俄罗斯。

2013年2月1日，俄罗斯隆重举行庆祝斯大林格勒战役胜利70周年活动，普京在讲话中强调俄罗斯坚决反对歪曲二战历史事件，反对出于政治目的重新审视这段历史，不允许抹杀那些使世界获得解放的人所建立的功勋。而在前一天，伏尔加格勒市决定每年的6个二战纪念日期间将城市重新更名为"英雄城市斯大林格勒"。

谁有权解释历史，谁就有权阐述现在。谁掌握青年，谁就掌握未来。专家注意到，近年来以普京为首的俄政界高层参与和关心历史教学和中学历史教材问题不是偶然的。自20世纪80年代末期以来，俄罗斯社会中历史虚无主义的流毒影响甚深，至今俄罗斯社会思想政治分歧仍然严重。受近年来西化和商业化侵袭，俄罗斯学术界、教育界弥漫着浓重的"失败的情绪"，精神涣散，缺乏自信。另一方面，严肃史学被边缘化，伪科学和碎片化的"庸俗史学"盛行，社会中不乏各式的"戏说历史""歪曲历史"现象。在这种情况下,历史文化资源不仅没能成为俄罗斯民族前进的动力,反而变成了撕裂社会团结的旋涡,变成了沉重的包袱,阻碍着俄罗斯的进步。

普京成立专门政府机构、拨付巨额财政资金进行思想道德教育等做法,也遭到俄罗斯内部一些人的诟病,批评普京是在用苏联时期的"行政命令式手段",根本不能有效地教育或感化在信息时代网络条件下成长起来的青少年。另外,一些西化、自由化政治势力在西方支持下仍极力抵制俄官方修史的努力,反对普京在历史教科书等问题上的做法。

同时,也应当看到在事关重大历史问题和历史人物和评价上,以普京和梅德韦杰夫为代表的俄罗斯高层还有不少摇摆不定、模糊不清和自相矛盾之处。普京的努力寻根以及回归"沙俄历史"倾向也引起境内外的警惕,担心普京的爱国主义和保守主义会不会演变成咄咄逼人的"沙文主义"和"大俄罗斯民族主义"。可见,今后俄罗斯社会历史思想领域的探索和斗争仍会持续下去。俄罗斯何时能够走出"历史迷茫"和"思想政治陷阱",我们将继续跟踪观察。

十 美俄政治较量

2016年以来,特朗普政府受到国会中民主党团等政治势力的掣肘,恢复与俄罗斯关系的泡沫逐渐破灭。2021年拜登政府上台后,继续将俄罗斯视为主要威胁和挑战,公开鼓动乌克兰、波兰以及波罗的海三国坚决以俄罗斯为敌。2021年3月,拜登回答美国媒体记者提问时,直接将俄罗斯总统普京称为"杀手"。俄罗斯与美国两国大使先后离开回国,美国与俄罗斯的关系陷入了历史上的低谷。

冷战结束后,西方国家与俄罗斯的关系起伏跌宕,忽冷忽热。

令世人惊讶和不解的是，多年来很少见到西方主流社会和媒体如此憎恨一位外国的领袖。近些年在西方舆论中普京的政治形象被严重妖魔化。西方媒体不时杜撰和炮制诸如"普京得了不治之症""普京失踪""普京贪污数额巨大，坐拥 400 亿美元的财富"等新闻，用来丑化普京，攻击俄罗斯。2007 年左右，美国一家著名战略智库竟然公开发布研究报告，预测某年某月的某一天，正当普京走出克里姆林宫大门之际，遭到枪击，不治而亡，自此俄罗斯陷入大乱。西方舆论还热衷炒作"普京私生子""普京克格勃的经历"等素材，甚至把"俄罗斯与英国球迷冲突""俄罗斯运动员服用兴奋剂"等事件也与普京挂上钩，认为是俄罗斯政府的纵容，背后元凶是总统普京。

实际上，普京陷入西方大国政治的围攻和舆论的围剿，并非源自个人的恩怨，这乃是冷战后俄罗斯与西方关系的折射和写照。历史上的俄罗斯与西方关系充满曲折和纠葛。现如今西方世界囿于结构性矛盾和地缘利益又将俄罗斯视为最大的对手甚至是最大的敌人。俄罗斯与西方陷入了难以调和的利益之争、地位与角色之争、道路之争。

2003 年以来，西方大国拉帮结伙，一方面高举反恐大旗，发兵中东地区和阿富汗；另一方面在欧亚大陆特别是俄罗斯境内外频频策动颜色革命。2006 年以后，西方不满俄罗斯在普京治下的稳定，加大了对俄罗斯的政治攻势，他们担心俄罗斯的主权民主将对西方世界提出重大政治和思想挑战。近几年利比亚、叙利亚和乌克兰危机之后，西方大国与俄罗斯的关系陷入了历史上的低谷，甚至被西方媒体称之为"新冷战"。借乌克兰事件，西方大国发起对俄罗斯的经济制裁和外交围堵，加剧了针对俄罗斯的军事和政治对抗。有信息披露，近期西方大国政治势力和某些机构决意通过制裁，进一步遏制直至压垮俄罗斯，而扳倒普京是压垮俄罗斯或者迫使其改变政策最直接的方式。

制度较量和道路之争事关生死。多年来，西方政治精英对普京的态度和关系经历一个近乎180度的转变：猜谜—怀疑—疏远—无视—侮辱—背弃—打压—遏制—围剿。与普京上台初期渴望西方的承认和尊重背道而驰，西方某些政治势力希望置普京于死地而后快。道路关乎命运，路线关乎生死存亡。近年来普京领导的俄罗斯与西方围绕政治道路和民主问题而发生的激烈斗争，突出反映了国际政治领域思想和政治较量的险恶程度。

世纪之交，不满50岁的普京接掌俄罗斯大权。西方媒体纷纷对普京及其思想进行猜测，提出了"普京是谁"的问题。有人断言普京是"反共分子"，也有人认为他是要退回到苏联的"保守克格勃"；有人认定普京"是对俄罗斯独特道路不感兴趣的西方派、欧洲派"，也有人认为普京是"地地道道的民族主义者"；有人说普京是"自由民主派"，也有人称普京是"铁腕专制主义者"；有意见认为普京在经济上实行的是"自由主义"，也有人指责普京是恢复政府控制的国家主义者；有学者将普京比喻为"戴高乐主义"，有的则把普京与"皮诺切特"模式联系在一起；有的史学家认为普京像亚历山大三世，有的则认为普京更崇拜彼得大帝。上述言论和分析虽然有些合理成分，但形容得并不完全准确，一些标签显得牵强。于是有分析家采取了"排他法"，提出普京既不属于右派，也不属于左派，政治上非白，也非红：普京不排斥民主，但警惕自由，倾向法治；经济上欢迎市场原则，但又强调国家和控制。认定普京在政治上倾向权威主义，在经济上推崇国家主义，在思想文化和社会道德上选择保守主义，在外交政策上主张现实主义。

回顾历史，戈尔巴乔夫"民主化""新思维"式的改革不仅未能解决既有的社会弊病，反而使苏联在短短6年内便陷入全面的社会动荡与民族危机，并最终导致亡党亡国的厄运。继戈尔巴乔夫人道的、民主的社会主义改革试验失败之后,俄罗斯迎来的是叶利钦时期原始而野蛮的资本主义和"私人财阀和寡头政治"。而叶利钦近十年的"经济私有化和外交西方化"试验的结果表明,改革最终的受益方只是极少数的财阀、寡头,而绝大多数百姓只能是被愚弄和抛弃。

普京当政后,俄罗斯当局痛定思痛、改弦易辙,力图探求一条符合俄罗斯实际的"普京之路"。2003 年以后,普京坚决打击分裂势力,削弱寡头影响,整顿经济秩序,掌控大众传媒,改组权力结构,集聚社会资源,强化中央权威,力图走一条俄罗斯式的政治发展道路。

然而,以美国为首的西方国家显然不喜欢俄罗斯的特立独行甚至离经叛道。他们既害怕俄罗斯的重新"崛起",又不满俄罗斯"脱离西式自由民主模式"。因此,多年来西方政要和媒体对普京进行了连篇累牍的批判。他们指责俄罗斯政府"压制民主、控制传媒、强化警察军队等国家机器、损害人权、打压反对派、破坏司法独立、压制非政府组织、阻碍他国的民主化进程……"美国前国务卿希拉里·克林顿等公开指责普京治下的俄罗斯"在民主上退步,在恢复苏联传统,倒退回苏联"。甚至不惜给普京扣上"独裁、专制"的帽子。2006 年 7 月,随着八国峰会在圣彼得堡的召开,西方社会批判俄罗斯"压制民主"的声浪达到高潮,西方政界人物和一些主流媒体甚至公开宣称,应将俄罗斯从"八国集团"开除。

西方认为,普京加强中央集权,对新闻媒体严加管控,是在背离"市场和民主的轨道"。2005 年 7 月,欧洲议会对俄罗斯民主状况提出严厉批评,认为俄罗斯已经"很难称得上是一个民主国家"。2005 年 2 月,美国国务院表态将停止对俄罗斯经济改革的援助。相反,美国政府却计划大量增加对俄罗斯民主发展的资助,更确切说是对独立于当局的非政府组织的资助,首先资助的是反对党。美国政府声称,"俄罗斯民主和人权方面的消极趋势要求我们在 2006 年给予更多的援助……特别是对非政府组织,独立的媒体和司法机关改革的援助"。

为加强对普京政权的打压和思想攻势,美国还不时举起"自由、人权"大旗,丑化普京,进而妖魔化俄罗斯。2008 年 7 月,美国总统布什签署并公布了年度《被奴役国家》报告。报告竟然将德国法西斯主义和苏联共产主义完全相提并论,并称之为"二十世纪的罪恶事件"。

几年来,设在美国纽约的"自由之家"组织在每年发布的所谓自由民主国家"排行榜"上,多次把俄罗斯列为"非自由国家"。美国国务院在其每年发表的《推进自由和民主》报告中多次严厉批评俄罗斯"不民主"。2008 年,德国的贝塔斯曼出版集团下属的同名基金会,将俄罗斯列为世界上民主有缺陷的 10 个国家之一,民主水平排在科索沃之后。2010 年 1 月,设在美国纽约、自称非政府组织的"自由之家"又发布《世界自由国家》报告,指出俄罗斯由于迫害记者和压制人权等原因,与哈萨克斯坦、吉尔吉斯斯坦等原苏联国家仍属于不自由国家。"自由之家"的报告称,普京时期的俄罗斯选举民主水平处于自 1995 年来的最低水平。

这几年,伴随着西方政界不时鼓起的阵阵"新冷战"阴风,西方一些保守主义思潮浓厚的智库也纷纷发表报告和言论,对俄罗斯发起了一轮轮思想战和信息战。2008 年 4 月 27 日,《历史的回归与梦想的终结》一书的作者、供职于美国卡内基国际和平基金会的罗伯特·卡根在《波士顿环球报》发表题为《重新武装世界》的文章,宣扬中国、俄罗斯国家是"专制独裁制度",声称这些国家的发展是对西方世界的挑战。西方国家应当联合起来,组成"民主国家同盟"共同应对东方专制主义、市场列宁主义的复兴。

面对西方的政治压力和频频发起的"民主攻势",普京领导的俄罗斯也不甘示弱,一方面在外交场合积极对话,另一方面内部采取措施、主动应对西方民主"教师爷"的攻击。普京总统多次与布什等西方国家总统在不同的场合直接交锋。普京指出:"经常有人给我们俄罗斯上民主课。但是,那些给我们上课的人,不知出于什么原因,自己却不愿学习。"

俄罗斯专家认为,30多年来俄罗斯之所以不断遭遇如此灾难和打击,西方所谓的战略谋士以及民主化和市场化教师爷们难辞其咎。20世纪80年代和90年代,西方战略家一方面有意识地向原苏联等国家输出"软弱的自由民主思潮",另一方面却为自己保留了极端排外和富有进攻性的"保守主义"思想。而戈尔巴乔夫等人带领苏共不幸落入了西方的政治圈套,盲目进口西方的"民主价值",从而导致"民主"与"自由"的泛滥和国家的解体。

如今,痛定思痛,普京及其亲信开始批评西方大国在民主问题上推行"双重标准",认为这种以利益或关系亲疏来划分所谓"民主阵营"的做法是十分危险的。在当今世界,"民主"这个词具有双重标准:对美国人有利的一切都是"民主",对美国人不利的一切都是"独裁"。俄罗斯不能再充当西方世界的"小学生"了。俄罗斯政治精英们终于意识到,即使俄罗斯继续对西方笑脸相迎、妥协退让,西方大国也不会让俄罗斯再一次站起来,而是希望俄罗斯永远跪拜在西方脚下,进一步衰弱下去,瓦解成更小的碎片。

曾经梦想一步迈入西方式民主天堂的俄罗斯,在短暂的"自由民主之梦"后蓦然惊醒。曾经试图作为西方文明"小学生"的俄罗斯,接过了西方教师爷递过来的药方,企望通过快速而全盘的自由化、民主化、西方化、私有化,进而跻身西方文明国家之列。然而俄罗斯在付出了国家解体、民族分裂等沉重"学费"之后,并没有实现大多数人的民主,得到的却是"财阀当政和寡头式的自由"。

在俄罗斯人眼里,20世纪90年代俄罗斯政治生态是:个人专权、民主不兴、寡头政治、犯罪猖獗、黑手党为非作歹、腐败贪污盛行。对此，普京曾痛苦地回忆道，苏联解体后的 90 年代初期，西方大国认为俄罗斯也将很快不复存在。西方阵营将俄罗斯视为一个失败的国家，根本配不上西方的平等相待和尊重。

美国率领西方阵营发起的外交围剿受到了普京领导的俄罗斯的绝地反击。不畏西方霸权，勇敢地维护俄罗斯主权、安全和利益是普京政治的最大亮点，而这也是西方世界决定围剿普京的国际政治根源。这些年来，面对西方大国绕开联合国、践踏国际法、肆意武装干涉他国内政的行径，普京领导的俄罗斯善于依据国际准则，巧妙出击，勇敢回击，有效地维护了自身利益和国际公理，赢得了许多第三世界国家的赞誉。

继"阿拉伯之春"后，以美国为首的西方大国继续谋求推翻叙利亚总统巴萨尔。2013 年 9 月 12 日，普京在《纽约时报》上发表《俄罗斯恳请谨慎》一文，警告军事打击叙利亚只会带来混乱和伤亡，指出很多国家已不把美国视为民主典范，而是视为只懂得耍蛮动粗的国家，并批评了美国的"例外主义"。普京巧妙地利用美国的主流媒体发声，加倍放大了俄罗斯的声音和外交议程设置的能力，起到了"四两拨千斤"之功效。就连美英媒体也不得不承认，围绕叙利亚等问题，近两年俄罗斯在国际舆论中抢得了道德制高点。2013 年 9 月 10 日英国《每日电讯报》称，"奥巴马将世界交给了普京""唯一赢家就是普京"，美联社则评论说，"几天的外交惊人之举，普京复活了许多人以为早就过去的关于超级大国的记忆"。《洛杉矶时报》则对普京主动出击的方式表示了惊异："以前的俄罗斯国家元首从未说过这样的话。"

经过多年在政治舞台上的历练，普京在国际舞台上收放自如，纵横捭阖，成了国际政治中的"柔道高手"。用普京自己的话讲，他已经不再是刚刚步入国际舞台时，在美国前总统克林顿等国际大腕面前拘谨的"新手"。2006年，普京敢于直面美国总统小布什，有力地回击西方对俄罗斯"不民主"的指责，反击美国"滥用民主，输出动乱"。俄罗斯著名学者谢·马尔科夫认为："俄罗斯在国际社会树立了当之无愧的反对美国霸权的领导形象，这为普京赢得了对其个人及对俄罗斯国家的尊重。"普京在叙利亚冲突中态度坚决，果敢而强悍地维护国家战略利益，扮演了一个力挽狂澜的角色，发挥了"世界领袖"的作用，打破了多年来美国等西方大国在国际事务中肆意妄为、独步天下的局面，使得美国不得不坐下来听听俄罗斯的声音。

普京勇敢地反击西方大国的举动，带有一种不可动摇的自信和淡定，这让西方政客们气急败坏，却让俄罗斯人和一些发展中国家人士钦佩不已。在当今，普京无疑是世界政治舞台上最重量级的选手之一，也是大国领袖中少数几位最具权力和影响力的领导人之一。

在接管俄罗斯大权20年来，普京积蓄了丰富的国际斗争经验。在国际政治舞台上普京声东击西、长袖善舞，时而铁腕，时而温情，善于出奇制胜。他以其鲜明性格和独具魅力的领导风格征服了俄罗斯，也常常成为世界舆论的聚焦点。无论是处理斯诺登事件，还是出兵解决叙利亚危机，普京高超的外交手腕大大提升了俄罗斯国际影响力，有力地冲击了西方阵营的道德神坛与话语权，提高了俄罗斯国际上尤其是在非西方世界的威望。在当今的国际赛场上，虽然俄罗斯队的综合实力已大不如原苏联，但他的总领队兼主教练——普京却魅力超群，足智多谋。凭借普京出神入化的指挥，俄罗斯代表队敏锐而机智地找准西方对手的软肋和破绽，勇敢地反击，赢得了国际赛场上观众的掌声与喝彩。

十一 道路决定成败

30年前，苏联和东欧国家相继发生了一系列政治突变。这些突变直接导致共产党下台、国家政权更迭、发展道路改弦易辙、社会制度改变颜色。苏共垮台、东欧社会主义阵营的瓦解，给国际共产主义运动带来了严重挫折，使得世界社会主义运动陷入低潮。

多年前，由意识形态同源、政治经济文化制度相同、历史经历相近的共产主义大党执政的中苏两国，为什么选择了截然相反的道路？如今，一个在世界东方巍然屹立；一个业已分崩离析。

是什么原因导致苏共走向瓦解？苏联瓦解后，俄罗斯选择了一条什么道路？30年来在风云变幻的国际背景下，俄罗斯内政外交又是如何跌宕起伏的？在原苏联大地上新生的俄罗斯社会发生了哪些深刻的变化？面对俄罗斯步入衰落的历史境遇，新世纪开启后，普京又是如何披荆斩棘、以非凡的胆识和超常的洞察力带领俄罗斯勇敢地迎接挑战、走出困境的？

（一）道路决定成败

研究苏共败亡和苏联瓦解既是一项严肃的、跨学科的学术课题，也是一项政治性和思想性很强的研究项目。苏联解体和东欧剧变30年来，国内外政治界、学术界对苏共亡党、苏联解体的原因进行了大量的探讨和研究，角度和方法不同、结论各异、众说纷纭。对于苏联解体的原因，国内外学者先后总结出了50多种，如"体制僵化说""经济落后说""民族矛盾说"等。实际上苏联解体和东欧剧变不仅指通常意义上的统一多民族国家的瓦解、社会主义阵营的垮塌，还包含了社会制度改变颜色、道路改弦易辙、共产党的衰亡、国家政权更迭等含义。由此看来，因素复杂而繁多，可以罗列出政治性、经济性、社会的、思想的、历史的、现实的、军事的、民族的、体制性、主观性以及内部和外部等诸多因素。

苏共兴衰史始终是一面很好的"镜子",应时刻对照检查,引以为鉴。苏共有光荣的革命历史,苏联在抗击法西斯侵略和社会主义建设中取得过辉煌成就。但有着光荣传统和顶着金色光环的苏共在成立90多年、执政70多年之后,却彻底失去了政权,遭受了惨败。有人形象地讲,苏联共产党在拥有20万党员的时候夺取了政权,在拥有200万党员的时候打败了凶悍的德国法西斯,却在拥有近2000万党员的时候丢掉了政权、致使大国分崩离析。这一结果令人唏嘘不已,其中原因令人深思。

进入20世纪80年代后,面对经济社会发展的困境,苏联和东欧国家也想进行一些调整,但在西方等各种势力强大攻势下,这种调整偏离了正确方向。历史和现实的原因交织,推波助澜,终于导致1989年东欧国家先后发生剧变,1991年苏联解体、苏共解散,世界社会主义遭受重大挫折。

(二) 思想决定方向,方向决定命运

习近平总书记指出,苏联为什么解体?苏共为什么垮台?一个重要原因就是意识形态领域的斗争十分激烈,全面否定苏联历史、苏共历史,否定列宁,否定斯大林,搞历史虚无主义,思想搞乱了,各级党组织几乎没任何作用了,军队都不在党的领导之下了。最后,苏联共产党偌大一个党作鸟兽散,苏联偌大一个社会主义国家就分崩离析了。

意识形态指的是代表社会中统治阶级根本利益的信仰和一整套思想观念体系。它体现为人们对所在世界和社会的系统看法、见解、信仰、追求,对哲学、政治学、社会学、新闻学、法学、史学、宗教学、伦理学等学科的思考。意识形态工作就是以主导思想

观念体系为基础而进行的宣传、解释、研究、传播、教育等活动，通常涉及理论研究、文化艺术、宣传鼓动、政治教育、大众传媒等众多领域。

在阶级社会里，意识形态领域历来是各种政治势力争夺和较量的战场。在意识形态领域，无产阶级政党不去占领，甚至拱手让与他人，无异于思想上自动解除武装，无异于政治上的投降。

意识形态工作关乎旗帜、关乎道路、关乎政治安全。党的十八大以来，习近平总书记对意识形态工作做出了一系列重要论述。2013年8月19日，习近平总书记在全国宣传思想工作会议上指出，经济建设是党的中心工作，意识形态工作是党的一项极端重要的工作。历史和现实反复证明，能否做好意识形态工作，事关党的前途命运，事关国家长治久安，事关民族凝聚力和向心力。

与某些资产阶级政党蓄意隐瞒或模糊意识形态工作不同，无产阶级政党始终鲜明地重视思想理论建设，关注政治教育工作，时时刻刻防御西方敌对势力的"心理战"和"信息战"。

在长期党建和执政过程中，苏共在意识形态领域的工作起初形成了一些经验，但在末期却犯了严重的错误。在74年执政的中后期，苏共意识形态工作由教条、保守、僵化演变成意识形态自由化、多元化、西化等，脱离、背离、背叛了马克思主义的基本原理，造成党员信仰丧失、思想分裂，成为失魂落魄的泥足巨人。思想方向上摇摆不定，社会随之成了一盘散沙。面对内外敌对思潮的侵袭，苏共毫无还手之力，最终被送进了火葬场。因此，研究苏共败亡和苏联解体的思想根源和舆论原因，有助于科学地总结苏共在意识形态工作中的失误和教训。

俄罗斯有句谚语，鱼从头上开始烂。而苏共蜕变正是先从党内高层开始的，苏共高层的蜕变又是以思想理论的蜕变为先导。

党的理论正确和牢固与否，直接关系着党的兴衰存亡和国家的前途命运。第一个社会主义国家苏联之所以会解体，具有光荣斗争历史的苏联共产党之所以会失去政权并顷刻瓦解，原因是多方面的，其中很重要的一条就是理论上、政治上出了问题。从赫鲁晓夫背弃、抛弃斯大林，到戈尔巴乔夫公开背叛马克思列宁主义，前后经过30多年，指导思想上的多元化导致党内思想混乱，思想政治被彻底解除武装。苏联共产党从思想涣散走到组织瓦解，教训是很深刻的。今天，研究和反思苏共垮台的惊心动魄的历史事件，我们认为，苏联剧变关键在苏共，而导致苏共蜕变的关键问题又出在苏共内部。

（三）坚强的政治领导是关键，党的正确而坚强的领导是社会主义事业之基

党的领导是社会主义事业之基。党的领导关键是确立正确的路线与方向。路线是纲，纲举目张。党的正确领导是社会主义建设与改革成败的关键。

苏联的问题关键在党，关键在路线，关键在党的最高领导集体，关键在思想理论武装。思想理论于党，就像无精气神于人。生命后期失去了精气神的苏联共产党犹如失魂落魄的泥足巨人，土崩瓦解，轰然倒下。

在戈尔巴乔夫担任总书记的6年多时间里，推行了一条"由削弱到放弃苏共领导地位"的错误路线。戈尔巴乔夫通过修改苏联宪法，取消了关于苏共作为领导核心的规定，盲目推行西式的多党制和三权分立，削弱了国家力量，搞乱了社会，结果导致地区分离主义和民族分裂势力甚嚣尘上。苏共在境内外反共势力的合力进攻下被攻击、被瓦解、被摧毁。苏共作为国家政权的核心，作为凝聚苏联各民族的政治领导核心被动摇了、被打垮了、被推翻了，完整的苏联被瓦解也就不可避免。一句话，没有党的正确领导，就没有苏

联，也就没有社会主义事业。

苏共的失败不是发生在战争中，而是在和平的条件下发生的；苏东国家共产党自己培养了"掘墓人"并将党推进了"火葬场"。正是苏共后期高层领导人在思想上的背弃、在路线上的背离、在政治上的背叛导致苏共的败亡。

前车之鉴，应引以为戒。坚持党的领导必须高度重视无产阶级事业接班人的问题，使党的最高领导权始终掌握在忠诚于马克思主义、忠于党、忠于国家和民族的人的手里。必须制定正确的组织路线，高度重视培养党的事业接班人，必须坚持党的民主集中制，加强对各级权力机关的监督。

第三章

国际视野中的民主观与政治路

一 何谓民主？民主何为？

民主是人类社会共同的价值追求，是人类文明发展进步的重要标志。

在世界各国，民主是历史的、具体的、发展的、多样的，根植于不同的历史文化传统，得益于本国人民的政治创造，是各国多样政治文明的结晶。

冷战结束30年来，"民主"一直是国际政治中的热门话题，吸引着世界各国政治学者的关注与讨论。民主问题既熟悉、又模糊，既明确、又混乱。在西方，凭借对"民主"话语的垄断，西方战略家将其包装成全人类的"普世价值"和全球性政治标准。"民主"成为西方通过"软实力"影响他国的"利器"。例如，西方世界众多的民主教科书都这样写道：评价一个国家政局的好坏，就是看这个国家是否有符合西方标准的民主制度，而西方民主标准则是放之四海而皆准的"政治铁律"。然而，随着美国对外"推销民主"战略的受挫，"颜色革命"泛起的"民主"泡沫一个个破灭，一些新兴"民主国家"陷入治理混乱，人们开始对民主问题以及以西方自由民主模式为标准观察衡量世界的思维模式进行反思。

国际金融危机之后出现的政治对抗、金钱政治、决策不畅等政治颓势使得西方制度的政治能力和民主成色大打折扣。2012年4月22日，美国著名专栏评论家托马斯·弗里德曼在美国《纽约时报》发表了题为《打倒一切》的文章指出，诸多因素导致整个美国政治体制陷入瘫痪……美国的政治分歧变得比以往任何时候都更为恶劣。他引用福山的观点说明，美国从一个民主政体变成了一个"否决政体"。哈佛大学教授、历史学家尼尔·弗格森在《大退化》一书中也认为，西方社会赖以运转的制度架构存在严重问题，西方需要对其制度构架提出深层次的质疑。

哥伦比亚大学的诺贝尔经济学奖得主J. 施蒂格利茨认为，20世纪90年代初以来的一个重大变化就是人们认识到了民主的复杂性和局限性。哈佛大学商学院经济学家B. 斯科特也说，那种将"有了宪法和选举就有了民主"的美国经验加以推广的做法是"非常愚蠢的"。①

多年来西方主流社会思潮认定，西式的竞争民主和自由市场模式是普世的、永恒的，是全人类的"幸福归宿"。20世纪很长一个时期内，西方社会笃信存在一个永恒的、掌握了人类社会真理的"政治西方"。这个"政治西方"受到上帝的垂青，负有拯救世界的历史使命。"西方国家是民主的""民主属于西方国家""西方民主制度是普世的"等论调，像"圣经"一样被写进政治学教科书，回响在各种讲坛。

几十年来，在塑造西方民主理论霸权和民主政治魔方中，西方民主理论家功不可没。民主被泛化、普遍化、神圣化、宗教化、教条化、工具化、功利化、标签化。为配合西方政要输出民主，西方政治谋士还将民主碎片化、模块化、程式化。西式民主成了绝对

---

① 转引自《"民主与资本主义同步"理论发生动摇》，http://www.qianyan.org.cn/show_m.asp?id=410。

的、唯一的标准或准则。①

什么是民主？如何发展和实现民主？如何避免"劣质民主"，防止"民主赤字"？什么是正确的民主发展观？世界各国政治发展与民主化的前景如何？西方某些国家强行推销的"民主化"暗含哪些危险，提出哪些思想挑战？这些都需要我们以马克思主义的立场和方法来分析、回答。

1. 不应抽象和孤立地研究民主，而应注重分析和研究其历史性和实践性

应探寻民主的实践定义，以国际视野比较民主的实践轨迹。多年来，民主问题的研究吸引了政治理论、政治哲学、历史和社会学等领域众多研究者的参与。探讨民主概念和理论的论著层出不穷，围绕民主概念的认识分野甚至要超过对"市场""自由"等问题的争论。当然，不可否认，对民主的研究差异和观点分歧，也反映了研究者不同的政治立场和思想差异。但是，无论如何，局限于从概念和借助西方民主教科书来阐释民主，在今天已无助于民主政治研究的深化。

为避免陷入民主概念和理论的纷争，应当将研究的重点由民主的一般性、概念性或规范性研究转到对民主的实证性、国际性的比较研究上来。应结合冷战后国际政治领域中的一些鲜活的例证，分析一些国家在民主化进程中的成败得失。以国际的视野和发展的框架，来探讨民主化的理论逻辑、实践顺序和成长条件。要认清"民主万能论""民主速成论""民主不战论""民主和平论""民主同盟""自由之弧""民主至上论""民主救世说""西方民主普世说"等说教的政治本质，坚持政治性与科学性的统一。面对民主问题上的迷思和争论，要进一步树立正确的民主观。

---

① 张树华：《冷战后西方民主与民主化研究：理论困境与现实悖论》，《红旗文稿》2011 年第 11 期；《民主的国际化：理论迷思与现实悖论》，《国外社会科学》2011 年第 4 期。

民主是成长的、多样的、具体的、现实的、历史的。当前，欧美债务危机进一步暴露了"西式民主"的缺陷，国际思想界开始将视角转向政治制度与政治模式的比较与适应。在未来政治选择与国家发展中需要转变"话语范式"。要勇于"超越一般民主"，善于"驾驭民主化"，实现综合的、全面的、协调的政治发展观。

2. 应关注民主化进程的国际环境及国际经验教训，勇于超越西式民主理论，学会驾驭民主化进程

要避免抽象和孤立地研究民主问题，勇于跳出西式"民主—专制"单一的、线性的、两极化的思维模式的误区。应当看到，当今世界上民主的理论与实施均是由西方大国主导的。而西方大国主流的民主理论和民主化策略又是主要针对社会主义国家和其他发展中国家提出来的。这些也构成了西方对外战略的重要组成部分。从国际角度研究民主问题，首先要关注西方民主理论的演变。同时，也要着力比较分析美国、欧洲这两个主要"民主推手"的战略意图和策略差异。通过比较国际上多数国家的政治发展和民主化的实践、政治兴衰的经验和教训，发现民主发展的内在逻辑和规律。

3. 应注重研究民主的成长性和发展的包容性

冷战后，民主的潮起潮落以及近几年围绕东西方发展模式优劣的辩论表明，民主进程是政治发展进程的组成部分，民主并不是唯一的、终极的，用民主概念并不能解释一切。研究中东和拉美等第三世界地区的民主化历程会发现，一个国家需要的政治发展方式、发展道路、发展价值和目标，在社会发展的不同阶段是不同的。不同的国家战略和民族目标任务决定了这个国家特定时期的政治主题和政治方式。与政治发展一样，民主有着特定的发展顺序、速度和方式。民主有其成长的环境、条件、土壤、文化、成本与质量。民主进程要统一于政治发展的总目标，要与经济建设、社会建设、文化建设、法治建设等进程相协调。与单一的民主概念相比，政治发

展的内涵更为丰富、更为具体、更为多彩，也更为广泛。

4. 应关注中国发展的政治经验，树立正确的民主观

世界历史经验表明，每个国家的民主都应符合本国特定的历史文化传统和现实条件，发展民主应当因地制宜，外部强加和全盘照搬往往得不偿失。要深入剖析西方推广民主背后的地缘战略意图，深入总结俄罗斯等后社会主义国家在民主化问题上的教训，努力摆脱西方在民主、人权领域的话语禁锢。要破解西方强加的"极权""专制""不民主"等概念陷阱，努力提炼和归纳中国的政治经验和理论价值，增强政治自信和理论说服力。

二　民主的艰辛与神话的破灭

20世纪90年代以来，对俄罗斯政治领域的研究成为俄罗斯国内、中国学术界以及西方学者共同关心的热门课题。由于研究者分析角度不同，加上世界观和方法论上的差异，得出的结论也自然不同。西方学者，特别是一些研究一般政治发展和民主理论的政治学家习惯从"民主化"的角度观察俄罗斯政治。他们断定，苏联的解体、苏共的解散意味着俄罗斯民主时代的来临，从而与其他国家一起汇成了20世纪末的"第三波"民主化浪潮。[①] 一些西方学者为此欣喜若狂，他们认为，这可谓是"不战而胜"，意味着"共产主义的覆灭和民主化第三波的兴起"，是所谓"意识形态的终结，也是历史的终结点"，[②] 等等。

然而好景不长，90年代中期俄罗斯政局出现多次反复，腐败、暴力等现象不断，这些习惯以"民主样板"衡量或诠释他国现实的

---

① 参见［美］塞缪尔·亨廷顿《第三波——20世纪末的民主化浪潮》，上海三联书店1998年版，第13—26页。

② 参见［美］弗兰西斯·福山《历史的终结》，远方出版社1998年版。

西方政治学家显得十分沮丧，他们对俄罗斯的态度也180度地大转弯，由原来的欣喜变成现在的指责或咒骂。面对俄罗斯的政治现实，他们使用的民主理论框架又一次落入了尴尬的窘境：他们不能解释，俄罗斯民主化的落潮是民主的短命，还是有悖逻辑和现实的一次"泡沫"？近几年俄罗斯社会中左翼力量复兴以及普京总统整顿国内秩序的努力，使得西方主流社会惊惶失措，他们一方面叫嚷"俄罗斯民主的夭亡和专制的降临"，另一方面认定，俄罗斯既没有建成真正的市场经济，又没有出现真正的西方民主制度。90年代末以来，批判俄罗斯的文章比比皆是，用俄罗斯学者的话说，"西方只有懒汉才不骂俄罗斯"。[①]

我们看到，西方来自右派或左派的理论家对俄罗斯的赞美或批判，大多是带着强烈的意识形态眼镜，缺少深刻的现实分析。研究一般宏观问题的西方经济学家和政治学家习惯于宣传或推广抽象的"市场和民主"模式，而模式移植失败后，他们便开始口诛笔伐。

应当说，俄罗斯20世纪90年代末10年的政治现实是我们观察的第一手材料，特别是应当借鉴俄罗斯政治学者对俄罗斯政治转轨的分析和论述。但是在俄罗斯社会政治斗争十分激烈的条件下，一些研究者的意识形态和阶级立场存在较大的差异，所以很难形成科学的共识，对现实政治评价常常大相径庭。

与国外学者常陷于政治斗争而不能自拔相比，中国学者则是利用俄罗斯10年政治转轨过程中涌现出的大量资料和事实，对一些政治理论和概念，特别是如"民主化"等国际上争论不休的政治问题进行了深入思考。

---

① ［俄］阿弗·卢金：《民主化还是帮派化？——西方学者对俄罗斯变革观点的演化》，［俄］《政治学研究》杂志2000年第3期，第61页。

(一) 俄罗斯是民主社会吗?

1989年以后,一场席卷原苏联及东欧各国的"民主化"浪潮不仅为这些国家的理论界和学术界所始料不及,就连一直观察和鼓吹推行"全球民主化"的西方政治学家也感到意外和惊讶。

苏联解体、东欧剧变后,总部设在纽约的"自由之家"组织急忙出版年度报告,宣称世界上"民主国家"的数目已由1972年的42个变为1991年的75个,①生活在"自由国家"的人口占全人类的39%。然而时不过两年,正是这个组织在1993年以《民主在退却》为题,不得不承认世界上"民主国家"的数目在减少,生活在所谓"自由国家"的人数也只占世界总人口的19%。1993年12月,西方著名政治学家、美国哈佛大学教授塞缪尔·亨廷顿在西班牙首都马德里发表了一次题为《民主发展的前景:由扩张到巩固》的演讲,坦言"已经很难将高加索地区的原苏联共和国和信奉伊斯兰教的中亚国家列入民主国家之列"。不仅如此,他认为,俄罗斯社会的民主前景也不令人乐观。这位近年来以"文明的冲突""第三波"等论点闻名于世的西方学者接着强调,鉴于经济和社会文化等方面的种种困扰,信仰天主教或基督教的波罗的海国家和其他东欧国家的民主也处于"危险"之境地。②

在俄罗斯,由于近几年来政局跌宕、冲突不断、官员贪污盛行,再加上经济困难和社会治安混乱,人们开始怀疑"民主派"宣称的"民主制度"的真实性,怀疑西方式"民主"能否解决摆在俄罗斯社会面前的众多难题。经历了短暂的民主之梦后,俄罗斯大多数百姓发现,在经济和政治上实行"休克疗法"后,俄罗斯社会

---

① 参见[美]塞缪尔·亨廷顿《第三波——20世纪末的民主化浪潮》,上海三联书店1998年版,第13—26页。

② 参见[美]塞缪尔·亨廷顿《民主的未来:由扩张到整合》,[俄]《世界经济与国际关系》杂志1995年第6期,第88—89页。

正陷入各种危机之中，一些领域甚至濒于灾难的境地。经济多年严重倒退，民主政治神话已经破灭。俄罗斯大量社会舆论调查结果显示，俄罗斯居民中认为"俄罗斯是民主社会"的比例越来越小。1996年，60%的俄罗斯人认为，民主化在俄罗斯遭受了失败，50%的人拒绝将俄罗斯社会称为"民主社会"，同时一半以上的人不承认掌权者为"民主派"。① 60%—73%的俄罗斯人认为，当今俄罗斯政治制度是非民主制度；俄罗斯需要民主，但掌权者破坏了民主的声誉；当今民主政权与维护真正的劳动者的权利民主无任何共同之处。一项国际性的社会调查表明，与西方社会通常是50%的民主满意度相比，俄罗斯人对民主进程的满意度逐年下降。1991年11月对民主的满意度为15%，5年过去后，到1996年11月该项指标下降为8%。而不满意的比例超过80%。②

（二）为什么民主在俄罗斯如此"短命"？

苏共下台后，新的民主俄罗斯存在两年之后，西方和俄罗斯社会多数人开始认为，俄罗斯的民主化浪潮已经退却，俄罗斯社会并未变成民主社会。为什么民主在俄罗斯是如此的"短命"？为什么民主化在俄罗斯遭受失败？许多政治家、学者对此进行了分析，只是分析的角度有所不同。

1. 有专家从叶利钦的个人禀性分析，认为叶利钦并不是一个民主主义者

一些分析者在对叶利钦进行10年的跟踪研究后，得出结论，认为叶利钦除具有一些模糊的改革的直觉外，更多追求的是权力。在一些人看来，叶利钦是对苏共旧体制和官僚治理方式的反叛，实

---

① ［俄］弗·瓦·拉普金、弗·伊·潘金：《当代俄罗斯政治定向和政治制度：相互演化的问题》，［俄］《政治学研究》杂志1999年第6期，第74页。

② Central and Eastern Eurobarometer (January 1992, February 1993, Autumn 1994, March 1997).

际的思想意识和后来的执政方式与民主思想相距甚远。他对民主、市场、改革的理解都是限于直觉的感受,如"美国的 200 年民主制度""休斯敦的超级市场中数不清的各种香肠",① 或是少壮派经济学家的满腹经纶和侃侃而谈,而缺少对整个社会过渡过程的布局谋略。

俄罗斯许多人认为,叶利钦心目中只有"权力",叶利钦的前新闻发言人科斯济科夫写道,权力是他的生活、是他的生命、是他的思想、是他的一切。叶利钦自己的传记《总统马拉松》(又译《午夜日记》)中也承认,他之所以要撤换总检察长是因为"在俄罗斯谁也不能使他按照别人的规则去行动"。

当然,也有人认为,对叶利钦的评价应五五开。叶利钦既有维护权力的愿望,也有推进改革的考虑。在问道"叶利钦是想为俄罗斯做些什么,还是出于夺取政权,报复那些侮辱他、撤他职务人的欲望"时,叶利钦的原宠臣、首任俄罗斯外交部长安·科济列夫说:"两者都有……当然,叶利钦不是萨哈罗夫。他从来不是百分之百或者百分之九十的民主派改革者,但认为他是贪权者也是不公平的。"② 1993 年的十月冲突给俄罗斯民主笼罩上了"阴影"。叶利钦总统在又一次生死的交锋中获得了新生。新宪法确立了总统至高无上的权威,俄罗斯成为总统制国家,议会的权力被大大削弱。1994 年以来,人们发现,连续几年致议会的"总统咨文"风格改变了。最初"反专制""反特权"的口号,换成了维护"总统的权威""国家的秩序"。俄罗斯报刊提出,这是为改革的形势所迫,还是意味着总统政治思想彻底转变?叶利钦在 1994 年的新年致辞中说:"俄罗斯一定要强大。要有一个强大的俄罗斯,你们需要一

---

① [俄]列·姆列钦:《权力的公式——从叶利钦到普京》,徐葵等译,新华出版社 2001 年版,第 191—192 页。
② [俄]列·姆列钦:《权力的公式——从叶利钦到普京》,徐葵等译,新华出版社 2001 年版,第 336 页。

位强有力的总统。"在俄罗斯，经常有人将叶利钦称作"鲍里斯沙皇"。叶利钦也乐此不疲，对年轻的内阁成员常以父辈自居，希望从中看到自己的"接班人"。涅姆佐夫认为，"俄罗斯并不是一个现代民主社会，而更像是一个旧式的君主专制国家"。

2. 从俄罗斯宪法制度上分析俄罗斯民主退潮的原因

一些学者从俄罗斯政治制度，包括总统制、选举制度、政党制度、新闻媒体等方面分析，认为俄罗斯并未成为民主国家。

首先是俄罗斯"超级总统制"制约了民主的发展，叶利钦的独断专行又使"总统集权制"的弊端暴露无遗。

1993年12月的俄罗斯宪法确立了"强总统"和"弱议会"的政坛格局。在世界上，法国和美国是两个富有代表性的总统制国家。但按照俄罗斯宪法，俄罗斯总统掌握的权力比法国或美国的总统更大。

俄罗斯总统是国家元首和军队最高统帅。他主持召开政府会议，实质是领导着政府工作。他可以对外宣战，并且只要将他的决定通知了议会，议会便不能否决。而在美国，是由国会正式对外宣战。俄罗斯总统直接领导外交部和国防部，而不必通过总理。俄罗斯总统制定国家的外交和国防政策，这一点与法国总统一样，而美国总统在这方面要显得"逊色"。几个重要的政府强力部门，如国防、安全、内务、外交都直接接受总统的领导，而不是向总理汇报工作。

在俄罗斯，由总统提名总理人选，如果议会连续三次否决提名，总统有权解散议会，重新组织议会大选。法国总统拥有与之相当的权力，而美国总统则不能解散国会。像法国一样，俄罗斯总理负责任命部长，但实际上，总统可以自己改组政府。他还可以不经议会同意便解散政府。总统还可以宣布进入紧急状态和发布戒严令，只需经议会上院批准即可。在所有这些情况下，议会只能批准总统的决定。总统颁布的"总统令"同样具有法律效力。唯一弹劾总统的办法是指控他叛国或严重犯罪。但至少要有 1/3 的下院议员提出动议，并要获得 2/3 的多数，指控才能成立。即使如此，还必须得到最高法院的核准。按照俄罗斯新宪法，要弹劾总统是十分困难的，为保证叶利钦总统职位不受挑战，特别取消了"副总统"职位。

其次，有一种意见认为，1993 年俄罗斯宪法以及当今的俄罗斯政治框架，是当时专门为叶利钦总统量身定做的，与西方民主的"三权分立"原则相差甚远。议会无法监督总统，甚至对政府的约束也只限于批准预算。宪法法院、最高法院、仲裁法院的法官由总统建议，而其他联邦法官则由总统任命。总统机构还控制着包括上述三法院、议会的财权和物权。①

再次，俄罗斯选举制度很不完善。应当说，作为民主重要形式的选举制度在俄罗斯得到大力推行，俄罗斯全民投票直接选举总统和议会的做法甚至超过西方。但是，俄罗斯学者认为，选举是必要的，但并非是民主的充分条件，何况俄罗斯选举制度已经暴露不少弊端。

自由选举并非是建立民主社会的充分条件，更不是过渡时期决定社会发展方向的最佳方式。在西方国家，各政党之间的竞选纲领中很难发现有原则上的差别，不同之处往往集中在税收政策、就业政策等方面，其影响和实际执行的结果是普通选民可以感受到或预见到的。

然而，在原苏联及东欧国家的剧变过程中，全民选举犹如一场"政治赌博"，公民投票时就像是在下"赌注"，一些党派和政治领袖往往不吝许诺，让普通选民在政治制度、社会发展方向等问题上进行选择。其选择的结果不仅普通百姓无法预料，而且连政治家也

---

① ［俄］维·维·斯米尔诺夫：《21 世纪门槛上的俄罗斯政治体制》，［俄］《权力》杂志 2000 年第 2 期，第 16—17 页。

"心中无数"。因此，选民谈不上真正意义上的选择，投票时只能凭靠自己的情感和直觉。俄罗斯报刊称之为"没有选择的选举"，是在下"政治赌注"。在原苏联的一些加盟共和国，选举类似赌博的例子很多。20世纪90年代初，高加索地区有的政治家先以98%的得票率当选为全民总统，一年之后又被95%的人赶出首都，死无葬身之处。而中亚一些国家则出现民主选举的"终身总统"，或总是赢得大选的"国父总统"等。西方学者指出，很难将类似的"选举"与民主联系起来。

实际选举过程中也暴露出不少问题。俄罗斯10年来各类选举中，金钱政治、灰色政治交易、收买选票等现象此起彼伏，各种信息战从未间断。往往是谁掌握舆论、谁动用权力和金钱的能力越大，赢得选举的机会就越多。

最后，俄罗斯推行的多党制也遇到不少问题。俄罗斯学者指出，俄罗斯、东欧各国一夜之间出现的各种政党大多数缺乏社会基础，有的"名不副实"，只是少数政治家的一个招牌。这类以少数政治领袖为中心的党派，常常被称为是"沙发党""口袋党"。俄罗斯政党林林总总，正式注册的就有250多个，但多数政党并无社会基础，也很难代表居民的利益。

由于缺乏公民社会的基础，加上现行政治体制的限制，俄罗斯的政党作用有限。即使是几个有影响的政党也只是在议会选举时才发挥有限作用。俄罗斯总统选举的提名除政党外，也可由征集百万人签名或设立临时的选举联盟完成。平时政党发挥作用常常局限于杜马论坛，政党对政策的影响甚至不如非正式的帮派和寡头。"亚勃卢"党主席亚夫林斯基称俄罗斯是"寡头的民主"，是"寡头资本主义"。

3. 换汤不换药，民主化后俄罗斯执政精英层变化甚微

20世纪90年代以来的俄罗斯政治转轨主要是围绕政治上层进

行的,除一些虚幻的民主幻想外,大多数居民基本没有参与政治进程。新政权中占多数的仍是旧时的权贵,这也促使人们对俄罗斯的民主持怀疑态度。伴随着苏共的下台,俄罗斯政治发生了制度性的根本变化。按照政治的一般规律,社会精英阶层也应随之彻底更新。然而社会的改朝换代、政治更替并未导致政治精英的大换血,苏共老权贵也未受到很大的冲击。俄罗斯政治制度改变后,真正掌权的政治精英大多数仍是苏共时期的老权贵。20 世纪 90 年代中期,俄罗斯科学院社会学研究所的调查结果表明,俄罗斯社会中自上而下的当权者,60% 以上的是改变了某种旗号的旧权贵。老权贵在地方政权中所占的比例更高,达 80% 以上。

1991 年,"民主派"轻而易举地取得权力,只不过是打着"民主、自由、市场"招牌的反共主义的胜利。俄罗斯一些民主派所宣称的"自由民主"既不同于西方古典的自由主义,更有别于现代意义上的自由主义。俄罗斯《社会科学与现时代》杂志主编弗·索戈林教授指出,"民主派"只不过是利用西方社会作为样板,玩"自由牌",他们关于民主以及市场的主张是对自由主义理论的简单化。

现实生活中的政治混乱,尤其是 1993 年 10 月的炮击议会事件,打碎了俄罗斯人心中的民主之梦。到 1995 年底,相信俄罗斯建立了西方式的民主制度的居民由 1991 年的 96% 降至 25%。借助自由民主的旗号上台的政治精英,不但在政治上掌握了比原共产党更大的权力,而且又从私有化和经济改革中捞取了更大的经济好处,及时地将权力转化为资本,并使其合法化。而社会中绝大多数居民认为,普通居民的民主权利和社会福利得不到应有的保障,居民对政权机关的信任程度大幅度下降。

4. 从俄罗斯历史文化的深处寻找答案

许多人都谈到俄罗斯文化具有鲜明的两重性,并且常常引证俄国思想家尼·别尔嘉耶夫那段著名的论断:"俄罗斯民族是最两极化的民族，它是对立面的融合……在俄罗斯人身上可以发现矛盾的特征：专制主义、国家至上和无政府主义、自由放任；残忍、倾向暴力和善良、人道、柔顺；信守宗教仪式和追求真理；个人主义、强烈的个人意识和无个性的集体主义；民族主义、自吹自擂和救世主义、全人类性……奴隶主义和造反行动。"① 俄罗斯文化中缺乏理性，过于情绪化。俄罗斯文化感情丰富，另一方面，缺少法治观念和所有权意识，喜欢走极端。曾有人提出，俄国人没有耐心的力量，使俄罗斯不能经历酝酿过程，不能享受缓慢和自然的文化带来的益处。1913 年捷克人马萨里克写道：与其说俄罗斯人倾向民主，不如说更醉心于革命。

俄罗斯文化中崇尚道德与精神。常常遁入理想以寻求精神上的满足。俄罗斯人不是以因果逻辑去判断事件，而是通过"诺言"和"拯救"的道德——宗教前景来感受。② 曾支持民主许诺、抛弃苏共专制的俄罗斯人，幻想的是道德公正，沉醉于宗教上的"惩罚"与"报应"，认定"善"将代替"恶"。

19 世纪的俄国思想家别林斯基描述得十分精辟：一个自由后的俄国知识分子不是去国会，而是赶紧去酒馆，砸碎玻璃，然后把上等人绞死。

（三）民主是政治标签？还是实质内容？

俄罗斯居民对这种"换汤不换药""新瓶装旧酒"的政治变革迅速感到厌倦。俄罗斯选民之所以企望西方民主制度，是因为他们常常将"民主与生活富足"联系起来，可是，现实生活却打破了他们的幻想。俄罗斯历史学家写道："俄罗斯人在共产党时期不好过，

---

① ［俄］尼·别尔嘉耶夫：《俄罗斯思想：十九世纪末至二十世纪初的俄罗斯思想的主要问题》，生活·读书·新知三联书店 1995 年版，第 2—3 页。

② ［俄］А. А. 卡拉－姆尔扎、А. С. 帕纳林、И. К. 潘金：《当代俄罗斯的精神和意识形态状况：发展的前景》，［俄］《政治学研究》杂志 1995 年第 4 期，第 7 页。

以为在民主下将会好些。然而事情并非如此。虽然自由多了些,但生活却更困难了。"① 20世纪90年代中期以后,对过度自由化已经感到厌倦的俄罗斯选民已经开始企望秩序和稳定。

1. 民主问题上的误区

20世纪90年代俄罗斯民主化浪潮潮起潮落,来去匆匆,足以令世人反思与感叹。俄罗斯选民由"渴望民主"变为"厌倦民主",后来又变为"拒绝民主"也不过是几年的时间。②

现在已经很少有研究者使用民主框架去解释俄罗斯现实,在俄罗斯社会中,民主派的光环早已经成了不加引号的骂人话。③

联系俄罗斯政治转轨,我们发现,无论是西方社会,还是在俄罗斯,对民主的认识曾存在着以下几个误区:

第一,将民主概念"意识形态化",将民主与反共主义、民族主义等同起来。认为反共、瓦解苏联帝国即意味着民主。西方主流学者曾鼓吹,在共产主义壁垒的苏联社会实施广泛的民主化是唯一合乎逻辑的正确道路。

第二,将民主化进程与现行的西方政治体制等同起来。将西方政治形式理想化、模式化、概念化、绝对化。将西方的物质上富裕与民主等同起来。

第三,过分强调民主的普遍性、单一性,忽视民主的现实性、多样性、阶段性。

第四,将民主化与市场化和改革派等同起来。认为支持市场化

---

① [俄]列·姆列钦:《权力的公式——从叶利钦到普京》,徐葵等译,新华出版社2001年版,第369页。

② 近年来有大量俄罗斯舆论调查材料表明,俄罗斯人对民主表示失望,渴望秩序,甚至为恢复秩序不惜任何代价。一项调查显示,48%的俄罗斯人拒绝民主(参见[俄]鲍·尼·卡什尼科夫《作为俄罗斯困难命运的民主》,[俄]《社会科学与现时代》杂志1996年第2期,第43页)。

③ [意]朱利叶托·基耶萨:《别了,俄罗斯!》,徐葵等译,新华出版社2000年版,第73页。

的改革派即是民主派。将民主化与个别领袖人物联系起来。①

第五，将民主抽象化。② 用抽象的民主概念去圈定转轨中的俄罗斯社会。以定性分析代替定量、特性和实际进程分析，如政治满意度分析、冲突分析、精英分析等。

第六，将民主概念扩大化。认为民主化即意味着政治发展。实际上，单纯的民主化并不等同于政治发展，就像市场化并不能自动带来经济发展一样。

第七，将民主进程绝对化。误认为民主是唯一的和终极的，将市场与计划、民主与共产主义、极权主义对立起来，非黑即白，拒绝中间过渡，搞政治休克疗法，企望置敌于死地而后生。③

第八，将民主庸俗化、片面化。认为民主就是放松、绝对自由，忽视公平与平等；强调政治斗争和利益分配，忽视妥协与和解。

2. 民主、效率、稳定与政治发展

在包括西方学者在内的政治研究中，由于民主本身所特有的魅力和强烈的意识形态色彩，人们对民主的关注远远超过了对政治发展的关注。民主胜利了，一些人为她欣喜；民主退却了，不少人又为她哭泣。另一方面，我们发现，人们在钟情或追求民主的时候，时常忽略了与民主一样重要的秩序、效率等方面。然而，即便是人们如此关心民主，100多年以来民主仍是一个最被扭曲和滥用的概念。西方学者相信，关于民主的存在或缺失，应该存在着共同的解释模式。西方政治学家不惜引进达尔文的自然进化理论，力图证

---

① ［美］托马斯·格拉海姆：《俄罗斯腐败与美国的政策——1999年9月30日在参议院外交委员会听证会上的发言》，［俄］《政治》杂志1999年第3期，第128—129页。

② ［俄］格·伊·维施登：《"全球民主化"与俄罗斯过渡》，［俄］《政治》杂志1999年第3期，第108—109页。

③ ［俄］阿·弗·卢金：《民主化还是帮派化？——西方学者对俄罗斯变革观点的演化》，［俄］《政治学研究》杂志2000年第3期，第62—63页。

明，人类总是为权力资源而斗争，民主是人性的体现，是人类终极的目标。① 我们认为，也许民主是人类永恒的追求，但一定时期，一定社会条件下，民主应当是具体的，是促进或表示一定社会政治和经济发展的一个变量，并且也不是唯一的变量，这应成为我们研究政治以及民主问题的出发点。

多少年来，无论是在东方，还是西方，民主比市场被赋予了更为浓重的意识形态的色彩。民主成为定性研究和观察社会政治制度性质的一面"镜子"。在这种情况下，西方社会的政治制度往往成为"样板""模特儿"，而其他国家在民主这面"照妖镜"的折射下显得无地自容。这也往往成为西方对他国政治进行指手画脚的借口。

一些学者通过对俄罗斯超级总统制、选举制、政党制度等方面的分析，得出俄罗斯并非是民主国家的结论。② 而另一些专家在分析了上述因素后，却做出了相反的判断，认为俄罗斯已经有了运行良好的民主制度，俄罗斯民主不仅能够存在，而且具有良好的前景。③ 对政治单单进行定性的，或是量化的民主分析，都不能全面反映该社会政治发展的全部，更不能揭示政治进程的发展规律和内在联系。在此，民主概念的片面，就像是市场概念并不能代替经济增长或生产衰退一样。民主指标并不完全等于政治发展或政治不发展。因此，必须使用政治发展概念去观察俄罗斯政治转轨。

政治发展是在一定社会历史文化条件下，政治体制与经济体制相互作用所产生的社会政治结果。政治发展包含着两个重要方面的

---

① Tatu Vanhanen, The Process of Democratization, A Comparative Study of 147 States, 1980-1988, Taylor & Fran-cis New York Ins., 1990, pp. 3, 47. 转引自从日云《当代世界的民主化浪潮》，天津人民出版社 1999 年版，第 67—68 页。

② 王正泉：《评俄罗斯政治体制转轨》，《东欧中亚研究》2000 年第 4 期，第 8—10 页。

③ ［美］理·莱亚德、约·帕克：《俄罗斯重振雄风》，中央编译出版社 1997 年版，第 208—240、335、346 页。

含义：即政治发展、进步或政治倒退、衰败，像经济上的增长和衰退一样。全世界各个国家包括西方国家都面临着促进政治发展的任务。政治发展进程是永无止境的，只不过在不同的社会和不同的历史阶段，政治发展有着不同的含义和要求。和经济发展一样，政治发展是可以衡量和考察的。我们认为，可以使用三个变量即民主（公平、权利、自由）、效率、秩序（稳定）来考察。民主、效率、秩序是相互依赖和相互作用的三个方面。一定时期一个社会的政治发展就是要谋求三者的发展和三者的最佳组合。[①] 研究俄罗斯政治发展可以选取一些指标，设定不同的系数和权数，通过数据分析，分别考察民主、效率、秩序三项内容。政治发展中的民主、效率和秩序变量的消长要与社会发展特别是经济的发展相联系，并有意识地为后者服务。反过来，经济和社会的发展也对政治发展，尤其是对三个变量的协调发展起到推动作用。

政治发展进程并不等于一些人头脑中的民主进程。历史和现实经验告诉我们，一定时期一个社会民主、效率、稳定比例的失调，会出现不同程度的政治衰退，如政局跌宕、行政不力、政治腐败等，此时就是政治不发展。政治不发展或曰政治衰退也可以通过以下几个变量来考察：首先是政局动荡情况，如政变、内战、民族冲突等；其次是执政困难，如内阁更替、政策多变、法律冲突、地方阻碍、缺乏权威等；再次是民主退潮，如军人倒戈、政治高压、新闻检查、取消选举、操纵选举等；最后是政治腐败程度，如贪污犯罪、官僚文牍；等等。

（四）俄罗斯政治衰退与权威主义

在民主退潮时期，一些西方政治学者开始关注政治秩序与政治

[①] 参见张树华《向市场经济过渡条件下的政治权威和政治发展问题——对中俄两国改革进程的比较研究》，《东欧中亚研究》杂志1995年第4期。

发展相互关系的研究。冯·麦登通过对世界各国政治统计的分析，在1964年出版的专著中提出，发展中国家的多党制并不一定导致想象中的政治稳定，反而与政治稳定呈相反的关系。

研究还发现，政治发展的关键取决于政府的统治程度，而不是政体的性质。引进民主、人权等指标并不能保证经济增长。忽视保证经济增长的秩序和政治效率方面往往是一些发展中国家政治崩溃和经济衰退的重要原因。

戈尔巴乔夫的过度民主化没有提高官僚机构的效率、推进经济改革、提高人民生活，相反，却造成社会形势持续恶化，政治动荡，最终导致政权瓦解，经济陷入崩溃的境地。遗憾的是，在民主、效率、秩序三者中间，民主总是最为诱人的字眼，民主的魅力甚至超越了政治发展和经济增长，引得一些人为民主而不顾一切。

十分矛盾的是，一些鼓吹民主为最高的政治价值的西方学者也认为"一个国家是否在政治上体现出一致性、共同性、合法性，体现出组织、效率和稳定，比民主制和独裁制的区别还重要"①。一些第三世界国家发展中出现的问题就在于"缺乏政治上的一致，以及高效、权威的合法政府"。

俄罗斯十几年的政治转轨表明，从西方移植的民主形式在俄罗斯并未开花结果。俄罗斯政治转轨过程中触发了一系列社会问题，而"民主"对此又无能为力，社会为此却付出了"秩序和效率"的代价。② 民主化激发了民族自我意识，而一些政客乘机利用民族情绪，打着民主、自决的旗号，搞分裂、分离，建立自己独立的政治王国。民族战争、民族冲突、移民、难民等问题成了社会的棘手问题。对极权主义、"警察国家"的批判，对执法机关的多次改组，

---

① [美] 塞缪尔·亨廷顿：《变动社会的政治秩序》，上海译文出版社1989年版，第1页。

② 全俄社会舆论调查中心：《舆论监测：经济和社会变化》1999年第1期。

使得执法机关在日益严重的犯罪现象面前束手无策。各种刑事犯罪和经济犯罪已公开化、集团化、恶性化。贪污受贿盛行，官员以权谋私现象严重，各种利益集团争权夺利，损公肥私。

精神文化领域缺乏统一的凝聚力量，社会一盘散沙，思想斗争激烈。俄罗斯文化人士惊呼，社会上文化艺术庸俗化，道德伦理水平下降，居民情绪低落，社会缺乏上进精神，俄罗斯社会正在失去赖以重新振兴的精神因素和智力潜能。

俄罗斯政治民主化和经济市场化、私有化的结果，没能形成类似西方社会的中产阶级，大多数居民被抛到了社会生活的"边缘"和底层，形成了庞大的赤贫阶层和流氓无产者队伍。相反，官僚垄断与新兴的私人金融"寡头"相互勾结，争权夺利，分抢和占据了社会的资源和空间。少数人的暴富和1/3以上人口的贫困，加剧了社会生活底层的人心理上更容易接受"强权、铁腕"。正如西方学者指出的那样，东欧国家贫困人口的增加给这些国家的民主造成了又一难题。可见，如何解决转轨过程中的政治发展问题，如何处理好"民主、秩序和效率"之间的相互关系是俄罗斯政治转轨中应解决的首要问题。

在这种背景下，自1994年以来，在俄罗斯和东欧国家的学术界，不同学科的学者从各自不同的角度探讨了过渡时期政治改革相互关系问题，认为政治权威主义是可行的、可操作的。他们提出，极权主义制度和权威主义在政治、经济、意识形态以及社会生活方面存在着本质上的差异，不应将权威主义和极权主义混同起来。对俄罗斯社会来说，权威主义并不比庸俗的民主可怕，它可能是一剂苦药，但却是通向民主的一座桥梁。

国际经验特别是战后第三世界一些国家的政治进程也证明，民主是复杂而艰辛的过程，不考虑民主、效率、秩序的协调，不兼顾政治与经济的互动，民主进程不会一帆风顺。

俄罗斯总统委员会成员、俄罗斯著名学者阿·米格拉尼扬从研究欧美历史和国际政治入手，认为世界上许多国家自传统社会向现代化社会转变都经过了一个长期痛苦的过程；其中不少国家在塑造民族性格、树立民主价值观和建立民主制度方面花费了几百年时间。

俄罗斯科学院拉丁美洲研究所、世界经济与国际关系研究所的一些研究人员，结合战后世界各国政治发展和民主进程的经验教训提出，第二次世界大战以后，不少发展中国家都争相移植西方的民主制度。其中有的国家颁布了宪法，进行选举，然而结果却与它们的愿望相反，一系列的政变、内战打断了这些国家的民主进程。部分国家先后出现了"强硬政权"，如佛朗哥时期的西班牙，皮诺切特时期的智利以及土耳其和东亚一些国家及地区等。一个时期过后，这些国家的经济得到了发展，市场经济关系得以发育并成熟，社会结构趋于合理，最终才走上民主政治的轨道。

莫斯科大学的一些学者提出，社会发展的"目标模式"不能等同于社会发展的"过渡模式"；过渡时期经济改革需要强有力的政治保障；鉴于俄罗斯社会的教训，结合其他第三世界国家的发展经验，政治权威主义是可操作的，也是可行的。在政治体制与经济变革的相互关系问题的探讨中，俄罗斯学者提出，无论从逻辑上还是从制度的角度看，民主化都不能视为经济改革和经济发展的先决、必要条件，在时间上秩序应先于民主。

当今俄罗斯社会中，在议会讲坛上和学者的文章里，经常将中国作为成功的例子同俄罗斯的情况进行比较。学者们指出，完善的市场经济和经济民主是民主政治的基础，而从高度集中的计划经济向市场经济过渡需要有强有力的政府。这不仅是一个战略选择的问题，而且是出于现实的考虑。因为在经济改革中，任何一项重大措施都会影响或触及部分阶层或集团的切身利益。为了使改革纲领不陷于无休止的争论，强有力的政府权威是非常必要的。

在俄罗斯社会意识中，近几年权威主义思潮也颇受欢迎。许多的社会舆论调查表明，俄罗斯民众渴望"权威"，希望"铁腕人物"出现。比起"民主、自由"来，72%的俄罗斯百姓更希望"稳定和秩序"。有文章写道："民主是一个误区，俄罗斯社会还没有成熟，俄罗斯人缺少法治观念……俄罗斯人应像蜜蜂、蚂蚁一样组织起来，他们渴望领袖和训导。"①

2000年前后，权威主义的声音越来越强，甚至可以说形成了"大合唱"。俄罗斯政治学家纳伊舒里直言，俄罗斯应借鉴"皮诺切特的智利模式"，恢复稳定，整顿秩序，发展经济。2001年3月初，普京总统利用因特网回答了来自不同的国家的记者和网民的提问。他认为，过去的俄罗斯10年是政治上悲剧性的10年。财团控制国家、新闻媒体被少数财团控制的状况是不能容许的。普京在《千年之交的俄罗斯》一文中指出："俄罗斯不会成为美国或英国的翻版……那两个国家里自由主义价值观有着深刻的历史传统。而在我国，国家及其体制和机构在人民生活中一向起着极为重要的作用。具有强大权力的国家对于俄罗斯人不是什么坏事……恰恰相反，它是秩序的源头和保障，是变革的倡导者和主要推动力。"②

进入21世纪，俄罗斯进入普京时代。经历了20世纪末10年的转轨，俄罗斯社会开始对国家、民主、自由等问题进行反思，对稳定、秩序、效率等问题重新定义。2000年以后，普京决意加强权威，恢复地方控制，整顿经济秩序，引导舆论声音，出击寡头势力……普京整顿政治秩序的行动意味着俄罗斯新一轮政治转轨的开端。

---

① ［俄］鲍·米罗诺夫：《人民期盼强权》，《俄罗斯报》1993年11月9日。
② ［俄］普京：《千年之交的俄罗斯》，［俄］《独立报》1999年12月30日。

三 主权民主——普京的政治观与民主路

2000年，普京执掌俄罗斯以来，强力打击分裂势力，削弱寡头势力的影响，整顿传媒秩序，改组权力结构，强化中央权威。[①] 普京采取的上述政治措施，得到俄罗斯国内大多数居民的支持，但却招致了西方社会政界和媒体的责难。西方国家一方面大肆指责俄罗斯"民主倒退、在恢复苏联传统"；另一方面在俄罗斯周边国家支持甚至策划"颜色革命"，积极鼓励建立"自由民主弧"，从政治、经济、军事等领域遏制和围堵"独裁的俄罗斯"。面对来自西方的"民主攻势"，俄罗斯当局针锋相对、毫不示弱。除在内政和外交等方面采取措施积极应对之外，政界和学界也在积极探索，提出相应的民主理论和政治发展模式。2006年，俄罗斯提出了"有管理的民主"（也译为"可控民主"），后来进一步表述为"主权民主"。"主权民主论"就是普京时期在西方民主攻势下进行的政治探索和理论结晶。

（1）质疑西方自由民主模式，拒绝西方无礼的指责。在探索主权民主道路的同时，俄罗斯理论界首先对"西方自由民主理论"进行了反思。[②] 他们首先声明，俄主权民主并不否认西方自由民主的基本价值，而是使得民主制度和价值与俄罗斯的现实土壤相适应。亚·索尔仁尼琴在2007年7月23日出版的德国《明镜》周刊上谈到《用血书写成的》时说：在那以前（指1994年他返回俄罗斯之前），西方主要是被我们看成民主的救星的。现在我们不得不失望地断定，西方的政策首先是受实用主义支配的，往往还要加上利己

[①] 参见张树华《过渡时期的俄罗斯社会》，新华出版社2001年版，第320—327页。
[②] ［俄］安·科列斯尼科夫：《"主权民主"：国家的还是"执政党"的意识形态?》，http://www.rian.ru，访问日期：2006年7月19日。

的和露骨自私的考虑。许多俄罗斯人在体会到这一点时，理想也就破灭了。①俄罗斯学者反思道，90年代引进的西方政治模式，俄罗斯不能消化。而且在引进的同时，俄罗斯失去了很多自己的东西。②俄罗斯总统办公厅副主任苏尔科夫批评西方国家在民主问题上推行"双重标准"：不是真正以民主，而是以利益或关系亲疏来划分所谓"民主阵营"。

在苏联解体过程中，西方"战略家"罪责难逃。20世纪末期，西方战略家有意识地向苏联等其他国家输出"软弱的自由民主思潮"，而自己却保留了极端保守和富有进攻性的"保守主义"思想。苏联失败后，西方关心的也不是新俄罗斯的民主化，而是将俄罗斯视为"二流国家和原料附庸"，令俄罗斯饱尝苦果。普京认为，俄罗斯有权寻找符合自己国情的国家形式和民主模式。

（2）与戈尔巴乔夫时期的"假民主"以及叶利钦时期的"寡头民主"划清界限。俄罗斯学者认为，20世纪80年代后期，戈尔巴乔夫出于对西方民主模式的盲目追求，发起了"民主化、公开性和新思维"运动，使得激进势力和分裂分子得以滥用"民主和自由"口号，瓦解了国家，埋葬了苏联。打垮了苏联、拆毁了苏共之后，俄罗斯得到的并不是真正的民主，而是极少数人肆意瓜分社会财富的"寡头式的自由"。③普京也强调，20世纪90年代初期俄罗斯建立所谓的"民主"并不是真正的民主，是"偏激"的和"年幼"的，④

---

① [俄] 亚·索尔仁尼琴：《用血书写成的》，[德]《明镜》周刊2007年第30期，引自《国外理论动态》杂志2007年第12期。
② [俄] 米·罗戈日尼科夫：《我们需要什么样的民主》，《国外社会科学》杂志2006年第6期。
③ [俄] 安·科列斯尼科夫：《主权民主对抗民主》，http：//www.gazeta.ru，访问日期：2006年9月8日。
④ 在2000年就任俄罗斯联邦总统的招待会上，普京说到"我们政治开端的偏激性和我们民主的年幼性都已成为过去"，参见《普京文集》，中国社会科学出版社2002年中文版，第66页。

称"那种所谓的自由只是极少数掌握金钱和财富上层人物的自由"。与西方媒体将戈尔巴乔夫时期高度评价为"最自由民主时期"相反,是政治混乱和社会倒退的15年。① 苏尔科夫指出,90年代初西方媒体的一些文章充斥着"俄罗斯黑势力的猖獗、甚至渗透到国家内部"的言论。他认为,如果把(叶利钦时期)那种情形称为民主的话,现在"我们要远离的正是这种民主,而且越远越好"。②

(3)对"颜色革命"现象的回应。"统一俄罗斯"党总理事会主席团书记维·沃洛金提出:"俄罗斯提出主权民主的构想就是要回应'颜色革命'的挑战。"③ 俄罗斯学者认为,原苏联一些加盟共和国发生的"颜色革命"实际上是苏联解体后的政治后遗症,是上层争权夺利的结果,是一种扭曲和变质的体制,与民主毫无共同之处。那些打着民族的旗号、搞"非苏、脱俄"的人物并非为了民主,而是为了投入西方怀抱获取好处。俄罗斯国家杜马主席格雷兹洛夫称颜色革命国家的政治是"披着民主外衣的专制"。

苏尔科夫认为,那些爆发颜色革命的国家实际上是20世纪90年代末10年俄罗斯的翻版,这些国家将陷入政治泥潭和宪政危机,而走出这种泥潭困难也得需要10年左右的时间。这不是民主化,而是政治商业化、市场化、帮派化、地区化。不是民主政治,而是对抗政治、清算政治和复仇文化。是不公正的私有化的继续。陷入宪政危机。三权分立成为政治斗争的舞台。④

---

① 参见[俄]维·沃洛金《俄罗斯有比西方更多的民主》,http://www.edinros.ru,访问日期:2006年9月13日;《德·梅德维杰夫访谈》,http://www.strana.ru/stories/02/03/19/2607/,访问日期:2006年9月15日;亚·叶利谢耶夫:《"主权民主"成为"民族的"》,http://www.prognosis.ru,访问日期:2006年9月5日。

② [俄]弗·苏尔科夫:《主权民主的构想依靠的是俄罗斯民族的尊严》,http://www.edinros.ru,访问日期:2006年9月8日。

③ [俄]维·沃洛金:《俄罗斯有比西方更多的民主》,http://www.edinros.ru,访问日期:2006年9月13日。

④ [俄]谢·菲林:《俄罗斯的"主权式"民主与乌克兰"控制的"民主》,http://www.km.ru/maagzin/,访问日期:2006年月8日。

（4）强调要寻找俄式的民主道路。苏尔科夫认为，"主权民主"是俄罗斯式的政治民主模式，代表着俄罗斯未来的政治发展方向。当今俄罗斯政坛最具影响的政党"统一俄罗斯"党则宣称，"主权民主"将是该党的思想指针。而俄罗斯第一副总理谢·伊万诺夫则将"主权民主与主权而强盛的经济和军事实力"一起并称为当今俄罗斯全民价值观的三大支柱。俄罗斯著名学者阿·米格拉尼扬写道，主权民主构想是与普京本人联系在一起的，实际上指的就是普京的路线。他认为普京执政八年正是形成主权民主的时期。这是这期间，俄罗斯摆脱了90年代的混乱和无法无天，转向合理的政党制度、建立立法和执行权力的和谐关系。

俄罗斯学者认为，在普京时期，俄罗斯民主没有倒退，而是为更好地实现民主创造了条件。亚·杜金写道，普京保留了国内主要的民主架构，但是给其增添了爱国主义、强国主义和民族主义的新内容。主权民主的思想体现了普京总统的政治哲学：这就是在混乱后首先实现政治稳定，通过政治治理、完善体制、巩固国家，而民主化要有序地进行。[①]

（一）普京时期俄罗斯政治探索的价值和意义

民主发展是复杂而艰辛的过程，民主化是当今世界热门话题之一，民主是世界上讨论最多也是歧义最多的词语。邓小平同志曾殷切告诫"一定要向人民和青年着重讲清楚民主问题"[②]。国际上，错误的民主观不仅没能给一些国家带来真正的民主，反而被某些政治势力用来实现自私的战略目的。他们打着"推行民主、民主改造"的旗号，掩盖着谋求地缘优势和霸权的战略私利，导致军事冲

[①]　[俄] 维·特列齐亚科夫：《主权民主》，http：//www.archipelag.ru，访问日期：2006年9月8日；参见http：//www.strana.ru，访问日期：2006年9月13日。

[②]　《邓小平文选》第二卷，人民出版社1994年版，第168页。

突不断、热点地区持续动荡。

2006年，时任俄罗斯第一副总理的谢·伊万诺夫提出，当前世界重要的特征就是竞争。竞争不仅表现在政治、经济等领域，而且表现在包含各种价值观在内的意识形态领域。当今世界大国不仅有边境、经济、军队，还有着自己特殊的意识形态和思想体系，并且借此影响或决定世界主题和人类社会的发展方向。他认为，俄罗斯应当提出自己的意识形态方案，迎接挑战，参与到严酷而不妥协的斗争之中。俄罗斯不能躲避必然的对抗，应当彻底和充分地维护自己的立场，与公开或隐蔽的敌人做斗争。在民主问题上，谢·伊万诺夫认为，实验室试管中培育的民主是没有生命力的，所有的民主国家都具有自己的民族特色。民主价值观的首要价值之一就是要人民自主地、没有外来压力地决定事情。世界中不能只有一种超级的力量，靠自己的军事和经济实力把自己的规则强加于他人。更不能打着民主的旗号，干涉别国内政，推翻他国合法政府，追求自己的私利。他写道，俄罗斯反对将世界划分为"自由国家"和"流氓国家"，反对民主等问题上的"双重标准"，主张任何一个国家不能自我授权，利用反恐来将民主模式强加别人。谢·伊万诺夫提出，俄罗斯要进行思想斗争和意识形态领域的竞赛。俄罗斯不仅应当明白，拿什么来保卫，也要知道保卫什么。俄罗斯只能是主权民主，否则便会既失去民主，也失去俄罗斯。①

普京总统指出，西方国家在民主问题上对其他国家"指手画脚"实际上反映了源于百年前遗留下来的"殖民者心态"。② 俄罗斯可以听取别人善意的批评，但民主应当因地制宜，俄罗斯有权决定自己的民主时间表。政治学家巴甫洛夫斯基写道，世界上有"代

---

① ［俄］谢·伊万诺夫：《民族价值观的三大支柱》，http://www.old.mil.ru/articles/article14358.shtml。

② 《La Stampa》，访问日期：2006年7月14日，转引自 Рой Медведев: Владимир Путин: Третьего срока не будет? - М.: Время, 2007. Стр. 396。

表制民主、社会民主"等不同的概念。欧盟国家官方承认的"社会民主"概念在美国却得不到承认,美国却提倡"市场民主"。他认为,对民主理解和民主模式的不同国际上需要宽容和包容。①

中国俗话讲:"名不正则言不顺,言不顺则事不成"。宋代文豪苏东坡说:"世间唯有名实不可欺。"在美国频频发起民主攻势的国际背景下,国际政治学界从思想和认识上澄清笼罩在民主问题上的迷雾,破除不切实际的"自由、民主"神话,树立正确的民主价值观和科学的民主发展观,探索政治发展和民主道路具有很强的理论价值和国际意义。

1. 强调民主的民族性和主权性

民主是内生的,具有很强的国民性和主权性。世界各国情况和文化的多样性,决定了民主发展道路的多元性和形式的多样性。因地制宜的民主形式才富有生命力,外部强加的民主模式往往只能是华而不实的"自由外衣"。民主不能强力输出,完全照搬他国的民主模式是有害的。民主建设必须立足本国的历史,必须与国情与本国文化相结合。各国的政治发展道路只能根据本国的经济文化状况、传统、民族、宗教、风俗来确定,而不应将一国的模式强行推销给他国。

2. 强调民主的历史性和具体性

人类政治发展史表明,民主化是一个长期、复杂的发展过程,民主必须是因地制宜的,要符合社会政治进程和经济社会发展程度。民主应是具体的,单一的民主化并不是一剂包治百病的救世良方。民主的发展,不能只凭人们的良好愿望,脱离国情盲目发展;更不能脱离民主赖以存在的实践基础,照搬别国模式。民主政治建设,最根本的是要正确处理好民主与生产力发展之间的相互关系,

---

① [俄]格·巴甫洛夫斯基:《主权民主需要像通用的概念一样研究》,http://www.kl-eml.org,访问日期:2006年9月8日。

与经济文化的发展水平相适应,有步骤、有秩序地进行。

3. 强调民主的成长性和阶段性

民主有其成长的现实阶段性,民主发展既要有长远的发展战略,又要有近期阶段性目标。民主政治建设是一个不断完善和发展的长期过程,不能急于求成,也不可能一蹴而就。民主有一个从不完善到逐步完善的发展过程。民主发展是有条件的,要受政治、经济、文化、历史传统、公民素质和人民政治生活的习惯等制约,不能脱离社会的现实基础和客观条件。民主化进程应与经济、社会发展同步。列宁说过,民主的发展要有一定的"度",要掌握好一定的"火候",一定要为生产建设服务,民主的发展超过了限度,则会走向反面。实践表明,忽视民主成长性和阶段性的政治激进主义往往不会带来民主,反而造成政局动荡不安。苏东国家的"政治休克疗法"带来的只会是政治衰败。

4. 强调民主的差异性和关联性

几百年来,人类社会的民主进程充满了艰辛和曲折。包括英、美、法等国在内的几百年的发达资本主义国家民主制度虽相对完善,然而也存在着难以克服的矛盾,打上了深深的"资本自由和金钱民主"的阶级烙印。一方面,民主是有阶级和有差异的;另一方面,政治发展是有序的,是一个统筹发展的系统工程,民主发展也有其成长的顺序和维度。应当正确处理政治民主、政治稳定和政治效率三者的关系。加强秩序、国家权威与维护民主、保障自由并行不悖。法治,稳定,经济发展与发展民主同等重要,不可偏废。

5. 强调国际关系民主化

动辄以"民主、自由"划线,甚至打造"民主同盟",是在唤起新冷战。而打着民主旗号,不惜诉诸武力,对他国进行"民主改造",是在破坏国际关系民主化,目的只能是妄图缔造新的"超级强权帝国"。

"世界上所有的国家,无论大小、贫富、强弱,都是国际社会中平等的一员,都有参与和处理国际事务的权利。各国主权范围内的事情只能由本国政府和人民去管,世界上的事情只能由各国政府和人民共同商量来办。这是处理国际事务的民主原则。在当今时代,世界的命运必须由各国人民共同来掌握。"[1] 国际关系民主化是国际政治健康发展、国际社会和谐发展的必经之路。

(二)多样化的世界、多样化的道路、多样化的民主

冷战结束后,苏联和东欧国家剧变后改弦易辙,西方国家认为西方自由民主模式获得完胜。于是,"历史终结论""意识形态终结论"等甚嚣尘上。西方理论家提出,社会主义模式遭到失败,自此自由市场经济和自由式民主会高歌猛进,资本主义政治经济模式将一统天下。然而10多年过去后,中俄两国经过艰难探索,各自逐渐摸索到了符合本国国情的政治发展道路。

与西方舆论不同,面对中国稳步发展的势头多数俄罗斯学者持赞扬和肯定的态度。俄罗斯远东研究所副所长符·波尔加科夫认为"中国在世界政治领域的作用越来越显著"。远东研究所所长米·季塔连科院士高度评价中国发展模式,认为"由于改革开放以后中国政治稳定、经济发展迅速,中国模式对转型国家的吸引力日益增加。今后中国对世界的'挑战'不在于人口增长、经济增长或外贸顺差,而在于中国的发展模式。中国模式不是资本主义,也不是书本上的社会主义,而是具有中国特色的社会主义。中国模式的成功,才是对世界最大的挑战"。

改革开放40多年来,中国高举中国特色社会主义伟大旗帜,

---

[1] 江泽民:《在联合国千年首脑会议上的讲话》,载《江泽民文选》第3卷,人民出版社2006年版,第110页。

坚定不移地走中国特色政治发展道路。中国在经济长期保持高速发展和长期保持社会稳定的历史性奇迹，举世瞩目。当代中国在政治上的成就与经济上取得的奇迹是相辅相成的。经济领域的成就已得到广泛认可，中国政治方面也取得了重大进步。中国政治发展的成就是经济发展的政治保障，不仅增强了中国发展的政治信心，也增添了"中国奇迹"的政治魅力和吸引力。中国政治发展所取得的成就是在中国特色社会主义理论体系指导下取得的，是落实科学的政治发展观和正确的民主发展观的结果。未来中国政治发展道路上还存在着不少难题和险阻，需要借鉴世界政治文明所积累的一些有益的成果，但中国有信心和有决心走出一条有民主、有秩序、有效率的政治发展的和谐之路。

中俄两国的复兴日益成为不可阻挡的现实。这不仅是世界上两个举足轻重的大国、两个具有辉煌历史的民族的幸事，而且也是对人类社会进步的巨大贡献。当前，中国和俄罗斯分别彰显的理论价值和实践意义是两个民族智慧和经验的结晶，是两国分别在经历了多次挫折和失败基础上艰苦探索的结果。这些价值和原则首先属于中俄两国、两个民族。我们相信，未来世界随着全球化、多元化和国际关系民主化的进一步深入，人类民主会更加成熟、多样，各国的民主之花会绽放得更加多姿多彩。

（三）中俄携手成为世界的稳定器

为迎接外部挑战，需要进一步密切中俄战略合作。首先，积极开展思想和战略对话，争夺国际话语权，共同应对外部挑战。中俄两国都尊重世界各国文化和社会制度的多样性，致力于全面建立平等、公正、合理的国际政治经济新秩序。当然，面对 300 多年来西方的话语霸权和舆论强势，中俄思想界和学术界"占领思想制高点"的道路还很漫长。

其次，要进一步密切中俄思想学术交流，巩固两国关系的政治思想基础。中俄两国的复兴已日益成为不可阻挡的现实，这是世界上两个举足轻重的大国的幸事，也是对人类社会进步的巨大贡献。中俄两国振兴所分别彰显的理论价值是两个民族智慧和经验的结晶，是两国人民在经历了多次挫折和失败的基础上艰苦探索的结果。

再次，针对当前国际政治经济的走向，中俄两国应有新的思想和动议。鼓吹"民主国际联盟、价值观外交、西方中心论、文明冲突论、西式民主一元论"等是当今世界危机之源。中国和俄罗斯等国家则是国际上要求重塑公平、合理的国际政治和经济新秩序的重要健康力量。因此，两国学者应准确把握好世界经济格局的变化，描绘好国际政治版图变动，谋划好中俄共同发展的"国际路线图"，特别是做好"一带一路"和"欧亚经济联盟"的协同发展等。中俄两国应在国际金融和国际经济生活中发挥更大的作用。

又次，两国应加强传媒和智库合作，为中俄人民友好创造良好的社会舆论环境。中俄两国山水相连，合作潜力巨大。两国学者应关注中俄双方在能源、交通、投资基础设施等重大项目方面的合作；注重两国经济界的资本合作和企业重组；呼吁两国贸易实现规范化和便利化；强化两国司法协作；加强金融以及数字货币合作；加强地区交流特别是毗邻地区的合作、促进产业联动与发展。

最后，丰富文化交流和培养人才队伍。要努力克服语言、人才瓶颈，培养各方面专业人才。

2021年3月，俄罗斯联邦外交部长拉夫罗夫访华。期间，中俄双方发表关于当前全球治理若干问题的联合声明，彰显当今世界舞台上"中俄组合"团结如山，中俄战略协作始终是世界和平稳定的中流砥柱。

新冠肺炎疫情持续蔓延促使国际格局加速演变，全球治理体系进一步失衡，经济发展进程遭受冲击，全球性新威胁新挑战层出不穷，世界进入动荡变革期。我们呼吁国际社会搁置分歧，凝聚共识，加强协作，维护世界和平与地缘战略稳定，推动构建更加公正、民主、合理的多极化国际秩序。

面对美国单方面借口"民主、人权、自由、规则"等动辄制裁和实施霸凌，中俄等100多个受美制裁的国家深受其害。中俄两国认为，所有人权是普遍、不可分割、相互联系的。可持续发展是提高每个国家人民生活水准和福利的基础，由此可促进享有所有人权。发展与实现各项人权和基本自由相辅相成。各国应以此为出发点，根据本国国情，在政治、社会、经济、文化、环境领域保护和践行人权，促进人的全面发展，增进人民福祉。倡导和保护人权也是国际社会的共同事业，各国应同等重视、系统推进各类人权，反对将人权问题政治化，摒弃借人权问题干涉别国内政和搞双重标准，在平等和相互尊重的基础上开展该领域对话，造福各国人民。

民主是人类发展成就之一，其标志是以立法形式确保权力属于人民，即公民有权管理国家事务及合法行使权力。民主模式不存在统一的标准。应尊重主权国家自主选择发展道路的正当权利。以"推进民主"为借口干涉主权国家内政不可接受。

中俄坚定维护以联合国为核心的国际体系，坚定维护以国际法为基础的国际秩序，捍卫多边主义，反对单边霸凌，反对以人权、民主为借口干涉别国内政和搞双重标准，坚守和平、发展、公平、正义、民主、自由的全人类共同价值，携手构建人类命运共同体，为人类和平与发展事业做出更大贡献。

四　乌克兰转向之殇

近年来乌克兰动荡的国内局势屡屡成为全世界关注的焦点。

2014年，乌克兰总统亚努科维奇被议会解除总统职务，国家政治格局被迫再次面临重组。新组建的临时政府极力"向西"，而历史上原属于苏联的克里米亚实现"历史的回归"，重新纳入俄罗斯的版图。美国、欧盟、俄罗斯三方在乌克兰问题上的政治角力正愈演愈烈，内战甚至是分裂的阴影仍然像魔咒般笼罩在乌克兰上空。自苏联解体之后，政局混乱、经济衰败、社会和民族分裂等一系列问题便成为困扰乌克兰的西化、民主化之殇。是什么原因造成了乌克兰今天的乱局？未来的乌克兰究竟应该去向何方？这些都成了已经背负沉重包袱的乌克兰难以回避的政治难题。

（一）西化道路上的国家迷失：乌克兰最大的转型之殇

曾经，乌克兰和俄罗斯是一根藤上两个瓜。乌克兰历史上是基辅罗斯的核心地域，也是近代俄国资本主义发展最早的地区之一。10世纪前后，东斯拉夫各部落在今乌克兰地区结合形成古罗斯部族，并建立了基辅罗斯国家。1654年乌克兰哥萨克首领赫梅利尼茨基与俄罗斯帝国签订《佩列亚斯拉夫和约》，乌克兰与俄罗斯正式合并。1922年，乌克兰加入苏联（西部乌克兰1939年加入）。

在俄语中，"乌克兰"一词有"在边缘""边沿地带"的意思。近代以来，乌克兰的立国之路一直都是历尽曲折，命途多舛。"在漫长的数百年时间里，乌克兰人作为一个民族，顽强而艰难地书写着自己的历史。然而，乌克兰此时只是作为一个地理学概念和民族学概念而存在，却不是一个政治学概念，因为不存在乌克兰这样一个国家。"[①]

1990年前后，戈尔巴乔夫发动的政治民主化改革让统一的苏联陷入困境，乌克兰率先打出"独立""主权"的旗号，最终成为一

[①] 赵云中：《乌克兰：沉重的历史脚步》，华东师范大学出版社2005年版，第96页。

个真正意义上的独立国家。独立之初，带有"双头鹰"情结的乌克兰首任总统克拉夫丘克踌躇满志，梦想着"脱俄入欧"，迅速摆脱经济危机，让乌克兰能够挤进"民主、文明、富强"的欧洲大家庭。然而，多年过去了，乌克兰这个以"欧洲粮仓"著称，在苏联以工程师比例最高、制造业和工程技术最发达而著称的国度，如今却几乎沦落到原苏联15个加盟共和国发展程度垫底的境地。2019年乌克兰的实际GDP仅相当于1990年的67.31%。如果考虑人口逐年减少的影响，人均名义GDP为3680美元，不到波兰的1/4，相当于1990年的82.96%。① 回顾乌克兰30多年的转型之路，我们不难发现，西化之路上的民主迷失无疑是困扰乌克兰最大的转型之殇。

1991年8月24日，乌克兰正式宣布独立。原苏共乌克兰加盟共和国第一书记、乌克兰加盟共和国最高苏维埃主席克拉夫丘克摇身一变，当选乌克兰总统。在欧美等国提供的经济"援助"和改革"指导"等"画饼"的诱惑下，乌克兰盲目地进行了大刀阔斧式的"西化"改革。激进的市场化政策得以强力推行，西式"三权分立"原则和议会民主制被强行移植入本国政体。这些非但没有在乌克兰"生根发芽"，反而成了引发随后20多年持续性政局动荡和经济衰败的"定时炸弹"。"由于缺乏明确的经济目标和战略，政府所采取的一些措施仅仅是头痛医头，脚痛医脚，并未收到应有的效果。"② 因此，独立后的乌克兰不仅没有实现经济的迅速繁荣，反而陷入了严重的经济危机之中。在内忧外患的冲击之下，克拉夫丘克在1994年的总统选举中黯然下台，让位于高举"改革"大旗的库奇马。

库奇马上台后，力主推进国家权力结构改革，不断加强总统职权。1995年5月，《乌克兰国家政权和地方自治法》在议会获得通

---

① https://xuegiu.com/5296061618/144977957.
② 孙壮志主编：《独联体国家"颜色革命"研究》，中国社会科学出版社2011年版，第109、111、418页。

过，它"不仅改变了宪法关于总统与议会联合组织政府的规定，将组织政府和行政权力全部转移到总统手中，而且加强了对地方政权机构的领导，形成了由总统直接领导的垂直行政权力体系"。① 经济方面，库奇马政府纠正了克拉夫丘克时期的一些政策失误，经济危机有所缓和，恶性通货膨胀也得到了抑制，经济发展步入相对稳定的时期。然而，对国家政治制度的"矫枉过正"并没有从根本上使乌克兰走上有序和稳定的正常发展轨道。空前强化总统权力的总统议会制虽然暂时得以推行，但总统与议会及其内部各党派之间的矛盾却变得日益尖锐化。在库奇马执政时期，乌克兰各项经济和社会改革进展缓慢，腐败程度进一步加深，地区、民族矛盾不断积累发酵，这些都为后来乌克兰走上激进的"颜色革命"道路埋下了伏笔。

2004年底，乌克兰爆发了轰动世界的"橙色革命"。在这场以总统选举中的舞弊问题为导火索的政变运动中，尤先科最终战胜时任总理亚努科维奇，成功当选乌克兰总统。当选后的尤先科迫于来自国内外的压力，对国家权力结构进行了重大调整。根据2004年12月通过的《宪法》修正案，自2006年1月1日起，乌克兰由总统议会制转变为独立之初的议会总统制，政府由对总统负责转为对议会负责。虽然仍是国家元首，但总统的实际权力已被大幅削弱。但是，这一权力分配结构改革仍未能从根本上化解政府与总统之间的矛盾。当总统与政府之间的矛盾不可调和时，频繁更换总理往往成为政治斗争的必然结果。而在议会内部，支持总统和总理的不同政治派别之间的激烈斗争也在不断加剧。由此，总统、政府和议会之间无休止的斗争伴随着尤先科政权的始终。

在2010年的总统选举中，利用尤先科和季莫申科两派势力分裂的契机，亚努科维奇顺利当选总统。亚努科维奇执政后，废除了

---

① 孙壮志主编：《独联体国家"颜色革命"研究》，中国社会科学出版社2011年版，第109、111、418页。

2004年通过的《宪法》修正案，将乌克兰的政体又改回总统议会制，总统的权力重新得到了加强。然而，2013年底，以亚努科维奇放弃与欧盟签署联系国协定为导火索，反对派势力在全国迅速掀起要求亚努科维奇下台的浪潮。对示威游行处置失当的亚努科维奇被迫与反对派妥协，并最终被议会驱赶下台。2014年2月21日，乌克兰议会投票通过决议，恢复2004年宪法，这标志着议会和政府的权力重新得到扩大，总统权力则再次受到削弱，乌克兰重回议会总统制的改革起点。

纵观乌克兰独立以来30多年的政治转轨历程，针对国家权力分配和制衡制度的改革从未停止，始终是乌克兰国内政治斗争的核心议题。然而，令人遗憾的是，乌克兰并未在该问题上实现质的突破，各派势力在改革问题上陷入了"进一步，退两步"的怪圈。乌克兰各派势力表面上打着"民主""宪政"的旗号，实则是赤裸裸的争权夺利、尔虞我诈。政客们频繁的政治斗争给国家和人民带来的不是福音，而是持续性的政局混乱、经济衰败和社会的严重撕裂。从事物内外因的辩证关系来看，由制度失范而导致的"政治无序化"无疑是乌克兰政局长期持续动荡的根本原因。历史地看，这种制度性缺陷也正是乌克兰独立30多年来盲目推行西化道路以致最终陷入民主迷失的必然结果。

（二）西化幻影与民主化之殇

在经历了30年失败的西化之路后，今天的乌克兰已经彻底陷入西方设下的民主化陷阱而难以自拔。从国内因素来看，目前的乌克兰面临着国家认同感严重缺失和国家发展道路摇摆不定的困境。而从外部国际环境来看，以美国为首的西方国家长期以来对乌克兰实施的民主输出战略，无疑是乌克兰局势持续动荡最大的不确定因素。

首先，国家认同严重缺失是导致乌克兰持续动荡不可忽视的根源。自苏联解体以来，脱胎于高度集中的政治经济体制下的乌克兰，在国家认同方面长期难以达成共识。在漫长的历史时期内，乌克兰饱受外族欺凌，国土长期被分割统治。正是这种特殊的历史背景，造就了乌克兰传统上的"东西"之争。根据1989年的统计数据，"乌克兰总人口为5170.7万人，其中乌克兰人占72.7%，俄罗斯人占22.1%"①。近年来，虽然乌克兰族人口比重有不断上升的趋势，但俄罗斯族仍旧占据较大比重，尤其是在南部的克里米亚地区，俄罗斯族的比重更是超过一半。从族群分布情况来看，乌克兰族主要分布于西部地区，俄罗斯族则主要分布于东部和南部。从民族归属感上看，"历史上由于长期处于俄国和苏联管辖之外，西乌克兰人要求建立独立乌克兰国家的愿望更强。乌克兰西部地区成为历史上乌克兰民族主义运动的主要活动区域，与较早并入俄国的东部和南部相比，表现出更多的亲西方特性"②。

苏联解体、乌克兰独立后，虽然东西乌克兰之间在维护国家统一问题上持相近立场，但由于语言、宗教信仰和经济发展水平等方面的差异，东西两地区之间的分歧有逐渐扩大的趋势。1992年，作为乌克兰自治共和国的克里米亚就曾以议会决议的方式宣布脱离乌克兰，重新并入俄罗斯联邦。"独立以来，乌克兰历届政府为消除区域发展之间的失衡和减少族群关系中的不和谐采取了一系列措施，但历史上形成的东西部之间的差异，以及族群之间的隔阂很难在短时间内得到彻底改变。"③ 可以说，在独立后的乌克兰，这种由族群差异而导致的"东西"之争在历次政治纷争中都发挥着不可忽视的影响力。

其次，盲目西化背景下国家发展道路选择的失败，是乌克兰长

---

① 沈莉华：《乌克兰东西部纷争的历史根源》，《贵州社会科学》2013年第10期。
② 沈莉华：《乌克兰东西部纷争的历史根源》，《贵州社会科学》2013年第10期。
③ 何卫：《乌克兰危机的内外因素分析》，《当代世界》2014年第2期。

期动乱的根本原因。可以说,乌克兰独立以来的30年,也是西式民主大行其道的30年。苏联解体之后,陷入西式民主化歧途的乌克兰非但没有摆脱在国家发展道路上的迷惘,反而陷入一轮又一轮的政治动荡,患上了严重的苏联解体"后遗症"。

独立之初,乌克兰在国家道路的选择和国家政治建设方面一时陷入制度的真空期。在尚未充分考虑本国国情的背景下,急于摆脱旧体制束缚的乌克兰便迈出了民主化的步伐。于是,在"逃离"苏联、"拥抱"西方的口号之下,乌克兰几乎将美式的议会民主制全盘照抄。在乌克兰大多数政治精英看来,美国的两党制和三权分立无疑是实现政治稳定和国家繁荣的必然选择。然而,事实证明,美式民主在乌克兰遭遇到严重的"水土不服"。理想中的西式政党模式在实践中演化为少数寡头之间的争权夺利,尔虞我诈。"三权分立"的制衡原则也在强权政治和腐败横行中变得形同虚设。

以宪法为例,乌克兰1991年独立,由于来不及制定新宪法,因而仍沿用苏联时期的1978年宪法。直到1996年6月28日,乌克兰才颁布了第一部正式宪法。但在2004年的"橙色革命"中,1996年宪法又被以修正案的形式推翻。而在2010年亚努科维奇当选总统后,2004年宪法修正案又被废除。2014年2月21日,2004年《宪法》再度被恢复。短短十几年间,作为国家根本制度框架的宪法已经历了数次反复,完全沦为了政治寡头们"翻手为云,覆手为雨"的政治工具。

历史却已经充分证明,在乌克兰,西式民主所标榜的"自由""民主""平等""博爱"等美好愿景只是一幕幕虚假的民主化幻影。在历尽"民主"洗礼后的今天,一些乌克兰人不得不无奈且辛酸地承认:西方民主并不是一剂包治百病的"灵丹妙药"。名义上的西式民主带来的不是人民生活的安定与富足,更不是国家的稳定与繁荣,而只是无休止的政治纷争与社会动荡。从这个意义上说,来自国家内部的民主迷失无疑是造成今天乌克兰陷入转型陷阱的根本原因。

2004年，乌克兰爆发了"橙色革命"。对此，国际上一些政治势力无不感到欢呼雀跃、欣喜若狂，以为这是继冷战结束后国际民主化的"第四波"。然而，没过多久，当"颜色革命"的狂热褪去之后，一切又都复归了原形：宪法继续形同虚设，议会、政党和总统之间纷争不断，掌控国家的寡头们在不同政治势力的支持下继续上演着一幕幕你方唱罢我登场的政治闹剧。在独立后的乌克兰，国家的政治经济大权依旧掌握在少数几个寡头手中。他们或在幕后扶植代理人，操纵议会和总统选举，或凭借雄厚的资本实力，直接参与竞选。

以几次复出的季莫申科为例，被称为"天然气公主"的她早在20世纪90年代前后的乌克兰私有化浪潮时期就通过成立石油公司赚取了巨额利润。1996年，季莫申科又成立了"乌克兰联合能源系统"公司并出任总裁，该公司是乌克兰从俄罗斯进口天然气的主要经营商。在寡头横行的乌克兰，自上而下的腐败已经达到了空前严重的地步。根据"透明国际"2020年公布的世界廉洁指数，在总分为100分的测评中，乌克兰仅得到32分，在参评的179个国家和地区中位列第117位，连续多年被评为"严重腐败"国家。[①] 长期腐败得不到有效遏制，社会经济日益凋敝，广大普通民众的生活境况长期得不到改善，由此导致的社会矛盾和不满情绪一触即发。

在2014年乌克兰危机之中，正是因为亚努科维奇拒绝与欧盟签署联系国协定，才引发了来自西部的亲欧洲民众强烈的反对浪潮，并最终导致了亚努科维奇的下台。而早在三年前的2011年，

---

① http://www.transparency.org/cn/cpi/2020.

时任总统的亚努科维奇以季莫申科涉嫌在2009年越权同俄罗斯签署天然气购销合同为由判处其7年有期徒刑。可以说,自"橙色革命"以来,乌克兰政局已经演变为尤先科、季莫申科和亚努科维奇三人你争我夺的角力场。期间,一场场翻云覆雨式的"政治清算"无一例外都打着"民主"与"法律"的旗号。乌克兰与其说是"民主化",不如说是政治商业化、市场化、帮派化、地区化;与其说是民主政治,不如说是对抗政治、帮派争斗、清算政治和复仇文化。

(三) 外部操纵与相互绑架

苏联时期,乌克兰一向以工业基础雄厚和制造业发达著称,经济发展水平位居15个加盟共和国前列。苏联解体30年了,乌克兰是所有独立国家中经济水平下降幅度最大的,至今仍没有恢复到苏联解体前的水平。经济深陷谷底,政治动荡不已,除政治人物治国无方、缺乏责任之外,西方大国难辞其咎。

自冷战结束以来,包括乌克兰在内的独联体地区就一直是美国全球战略的重点关注对象。因此,无论是前几年的"颜色革命",还是此次"街头暴力""广场暴动",都不乏西方大国和"民主谋士"们策划、煽动的影子。针对当前的乌克兰和克里米亚问题,美国总统奥巴马2014年3月12日在白宫会晤乌克兰临时总理亚采纽克时,再次警告俄罗斯不要干涉乌克兰"内政",并强调美国"将与乌克兰站在一起"。[①] 克里米亚公投后,奥巴马则强调,克里米亚公投是在俄罗斯军事干预的"胁迫"下举行,违反乌克兰宪法,"美国绝不会承认公投结果"。奥巴马表示,俄罗斯的行为破坏了乌克兰主权和领土完整,"在欧盟伙伴的协调下,我们准备让俄罗斯

---

① http://news.xinhuanet.com/world/2014-03/13/c_119744116.htm.

为其行为付出更高代价"。但是，在表态坚决支持乌克兰的同时，奥巴马也"呼吁乌俄两国通过外交渠道解决纷争"。与2004年大力支持"橙色革命"有所不同，美国的上述表态反映了其在面对变化了的国际地缘格局和本国战略利益时的一种调整。

实际上，苏联解体后，美国虽然"没有一项明确阐述的统一的和始终如一的对独联体政策，但历史地看，美国对独联体政策的总体脉络却是十分清晰的"。① 对于美国而言，在全球范围内推广和输出美式民主和自由，始终是其对外战略的重要组成部分。对于乌克兰等独联体国家而言，向这些国家输入美式的民主制度和价值观念，促成"颜色革命"并建立亲美反俄政权，自然成为美国对独联体民主输出战略的重要目标。库奇马上台之后，推行更加西化的政治经济改革计划，美国也由此开始加大了对乌克兰的经济援助力度。而在"橙色革命"之前，鉴于俄罗斯在乌克兰所具有的传统意义上的影响力，美国虽然也从经济、政治、文化等方面不断加强对乌克兰的渗透力度，但一直未能打破俄罗斯在乌克兰长期保持的相对优势。直到2004年，在美国的积极鼓动之下，乌克兰爆发了"橙色革命"，亲美的尤先科最终当选总统，这也标志着美国对乌克兰的民主输出战略取得了"重大进展"。

从实施手段和方式上看，美国对乌克兰实施民主输出战略的手段是多样的，总体而言，主要由以下几个方面构成：

首先，通过经济援助等利益手段不断促使乌克兰进行所谓的"民主改造"。在与独联体各国的交往中，美国往往将自身的西式民主树立为独联体国家民主化改革的终极目标。同时，充分利用乌克兰等独联体国家经济普遍落后的弱点，向这些国家提供大量经济援助，以此来促进它们在与俄罗斯逐渐疏远的同时与美国建立起紧密

---

① 孙壮志主编：《独联体国家"颜色革命"研究》，中国社会科学出版社2011年版，第418页。

联系。冷战结束以来，为了在独联体国家中树立"民主样板"并达到反制俄罗斯的目的，乌克兰一直是美国最大的经济受援国之一。在此次乌克兰危机爆发后，为了帮助乌克兰应对"俄罗斯出于政治动机而采取的贸易行动"，奥巴马政府宣布向乌克兰提供10亿美元紧急援助，并推动国会批准国际货币基金组织（IMF）2010年份额改革方案，为乌克兰争取更多IMF贷款。[①]

其次，通过培养和扶植亲美反俄的反对派领导人，寻求从内部瓦解并控制乌克兰。例如，尤先科就是美国长期以来最为倚重的反对派领导人之一。早在1999年，尤先科就曾出任乌克兰政府总理。尽管标榜实行独立的外交政策，但尤先科却一直将乌克兰加入欧盟和巩固西式的价值观念作为自己的政治纲领。据美国媒体报道，在"橙色革命"前后的两年时间里，美国政府一共向乌克兰反对派提供了至少6500万美元的政治献金资助。这些资金除了为尤先科与美国领导人会面提供方便之外，还用于支付总统大选前后的各项政治开销。而尤先科的妻子卡捷琳娜在2004年放弃美国国籍之前，曾在美国国务院供职长达6年。除尤先科之外，刚刚被释放出狱的季莫申科也一直是美国扶持的重要对象。在过去的10年间，亲美的季莫申科和尤先科与亲俄罗斯的亚努科维奇三人之间无休止的政治斗争与清算，正是乌克兰政局混乱、民不聊生最真实的写照。

再次，通过各种非政府组织不断向乌克兰进行民主渗透。在形形色色的非政府组织中，以成立于1983年的美国国家民主基金会最具影响力。该基金会的宗旨是"促进及推动全球的民主化，并向相关的非政府组织及团体提供资助"。实际上，除了一小部分民间捐助，该基金会绝大部分的经费都来自美国国会通过国务院进行的年度拨款。

---

① http://news.xinhuanet.com/world/2014-03/05/c_126221077.htm.

最后，通过扶植各种"自由媒体"来进行思想舆论渗透。一方面，通过长期灌输，促使广大民众从思想上接受美式自由民主理念，彻底瓦解乌克兰民众针对西方的思想防线。另一方面，在总统和议会选举等关键时期，利用媒体来诱导舆论支持亲美的反对派势力，肆意攻击竞争对手。

总之，在冷战结束后的独联体地区，虽然始终标榜"美国的首要利益是帮助确保没有任何一个大国单独控制这一地缘政治空间，保证全世界都能不受阻拦地在财政上和经济上进入该地区"①，但事实上，在美国全球民主输出战略的表象下，暴露出的往往是赤裸裸的全球地缘战略企图。在乌克兰，当"颜色革命"的光环褪去之后，政治稳定、经济发展、民族和睦等美好的目标并没有伴随着"革命"的结束如约而至。除了徒有其表的"民主外衣"，留给这些国家的只能是持续动荡的政局、日益凋敝的经济和不断尖锐化的族群矛盾等一系列社会问题。从本质上而言，乌克兰不过是美国全球战略格局中的一颗棋子。追根溯源，在乌克兰自"橙色革命"以来的种种政治乱象之中，以美国为首的西方国家的民主输出战略无疑难辞其咎，它们打着民主的旗号，向乌克兰输出的却并非真正意义上的民主，而仅仅是导致无休止的混乱与无序的劣质民主。

综上所述，在经历了西化道路上长达30年的迷失之后，今天的乌克兰仍旧处在国家认同缺失和国家发展道路迷惘的转型陷阱之中。乌克兰的政治转型依旧长路漫漫，距离实现真正的现代国家建设目标仍然遥遥无期。放眼未来，在内忧外患的双重压力之下，如果乌克兰各方力量仍不能尽早在国家建设和发展道路这些根本性问题上达成共识，而是继续陷入党派纷争、民族和区域矛盾等泥潭中，继续在财阀、寡头和党派利益中周旋，那么乌克兰将无法从根

---

① [美] 兹比格纽·布热津斯基：《大棋局：美国的首要地位及其地缘战略》，中国国际问题研究所译，上海人民出版社1998年版，第197页。

本上摆脱大国政治"夹缝"的束缚，无法逃脱"周期性"政治动荡的怪圈，也无法摆脱边缘化生存的泥潭。

（四）超越民主化"陷阱"：反思与警示

时至今日，与乌克兰同时期独立的其他独联体国家大都已经度过了独立之初的阵痛期，走上了适合本国国情的发展道路，而乌克兰却陷入了民主的迷惘与转型陷阱难以自拔。近年来，乌克兰局势的变化虽波澜起伏，但不足为奇，可以说是其固有政治逻辑下的必然结果，乌克兰在迷惘中又回到了30多年前的原点。回顾30多年的转轨历程，乌克兰在国家认同、政治制度建设、政治文化培育和对外政策等方面的经验教训值得深刻反思。

国家认同是现代民族国家建设的前提和基础。苏联解体之后，乌克兰继承了苏联时期留下来的民族矛盾等政治遗产，"东西"之争继续成为阻碍乌克兰国家认同的首要障碍。在今天的乌克兰，西部倾向于欧洲的乌克兰族群与东、南部亲俄的俄罗斯族群间始终存在着严重的国家认同分歧，双方在国家发展道路等问题上至今纷争不断。在这样的背景下，盲目推进民主化改革必然会触发一系列积蓄已久的矛盾，使国家的政治转型面临巨大的风险。稍有不慎，任何本着"民主"出发点的政策最终都可能会演变成煽动族群冲突乃至国家分裂的工具。当前，乌克兰东西之间在经济发展水平、宗教信仰、语言和生活习惯方面的差异仍然存在。因此，要最终消除两派在国家认同上的差距，就必须抑制并逐步消除彼此之间的隔阂。只有当各方在国家认同这一基本问题上达成一致以后，民主化才不至于诱发更严重的内乱与分裂。

健全的制度基础是确保政治稳定的基石。健全的制度基础包括制约权力的根本制度——宪法，以及与之相配套的一系列法律和制度安排。比较政治学的经验表明，政治稳定的实现要求政治参与与政治制度化水平的共同提高。因此,"如果要保持政治稳定,当政治参与提高时,社会政治制度的复杂性、自治性、适应性和内聚力也必须随之提高"①。

独立之初,乌克兰虽然照搬了美国的总统共和制,拥有民选的议会和宪法,但却徒有其表。从国家权力结构来看,总统与政府、议会之间的权力分配格局始终没有明确,三方围绕权力的斗争持续不断。同时,宪法受制于各党派之间的利益争夺,对国家权力的限制形同虚设。而在已经实现全民普选制度的乌克兰,政治参与度空前膨胀。这样,在开放的选举过程中,缺乏制约与监督的权力便不可避免地侵害到选民的利益。同样,由于缺乏成熟、合法的制度化机制来进行纠正,选民就必然会通过广场示威甚至暴力手段来实现表达自己的政治意愿的目的。在乌克兰独立以来的历次政治动乱与宪政危机中,政治参与的空前扩大与政治制度化水平低下之间的矛盾都是导致劣质民主、暴力民主盛行的制度根源。

在国家认同和制度基础之外,良好的政治文化是避免民主化陷阱必不可少的非制度因素。"政治文化是一个民族在特定时期流行的一套政治态度、信仰和感情,它是由本民族的历史和现实在社会、经济、政治活动进程中所形成。"② 在现代民主政治中,良好政治文化的关键在于不同族群之间的相互宽容与妥协。在民主政治完善的社会,"民众政治文化最重要的作用与民主政治的长期稳定有关:政治文化通过提供坚实的民众支持基础来稳定民主政治"。③ 在乌克兰的政治转轨过程中,一方面,政治精英之间过分强调权力的

---

① [美] 塞缪尔·亨廷顿:《变化社会中的政治秩序》,上海世纪出版集团2008年版,第60页。
② [美] 加布里埃尔·阿尔蒙德、小G. 鲍威尔:《比较政治学——体系、过程和政策》,曹沛霖等译,东方出版社2007年版,第26页。
③ [美] 罗纳德·英格尔哈特:《现代化与后现代化》,严挺译,社会科学文献出版社2013年版,第187页。

争夺，忽视了以国家和民族为基础的宽容与妥协精神，导致国家政局陷入持续的混乱无序之中；另一方面，普通民众在国家政局混乱、腐败盛行与经济危机的背景下，不愿为社会的政治稳定提供有力的民意支持。在二者的共同作用下，乌克兰始终难以形成民众与政治精英之间的良性互动，国家政治秩序陷入周期性动荡的怪圈。

今天的乌克兰仍旧处在国家认同缺失和国家发展道路迷惘的转型陷阱之中。放眼未来，如果乌克兰各方力量仍不能尽早在国家建设和发展道路这些根本性问题上达成共识，而是继续陷入党派纷争、民族和区域矛盾等泥潭中，继续在财阀、寡头和党派利益中周旋，那么乌克兰将无法从根本上摆脱大国政治"夹缝"的束缚，无法逃脱"周期性"政治动荡的怪圈，也无法摆脱边缘化生存的泥潭。

反思乌克兰落入民主陷阱的深刻教训，对于正处在转型期的广大发展中国家无疑具有重要的警示意义。

一是要对某些西方大国打着民主旗号，实则输出动乱的战略意图保持高度警惕。冷战结束以来，民主已经被严重地泛国际化。在西方战略家眼中，民主已经成为一种全球化现象，成为无处不在、无所不能的价值、观念、标准、制度、原则、做法等。伴随着民主国际化进程的加快，民主实际上已经异化为某些西方大国对外扩张的政治工具。它们将民主包裹上华丽的外衣，以各种手段大肆向发展中国家输出。然而，西方大国对外输出民主的意图并不是要促进这些国家的发展，而往往是出于自身的战略利益考虑，盲目接受这种所谓的"民主指导"只会落入西方大国的政治圈套，使国家堕入动乱的泥潭。

二是要树立正确的民主观，认清假民主和劣质民主的危害。民主概念有其自身的复杂性和特殊性，民主制度的真正实现也有赖于稳定的国家认同和一套行之有效的完善的制度体系，以及与之相适应的成熟的政治文化环境。在广大发展中国家，民主有其自身的特点、规律和发展阶段，一切片面化、标签化、碎片化的民主都是虚假甚至劣质的民主，它们不仅背离了民主的真谛，更有可能给整个国家、社会和人民带来灾难。

三是要对在发展中国家盲目推行民主所造成的实质性危害保持清醒的认识。对于处于转型期的国家而言，国家认同、制度建设、民主文化等民主的必备条件尚不完善，盲目推行民主，其结果只能是国家动乱，人民遭殃。以乌克兰为例，在20多年的西化历程中，获得民主化"红利"的几乎都是掌握国家政治经济资源的少数寡头，广大人民则无缘分享民主所带来的发展成果，只能始终处于政局混乱、经济凋敝的社会最底层。

四是要认清西方大国及其代理人对外鼓吹民主的实质，破除对西方民主的迷信。纵观冷战结束以来国际民主化的历史，在某些西方大国民主输出战略实施的过程中，往往不乏一些盲目崇拜和迷信西方民主的"公知"或"民主小贩"们的身影。无论是前几年的"颜色革命"，还是此次乌克兰危机中的"街头暴力""广场暴动"，都不乏西方大国及其"民主谋士"们策划、煽动的影子。在对某些西方大国民主输出战略保持高度警惕的同时，也必须切实认清这些"代理人"及其相关言行的实质。

五是要树立对国家发展道路的自信，增强本国的政治发展力和抵御外部势力侵蚀渗透的能力。对于广大发展中国家而言，政治发展任务繁多，民主政治建设并不是其中的唯一内容。在不同的社会发展阶段，一个国家需要的政治发展方向、发展道路、发展价值和目标往往是不同的。不同的国家战略和民族目标任务决定了这个国家这一时期的政治主题和政治发展方式。在国家政治发展的进程中，民主政治建设要统一于政治发展的总目标，要与经济建设、社会建设、文化建设、法制建设等进程相协调。只有在上述目标实现统筹兼顾和综合提高的基础之上，才能不断确保民主政治建设任务的落实，使民主政治发展的成果真正惠及每一个社会成员。

五 西式民主的退潮与政治泡沫的破灭

在西方所谓"普世价值"体系中，西式"民主"对于广大发展中国家而言，无疑又是最具迷惑性、煽动性和破坏性的政治话语之一。因此，能否充分认清并自觉抵制西方"普世价值"旗号下所宣扬的"自由""民主""人权""宪政"等错误思想，洞悉西式民主的逻辑迷思与霸道底色，不仅事关我们党能否坚定对马克思主义的信仰和对社会主义、共产主义的信念问题，也是一项攸关中国特色社会主义事业兴衰成败的重大理论和现实课题。

（一）"神话"的诞生与泡沫的破灭

历史地看，民主作为一种带有普遍性的世界政治现象，始于冷战结束前后。20世纪90年代苏联解体和东欧剧变，标志着欧美等西方大国打赢了一场"没有硝烟的战争"，同时也极大地助长了西方世界对于西式民主"优越性""普适性"的所谓"自信"。一时间，各种披着"历史的终结"外衣的关于民主的概念、理论、宣传话语等层出不穷，进而建构出一个个有关西式民主的"神话"。

一些人将西式自由民主当作"普世价值"，将西式自由民主政治当作全世界通用的政治模式，这与19世纪西方建立殖民体系时提出的"白人至上论""白人优越论"同属一个性质。在理论和实践中将西式民主凌驾于由各文明体系构成的人类社会之上，是一种典型的逻辑迷思和话语霸权，其结果不仅无助于各国的政治发展，反而会酿成地缘政治灾难和世界格局混乱。

"是非疑，则度之以远事，验之以近物。"冷战结束后30年的国际政治历史充分表明，非西方国家因照搬西式自由民主而出现的政治乱象，以及西方政治阵营出现的难以克服的制度性痼疾，不仅彻底颠覆了西式自由民主所谓"优越性""普适性"的神话，也逐一击碎了在少数西方大国的不断煽动下所泛起的诸多"民主泡沫"。20世纪90年代前后，戈尔巴乔夫打出"民主化""公开性"的改革旗号，最终的结果却只是国家的解体、国际地位和国家实力的一落千丈以及人民生活水平的持续下降。同样，对于广大发展中国家而言，西式民主也绝非弥合社会分歧、促进经济增长以及实现社会稳定的"良方"。无论是世纪之交的"颜色革命"，还是后来的"阿拉伯之春"，西式民主给这些国家和人民带来的恰恰是永无休止的四分五裂、战火纷飞与生计无依。

另外，对于长期以民主"教师爷"自居的少数西方大国而言，由西式自由民主的极度膨胀而导致的政治效能低下、社会撕裂、族群分化等一系列负面效应也在不断动摇和反噬西方世界对于自由民主的信念与根基。可以说，在冷战结束30年的时间里，西式民主大致经历了一个从神话的诞生，到民主化的扩张，再到泡沫的逐一破灭的演变过程。认清冷战后西式民主的这一发展演变过程，是我们从根本上破除西式民主迷思的前提和基础。

（二）逻辑迷思与霸道底色

实际上，随着近现代以来西方的强势崛起，西式民主才被西方世界逐渐垄断、无限放大并予以神话，从而最终确立起看似无可争议的发展逻辑与"普世"意义。在西方启蒙运动时期，西方世界的关注重点在于对内强化集权与对外殖民扩张，此时关于民主的理论与实践还处于起步阶段，还谈不上所谓的对外模式"输出"。直到19世纪，民主才在西方一些主要国家开始了由观念到制度、从理论到实践的过渡。至于民主成为所谓的世界范围内的政治话题，则是在进入20世纪之后。第二次世界大战结束后，西式自由民主被确立为以美国为首的西方阵营向社会主义阵营挑战与对抗的意识形态工具并伴随"冷战"的始终。随着东欧剧变、苏联解体的相继爆发，西式民主开始被少数西方大国包装成对抗苏联并最终赢得冷战胜利的"利器"。

回顾20世纪尤其是冷战结束后的世界历史发展进程，我们发现，作为人类社会的一种带有普遍性意义的价值追求，民主无疑是具有积极意义并值得肯定的。然而，结合冷战结束后30年来世界政治发展的具体进程，我们却不无遗憾地看到，在少数西方大国的垄断与操纵下，西式民主以其固有的逻辑与霸道，将为数众多的非西方国家拉入一系列关于民主的认识误区与思想迷局。

民主的泛国际化。冷战结束后，民主作为击垮社会主义阵营的"利器"，被少数西方大国重新拾起，作为区分国家间关系亲疏甚至区分敌我的工具与标签。由此，在西方政界、学界、媒体界等的轮番炒作之下，民主逐渐被确立为国际政治的热门话题，成为一种国际性话语。正如个别西方政客和学者所标榜的那样，在冷战后的国际社会，西式民主已经成为与自由市场经济地位同等重要的人类社会的一种所谓终极形态。具体而言，冷战结束后至今，通过"颜色革命""阿拉伯之春"等"民主输出"活动，西方世界持续地将西式民主的国际化浪潮不断推高，并试图继续牢牢把控在民主领域的话语权和制高点。

民主的神圣化、宗教化。西式民主是在一定历史和社会条件下，在基督教文明体系中形成的价值理念和政治制度，带有浓厚而深刻的所谓盎格鲁-撒克逊文明基因，并且已经经历了数百年的历史演化过程。正是在这一基础之上，少数西方大国借助在国际社会的政治、经济、文化等多领域的霸权优势，通过一系列政治操作赋予西式民主某种神秘色彩和神奇力量。以东欧剧变和苏联解体为例,在两极对峙的冷战时代,为了分化、瓦解社会主义阵营,西方世界尝试从政治、军事、经济、文化等多方面大量投放资源,但最终直接促成这一地缘政治巨变的却是自由、民主、人权等以"和平"方式呈现的软实力因素。进入21世纪以来,无论是"颜色革命"还是"阿拉伯之春"等政治剧变,也都被冠以"玫瑰""茉莉花"等带有温情、神秘甚至浪漫色彩的标签。通过西方世界的精心策划与包装,西式民主仿佛具备了天然的正义性、神圣性、和平性,甚至由此所带来的矛盾、冲突与杀戮都可以一笔带过。

民主的工具化、功利化。冷战结束以来,西式民主在很大程度上已经脱离了追求政治自由与权利的原始意义,进而演变成为少数西方大国对其他国家实现政治经济文化"改造"等目的的工具和手段。在这一点上,进入20世纪后的美国可谓是其中的典型代表。早在"一战"期间,时任总统的威尔逊更是对外宣称,"民主可以而且应该超越一国内部进而被应用在国际政治领域"。"二战"结束直到后冷战时代,美国更是凭借其资本主义世界霸主的地位,将"民主输出"作为一种国家战略对外推行。在这一政治逻辑下,凡是与以美国为首的"自由世界"意见不同的国家,都被无端地指斥为"非民主""独裁"政体并受到制裁、武力威胁甚至军事打击。由此,西式民主实际上已经成为少数西方大国实现自身战略利益和标榜国际形象的名不副实的政治工具。

民主的标签化、碎片化。进入近代以来,西方民主从概念、理论和体系等多方面都被极度地简化甚至大幅地改造,从而离"人民的权力"这一原初价值渐行渐远。尤其是自美籍奥地利政治经济学家熊彼特的"精英主义"民主理论诞生以来,西方民主正式被全面地改造为以竞争性选举为核心的当代意义上的"西式民主"。在这一民主理念中,民主的实质已经被剥离殆尽,剩下的仅仅是以选举为中心的技术性、程序性内容。在这种标签化、碎片化了的民主之下，人民的权力被改造为人民被动地选择"统治者"，民主的实质也被分解为单调的、碎片化的选举操作。由此，判断一个国家是否"民主"的标准也被标签化为是否有竞争性的选举。对于广大非西方国家而言，民主化自然也就成为片面引进西式民主选举的单一过程。

民主的庸俗化、手段化。与少数西方大国表面上宣扬的民主的"优越性""普适性"不同，现实中的西式民主往往不像西方政客或媒体渲染得那样冠冕堂皇。事实上，即使是在一些西方国家内部，民主也充满着浓厚的阶级、阶层属性。对于这些国家的公民来说，名义上的自由、平等在实际的阶层划分、财富占有状况悬殊、族群宗教隔阂等因素的作用下，几乎已经变得面目全非，甚至完全沦为极少数群体的内部游戏。而对于那些"民主输出"的对象国，民主更是演变成为少数西方大国分化、瓦解其内部各派力量和寻找政治代理人的工具。对于这些国家而言，它们或通过提供经济军事支援以直接寻求代理人，或通过煽动策划街头政治以扶植某一派势力上台。总之，西式民主在这些国家已经成为特定国家赤裸裸地干涉他国内政、寻求特殊利益的廉价手段。

民主的绝对化、终极化。这一点主要表现在将西式民主的"优越性""普适性"无限夸大，甚至赋予其某种历史终极意义和价值。例如，以冷战后将西式自由民主定义为人类社会政治形态发展终点的所谓"历史终结论"，其代表性的学者为日裔美籍学者福山。又如，虽然认为西式民主并非是历史的终结，但仍强调其自身的独特性和优越性，是世界上诸多政治形态中的最优选项，其代表性学者为提出民主化"第三波"和"文明冲突论"的美国政治学者亨廷顿。总之，无论是否承认西式民主具有"普世价值"，绝大多数西方学者均从绝对价值意义上肯定西式民主之于世界上其他类型民主制度的相对"优越"地位。

（三）超越西式民主，走全面发展的政治道路

面对上述关于西式民主问题的迷思与悖论，我们应坚持政治性与科学性的统一，要树立正确的民主观，正确认识民主问题，勇于超越西式民主，善于驾驭民主化。总而言之，民主是成长的、多样的、具体的、现实的以及历史的。

注重民主的民族性和主权性。政治的多样性和文化的多元性决定了世界上任何两个国家之间都不可能具有完全相同的政治制度和发展道路。对于一国的具体的民主而言，必须首先考虑到特定的政治、经济、社会、文化等具体国情。正如上文所言，西式民主从一开始就是与西方具体国家和地区的特定国情相适应的，不应作为放之四海而皆准的政治准则来加以推广甚至搞所谓的"民主输出"。冷战后大量第三世界国家的现实案例表明，不顾具体国情而盲目引入西式民主模式，不仅在理论上站不住脚，在实践中也必然贻害无穷。

认识到民主发展的历史性和具体性。人类社会政治发展的历史进程表明，民主及其发展是一个长期而又复杂的过程，只能做到因地制宜，并充分考虑到具体国家和地区的社会政治进程以及经济社会发展程度。同时，民主还应是具体的、历史的，对于任何一个国家和地区而言，都不存在任何单一的民主化方案。此外，民主的具体发展，也不能仅仅凭借社会个体的良好的意愿，不能脱离现实而盲目发展；更不能脱离相应的实践基础而一味模仿他国具体模式。真正切实可行的民主发展路径，必然需要从根本上处理好民主与社会生产力发展之间的辩证关系，并在经济社会发展水平相适应的基础上稳步有序推进。

强调民主的成长性和阶段性。民主政治建设具有客观上的成长的阶段属性，不仅需要相对长远的发展战略，还要有近期的阶段性

目标，不能急于求成，也不可能一蹴而就。与西式民主片面强调所谓"普适性"正相反，民主的发展必然是有条件的，要受到具体国家和地区的政治、经济、文化、历史传统、公民素质和人民政治生活习惯等因素的制约。对于广大非西方国家的民主发展而言，一定的"度"与适当的"火候"是必不可少的。在这方面，冷战结束30年来世界政治发展的实践已经为我们提供了一系列有关民主政治发展的经验与教训。

六　民主国际评估的政治底色

当今世界，思想政治领域的较量与斗争日趋白热化。在西方各类政治排行所谓"客观""中立"的表象背后，折射出的是日益激烈的国际话语权较量以及更深层次的政治斗争。目前，国际政治领域的排行至少呈现出以下三大特征：一是有着强烈的意识形态属性和战略意图；二是多以西方政治模式为样本，借用选举、多党竞争等民主、自由、人权为指标来评判；三是西方世界掌握了评价标准制定权和话语权，多由非政府组织、媒体和大学、研究机构一起发布。这实际上是西方世界打着学术研究和客观评价的幌子，它们利用"民主、自由、人权"等片面性指标对世界各国进行政治排名，借以塑造自己道德上"高尚"和政治上的"优越"，贬低、影响甚至操纵他国政治。借助上述政治评价和排行榜，西方大国混淆国际舆论，推行所谓"排行榜外交"，打着"民主和人权"的幌子，借机向非西方国家搞"民主人权输出"，最终实现其地缘政治利益和远期的战略意图。

简而言之，政治评估与民主排行，是继"大棒外交""胡萝卜外交"以及利用全球媒体推销"普世价值"的"扩音器外交"之后，以美国为首的西方国家掀起的又一轮的所谓"软实力较量"。政治排行榜是反映了话语权的较量,已经成为国际间争夺软实力和政治影响力的重要战场。

(一) 西式民主:政治浪潮与学术泡沫

从世界范围来看,民主化无疑是二战结束以来全球政治发展领域最为重要的现象之一。然而,在全球民主化发展的政治浪潮中,我们也应清醒地看到,民主的真谛并未被完全理解并运用到民主化的进程之中,单一维度的民主化与多元维度的政治发展之间被简单地画上了等号。"二战"结束后初期,在经历了短暂的繁荣局面之后,全球民主化进程便迅速转入低潮期。对西式自由民主的简单移植并没有给相关发展中国家带来预期中的稳定与繁荣,取而代之的是持续不断的政治衰败与社会动荡,西式民主化几乎从一开始就在全球范围遭遇到了发展的悖论。

冷战结束以来,西式自由民主挟冷战"胜利"之势重新在全球范围内大行其道。一些西方学者甚至乐观地认为,自由民主作为一种终极的意识形态与治理形式即将实现"历史的终结"。[①] 然而,进入21世纪以来,"颜色革命"迅速"褪色","阿拉伯之春"泛起的民主"泡沫"也接连破灭。在绝大多数新兴"民主"国家,虚假的、无效的"劣质"民主持续蔓延。甚至在成熟的西方民主制国家,自由民主的泛滥所带来的反噬效应也在不断升级之中。"民主体制的缺陷日益显现,对政治的幻灭感大行其道。然而,就在几年前,民主看起来似乎即将统治整个世界。"[②] 可以说,20世纪下半叶至今,在虚假"繁荣"的背后,民主化所衍生出的发展悖论依然在严重困扰着身处其中的绝大多数国家。

[①] Francis Fukuyama, "The End of History?" *The National Interest*, No. 16, 1989, pp. 3–18.
[②] What's Gone Wrong with Democracy, Economist, 2014.3.1, http://www.economist.com/news/essays/21596796 – democracy – was – most – successful – political – idea – 20th – century – why – has – it – run – trouble – and – what – can – be – do.

受到战后西方行为主义革命的深刻影响，西方政治学界对于民主测量始终保持着极高的兴趣与关注度。一代又一代的学者相继投身其中，乐此不疲。20世纪50年代以来，针对民主测量与评估的研究不断涌现，形形色色的测量方法、指标体系与排名层出不穷。其中，比较有代表性的指标体系包括："自由之家"（Freedom House）的全球自由状况评估报告（freedom in the world）、《经济学家》杂志情报社（the Economist Intelligence Unit）的民主指数（democracy index）、贝塔斯曼基金会（Bertelsmann）的转型指数（transformation index）以及政体第四代项目（Polity IV Project），等等。时至今日，在有关民主测量的学术研究活动和其他国际舆论场合，这些指标体系依然在持续活跃并已具备了相当程度的国际影响力和话语霸权。然而，这些既有的指标体系在测量方法、测量维度和指标选取等方面都不同程度地存在严重的主观性、片面性甚至是意识形态偏见。相比之下，在国际民主测量和评估领域，广大发展中国家却处于严重的失语状态，几乎没有任何有影响力的测量指标体系。在全球化深入发展的今天，世界各国之间的竞争很大程度上已经转向了围绕国际话语权的争夺。对于广大发展中国家而言，民主测量话语权的缺失不仅意味着丧失对本国政治发展进程的国际阐释权，更是对自身意识形态和国家安全的严重威胁。因此，充分立足发展中国家政治发展的实践，正确批判和反思西方民主测量的理论与实践困境，对于走出民主认识的迷惘，争夺民主测量的主动权和国际话语权，进而探索适合本国的政治发展道路无疑具有十分重要的理论和现实意义。

（二）民主评价的概念辨析与理论演变

从概念层面上看，通过对民主概念及其评价标准的"改造"，西方自由民主理论家从一开始就赋予了民主测量以浓厚的"精英主义"和"西方中心论"色彩。民主概念始自两千多年前的古希腊城邦时代，意为"人民的统治"。不过，随着希腊文明的迅速衰落，民主在漫长的历史时期内逐渐被人们所遗忘。直到近代，民主才又被西方资产阶级赋予新的生机。然而，重获"新生"的民主却被西方理论家极大地简化或精英主义化，从而与追求"人民当家作主"的原初目的渐行渐远。在现代精英民主理论的创始人约瑟夫·熊彼特（Joseph Schumpeter）看来，民主就是"为作出政治决定而实行的制度安排，在这种安排中，某些人通过争取人民选票取得作决定的权力"。① 正是从熊彼特开始，"人民当家作主"被异化为以举行竞争性选举为核心特征的选举民主。而在主张"民主就是承认被统治"的乔万尼·萨托利（Giovanni Sartori）那里，所谓"统治的人民"只是真实存在于选举之时，因为"民主过程正是集中体现在选举和选举行为之中"。② 此外，罗伯特·达尔从过程取向的角度出发，将民主定义为符合以下五项标准的制度安排，即有效的参与、选票的平等、充分知情权、对议程的最终控制和成年人的公民权。③ 总之，在西方主流民主理论家看来，既然"人民"在现代社会条件下已经成为一个高度分化的不确定性概念，那么人民当家做主事实上也就变得难以确定与实现。因此，在"形式就是内容"观念的引导下，民主实际上已经被西方理论家简化甚至偷换为以竞争性选举为核心的"选主"④ 政治。

在民主的评价标准与维度方面，达尔在研究多头政体过程中所

---

① ［美］约瑟夫·熊彼特：《资本主义、社会主义与民主》，吴良建译，商务印书馆1999年版，第395—396页。

② ［美］乔万尼·萨托利：《民主新论》，冯克利、阎克文译，上海人民出版社2009年版，第135、102页。

③ ［美］罗伯特·达尔：《论民主》，李风华译，中国人民大学出版社2012年版，第33—34页。

④ 关于选主政治的概念，参见王绍光《民主四讲》，生活·读书·新知三联书店2008年版。

提出的"竞争—参与"模式在西方民主研究领域最具权威性。他将公开争论和参与权确定为民主化的两大基本理论尺度，任何一种政体都可以被置于两者所构成的二维空间中的任何一点。① 可以说，达尔所确立的这一评价模式深刻影响了 20 世纪 70 年代以来西方的民主测量研究与实践，并最终成为该领域的基本范式。当然，对于达尔的民主测量范式，西方民主理论家中也不乏批评者。例如，查尔斯·蒂利（Charles Tilly）就指出，达尔判定民主的五项标准在涉及具体问题时有两个缺点：一是它们共同描述了最小量的民主制度，而不是一系列连续的变量；二是它们中的每一项都是在大的界限内起作用，如果超出界限，其中的某些标准就会相互冲突。在达尔理论的基础上，蒂利做了进一步的补充与修正。他指出，判定民主与否必须至少具备广泛性、平等、保护和相互制约的协商这四个在局部相互独立的维度。"当一个国家和它公民之间的关系呈现出这些特点，我们就说其政权在这个程度上是民主的。"② 尽管在竞争性选举这一基本点上具有共通性，但到目前为止，围绕民主的评价标准问题，西方学界却未能达成一个为各方所认可的共识。因此，在围绕民主概念本身的认识业已高度碎片化的前提下，人们对于民主测量的认识就更难以取得完全一致了。对于民主测量而言，民主概念本身的争议性必然导致无法建立一个普遍接受的统一定义。这就好比人们如果不能就"X"是什么达成共识，那么也就更谈不上对"X"进行权威性的测量。③

---

① ［美］罗伯特·达尔：《多头政体——参与和反对》，谭君久、刘慧荣译，商务印书馆 2003 年版，第 14—18 页。

② ［美］查尔斯·蒂利：《民主》，魏洪钟译，上海人民出版社 2009 年版，第 9、12—13 页。

③ Michael Coppedge, John Gerring, David Altman, Michael Bernhard, Steven Fish, Allen Hicken, Matthew Kroenig, Staffan I. Lindberg, Kelly McMann, Pamela Paxton, Holli A. Semetko, Svend-Erik Skaaning, Jeffrey Staton and Jan Teorell, "Conceptualizing and Measuring Democracy: A New Approach", *Perspectives on Politics*, Vol. 9, No. 2, 2011, p. 248.

严格意义上讲，西方关于民主测量的研究与实践始于二战结束以后。20世纪50—60年代，以美国为代表的西方学者最早对政治发展及其测量问题展开研究。与此同时，欧美国家的一些官方或非官方组织也开始在学者理论研究的基础上，依据特定的标准或维度对世界上不同国家或地区的民主状况进行测量与评估。1958年，丹尼尔·勒纳（Daniel Lerner）在其《传统社会的消逝：中东现代化》一书中明确将选民参与选举的比例确定为测量一国民主的重要指标。① 而在探讨民主与经济发展相关性的过程中，西蒙·李普塞特（Seymour Lipset）也依据选举结果，将欧洲以及母语为英语的28个国家划分为稳定民主、不稳定民主与独裁两类；依据历史学家的分析判断，将20个拉丁美洲国家划分为民主与不稳定独裁、独裁两类。② 当然，并不是所有的西方学者都将大众参与程度视为衡量民主的核心指标。例如，早期的塞缪尔·亨廷顿（Samuel Huntington）就认为，大众政治参与并不绝对意味着较高的民主程度。例如，苏联、东欧等社会主义国家也存在着广泛和制度化的政治参与，而这些国家显然与传统意义上的西式民主国家大有区别。③ 此外，菲利普·卡特莱特（Phillips Cutright）也主张从测量政治发展的宏观角度来看待民主测量，即"一个国家的政治发展的程度，可依国家的政治制度的复杂性和专业化程度来界定"④。在具体的指标体系方面，卡特莱特以1940—1960年间的77个主权国家为考察对象，通过对这些国家立法和行政机关的绩效进行赋值和加总，发

---

① Daniel Lerner, *The Passing of Traditional Society: Modernizing the Middle East*, New York: Free Press, 1958, p.68.

② Seymour Martin Lipset, "Some Social Requisites of Democracy: Economic Development and Political Legitimacy", *The American Political Science Review*, Vol. 53, No. 1, 1959, p.74.

③ ［美］塞缪尔·亨廷顿：《变化社会中的政治秩序》，王冠华等译，上海人民出版社2008年版。

④ 转引自陈鸿瑜《政治发展理论》，吉林出版集团2009年版，第83页。

展出一套用于衡量不同国家政治现代化程度的政治发展指数。①

20世纪70年代，随着西方民主理论研究的深入开展，西方民主测量在研究成果方面不断走向多样化的同时，却在研究方法和范式上变得日趋保守化。其中，达尔关于多头政体（polyarchy）的"竞争—参与"研究范式对于民主测量的影响举足轻重。通过对世界上114个国家或地区的政治自由程度进行指标测量，达尔得出了多头政体更具合理性的一般结论，即"多元政体能将政治影响力广泛地分布在社会上从而能够代表更多人的利益，并比其他类型的政治体系更能满足人民的要求"②。可见，在达尔过度自信的政治理念中，西式自由民主已被视为理所当然的参照系，而其他非西方国家的民主传统与政治发展实践则几乎被完全忽视掉了。

沿着达尔的分析路径，西方学者继续从概念、方法和指标等多方面将民主测量推向深入。同时，一大批由学者创立的指标体系也在不断出现。肯尼斯·博林（Kenneth Bollen）在总结前人有关民主测量的指标体系的基础上提出了一套经过修正的民主指数。从核心概念上看，它主要包括政治自由（political liberty）和人民主权（popular sovereignty）两个方面。其中，前者包含新闻出版自由、群体反对的自由和政府制裁三项二级指标，后者包含选举公平、行政以及立法机关最高领导人由选举产生三项对应指标。这六项指标分别被赋予不同的分值，加总后的数值范围为0—100，用以衡量不同国家或地区的政治民主程度。在具体应用方面，博林运用这一方法在1960年和1965年分别对全球113和123个国家和地区进行了

---

① Phillips Cutright, "National Political Development: Measurement and Analysis", *American Sociological Review*, Vol. 28, No. 2, 1963, pp. 253–264.

② [美]加布里埃尔·阿尔蒙德、小G. 鲍威尔：《比较政治学——体系、过程和政策》，曹沛霖等译，东方出版社2007年版，第408页。

指数排名。① 与博林相类似，塔图·温汉南（Tatu Vanhanen）也将竞争与参与作为测量民主的两大基本维度。在扩大民主测量的时间和空间范围的基础上，温汉南将其早年的权力分布指数（index of power distribution）发展为民主化指数（index of democratization）。该指数测量的时间跨度为1810—1998年，空间跨度为全球187个国家或地区。而相比其他类似指标体系，该指数更加简便和具有可操作性，因为它仅包含竞争和参与这两项基本指标。②

冷战结束以来，随着所谓民主化的"第三波"乃至"第四波"深入推进，全球"民主国家"在数量上终于超过了"非民主国家"。然而，在表面上的"繁荣"背后，民主在多数非西方国家并没有扎下根来，民主"回潮"现象接连暴发，形形色色的"虚假""无效"民主层出不穷。民主化在非西方国家的大面积倒退促使一些西方学者不得不对长久以来单一的、线性的民主测量范式进行反思。此后，一些西方学者开始尝试从民主的质量、效率等其他角度来深化对民主测量的研究。从质量和效率等相关角度出发，拉里·戴蒙德（Larry Diamond）等指出，测量民主质量至少可以从八个基本维度来进行深入考察。这八个基本维度包括法治、参与、竞争、垂直问责、水平问责、公民与政治自由、政治平等和回应性。③ 在戴蒙德看来，单向度的二元对立式的民主测量范式已经难以满足民主化研究现实的需要，必须深入民主运行的实践去区分"优质民主"与"劣质民主"。在具体的测量指标方面，罗纳德·英格尔哈特（Ronald Inglehart）等以民主权利和法治为基本指标，通过对民

---

① Kenneth Bollen, "Issues in the Comparative Measurement of Political Democracy", *American Sociological Review*, Vol. 45, No. 3, 1980, pp. 370 – 390.

② Tatu Vanhanen, "A New Dataset for Measuring Democracy, 1810 – 1998", *Journal of Peace Research*, Vol. 37, No. 2, 2000, pp. 251 – 265.

③ Larry Diamond, Leonardo Morlino, "The Quality of Democracy: An Overview", *Journal of Democracy*, Vol. 15, No. 4, 2004, pp. 20 – 31.

主权利指数和法治指数进行加总，构建起所谓有效民主指数（effective democracy index）。英格尔哈特认为，与其他民主测量指数相比，有效民主指数能够从理论、实践和结果等多方面强化对民主的实证测量。[①]

总体而言，从二战结束到20世纪70年代，有关民主测量的研究主要集中于民主研究领域的相关学者与科研机构。他们从概念、标准、方法与指标体系构建等方面确立了西方民主测量的基本要件，从而为70年代后西方更大范围、更多主体层面的民主测量研究与实践奠定了理论基础。然而，这一时期的民主测量研究已经开始与美国主导的战后民主化研究密切相关，并同美国的全球战略利益保持着千丝万缕的联系。在基本概念方面，自由民主构成了西方民主测量的基本思想底蕴，竞争性选举则成为判别民主与否的根本判断标准。从竞争性选举出发，达尔的"竞争—参与"模式成为测量民主的基本分析范式。可以说，战后西方民主测量从一开始就被打上了"民主—独裁"二分法和自由民主"一元论"的烙印。

（三）战后西方民主测量：发展现状与指标体系

从某程度上讲，全球民主化运动的兴起、壮大、调整与巩固构成并塑造着西方民主测量不断向前发展的现实基础和演进逻辑。战后半个多世纪以来，全球民主化经历了从最初简单、线性发展，到后来强调民主转型、民主巩固与民主质量的演变。相应地，西方针对民主测量的实践及其指标体系也在不断的丰富与完善之中。到21世纪初，国际上有影响力的关于民主的测量及其指标体系已经具有相当的规模。2003年，欧盟统计局曾专门委托艾塞克斯大学人权研究中心进行一项"对国际上主要的民主和良治指标编制工作的分

---

① Amy C. Alexander, Ronald Inglehart and Christian Welzel, "Measuring Effective Democracy: A Defense", *International Political Science Review*, Vol. 33, No. 1, 2012, pp. 41–62.

析"的研究项目。最终的研究报告显示，经梳理总结而得出的关于民主、人权、善治的发起机构和文档超过了550多家（篇），其中，170多家发起机构被认为在测量和评估民主、人权和善治方面做出了重要贡献，而在这170多种不同的评估项目中，其中45家已经发展出经得住实践检验的评估方法和指标，相应数据得到定期更新，而且被经常使用于经验研究和政策文本中。①

在民主测量研究与指标体系空前发展的同时，有学者也对二战以来民主测量的传统与类型进行了一定的总结。例如，有西方学者就从民主测量及其指标体系中归纳出五项主要传统。它们分别是：（1）基于不同标准和维度来对民主展开评估与测量，这一传统很大程度上来源于达尔对多头政体所做的实证性研究；（2）以善（good）和腐败（corrupt）为基本理路的分析，这种传统的源头来自于亚里士多德对古希腊城不同邦国家所做的经验性分析，这一分析理路通常会将不同的分析对象从类型学的角度来进行划分并以此为基础展开进一步的测量与评估；（3）建立某种客观指标来对达尔多头政体的两大维度——竞争与参与进行评估；（4）从公民文化角度出发，基于大规模的民意调查来对民主展开测量；（5）基于具体的民意调查来确立某种形象指数（image indices），它与第四种传统之间有着密切的联系。② 相应地，从这五项传统之中，又可以将民主测量的指标体系归纳为四大类型，即量表型、分类型、客观指标型和民意型。以下将以测量主体为划分标准，对当前国际上关于民主测量的有影响力的评估及其指标体系做一简要归纳与介绍。

一是以学者或学术研究机构为主体的测量及其指标体系。在西

---

① 俞可平主编：《国家治理评估——中国与世界》，中央编译出版社2009年版，第56—57页。

② Todd Landman, Julia Häusermann, Map-Making and Analysis of the Main International Initiatives on Developing Indicators on Democracy and Good Governance, University of Essex & Human Rights Centre, 2003, pp. 8–9.

方民主测量的发展历程中,学者或研究机构一直占据着十分重要的位置。他们较早介入相关的研究与测量,并且至今仍是民主化及民主测量最根本的智识来源。总体而言,当前国际上以学者或研究机构为评估主体的有影响力的测量及其指标体系主要包含以下几类:

(1)世界各国政治体制研究(Classifying Political Regimes)。① 该测量方法与指标体系主要以亚当·普热沃斯基(Adam Przeworski)及其三位学生(Michael Alvarez, José Antonio Cheibub, Fernando Limongi)的相关研究为中心,其研究范围从二战结束一直持续到20世纪90年代。在民主的定义方面,普热沃斯基等沿袭了达尔在多头政体中的研究思路,即以是否举行竞争性选举为识别不同政体民主与否的核心评价标准与参照指标。在对民主进行极简主义式的研究进路的基础之上,他们将世界上不同的国家、地区的政体简单地划分为民主(democracy)和独裁(dictatorship)两种基本类型(Democracy/Dictatorship,简称DD)。② 与之相类似,迈克尔·伯纳德(Michael Bernhard)等也基于民主的二元分析框架发展出一套测量民主程度的数据集——BNR,对从1919年到1995年间世界范围内的民主政体进行历史和实证分析。③ 这种对民主鲜明的二分法式的理解与测量,虽然有利于简化分析过程并易于得出结论,但却带有浓厚的意识形态偏见,并且难以真实、持续性地反映现实中各国政体的全貌与动态。

(2)温汉南民主化指数(index of democratization)。④ 该指数由

---

① Adam Przeworski, M. Alvarez, J. A. Cheibub, and F. Limongi, *Democracy and Development: Political Institutions and Well - Being in the World, 1950 – 1990*, Cambridge: Cambridge University Press, 2000.

② Adam Przeworski, Michael Alvarez, José Antonio Cheibub and Fernando Limongi, "What Makes Democracies Endure?" *Journal of Democracy*, Vol. 7, No. 1, 1996, pp. 39 – 55.

③ http://www.personal.psu.edu/mhb5/data/data.htm.

④ Tatu Vanhanen, "A New Dataset for Measuring Democracy, 1810 – 1998", *Journal of Peace Research*, Vol. 37, No. 2, 2000, pp. 251 – 265.

芬兰赫尔辛基大学（University of Helsinki）教授塔图·温汉南创立。在民主概念界定与测量方面，温汉南承认世界上并不存在唯一的和绝对正确的定义与标准。但在具体操作层面，该指数仍然是以选举民主为核心标准。他从竞争与参与这两大维度出发，将其测量具体化为针对选举竞争、选举参与和综合性的民主指数的度量。从测评的时空范围上看，该指数选取了1810年至1998年这样一个较长的历史时期内的多达187个国家为考察对象。此外，该指数自建立以来每逢选举年都会进行更新。

（3）政体项目（Polity Ⅰ，Ⅱ，Ⅲ，Ⅳ）。[①] 该指标体系延续了由马里兰大学（University of Maryland）教授泰德·格尔（Ted Gurr）创立的政体研究传统，并且从第一代一直发展至第四代。从时间跨度和测评范围上看，该项目对从1800年起至今的国际上各主要政体的发展变化过程进行不同侧面的度量，并且对相关数据进行持续性的更新。依据其相应的数据库和评估方法，它将世界上不同政体按照所谓专制程度的高低进行打分和排序。其中，世袭君主制得分最低，为-10；巩固型民主政体得分最高，为+10。而处于这一区间的不同政体及其得分分别为：专制政体，得分为-10到-6；混合政体或中间政体，得分为-5到+5；民主政体，得分为+6到+10。在政体第四代的基础之上，马歇尔（Monty Marshall）等及其研究机构系统和平中心（Center for Systemic Peace）自2007年至今已间歇性地发布了5份相应的年度报告。[②]

（4）统一民主得分（Unified Democracy Scores）。[③] 与其他有关民主的评估体系不同，统一民主得分更多的是对目前国际上主要测评指标的加工与综合。它由英国伦敦大学学院（University College

---

[①] http://www.systemicpeace.org/polityproject.html.
[②] http://www.systemicpeace.org/globalreport.html.
[③] http://www.unified-democracy-scores.org/index.html.

London）的詹姆斯·梅尔顿（James Melton）、德州理工大学（Texas Tech University）的史蒂芬·梅泽夫（Stephen Meserve）和北达科他州立大学（North Dakota State University）的丹尼尔·配蒙斯顿（Daniel Pemstein）创立。依据贝叶斯统计测量模型，统一民主得分提供对1946至2012年间世界各主要国家的民主状况的测评及其结果，其数据自2010年发布后每年都会不定时地进行更新。该指标体系最近的一次更新是在2021年1月，其更新数据主要来自"自由之家"（Freedom House，2021）、政体第四代（Polity IV，2012）和温汉南民主化指数（Vanhanen，2012）。

二是以政府间国际组织为主体的测量及其指标体系。其中，这类测量与指标体系以联合国开发计划署（UNDP）和世界银行（World Bank）等组织针对各成员国所展开的调查与评估最具代表性，其目的主要是针对成员国开展有计划性的民主治理咨询与援助。其中直接涉及民主测量的是联合国开发计划署治理指标项目（Governance Indicators Project）下的民主治理评估框架和世界银行的世界治理指标（Worldwide Governance Indicators），[①] 这两大项目均面向成员国展开涉及面极广的调查研究，并且每年都会形成相应的研究评估报告。与前述学术性色彩较为鲜明的测评指标体系不同，以国际组织为主体的测评更加倾向于治理等较为宽泛的概念与指标，相应地，其针对性也不如前者突出。例如，世界治理指标就以治理为切入点，通过对民众要求与政府责任、政治稳定度与暴力控制度、政府效率、监管质量、法治和反腐六个维度来对世界上不同国家的治理绩效进行具体评估。

三是以非政府组织（NGO）为主体的测量及其指标体系。虽然从研究主体的定位和层次上看，来自非政府组织的测量及其指标体

---

① http://info.worldbank.org/governance/wgi/index.aspx#home.

系无论从学术性还是主体的级别层面上似乎都与前两者存在着一定的差距，但是，就国际影响力而言，非政府组织的测量，其指标体系和排名在国际范围内无疑具有更为强大的话语权。长期以来，由它们所进行的民主测量及其最终报告在国际社会始终保持着极高的曝光度和强大的话语权威。大体而言，当前国际上来自非政府组织的较有影响力的评估指标体系主要包括：美国"自由之家"（Freedom House）的全球自由评估（Freedom in the World）①、英国《经济学家》杂志情报社（Economist Intelligence Unit）民主指数（Democracy Index）、德国贝塔斯曼基金会（Bertelsmann）的贝塔斯曼转型指数（Transformation Index）②、民主与选举援助研究所（IDEA）的民主评估（Democracy Assessment）③ 以及奥地利民主排名协会（Democracy Ranking Association）的全球民主质量排行（Democracy Ranking of the Quality of Democracy）④，等等。以下以全球自由评估和民主指数为例，对该类民主测量指数做一简要介绍。

（1）全球自由评估（Freedom in the World）。"自由之家"（Freedom House）是总部位于美国华盛顿的一家国际性非政府组织。它于1941年由时任美国第一夫人的埃莉诺·罗斯福（Eleanor Roosevelt）等人参与创建，战后至今主要从事民主、政治自由和人权方面的研究和行动倡议。自由之家将其自身定义为一家"独立的、致力于在世界范围内推广民主的监督组织"，并将其基本使命描述为"代为应对民主的主要威胁并促进他们实现最基本的权利"。⑤ 虽然自由之家一直标榜自身的独立性，但无论是从内部人员构成还是经费来源上看，该组织都难以称得上完整意义上的独立组织。从其董

---

① https：//freedomhouse.org/report-types/freedom-world#.VUErlyOl934.
② http：//www.bti-project.org/index/.
③ http：//www.idea.int/publications/.
④ http：//democracyranking.org/wordpress/.
⑤ https：//freedomhouse.org/about-us#.VOiv9iNznEU.

事会成员的政治立场上来看,其中大部分成员或属于老旧的保守派,或属于新保守派序列。例如,自由之家的现任董事会主席威廉·塔夫脱四世就长期在美国政府内供职,并曾先后担任过国防部副部长、美国驻北约永久代表和国务院首席法律顾问等职。而在资金来源方面,自由之家运营预算的几乎 80% 都不同程度地来自美国政府。从事全球范围内的民主自由评估并定期发布"全球自由评估"(Freedom in the World)报告是自由之家的核心工作事项,这一工作从 1972 年起一直延续至今,并且从 1978 年起开始展开年度评估。截至 2021 年,全球自由评估报告已经涵盖了全球 195 个国家以及 15 个地区。从测量维度上看,全球自由评估主要由政治权利(political rights)和公民自由(civil liberties)两项构成,其下又划分出若干子项,它们在调查问卷中又被细化为一系列具体问题以方便受访者进行相关判断。从数据来源上看,自由之家民主测量的基本数据来自于调查问卷,其测量结果由高到低分为自由(free)、部分自由(partly free)和不自由(not free)三类。

作为全球开展较早和最具影响力的民主测评指标体系,自由之家的全球自由评估报告一直在全球民主测评领域占据举足轻重的地位。大体而言,全球自由评估具有覆盖面广、测评时期长(始自 1972 年)、使用广泛和更新频度高(年度更新)等基本特点。进入 21 世纪以来,每当其评估报告出炉之际,联合国、世界银行等国际组织、全球有影响力的各大媒体乃至不少国家的政要纷纷对其表示出极高的关注度,其在国际民主测评领域的重要性可见一斑。但是,全球自由评估也存在着一系列明显的缺陷与不足,主要包括:数据测算缺乏透明度、数据来源不明且将经济评估与政治评估相混同、意识形态偏见和数据加总问题等。可见,在片面的民主观念与浓厚的意识形态偏见的影响下,全球自由评估必然难以对世界各国的民主、自由状况做出客观、科学、全面的测评。相反,其所形成的最终评估结果还极有可能会被持相同或相似政治立场的媒体或公众人物所利用，进而沦为干涉他国内政以及误导国内外民众的政治工具。

（2）民主指数（democracy index）。相比于"自由之家"及其全球自由评估，民主指数虽然起步较晚，但依托《经济学家》杂志的平台优势，其在短短几年的时间内就已具备了极高的国际影响力。该指数由英国《经济学家》杂志社旗下的情报社（Economist Intelligence Unit）创办，于2006年首次发布，2008年进行了第二次发布。自2010年起，该指数发布频度改为一年一次。截至目前，该指数已连续发布6次，最新一期也即2020年民主指数年度报告已于2021年正式发布。①

从测评的内容、方法、赋分等方面来看，民主指数都对全球自由评估报告有所借鉴。在对民主的定义方面，民主指数的创建者们认为，包括全球自由评估在内的当前绝大多数关于民主的测评体系虽然各有不同，但其核心区别无非是围绕民主定义的广义与狭义之分而展开。从狭义角度来看，民主概念更多的是来自于达尔关于多头政体（polyarchy）的论述（1970），其核心标志是政治权力的更迭通过定期、自由和公平的选举而实现。从对民主最为狭义的定义出发，它又被人们习惯性地称之为选举民主（electoral democracy）。民主指数在对自由之家的相关评估有所借鉴的同时也认为，全球自由评估将民主细化为政治权利和公民自由来展开测评的做法虽然是对单纯选举民主的一种扩展，但从定义范围上来看仍失之狭隘。因此，本着从更加广义的角度来定义并测量民主的立场出发，民主指数试图超越单纯的选举民主，进而将政治参与、政府运行以至社会、经济等综合化因素融入对民主的评估与测量之中。从上述立场

---

① 《2015民主指数年度报告》，参见http：//www.eiu.com/Handlers/Whitepaper Handler.ashx？fi=EIU-Democracy-Index-2015.pdf&mode=wp&campaignid=DemocracyIndex2015。

出发，经济学人情报社民主指数将对民主的测评指标扩展为五个大类：选举过程与多元化、公民自由、政府运行、政治参与和政治文化，这五个方面相互联系，共同构成一个有机的整体。从测评方式与评分方法等方面来看，民主指数与全球自由评估有一定的相似性。其测量结果由高到低分为完全民主（full democracy）、有瑕疵的民主（flawed democracy）、混合政体（hybrid regime）和独裁政体（authoritarian regime）四类。

如前所述，全球自由评估对于民主、自由等核心概念的定义更多地局限于狭隘的选举民主层面。在借鉴吸收全球自由评估的基础之上，民主指数试图在民主的定义与涵盖面方面有所突破以增强其代表性和说服力。然而，民主指数在这方面虽有所改进但仍未能突破战后西方所形成并不断固化的选举民主范畴。在其为测评民主所设置的一系列子问题中，涉及选举民主的话题仍然占据最为核心的位置，其他诸如社会、文化等领域的发展状况虽有所提及但更多的只是作为选举民主的辅助而存在。这些都决定了民主指数难以客观、公正、准确地反映不同国家和地区民主发展的具体状况与成就。

（四）西方民主测量"科学性"表象下的政治底色

从 20 世纪 50 年代起，行为主义革命对整个西方社会科学研究产生了不容忽视的巨大影响。尤其是在美国政治学界，受到战后西方社会科学领域"行为主义革命"的深刻影响，西方以哲学、历史和制度分析为主要关注点的传统型政治学已经日益被追求系统化、计量化和模型化的政治科学（political science）所替代。[1] 政治学研究在数理化、模型化方面的突飞猛进，无疑给战后的西方民主测量

---

[1] Giovanni Sartori, "What is 'Politics'", *Political Theory*, Vol. 1, No. 1, 1973, pp. 5–6.

披上了一层"科学性"的外衣。然而,量化研究的泛滥不仅无助于提升西方民主测量的"科学性",反而更加暴露了其在概念、方法及其本质层面上的理论迷思。

1. 民主二分法与等级法之争

自民主概念诞生之日起,人们围绕民主的理论与实践方面的争议就从来没有停息过。评判民主究竟应该采用二分法还是等级法?二战结束以来,即使经历了行为主义和后行为主义革命的双重"洗礼",具备了更多"科学"色彩的西方民主理论研究仍未能彻底解决这一基本议题。作为西式自由民主理论的两位集大成者,达尔和萨托利关于民主概念及其评判标准的争论颇具代表性。在关于多头政体的研究中,达尔从公开竞争和参与这两大维度出发,构建起了一个封闭性霸权政体的三个理想的过渡方向,即竞争型寡头政体、包容性霸权政体和多头政体。[①] 虽然达尔也曾明确指出,多头政体才是通往民主制度的唯一道路,但依据过渡条件的不同,达尔对不同状态下政体的描述显然具有鲜明的等级判定色彩。与达尔不同,萨托利坚持认为,用程度来分析民主与非民主之间的区别存在根本性的缺陷,因为它完全忽视了民主是一个"有界限的整体"概念。当然,萨托利并非完全排斥等级法或分类法,而是主张有限定地使用。即先将各种政体分为民主政体和非民主政体,然后再将更深层次的标准应用于那些通过初步二分法确证为民主化的政体。[②] 实际上,关于民主二分法与等级法的争论反映的正是民主概念本身的高度复杂性,这也决定了任何试图用一种简单的分析路径来测量和判定民主的尝试都将不可避免地存在理论缺陷。

虽然在采用二分法与等级法的问题上仍存在分歧,但这并不影

---

① [美]罗伯特·达尔:《多头政体——参与和反对》,谭君久、刘慧荣译,商务印书馆2003年版,第17—20页。

② 转引自[美]大卫·科利尔、罗伯特·艾德考克《民主和二分法:一种实用主义的概念选择》,徐德信译,《经济社会体制比较》2007年第5期,第115—121页。

响西方民主测量在民主判定问题上的"先分类再测量"①的基本立场。也就是说，即使在分析路径上有所差异，西方民主学界在判别"民主政体"与"非民主政体"的问题上依然存在一个底线共识——竞争性选举。自熊彼特的精英民主理论确立起在西方的统治地位以来，民主与专制的二元分析范式事实上已经逐渐渗透到西方民主理论的方方面面。随着战后科学至上主义在美国政治学界的泛滥，关于民主测量的理论与实证研究不断向科学化、数据化和模型化方向发展。但从本质上看，是否举行定期、自由、公平的选举仍是判定一个政权民主与否的核心甚至是唯一标准。可见，无论是主张二分法还是等级法为主，只要一个政权不具备西方民主学界的这一评判标准，都会被认定为意识形态上的非民主甚至是独裁。在这种意识形态色彩浓厚的理论预设之下，再进行多少所谓的计量、分析与排序都已显得无足轻重。关于这一点，普热沃斯基通过详尽的量化研究最终却仍然得出专制—独裁二元式的测量结果就是最好的例证。②

2. 主观性与客观性之争

除了围绕民主概念及其判定的分歧之外，西方民主测量在研究方法上还存在着主观性与客观性之争。一般意义上讲，客观的实证数据往往更具准确性和说服力，从而更加接近民主的真实状况。然而，民主测量面对的却是最为复杂的不确定因素——人以及由不同的人共同组成的条件更为复杂的政治体系。在论述民主测量的客观方法时，博林就以大小集合的形式来说明这种所谓的客观数据的局限性。以美国民主测量所能获得的信息量为例，他将可能获得的信

---

① Giovanni Sartori, "Concept Misformation in Comparative Politics", *The American Political Science Review*, Vol. 64, No. 4, 1970, pp. 1036–1040.

② Michael Alvarez, José Antonio Cheibub and Fernando Limongi and Adam Przeworski, "Classifying Political Regimes", *Studies in Comparative International Development*, Vol. 31, No. 2, 1996, pp. 3–36.

息集合范围由大到小分别描述为以下几方面：（1）所有信息（记录与未记录的）；（2）记录的信息；（3）能够获取的信息；（4）被报道的信息；（5）国际范围内被报道的信息；（6）被美国报道的信息。在这六类信息集合中，前者总是大于或等于后者且第一项几乎不可能与第六项完全重合。[①] 也就是说，在信息总量无限大的社会之中，依靠有限的人力所获得的所谓客观、真实的数据充其量只能是其中的极小的一部分而已。以极其有限的信息量和民主调查数据去测量整个政治体系中的民主状况，必然会得出以偏概全甚至是完全相反的结论。

　　认识到客观测量方法严重的局限性，在继续依靠传统的所谓客观调查数据的基础上，西方民主学界也开始逐渐重视主观方法在民主测量中的应用。在当前国际上流行的有关民主测量的指标体系中，从指标选取到数据的获取、分类、加总等方面，主观性方法的运用都占据了绝大多数比重。例如，自由之家的全球自由评估报告主要通过专家观点来处理获取的二手或间接数据，《经济学家》杂志社民主指数的获得主要依靠有限范围内展开的调查问卷等。然而，对主观方法的过度依赖同样导致了严重的问题。迈克尔·科皮其（Michael Coppedge）等在梳理当前国际上主要的民主测量指标体系时就指出，除了在概念上难以达成共识之外，西方民主测量还面临着准确性、时空范围与数据源、专家评估、加总、有效性与可靠性测试五大方面的问题。[②] 不难发现，其中的每一部分及其最终结果的真实性都严重依赖于主观性的发挥程度。因此，对于当前的

[①] Kenneth Bollen, "Liberal Democracy: Validity and Method Factors in Cross-National Measures", *American Journal of Political Science*, Vol. 37, No. 4, 1993, pp. 1212–1215.

[②] Michael Coppedge, John Gerring, David Altman, Michael Bernhard, Steven Fish, Allen Hicken, Matthew Kroenig, Staffan I. Lindberg, Kelly McMann, Pamela Paxton, Holli A. Semetko, Svend-Erik Skaaning, Jeffrey Staton and Jan Teorell, "Conceptualizing and Measuring Democracy: A New Approach", *Perspectives on Politics*, Vol. 9, No. 2, 2011, pp. 247–267.

西方民主测量而言，继续纠结于主观性与客观性方法哪个优先或许已经不再那么重要，问题的关键是要突破主客观方法之争的局限，从而开辟出针对民主测量的崭新的方法论和理论视界。

3. 盲目追求"科学性"背后的"二律背反"困境

实际上，不论是民主二分法与等级法的争论，还是主观性与客观性孰优孰劣的讨论，都没有从根本上切中当前西方民主测量一系列缺陷的要害。对于民主测量这一复杂且充满争议的研究领域而言，西方尤其是美国民主学界所要真正反思的，并非所谓的"科学性"不足，而是因盲目追求"科学性"而导致的深陷"科学性"陷阱的"二律背反"式困境。20世纪60年代，就在行为主义革命在美国政治学界方兴未艾之际，一些冷静的政治学者就敏锐地察觉到了这场变革可能带给政治学研究的不利影响。针对业已泛滥的行为主义革命的弊端，戴维·伊斯顿（David Easton）指出，过度的行为主义使政治学研究实际上陷入了一种实证保守主义（empirical conservatism）的陷阱之中，它将知识与现实生活完全割裂开来，片面强调所谓价值中立。但是，真正的中立从来都是不存在的。过度行为主义化只能导致从事它的研究者们重复地进行意义不大的"系统维护"工作，从而忽视变革，以致对可能到来的危机与挑战视而不见。[①]

然而，针对可能面临的危机，美国政治学界却应对乏力。进入20世纪70年代，受到来自各方面的批评，行为主义革命在美国学界迅速走向低潮并被"后行为主义"所替代。然而，对所谓"科学性"的崇尚仍然是美国政治学研究领域的主流范式。具体到民主测量的相关问题，美国民主学界所能做的也只是沿着不断增强"科学性"的路径继续前行。过度地追求所谓"科学性"的结果，只

[①] David Easton, "The New Revolution in Political Science", *The American Political Science Review*, Vol. 63, No. 4, 1969, pp. 1058–1060.

能是在更为复杂化的基础上暴露出新的"科学性不足"缺陷,从而继续走入下一轮的自我循环之中。即使有一些学者选择从体系层面展开反思,最终也未能扭转既有的路径依赖局面。针对西方政治学界的这一弊端,萨托利就曾一针见血地指出,战后以来看似蓬勃发展的西方政治学很大程度上只能称之为"美式政治科学"(American-type political science),其基本的分析范式不仅大都来自经济学,而且缺乏自成一体的完整的方法论体系。因此,这种过度重视数据、实证分析而忽视制度分析、理论研究的政治科学充其量只能是一种"软科学"(soft science)而已。①

总之,西方在民主测量领域暴露出的一系列弊端的根源,并不是所谓的"科学性"不足,而恰恰是因为深陷"科学性"陷阱所产生的对创新学科理论与范式等系统性问题的无能为力。

七 俄罗斯版的世界政治地图

普京总统执政以来,实行了一系列治理整顿措施。在几年之内,俄罗斯政局渐稳,经济连年增长,政府的调控能力进一步增强,国内的分裂势力得到遏制,对外政策更加灵活主动,一条摆脱西方民主模式的俄式政治道路日趋呈现。以美国为首的西方国家显然不能容忍俄罗斯的离经叛道,美国与欧洲政要频频在公开场合指责俄罗斯的民主状况。西方媒体也常常借题发挥,指责俄罗斯政府"压制民主,控制传媒,损害人权,打压反对派,破坏司法独立,阻碍他国的民主化进程",等等。

在西方政要与主流媒体纷纷发难之际,还有为数众多的西方研究机构定期发表"民主、人权排行榜"来抨击俄罗斯的"民主倒

---

① Giovanni Sartori, "Where is Political Science Going?" *Political Science and Politics*, Vol. 37, No. 4, 2004, pp. 785–787.

退"。例如，总部设在纽约的"自由之家"研究中心从1978年起每年公布《世界各国自由度调查报告》，将全球192个国家列入评比，分别依"政治权利"和"公民自由"两项指标给予1—7级的评分：1级代表"最自由"，7级代表"最不自由"。2021年1月17日，在"自由之家"发布的2020年度《世界自由度指标》的报告中，俄罗斯的"公民自由程度"位列第6级。然而就在两周后，在普京总统年度大型国内外记者招待会前一天，"自由之家"研究中心又把俄罗斯的"公民自由程度"变为第7级水平。"自由之家"在报告中指出，俄罗斯的"独立媒体和反对派继续被边缘化"，"反对党的活动受限，非商业组织受到打压"，并特别强调"俄罗斯的专制制度会成为其他后苏联地区国家效仿的榜样"。①

（一）"世界政治版图"的指标体系

如何应对西方的外交和舆论压力，寻找俄罗斯式的民主化道路成为俄罗斯当局迫切需要解决的问题。普京总统的政治顾问、总统办公厅原副主任苏尔科夫于2006年正式提出"主权民主"的思想，强调"有民主，但更要主权"的观点，并把其作为俄罗斯式的政治民主模式和俄罗斯未来的政治发展方向，号召俄罗斯政界精英在政治民主方面达成共识，尽快形成俄罗斯式的民主发展观，以对外做出回应。② 同时，针对西方研究机构所谓的民主或自由排行榜，俄罗斯学术界也开始尝试建立自己的一套政治制度评判标准。最近，由俄罗斯官方策划的一项名为"世界政治版图"的研究在俄罗斯引起了广泛关注。据俄罗斯权威信息透露，俄罗斯外交部门近期将把此成果提交给联合国，作为国际上衡量政治民主进程的评价体系，

---

① 参见《俄罗斯国立莫斯科国际关系学院专家评"自由之家"报告》，http：www.polit.ru。
② 参见张树华《俄罗斯的主权民主论》，《政治学研究》2006年第4期。

以应对西方社会在民主和人权问题上的"双重标准"。

从 2005 年开始，俄罗斯外交部下属国立莫斯科国际关系学院会同社会规划研究所以及《专家》杂志一起组成"当代政治版图"课题组，对当代世界 192 个国家的政治体制进行比较与研究，并在此基础上出台了一个包含历史、文化、传统、问题与挑战等多方面因素的国家综合测量标准。该项研究历时两年之久。研究成果的作者宣称，该项研究与西方的政治排行榜不同，注重实证性和综合性，使用了大量公开数据，通过"国家主权性指数、国际影响力指数、内外威胁指数、生活质量指数以及民主制度基础指数"5 组综合指数对国际上各种政治制度进行比较。

"国家主权性"指数首次在对一国政治制度的评价中被突出使用。它是指国家制度的本质和国家有效发挥职能保障其存在，独立发展，解决内外问题和促使其政治制度延续的能力。俄罗斯学者认为，虽然所有被研究的国家形式上都是主权国家，但实际上其程度各异。一些国家（为数不多）在内外政策上完全是独立的，另一些国家的主权实现受到其他国家、国际社会和自身政治、经济等因素的影响。国家对外援助占国民收入的比重、国内冲突对制度稳定的影响、国家外债、外国军事力量在本国领域的存在等都是衡量一国国家主权性的参数。他们根据这一指数，划分出 46 个主权独立的国家和 55 个"失败"国家，后者在选择和实施自己的民族发展战略方面正在遇到严重困难，多数国家在不同程度上受到外来势力的制约和控制。该报告认为，美国和日本分别居该指数的第一位和第二位，中国位列第 12 位，俄罗斯处于第 27 位，大多数国家处于中间位置。

"内外威胁指数"记录了一国遇到的内外威胁与挑战的强度及其应对能力。居民饮用水资源的供应、国内非法分裂势力和反政府运动的存在、政权的非宪法性更迭、温饱问题、领土被侵占威胁、恐怖主义威胁、受到军事进攻的威胁、能源进口依附程度、人口减少等问题是影响一国该指数水平的主要因素。威胁指数较低的国家既包括加拿大、法国等生活水平和民主程度较高的国家，也包括卡塔尔、科威特等集权主义国家。该报告认为中国受到的威胁程度稍高，俄罗斯处于第81位，而美国较低，但三个国家都处于中间位置。

"国际影响力指数"记录了一国影响世界政治与经济的手段和工具。国防开支、在国际货币基金组织中的法定资本份额、本国出口占世界出口的比重、国民生产总值占世界生产总值的比重、常规军数量等是影响一国国际影响力的主要参数。该研究把"八国集团"成员（加拿大除外）和中国列入这一指数的核心，印度和沙特阿拉伯是地区性影响大国，朝鲜、土耳其、比利时、韩国、巴基斯坦等国紧随其后。俄罗斯位于第7位，在美国、中国、日本、德国、法国和英国之后。报告认为一国的国际影响力首先与国家主权密切相关，与一国的政体及其生活水平相关性不大。

"生活质量指数"衡量一国保障该国居民生活的能力。人均国民生产总值、政府人均卫生开支、教育水平、一岁以下婴儿死亡率、意外死亡及自杀率等因素是影响一国生活质量水平的参数。报告认为，在这一指数方面位于前列的是那些成功的西方民主国家，美国、挪威、以色列、瑞士、英国、澳大利亚、比利时等，没有一个集权主义国家。相应的是，几乎所有生活质量指数低的国家都是非民主国家。一国的生活质量水平在很大程度上与国家主权相关，受到的内外威胁程度会严重影响生活水平。

该研究项目中的"民主制度基础指数"格外引人注目。这一综合指数主要是用来记录公民参与解决其切身利益问题所必须具备的制度条件及其水平。该指数可以确定社会中能促进民主发展的制度程序机制的稳固性，这些机制包括：政治竞争、政治参与和限制执行权力的传统、影响代议权力产生的可能性、宪法等。报告声称，通过对影响国家政治制度的多种因素的测量，其结果是一个综合的国家排行，不是单一的"民主—专制"的顺序排列。该报告显示，在民主制度基础排行榜上处于前列的是那些具有悠久代议制传统的国家：瑞士、加拿大、荷兰、丹麦、挪威、芬兰、新西兰、瑞典等国。处于最后的是索马里、苏丹、土库曼斯坦、沙特阿拉伯等国。所有能被归入拥有发达的民主制度基础的国家共有 30 个，有 33 个国家明显不具备民主的基础。处于"灰色地带"的国家各自具有不同的情况，其中既有在其现行制度中开始出现最细微的政治竞争现象，但仍列入属于集权主义政体的国家，也有那些已经实行无可置疑的民主选举，但在民主发展过程中仍面临种种问题的国家。

民主制度与其他指数之间是否存在一定的相关性？该项研究报告的结果显示，民主与国家主权性指数和生活质量指数呈正相关关系，尽管这种相关性不是很明显。与国家主权的相关性可以解释为，民主不会存在于一个处于分裂和遭受破坏的国家里。与生活质量的相关性证明，一国的经济发展水平和生活质量水平越高，越具备促进民主产生的条件。然而，不是所有国家都按照统一的逻辑发展——分析显示出存在特例。印度的民主程度很高，但是生活质量和国家主权性指数却不高。民主制度基础指数与对外影响指数、民族威胁指数之间没有明显的相关性，这进一步证明，现代民主是多样和多维的，出现和存在于不同的具体环境中，并留有环境赋予它的烙印。一个具有重大国际影响力并深深嵌入世界进程的国家可以是民主的，也可以是不民主的，同样一个缺乏影响力同时也非世界进程重要一环的国家也可以是民主或不民主的。此外，一国无论是否面临威胁，都能表现出不同的民主发展程度。民主实践的巩固能够促进生活水平的提高。

(二)"世界政治版图"的学术价值

该报告认为,每一个当代国家的发展都处于多维的政治、经济、社会、文化空间中,处于不同的历史阶段和各国优先发展的具体目标下。唯一正确的和包罗万象的绝对的国家发展模式并不存在。在当代世界中形式上的民主常常掩盖了威权主义的、寡头的、氏族的和其他形式的非民主政权。但是,在那些民主制度和实践已经存在或者开始发展的地方,它一定会在保持其"核心"的条件下,在现实中永远表现出多样性和特殊性。

"世界政治版图"研究报告在俄罗斯一经推出就引起了各界的广泛关注。俄罗斯学者认为,该报告不仅在"学术上作出了巨大突破,同时它还是一个重大的政治事件","有别于现代化理论、自由化理论和民主化理论,它是戈尔巴乔夫改革以后俄罗斯政治学方面的第一个独立的科学研究实践","是俄罗斯经过十几年的政治改革之后建立自己的政治制度理论的首次尝试"。① 其实,根据某种指标来对世界各国进行排行并非鲜见。世界银行每年定期发表世界各国的 GDP 排行;总部在日内瓦的世界经济论坛和瑞士的洛桑国际管理学院论坛每年分别发布各自的全球竞争力报告,尽管二者结果常常不一致;世界银行也根据各国主要城市的投资情况发布城市投资环境排名。除了对各国经济发展情况进行排名外,还有为数众多的研究机构对各国的政治发展情况定期发布排行报告。例如,"透明国际"组织根据世界各国的腐败度进行国家排行;总部设在巴黎的"无国界记者"组织旨在对各国的新闻自由度进行排行;美国卡纳多学院研究世界各国的经济自由度;成立于 2004 年 10 月的美国民主管理研究中心则研究民主指数和法律地位指数;世界银行学院和

---

① http:www.expert.ruprintissuesexpert200643instrument–analiza–sovremennosti.

世界银行发展经济学研究部近年又推出《全球治理指标》，对世界各国的国家治理情况和国家改革战略进行衡量。

俄罗斯学者认为，首先，西方各个研究机构往往根据"民主—非民主""自由国家—非自由国家""廉洁—腐败""新闻自由—新闻不自由""经济自由—经济不自由"等线性的单一中心为基础对国家进行排行，并不总能反映当代世界政治现实的复杂性和矛盾性。其次，西方研究机构用于政治民主排行的资料多取自于专家的主观评价，严格的数据统计运用要少得多。俄罗斯学者声称，他们研究的基础资料大多来自联合国教科文组织、国际货币基金组织以及世界银行等国际组织的数据。最后，与西方研究机构的单一方法相比，俄罗斯研究者强调指标的综合性和量化指标的相关性。在"世界政治版图"研究过程中，俄罗斯学者建立了100多组初级数据库，运用了大约60组量化的客观统计参数，应用了5组指数对世界各国的政治状况进行排行。

（三）"世界政治版图"的政治意义

"世界政治版图"的推出也有其深刻的政治背景。自普京总统执政以来，他实施了一系列打击寡头、整顿秩序、恢复国家权威的措施。普京认为，叶利钦时期，俄罗斯出现的种种问题是与国家政权的软弱无力相联系的，"由于国家政权机关和管理机关的软弱无力，即便是有最正确的经济和社会政策，在贯彻实施过程中也会出现乱了步调的现象，我们正处于这个阶段。目前，俄罗斯复兴和蓬勃发展的关键就在于国家政治领域。俄罗斯需要一个强有力的国家政权体系，也应该拥有这样一个政权体系"。

尽管与西方某些研究中心相比，"世界政治版图"的研究抛弃了民主—专制、自由—非自由的线性考察思维，同时也是俄罗斯学术界开始建立自己的一套政治制度评判标准的尝试，但是对于该报告的某些结论我们并不完全赞同。虽然该研究小组一再声称要考虑各国的历史、文化、传统及特殊性来建立一个多维的国家排行榜,但显然,在衡量一国民主发展程度时,他们未能对各国的文化传统和实际政治进程进行深入考察。目前,该报告在俄罗斯理论界和舆论界产生了很大的影响,为俄罗斯政界近来倡导的"主权民主论"做了学术阐释。该课题组的负责人一再声称,他们的研究目的是打破西方的话语垄断,应对西方强加的单一民主模式,倡导各国探索符合各自国情的政治发展道路。效果如何,我们将继续跟踪观察。

八 构建中国标准的政治评估体系

经过战后半个多世纪的发展,无论是从指数自身的"科学性"与复杂性,还是从全球影响力与话语权来看,西方民主测量看似都取得了不小的"进步"。然而,冷战结束以来全球民主化遭遇发展悖论的严酷现实告诉我们,打着"科学"旗号的西方民主测量及其指标体系并不能从根本上扭转西式自由民主在全球范围内的日渐式微。西方民主测量领域的种种乱象表明,对"科学性"与国际影响力的过度追求并不能掩盖其在理论和实践层面的双重困境。在加强反思的同时,我们也应持续关注新兴发展中国家政治发展的实践与经验总结,切实树立起科学的民主发展观,积极推动世界范围内民主研究的议程的转向。

(一)认清西方民主测量的实质与目的

"二战"结束以来,伴随着民主逐渐进入由西方世界主导的国际化进程,西方学界对民主的研究也发生了重要转向。冷战结束后涌起的民主化浪潮,更是吸引了西方大批政治学家和国际问题专家关注民主和民主转型问题。关于民主化及其测量的不少研究成果看上去或精致复杂、或严谨高深，期间还夹杂着各式的数字模型；然而，在将民主或计量化、或价值化的背后，体现出的仍是西方民主测量根深蒂固的话语霸权和强权政治逻辑。透过纷繁复杂的排名与指标体系，我们必须对西方民主测量的实质与目的保持清醒的认识和足够的警惕。

实际上，民主测量绝不仅仅是一项单纯的学术性活动，西方着力推动民主测量与排行的背后隐藏着更深层次的战略意图。凭借着对民主测量话语权的垄断，西方战略家将其包装成全人类的"普世价值"和全球性政治标准，并依托名目繁多且花样不断翻新的各种指标体系与排行榜来向外"推销"。因此，"民主判定和测量是一项政治性和意识形态性极强的行为，反映了国际上思想政治领域的较量与斗争。一些西方非政府组织热衷于此，正是意在突出和强调西方世界在国际政治领域的标准制定权和话语权"[①]。在国际政治现实中，民主并非抽象而不可捉摸。借助国际援助和投资等各种外交手段，西式民主模式在很大程度上已经被改造成为非西方国家不得不接受的唯一标准。[②] 一些西方大国掌控民主测量话语权的目的绝不是简单地停留在为非西方国家提供本国民主状况的"参考资料"。从本质上讲，它们之所以热衷民主测量与排行，正是想要借助在该领域的话语霸权以实现其对外输出民主和扩展自身全球战略利益的终极目标。

（二）关注并推动世界范围内民主研究议程的转向

冷战结束以来，随着西式"民主一元论"的式微和以中国为代表的新兴经济体展现出出色的政治发展能力与优势，全球范围内民

[①] 张树华等：《民主化悖论：冷战后世界政治的困境与教训》，中国社会科学出版社2015年版，第10页。

[②] [美] 霍华德·威亚尔达主编：《民主与民主化比较研究》，榕远译，北京大学出版社2004年版，第4—5页。

主研究议程的转向正在悄然发生。在民主化的"第三波"乃至"第四波"浪潮中，一些西方大国的对外"推销民主"战略不断受挫。"颜色革命"泛起的民主"泡沫"接连破灭，大多数新兴"民主国家"也相继陷入治理困局，这些都促使人们开始对民主问题以及以西方自由民主为标准来观察衡量世界的思维模式进行反思。

当前国际民主测量领域的乱象充分表明，以"民主—非民主""自由国家—非自由国家"等线性的、单一的依据对不同国家进行所谓的民主排行，并不能真实地反映当代世界政治现实的复杂性和矛盾性。时至今日，一些组织仍在利用它们手中的"民主—独裁"标准貌似客观地描绘出所谓的"世界民主地图"，随意地给其他主权国家涂抹上不同的颜色。2021年，英国经济学家杂志情报社公布了2020年度的全球民主指数排行。该报告显示，中国在纳入统计的151个国家和地区中排名第136位。[①] 可以说，这种打着所谓"客观""科学"旗号的民主测量与排行，不仅无助于更好地阐释相关国家民主状况的发展进程，反而会起到误导舆论和加剧国际社会矛盾与冲突的负面作用。

2008年以来，国际金融危机的爆发与蔓延进一步暴露了以美国为首的西式自由民主的严重缺陷。金融危机之后，西式自由民主所表现出的政治对抗、金钱政治、决策不畅等政治颓势都使得西方原有的政治能力和民主成色大打折扣。与西方继续局限于"民主—专制""西方—非西方"的两极对立思维模式不同，改革开放40多年来，中国采取科学性的发展方式，沿着协调性的发展轨道，秉承着包容性价值理念，为当今世界的政治发展进程提供了非凡的答案。借助于发展价值的多元性、发展进程的包容性和发展理念的科学性，被西方世界称为"中国模式"的政治发展道路正在对被视为人

---

① http://www.eiu.com/n/campaigns/democracy-index-2020.

类理所当然的政治制度的自由民主构成强有力的挑战。① 未来，在世界政治发展的竞技场上，中国正日益表现出强劲的政治竞争力和政治发展力，展示着良好的发展前景。

（三）迈向全面、科学的政治发展之路

冷战结束后，在国际民主化的大潮中，民主不断地泛国际化、神圣化、宗教化、工具化、功利化、标签化、碎片化、庸俗化、手段化、程序化和格式化。② 与国外情形相似，民主对于国内思想理论界显得既熟悉又混乱，对民主的理解歧义颇多，在认识上还存在不少误区和模糊之处。要探寻这些问题的真正答案，无疑需要我们在旗帜鲜明地坚持民主研究中国立场的同时，树立起实践性、发展性、全面性和效能性相统一的科学的民主发展观。

第一，民主不应抽象地和孤立地去研究，而应注重分析和研究民主的历史性和实践性。要勇于跳出西式"民主—专制"单一的、线性的、两极化思维模式的误区。对于民主概念及其评价标准，应结合冷战后国际政治领域中的一些鲜活例证分析一些国家在民主化进程中的成败得失，以国际的视野和发展的框架，来探讨民主化的理论逻辑、时间顺序和成长条件。唯有如此，才能真正做到驾驭民主化进程，实现综合的、全面的、协调的政治发展。

第二，关注民主化进程的国际环境及国际经验教训。当今世界正处于经济全球化和信息传播国际化高度发达的时代，不能脱离国际政治背景而孤立地研究一国的民主问题。从国际角度研究民主问题，既要关注西方民主理论从萌芽、成长到制度化、模式化的历史过程，也要着力比较分析美国、欧洲这两个主要"民主推手"的战

---

① 杨光斌：《超越自由民主："治理民主"通论》，《国外社会科学》2013年第4期。
② 张树华：《冷战后西方民主与民主化研究：理论困境与现实悖论》，《红旗文稿》2011年第11期。

略意图和策略差异。此外，通过比较国际上多数国家的政治发展和民主化的实践以及政治兴衰的经验和教训，也有助于我们从中发现民主发展的内在逻辑和规律。

第三，注重研究民主的成长性和发展的包容性。冷战后国际民主化的潮起潮落以及近些年围绕东西方政治发展模式的辩论表明，民主进程是政治发展进程的重要因素，但是民主并不是唯一的、终极的，用民主概念并不能涵盖或解释社会发展的一切。一个国家需要什么样的政治发展方式、发展价值和目标，在不同的社会发展阶段上是不同的。在政治发展的总体轨道上，民主有着特定的发展顺序、速度和方式，有其特定的环境、条件和土壤，并且伴有发展成本的高低和质量优劣。① 民主的概念固然鲜明，但囿于单一性、片面性和过度的意识形态化，政治发展的内涵相比而言更为丰富、科学和具体，也更加全面、包容和具有实践价值。

第四，在充分立足中国发展的政治经验和理论积淀的基础上，提出评估世界政治的"中国标准"。要深入剖析西方推广民主背后的地缘战略意图，努力摆脱西方在民主、人权领域的话语禁锢。关于话语及其背后所体现出的权力关系，福柯在《话语的秩序》一文中指出："在每个社会，话语的制造是同时受一定数量程序的控制、选择、组织和重新分配的，这些程序的作用在于消除话语的力量和危险，控制其偶发事件，避开其沉重而可怕的物质性。"② 对于国际政治领域而言，话语权不仅意味着舆论控制权，更是一种深层次上的制度性权力。因此，为了争夺国际政治话语权，展示中国的软实力和政治竞争力，我们迫切需要通过全面、客观与科学的比较研究

---

① 张树华：《树立和坚持正确的民主发展观》，《政治学研究》2006 年第 1 期。［法］米歇尔·福柯：《话语的秩序》，肖涛译，载许宝强、袁伟选编《语言与翻译的政治》，中央编译出版社 2001 年版，第 3 页。

② ［法］米歇尔·福柯：《话语的秩序》，肖涛译，载许宝强、袁伟选编《语言与翻译的政治》，中央编译出版社 2001 年版，第 3 页。

和数据分析，对全世界各国政治发展的历史、现状进行科学的考察与评估，研究制定具有中国特色并兼具国际解释力的、强调综合性政治发展力和竞争力的、定性与定量相结合的"世界政治发展（力）评价和测量体系"。

九　改变话语范式、转变政治叙事

近百年来，"民主"被认为是西方社会最主要的政治构架。在20世纪东西方阵营冷战过程中，"民主、人权"成了西方社会意识形态中标志性的政治品牌，是对抗苏联阵营的重要战略和策略工具。30年前，苏联瓦解，东欧国家政治转向，作为西方阵营政治策略的所谓"自由、民主"在其中起到了推波助澜的作用。冷战结束之际，西方政界和学界普遍认为西式的自由民主在全世界范围内取得了全胜，有关民主自由的意识形态之争从此结束。除民主之外，人类历史别无他途。一时间，西方自由主义、保守主义的思想家们罕见地取得共识并一致认定，世界上再也没有比西方民主更好的制度了。民主成了政治的全部，民主涵盖了一切。在一些人眼中，民主与自由市场、富足等符号一起成了西方社会的象征。凭借对"民主概念"的垄断，西方国家占据了国际政治制高点。在这一过程中，"民主"被西方政治理论家提炼成西方政治制度的唯一真谛，成了西方政治人物的口头禅，并逐渐演变成一种政治宗教，变成西方对外政治输出的"政治圣经和基本软件"。

冷战结束后的30年，民主已经被泛化成一种无处不在的国际政治现象，成为国际政治和国际关系的焦点问题。民主成为西方划分关系亲疏和国际阵营的政治工具，成为国际政治较量的内容。在西方战略家眼里，民主已经成为一种全球化现象，民主政治和自由市场一样，已经成为无处不在、无所不能的价值、观念、标准、制度、原则、做法等。正如美国政治学者在民主课程的教科书中指出的那样："民主化正在成为一个全球现象……民主现在已成为唯一具有普遍正当性的政府形式……这些年代以来，国际上发生了许多戏剧性的事件，既关系到每个国家的国内政治，又关系到这些国家所在的地区乃至全世界的国际关系。"①

（一）问题的提出与研究思路

民主已经成为一个世界性话题，冷战时期更是变成西方阵营的政治工具。凭借对"民主概念"的垄断，西方国家占据了国际政治制高点。"民主"被西方政治理论家提炼成西方政治制度的唯一真谛，演变成一种政治宗教。本课题详细地剖析了民主是如何被泛化、普遍化、神圣化、宗教化、教条化、工具化、功利化、标签化、碎片化的。分析了西方学者为了配合西方政要输出民主，将民主解析化、模块化、程式化。

第一，以大量的国际民主化案例，分析了冷战后一些国家民主化的理论迷思与政治发展悖论。利用收集的大量资料和文献，分析了非洲国家、中东地区、拉丁美洲国家的民主和政治发展的曲折历程。特别着重分析了30年来苏联—俄罗斯民主化的深刻教训。

第二，跟踪当前西方、特别是美国在国际政治中"输出民主"的战略意图、策略做法和实际操作手段；剖析国际政治中流行的种种"民主神话"；分析了西方社会特别是美国与欧洲国家之间在"输出民主"问题上的战略意图和策略差异。

第三，重点关注国际上有关"民主、民主化"等问题的理论反思，特别介绍了当前俄罗斯政界和理论界对民主问题的反思和政治发展的探索。剖析了"颜色革命"的国际背景与政治实质。

---

① ［美］霍华德·威亚达尔主编：《民主与民主化比较研究》，北京大学出版社2004年版，第1页。

第四，通过分析国际上政治民主化的成败得失，利用大量国际案例回应了鼓吹"民主万能论、民主速成论、民主不战论、民主和平论、民主同盟、自由之弧、民主至上论、民主救世说、西方民主普世说"等说教，批驳各种"民主拜物教和民主原教旨主义"。

第五，提出要树立正确的民主观，揭示了科学发展观的政治内涵。民主是现实的、多样的和具体的。不能将其抽象化和绝对化，将民主与稳定和效率等对立起来，非此即彼，拒绝中间过渡，搞政治"休克疗法"。必须强调民主的民族性和主权性，民主的历史性和具体性，民主的成长性和阶段性，强调民主化的差异性和关联性。

通过对国际政治理论与政治发展模式进行提纲挈领式的把握，甄别了不同政治发展模式的理论差异。对不同类型国家的政治进程进行总结，进而对各国政治发展和民主化的道路进行了思考。提出政治发展过程是民主、稳定、效率三组价值元素的辩证统一。提出民主政治发展有其内在的、特定的逻辑，人为地"推广"或"简单移植"西方体制，最终可能适得其反。强调各国国情是现实的、多样的和具体的，不能将西方体制作为一种普世的模式加以推广和输出。

第六，总结国际上民主化的经验和教训，剖析了在民主化问题上的一些理论误区。以发展中国家民主发展过程的民主选择为背景，以不同类型的发展中国家民主选择的典型个案为主要内容，分析了冷战后民主化、政治发展与经济和社会进步之间的关系。提出，在一定时期内，某些国家的民主化并非一定是经济改革或发展的先决条件。经验表明，转轨国家向市场经济过渡需要高效、有力的权力保障。

第七，总结和提炼中国发展道路的理论价值和国际意义。国际政治发展和民主化的历史表明，民主有其发展的逻辑，不能脱离发展而孤立地进行。每个国家的民主进程有其特殊的顺序和环境,简单照搬及强力移植只能适得其反。当前某些国家热衷于搞"民主同盟"或以"西式民主"划线,不仅会分裂国际社会、危害世界和平与稳定,而且会延缓甚至阻碍世界政治发展和国际民主化进程。

与某些国家极力输出或复制西式民主不同,中国立足本国国情,积极探索符合大多数人利益的政治路线。在当今复杂矛盾的国际大背景下,中国的政治发展彰显出独特的理论价值和国际意义。

第八,提出在国际政治中努力抵制"推广民主"诱惑的同时,要积极倡导国际关系民主化。主张多样化的世界、多样化的道路、多样化的民主。批驳西方在"民主、人权"问题上的双重标准,以中国的立场、中国的标准,描述国际上"民主化或政治发展成长图景",提出应研发中国版的"政治发展力国际评估报告",增强我们在国际事务特别是在民主问题上的话语权和思想力。

(二) 价值重构与学术自立

冷战后的30年,民主已经成为国际政治和国际关系的焦点问题。民主成为西方划分关系亲疏和国际阵营的政治工具,成为国际政治较量的内容。在西方战略家眼里,民主已经成为一种全球化现象。正如美国政治学者在民主课程的教科书中指出的那样:"民主化正在成为一个全球现象……民主现在已成为唯一具有普遍正当性的政府形式……这些年代以来,国际上发生了许多戏剧性的事件,既关系到每个国家的国内政治,又关系到这些国家所在的地区乃至全世界的国际关系。"①

近百年来,"民主"被认为是西方社会最主要的政治构架。20世纪东西方阵营冷战过程中,"民主、人权"成了西方社会意识形

---

① [美]霍华德·威亚达尔主编:《民主与民主化比较研究》,榕远译,北京大学出版社2004年版,第1页。

态中标志性的政治品牌，是对抗苏联阵营的重要战略和策略工具。冷战结束之际，西方政界和学界普遍认为"西式的自由民主在全世界范围内取得了全胜"，有关民主自由的意识形态之争从此结束。凭借对"民主概念"的垄断，西方国家占据了国际政治制高点。在这过程中，"民主"被西方政治理论家提炼成西方政治制度的唯一真谛，民主成了西方政治人物的口头禅，逐渐演变成一种政治宗教，变成西方对外政治输出的"政治圣经和基本软件"。

2008年以来，始于西方的国际金融海啸深刻暴露了西方政治体制的危机，暴露了西式民主的虚伪与局限。本课题从国际比较视野中着重研究一些国家民主化的成败得失，分析了民主化过程中的经验和教训，有着极强的理论价值和现实意义。这有利于打破西方舆论在民主、人权问题上的话语垄断，做到知己知彼，破除误区和神话，加强在民主、自由等问题上的国际对话，为对外交往和对外宣传提供必要的理论支持。同时为国内理论界研究中国特色社会主义民主政治发展问题提供国际视野的理论或资料佐证，有利于加深对中国特色社会主义政治发展道路的理解，树立正确的民主发展观，探索科学的政治发展和政治改革路径。

（三）理论误区与实践陷阱

几十年来，伴随着民主逐渐进入由西方世界主导的国际化进程，西方学界对民主的研究也发生了重点转向：由设计和检查自身的民主情况转移到关注对外输出和移植民主。冷战结束后涌起的民主化浪潮，更是吸引了西方大批的政治学家和国际问题专家关注民主和民主转型问题，甚至一些经济学、法学、社会学专业的学者也纷纷加入到民主热点的研究中。

西方国家研究民主的著作可谓汗牛充栋。有关民主解释性、分析性、哲理性、描述性的专著层出不穷。不少研究成果看上去或精致复杂、或严谨高深，或玄奥，或通俗、优美，其间还夹杂着各式的数字模型。然而，在将民主或计量化、或价值化的研究背后，西方民主问题研究往往演变成为外交政治的工具。除此之外，由于民主研究资助方的政治偏好和功利性考虑，西方学术界很难保持学术中立，这使得他们时常陷入理论逻辑和政治现实的矛盾之中而不能自拔。据我们有限的观察，近年来，从西方有关民主问题的研究中可以归纳出以下 10 种倾向。

1. 民主潮流化研究

这类研究通常将民主视为国际性的政治现象，而民主进程则被视为如波浪起伏一样潮起潮落。冷战后西式民主取得了一时性的胜利，苏联东欧诸国的政治演变被称为民主的"第三波"浪潮。而据"民主的浪潮说"的分析，此前西方世界已经经历了两次民主化浪潮。

30 年前，经互会和华沙条约组织先后解散，昔日强大的思想和政治对立阵营瞬间土崩瓦解，西方政治阵营不战而胜。此后国际政治局势的变化进一步强化了西方大国在国际上大肆推销民主理念的决心。有西方学者曾乐观地写道，20 世纪是人类历史上民主突飞猛进的世纪，是民主浪潮在全球范围内波涛汹涌的世纪。在此期间虽然有潮起潮落，但总是一浪高过一浪。某些受到启发的国内学者也心潮澎湃，描述道：20 世纪后期的最近 20 年中，有两股巨流横扫全球，一是经济的市场化浪潮，二是政治的民主化浪潮。市场化的浪潮使计划经济几近绝迹，民主化的浪潮则使各色的个人独裁、军人统治、威权政体和极权政权土崩瓦解。而在世界事务的层面上，民主是终结冷战的内在动力，民主化则把整个世界带入后冷战世界。民主也随之成为在后冷战世界中占绝对主导地位的政治正当性原则。同时，民主政治也完全成为人类主流文明的政治象征。全球化的一个重要内容就是民主化……

在一波又一波民主浪潮的鼓舞下，西方政界和学界十分兴奋。甚至连亨廷顿这样的一向推崇政治稳定和秩序的政治学者也身不由己，禁不住诱惑，抛弃了政治秩序的研究，跟踪、计算起国际上民主国家的数量来。而像弗朗西斯·福山等人更是一时间欣喜若狂，将民主浪潮的一时高涨看成是永恒的历史定律，认为这是西方意识形态的胜利，声称是西方民主及其模式取得了终极全胜，民主浪潮浩浩荡荡，将一统世界政治版图。有人声言，民主海啸，不可阻挡；浩浩荡荡，顺我者昌，逆我者亡。

第三波浪潮过后，西方强国开始肆意挥霍"冷战红利"，企图将西式自由民主推广到全世界每个角落。21世纪以来，他们提出要对包括原苏联国家在内的一些"暴政国家"继续进行"民主化"改造，鼓动"颜色革命"（亦称"花朵革命"），积极制造"第四波民主浪潮"。

然而，国际上接连不断的政治地震引发的民主海啸，掀起了汹涌浪潮，夹杂着污泥浊水，不仅摧毁了顽固的政治堡垒，也席卷了平民百姓，淹没了统一的政治空间，引发一场场政治灾难。而引领民主海啸、站在潮头的却始终是西方少数大国。俄罗斯学者指出，与其说20世纪是资本主义的世纪，是民主化的世纪，不如说20世纪也是战争与杀戮的世纪。20世纪由于战争和杀戮而死亡的人数，超过了人类之前历史中近乎两千年间的总和。一波又一波的民主化潮流并未给第三世界国家和人民带来和平与幸福。

2. 民主测量与排行热

自20世纪50年代行为主义在美国政治科学界盛行后，一方面，经验研究和量化研究等实证研究方法在政治学研究中得到推广。另一方面，受经济学、社会学等学科的影响，西方政治学界提出，应当对包括民主在内的政治形象进行道路量化研究。他们认为，民主也是可以判定或测量的，只是在如何判定和测量民主的问题上，西方政治学界发生了严重分歧：究竟应该采用二分法，还是采用等级法？

在理论研究的基础上，冷战期间，西方以"自由之家"组织为代表的西方一些机构先后推出各式的国际"民主排行榜"。如自1978年起，"自由之家"每年公布"世界各国自由度调查报告"，将全球192个国家列入评比对象。总部设在巴黎的"无国界记者"组织，旨在对各国的新闻自由度进行排行。在西方国家的主导下，一些组织利用他们手中的"民主—独裁"标准貌似客观地描绘"世界民主地图"，随意地给其他主权国家涂抹上不同的颜色。

实际上，西方一些研究机构往往以"民主—非民主""自由国家—非自由国家""廉洁—腐败""新闻自由—新闻不自由""经济自由—经济不自由"等线性的单一中心为基础对国家进行排行，这并不总能反映当代世界政治现实的复杂性和矛盾性。民主判定和测量是一项政治性和意识形态性极强的行为，反映了国际上思想政治领域的较量与斗争，反映了西方世界掌握着"民主"标准制定权和话语权。

3. 民主化与全球化研究

这类研究结果认为，伴随着经济、通信和文化的全球化，冷战后开启的全球化进程实际上是由美国主导的。民主成为全球化的语言，是全球性的政治特征或通行证。这类研究对西方民主体制的前途持乐观态度。他们认为，全球化时代的来临将给西方民主主宰全球提供有利的国际条件。民主既是全球化的一部分，也是全球化的重要内容和推动力。他们提出，如果一个国家建立起开放、透明、廉洁和民主的政治体制，就会在全球化体系中占据非常有利的位置。因为在全球化时代中，国家间的竞争就像公司间的竞争一样，那些有足够弹性来承受经济竞争冲击的政府才能成为胜者。全球化的时代将造就一个开放、灵活和透明的社会，这种社会将更加喜欢民主的政治设计。

4. 民主实现研究

在西方之外的世界如何尽快地"成功地实现"民主,是许多西方研究者关心的主题。有关民主实现问题的研究主要分为三类:首先,是"民主爆炸说"。这类研究认为民主是一个爆炸性的结果。经过一朝分娩,民主便会横空出世。这实际上意味着,只要发生政权变动,政府宣布选举,并在外交上倒向西方,便会成为民主国家。这类"民主政变"是西方乐意看到的,他们认为这便是民主的诞生。不难看出,"民主爆炸生成说"与民主的潮流说一样,遵循了一种简单化的逻辑思维,看不到民主的成长性和政治的复杂性。而且这种民主将是不成熟的、不稳固的,极易夭折和死亡。多国政治实践证明,民主不能够孤身独进,也不能一枝独秀。

其次,是"民主孕育说"。部分西方研究者认定,民主化存在一些前提条件,只要具备这些因素,一国政治体制的民主化转变就将发生。有学者将这类民主理论称为功能民主理论。功能民主理论承袭了政治学结构功能学派的核心观点,关注社会经济发展与政治民主化之间的相互联系。很明显,这类研究的目的不仅在于分析民主政治产生的根源,更重要的是希望建立起某种具有普遍意义和预测能力的解释框架,预测和分析民主的生成。在实践中,这种机械主义的理论暴露出其先天的缺陷:有的民主化实践并不具备那些所谓的先决条件,而有些具备先决条件的国家的民主化进程却迟迟没有展开。

最后,是"民主精英互动说"。面对渴望民主的理论困境,西方部分政治学者逐步放弃了结构主义、整体主义的理论取向,转而研究具体民主化进程的起源和过程,特别关注政治主体互动与关系。这些政治主体包括所谓改革者、保守派、温和派和激进派、执政党和在野党等。他们认为,这些政治主体的相互作用直接决定着民主转型的方向和结果。这类研究也被称为民主起源研究。在此类民主化研究中，不期望对政治领域进行宏观研究，也不指望建立什么大型的民主化理论，而是研究民主化个案中政治精英的互动，以及特殊政治事件对政治发展的影响。由于先天的方法局限，民主起源研究过于关注政治精英的谈判和较量，缺乏对客观因素的分析，其结果可能顾此失彼，造成结论偏颇和政治预测失误。

5. 民主转型和巩固研究

在国际政治比较领域，20世纪中后期几次波及全球的民主化浪潮，"民主自由体制"的确立与衰退，始终吸引着西方政治学者的关注，如阿尔蒙德、派伊、亨廷顿等美国政治学者对发展中国家的政局以及政治民主化的分析。

冷战结束的20世纪末期是一个充满大变动的时代。西方学界对于冷战后随之而来的民主化浪潮持极其乐观的态度。他们对后共产主义国家的民主化转型的研究兴趣明显高涨，大大超过了西方自由民主体制自省和内检的关注。加上欧盟扩大和北约东扩的政治需要，西方政府加大了对原苏联东欧地区的政治转型研究的资助，于是原苏联特别是东欧国家的民主化转型和巩固等问题成了西方学界的研究重点。如格·伊·维施登的《"全球民主化"与俄罗斯过渡》（1999）、马歇尔·戈德曼的《改革出了什么毛病?》（1992）、塞缪尔·亨廷顿的《民主的未来：由扩张到整合》（1995）、查尔斯·蒂利著《民主》；斯迪芬·海歌德和罗伯特·R. 考夫曼所著的《民主化转型的政治经济分析》，等等。

这些研究基本遵循了这样一个老旧的研究范式：极权主义—权威政权—民主。这种研究逻辑在某种程度上能够解释几个顺利转型的单一民族国家的政治转型，但要分析俄罗斯等一些民族众多、政治复杂的国家就显得力不从心。当然，在冷战后的10多年里，西方政治学界也联合东欧"民主小兄弟"中的同行一起开展了以下问题的研究：政治转型与选举心理、政治精英循环与再生产调查、过渡司法研究，等等。实际上，东欧国家在改朝换代之后，对内实施了"复仇性"的政治，采取的一些"去共产党化"的措施与民主无关，甚至有悖于民主逻辑。虽然一些国家在"去苏联化、去红色化、亲美"的道路上走得很远，但依然在大国的"夹缝"中行走，对外仍然很难摆脱"依附性国家"的命运。

6. 民主的区域性和比较性研究

冷战后西方学术界热衷于开展对区域性民主的研究。也是在冷战后的背景下，他们认为西方自由民主制度已经十分完美，充其量只需要技术上的修补，从这个意义上看，西方政治研究者在这里可以"一劳永逸"。于是，政治学界和民主化研究的目光转向那些"政治落后、民主不兴"的第三世界。除对原苏联、东欧等地的区域性研究外，常常列举的最具代表性的成果是由劳伦斯·怀特赫德主编的《牛津民主化研究丛书》。该丛书一套7本，运用比较政治学及相关学科的方法，研究了冷战结束后世界的民主化进程，重点研究南欧、东欧、亚洲、非洲、拉丁美洲及加勒比地区。丛书之一是雷纳德·莫林奥的《在巩固与危机之间的民主：南欧地区的政党、集团与公民》，着重考察了葡萄牙、西班牙、希腊、意大利四国民主制度的构成及其发展，并与东欧、拉美、亚太地区的相关制度做了比较分析。另有亚历克斯·安德拉的《拉丁美洲的人权与民主化》、劳伦斯·怀特赫德的《民主化的国际范围：欧洲和美洲》、尼古拉等人的《非洲国家和民主》、瓦哈耐等人的《亚洲民主的前景》以及瓦哈耐的《民主的透视：对172个国家的研究》等。

近些年，西方有关区域性民主的研究材料虽然众多，分区域、碎片化的研究难以表现出民主兴衰的历史内在逻辑。于是，一些西方政治学家开始注重国际的民主比较研究。如霍华德·威亚尔达主编的《民主与民主化比较研究》、《牛津民主化研究丛书》中的马克·罗伯逊编写的《民主发展国家：政治和制度的设计》、道格拉斯·A. 查尔斯等人的《拉丁美洲不平等的新政治：对参与和代表制的再思考》、弗威拉克尔的《公民权利和社会运动：比较和统计分析》、乔森·马里埃的《政权、政治与市场：南欧和东欧的民主化与经济变革》，等等。近年来，比较民主问题研究著作还有哈利维的《在民主与民主化中的阶级与精英》、法纳等人的《东西方民主、社会化和对立的忠诚》、拉弗泰等人的《民主及其环境：问题与前景》，等等。这些研究的局限是将民主视为政治进程的唯一的、绝对的东西，而忽视了政治发展目标的多元性和道路的多样性，因此它们或者只是描述进程，或者得出的结论相互矛盾、不能自圆其说。

7. 民主策划术与设计术

部分西方政治学者热衷于民主的技术化、模块化和工程化研究。民主由"道"变成"术"，被解析、解构，被设计成技术上简单易行的程序软件。在这种思维模式的主导下，这样的民主设计研究多是以西方民主政治模式为样板，然后将其简化成一套简单而易于推广的程序。为了更快、更广泛地推广民主，西方民主设计师常常将民主简化为一个个选举程序或技术模块。像亨廷顿这样正统的政治学者也在《第三波——20 世纪末的民主化浪潮》一书中详细列出针对各种民主化情势以及政治派别的"民主准则"，以供不同国家的"民主政变"人士使用参考。

与此同时，西方政治学家纷纷出版各种简化版的"民主教程"，一些民主基金会或人权组织争相推出"民主行动指南或手册"，并大规模地对国外青年进行民主培训。原苏联持不同政见者、后移居以色列的夏兰斯基的《论民主》一书宣传"为自由不惜战争"等言论，从而使此书成了布什总统的"床头书"。一本由夏普（Genc Sharp）编写的名为《由独裁到民主》（From Dictatorship to Democracy）的小册子被大量翻译，在许多国家出版分发，成了"民主教科书"和"民主行动的指南"。在 2003 年以后的颜色革命爆发的前后，不少西方"民主工程师"十分忙碌，他们或出现在示威的街头，或现身于民主培训讲堂。有的走上前台，有的则躲藏在幕后，充当选举专家、民主教练或政治顾问。与此同时，西方大国也不失时机地将民主纳入本国的外交议程，加大境外民主人权项目的拨款，官方和民间相互配合实施境外民主推广工程。来自西方国家的一些民主培训机构专门讲授如何酝酿"街头政治"和"民主革命"，教授示威青年如何与警察打交道，如何使用新媒体，怎样迅速将多数召集人起来，轻而易举地推翻他国政权。

8. 民主标准研究

西方政治学者坚持，"必须有一个标准，以便能够判定一个国家是否真正的民主国家"。这里有两层含义：一是民主是评价一国政治的最重要的标准，二是民主本身也应有评价标准。在西方学者眼里，在国际政治生活中民主是唯一的、最为重要的指标。因此，如何判定"民主与否"，即民主的标准问题则成为一个争论的问题。一些西方政治学家提出，民主标准应当是鲜明的、不模糊的，民主要么有要么无。这种非此即彼的思维方式，颇像一些新自由主义经济学家宣称的"市场改革必须一步跨越峡谷，市场不能半怀孕，只能是有或者无"等论调。

在有关民主标准的研究中，西方学者以西方政治为标本，归纳出一系列评判国际民主的标准，并且将其视为国际援助和西方投资必须参照的条件或规范。他们认为，西方的票选制度"能够成为唯一的标准"。亨廷顿提出，第三波的经验是，选举不仅是民主的新生，而且也是独裁的死亡。可见，政权票选成了西方衡量他国民主与否的一个重要标准。除定期选举之外，新闻自由、多党竞争等也常常列入民主标准之中。政治学意义上的民主标准也在西方国家的

"民主传播和民主外交"中得到运用。例如，欧盟开列出一系列的民主和人权标准作为加入欧盟的政治条件。

实际上，西方研究的民主标准过于狭隘，忽视了政治的功能性和基础性。一些西方政治学研究者过多关注一国政治的"改朝换代和改弦易辙"，关心政权的"置换"，而忽视了民主本身的质量。书本上的民主标准与实际政治进程时常脱节，出现政局动荡与政权腐败，故而影响民主的品相与质量，而此时的民主便很容易坠入"寡头自由和权贵贪腐"，或演变成"民粹主义、暴民政治"。劣质的民主与真正的民主大相径庭。因此，在这种情形下，西方仍拘泥于他们制定的民主标准，执意将某些国家或地区树立为"民主航标或自由灯塔"，这只能暴露其地缘扩张性和战略私利。

9. 民主和平论

此论断最先出现于一位美国政治学者在1964年发表的一篇论文，也被视为是康德"民主和平论"的现代版本。冷战结束后，"民主国家不打仗"的论调在西方世界流行一时。这种理论认为，民主国家之间之所以不发生战争，是因为民主制度是和平的保证。美国主流舆论认定，将他国变成自由民主国家从根本上来说符合美国的利益，会使美国本土变得更安全。因此，美国应不遗余力地支持世界上的民主运动，促进各国自由和民主扩展，采用各种方式结束世界上的专制制度。在国际政治中促进民主是美国国家安全的紧迫要求，是时代的召唤，也是美国的使命和美国的外交政策的目标，而这些政策的理论借口则是"民主和平论"。

"民主国家不打仗"这一论断逻辑荒谬，违背历史常识，不能看作是严谨的学术研究结论。"民主和平论"打着维护和平的旗号，但赋予所谓"民主国家"对其他国家的作战权。而且历史上所谓"民主阵营"是极其好战的，第一次和第二次世界大战均与西方阵营有关。如果人为地割裂历史，将西方阵营中的某些国家、某些时期剔除出去之后，再求证民主国家历史上是没有发生战争的，这是不能自圆其说的。另一方面，自称"爱好和平的民主国家"，如果对其他弱小国家肆意动武，通过武力干涉和入侵而强迫他国"民主化"，那么只能使地球处于硝烟弥漫的战争状态，损害他国人民利益，破坏国际和平与稳定。

"民主和平论"是伪善的，因为它讨好现实而牺牲严密的逻辑。鼓吹"民主和平论"既不能带来民主，也不能带来和平，只能为打着民主旗号发动战争提供借口。在国际政治实践中，民主和平的命题具有很大的危害性。民主和平论的鼓吹者一方面宣扬民主国家之间不开战，另一方面却保留对非民主国家的开战权。这无异于西方宗教中特有的"弥赛亚"意识和"十字军远征"的现代翻版，只会加剧国际政治动荡不安。

10. 民主同盟论

早在20世纪90年代中后期，亨廷顿就在《第三波——20世纪末的民主化浪潮》一书中声称，无论如何，在第三波之后的今天，民主化的条件远比以前有利得多。西方自由民主国家的各国政府在促进全球的民主化方面都可以有更大的作为。共产国际（the Comintern）已经寿终正寝，现在该是建立民主国际（the Demintern）的时候了。

苏联解体和东欧剧变后，处于"文明夹缝中"的东欧国家迅速充当了美国民主与人权外交的马前卒。在美国政府的幕后支持下，2000年6月，由美国、波兰、智利、捷克、印度、韩国、马里七国发起在华沙召开会议，建立了名为"民主国家联合体"的新国际组织。宣称民主国家的主要标准是实施无记名和全面监督下的定期、公平选举，保障人权（包括言论自由、新闻自由等），享有结社自由，权力分离（尤其是司法独立）等。其宗旨和目的是在世界上推广并巩固民主制度。

在 2006 年前后，美国部分新保守主义分子出台了一份题为《铸造法治之下的自由世界》的美国国家安全建议性报告。由于这项研究是由美国普林斯顿大学威尔逊公共与国际事务学院组织完成的，所以人们也将其称为"普林斯顿计划"（Princeton Project）。报告宗旨就是，成立由民主国家组成的国际联盟（Concert of Democracies），甚至可以用它来代替联合国。如果世界上有违背这些国家的民主意志的现象，这个"民主联盟"可以进行国际干预，甚至是合法地进行武力干预。这份文件的炮制者期望，此文件的作用能够与 1946 年对苏东阵营发起"冷战"的乔治·凯南的"X 文件"相比。

"民主国家联合体""民主联盟"等倡议是在煽动世界"新冷战"的阴风。区别在于前者是在西方民主浪潮高涨的时期提出的，组织"民主联合体"的西方高官有些得意忘形。而几年后提出"民主联盟"的则是美国新保守派的代表人物。他们认为，西方民主自由体制在国际上受到了来自中国、俄罗斯等国家的挑战。为驳斥与他们分道扬镳的弗朗西斯·福山等人的立场，新保守主义代表人物罗伯特·卡根在其《梦想的终结与历史的回归》一书中声称，中俄等国与西方政治价值观不同，他们正形成"独裁轴心"。因此，为遏制中俄等国，美国、欧洲、日本以及印度等应构成世界的"民主轴心"。

这一构想得到了美国总统候选人、共和党议员麦凯恩的拥趸。麦凯恩在幕后积极策划支持独联体国家"颜色革命"之后，在总统竞选的多次演讲中公然叫嚣要实施一个能够"驾驭一百多个民主国家的巨大力量"的计划。

2009 年 8 月 8 日，"软实力"概念的提出者、哈佛大学教授约瑟夫·奈在日本《东洋经济》周刊发表《美国不会抛弃日本而与中国结盟》，他公开提出，中国是美国的潜在威胁，因为中国不是"民主国家"，而美日拥有共同的民主主义价值观，将会永远交好结盟。而在此前的 2009 年 3 月,《旗帜周刊》主编威廉·克里斯托尔、罗伯特·卡根等人宣布成立"外交政策倡议"(FPI）的外交智囊组织。此组织脱胎于 1997 年成立的美国世纪计划（PNAC）。

特别值得指出的是，2006 年以后，在西方世界中构建类似"民主同盟"的企图煽动"新冷战"的说教层出不穷。西方法学界也步其后尘，宣称传统尊重国家主权的观念要向"西方自由主义民主普世化"转变。在外交上，一些国家的政要公开宣称要实行"转型外交""价值观外交"，打造"亚洲自由与繁荣之弧"，等等。这些都引起国际有识之士的担心和警惕。放下隐含的西方政治企图和战略私利不谈，世界多数国家能够将自己的发展和民主的命运交给这些叫嚣"要替天行道（自由）"的西方政要吗？在当今世界政治舞台上，西方智囊和民主谋士们具备足够的智慧和公信力吗？当今世界之大，发展路径是如此多维，应当容得下不同的民主形成和发展路径。

（四）树立正确的民主观

冷战结束后，民主的理论与实践不仅是国际政治领域的焦点话题，而且也吸引了国内学术界的关注和热议。与国外情形相近似，民主对于国内思想理论界既熟悉、又混乱，对民主的理解歧义颇多，在认识上存在着不少误区和模糊之处。什么是民主？如何发展和实现民主？什么是正确的民主发展观？世界各国政治发展与民主化的前景如何？西方某些国家强行推销的"民主化"暗含哪些危险？提出哪些思想挑战？这些都需要我们以马克思主义的立场和方法来分析、来回答。

民主不应抽象地和孤立地去研究，而应注重分析和研究民主的历史性和实践性。探寻民主的实践定义，以国际视野比较民主的实践轨迹。多年来，民主问题的研究吸引了政治理论、政治哲学、历史和社会学等领域众多研究者的参与。探讨民主概念和理论论著层出不穷，围绕民主概念的认识分野甚至要超过对"市场、自由"等问题的争论。当然，不可否认，对民主研究的差异和观点分歧，也反映了研究者不同的政治立场和思想差异。但是，无论如何，局限于从概念和借助西方民主教科书来阐释民主，在今天已无助于民主政治研究的深化。

为避免陷入民主概念和理论的纷争，应当将研究的重点由民主的一般性、概念性或规范性研究转到对民主的实证性、国际性比较研究上来。结合冷战后国际政治领域中的一些鲜活的例证，分析一些国家在民主化进程中的成败得失。以国际的视野和发展的框架，来探讨民主化的理论逻辑、实践顺序和成长条件。要认清"民主万能论、民主速成论、民主不战论、民主和平论、民主同盟、自由之弧、民主至上论、民主救世说、西方民主普世说"等说教的政治本质，坚持政治性与科学性的统一，面对在民主问题上的迷思和争论，树立正确的民主观。民主是成长的、多样的、具体的、现实的、历史的。当前，欧美债务危机进一步暴露了"西式民主"的缺陷，国际思想界开始将视角转向政治制度与政治模式的比较与适应上来。在未来政治选择与国家发展中需要转变"话语范式"。要勇于"超越一般民主"，善于"驾驭民主化"，实现综合的、全面的、协调的政治发展观。

关注民主化进程的国际环境及国际经验教训，勇于超越西式民主理论，学会驾驭民主化进程。要避免抽象和孤立地研究民主问题，要勇于跳出西式民主的理论误区。应当看到，当今世界上民主的理论与实施均是由西方大国主导的。而西方大国主流的民主理论和民主化策略又是主要针对社会主义国家和其他发展中国家提出来的。这些也构成了西方对外战略的重要组成部分。从国际角度研究民主问题，首先要关注西方民主理论的演变，其次，也要着力比较分析美国、欧洲这两个主要"民主推手"的战略意图和策略差异。通过比较国际上多数国家的政治发展和民主化的实践，政治兴衰的经验和教训，发现民主发展的内在逻辑和规律。

注重研究民主的成长性和发展的包容性。冷战后，民主的潮起潮落以及近几年围绕东西方发展模式优劣的辩论表明，民主进程是政治发展进程的组成部分，民主并不是唯一的、终极的，用民主概念并不能解释一切。研究中东和拉美地区等第三世界的民主化历程会发现，一个国家需要的政治发展方式、发展道路、发展价值和目标，在社会发展的不同阶段上是不同的。不同的国家战略和民族目标任务决定了这个国家这一时期的政治主题和政治方式。与政治发展一样，民主有着特定的发展顺序、速度和方式。民主有其成长的环境、条件、土壤、文化、成本与质量。民主进程要统一于政治发展的总目标，要与经济建设、社会建设、文化建设、法治建设等进程相协调。与单一的民主概念相比，政治发展的内涵更为丰富、更为具体、更为多彩也更为广泛。

关注中国发展的政治经验，树立正确的民主观。国际历史经验表明，每个国家的民主都应符合自身国家特定的历史文化传统和现实条件，发展民主应当因地制宜，外部强加和全盘照搬往往是得不偿失的。要深入剖析西方推广民主背后的地缘战略意图，深入总结俄罗斯等后社会主义国家在民主化问题上的教训，努力摆脱西方在民主、人权领域的话语禁锢。要破解西方强加的"极权、专制、不民主"等概念陷阱，努力提炼和归纳中国的政治经验和理论价值，增强政治自信力和理论说服力。要关注一国的政治主题和发展顺序，注重培养国际政治竞争力。针对国际上流行的各种不同版本的"政治、民主、人权排行榜"，应当强调政治发展力和竞争力，研究一套科学而全面的政治发展力评估模型，研发中国版的"世界政治发展力评估报告"。要坚持政治性与科学性的统一，树立正确的民主发展观，探索全面而科学的政治发展理论，促进政治民主、政治稳定、政治效率、政治廉洁，推动中国特色社会主义政治发展道路越走越宽广。

十　民主赤字与世界政治困境

从世界政治格局的演变趋势来看，2008年国际金融危机的爆发无疑是世界步入政治"新生态"的重要标志。危机的爆发使西方国家现有政治、经济和社会制度的种种深刻矛盾与缺陷暴露无遗。危机之后这些年，西方世界出现的政治对抗、金钱政治、决策不畅等政治颓势更使得西方制度的政治能力和民主成色大打折扣。相比之下，30年来中国以其迅速崛起的经济实力、稳定的政局和高效的治理能力，大大提升了其在世界政治舞台上的政治影响力，已经成为全球和地区秩序塑造中的重要一极。在当前东西方权力格局正在酝酿深刻变革的大背景下，我们应基于中国发展的经济和政治经验，树立自主意识，深入挖掘并彰显中国的政治发展力与竞争力，适时推动和引导包括"民主化"研究在内的国际政治议程的转向。

（一）"政治西方"的颓势与民主"一元论"的式微

实际上，2008年爆发的国际金融危机不仅引爆了西方世界积聚多年的"金融泡沫"，同时也深刻地暴露了资本主义的政治弊病，戳破了西方世界长期以来引以为傲的种种所谓民主"神话"与政治"泡沫"。伴随着"后金融危机"时代世界政治格局中东西力量对比的变化，"政治西方"颓势渐显的大趋势也正在不断被历史的发展所证实。

2013年1月13日，德国《世界报》刊发文章指出，到2013

年，西方发达国家的经济总量将首次降至世界经济总量的一半。而在此之前的近两三百年间，由少数欧美发达国家组成的西方世界一直雄霸全球。德国的《文学和社会的批评》杂志2013年第1期也推出了题为《西方黄金时代已去》的文章。文章指出，历史上西方世界是相对于亚洲、中东和非洲等地的概念，不仅是一种发达经济和生活的象征，也代表着一种政治和经济模式。在"冷战"时期，西方又是共产主义的对立面。自第一次工业革命以来，西方逐渐占据世界主导地位。到19世纪中叶，西方已经成为国际上的统治者。近两百年是西方大跃进的时代，无论在经济、文化，还是政治、科学方面，西方在所有领域都是领先者。但2013年前后，世界再次返回"正常状态"：只占世界人口15%左右的西方，将重新把权力交给约占世界人口85%的新兴国家和发展中国家。文章最后提出，西方如何在经济全球化的今天找到新的位置，将是一个新的问题。总之，西方世界在全球格局中相对位置的下降无疑是一个标志性的历史事件，在近两三百年从未有过的"大变局"中，世界政治的"新生态"正呼之欲出。

在"政治西方"显露颓势的同时，"民主"这一西方世界借以主导国际政治议程与话语权的核心武器也正在不断走向式微。冷战结束30年来，"民主"一直是国际政治中的热门话题。凭借对"民主"话语的垄断，西方战略家将其包装成全人类的"普世价值"和全球性的政治标准。30年前，柏林墙的倒塌等一系列事件宣告了"冷战"时代的结束，以美国为首的西方世界取得了政治、军事和思想等方面的全面"胜利"。日裔美籍学者福山随即发表言论，宣称"人类历史至此终结"，国际上意识形态的争论自此盖棺定论，西方自由民主制度将一统世界。在福山颇具"使命感"的宣告中，对西式民主"一元论"的肯定与推崇显露无遗。而在当今西方世界的主流意识形态中，"民主"也已经被毋庸置疑、天经地义地定义为通过举行"自由、公平、定期的选举"来选拔和确立政治领导人。从源头上看，这种以"竞争性选举"为核心要素的民主理论主要来自熊彼特关于"精英民主"的论述。时至今日，经过西方几代理论家的不断发展与完善，这种"一元论"式的民主理论及其制度已经被提炼成"民主"的唯一真谛，甚至已经被包装成一种政治宗教，以"政治圣经和基本软件"的形式，成为通过"软实力"影响和操纵他国的"利器"。然而，随着以美国为首的西方世界对外"推销民主"战略的受挫，"颜色革命"泛起的"民主"泡沫一个个破灭，"阿拉伯之春"在经历了初期的喧嚣之后便迅速演变成"阿拉伯之冬"。在经历了无数由"民主"所带来的困惑甚至血与火的洗礼之后，人们不得不重新对民主问题以及以西式自由民主模式为标准来观察衡量世界的思维模式进行反思。

（二）对战后世界政治中民主与发展悖论的反思

"二战"结束后，伴随着殖民主义的最终崩溃，广大被殖民国家纷纷走上独立探索本国发展之路。在世界范围内，当年托克维尔所预言的民主化浪潮蔚然成风的日子看似已经到来。对于这一现象，一位西方学者曾不无兴奋地指出："民主的观念和信仰比人类历史上的任何时候都要深入人心，发扬光大。的确，在世界上的许多地方，尤其是在政治积极分子和政治精英中间，反民主的意识形态黯然失色。"然而，半个多世纪过去了，在那些经历过轰轰烈烈的民主化运动的大部分国家和地区，西式自由民主并未落地生根，盲目的民主化不仅未能解决社会固有的一系列积弊，反而加剧了国家治理能力的衰退，严重影响了经济的正常发展，并最终导致政局动荡、社会失序和人民生活水平的大幅下降。

回顾战后世界民主化的历史进程，我们不难发现，在这些国家和地区内部，民主已经被严重地"异化"甚至"神化"，失去了其本来的面目。因此，在当今复杂的国际政治环境下，我们有必要从思想和认识上澄清笼罩在民主问题上的迷雾，破除不切实际的"自由、民主"神话，树立正确的民主价值观和科学的民主发展观，积极探索符合自身发展特点的政治发展和民主道路。

民主是成长的、多样的、具体的、现实的、历史的。近年来发生的西方国家的债务金融危机进一步暴露了"西式政治模式"的缺陷，国际思想界开始将视角转向政治制度与政治道路的比较与适应上来。因此，无论是在民主化比较研究中，还是在勾画未来政治选择与国家治理研究中，都需要转变"话语范式"。

1. 强调民主发展的民族性和主权性

世界各国情况和文化的多样性，决定了民主发展道路的多元性和形式的多样性。因地制宜的民主形式才富有生命力，外部强加的民主模式往往只能是华而不实的"自由外衣"。民主不能强力输出，完全照搬他国的民主模式是有害的。民主建设必须立足本国的历史，必须与国情和文化相结合。各国的政治发展道路只能根据本国的历史文化传统来确定，而不应将一国的模式强行推销给他国。冷战后大量国际案例表明，鼓吹所谓民主万能论、民主速成论、民主不战论、民主和平论、民主同盟、自由之弧、民主至上论、民主救世说、西方民主普世说等说教站不住脚。

2. 强调民主发展的历史性和具体性

人类政治发展史表明，民主化是一个长期、复杂的发展过程，民主必须是因地制宜的，要符合社会政治进程和经济社会发展程度。民主应是具体的，单一的民主化并不是一剂包治百病的救世良方。民主的发展，不能只凭人们的良好愿望，脱离国情盲目发展；更不能脱离民主赖以存在的实践基础，照搬别国模式。民主政治建设，最根本的是要正确处理好民主与生产力发展之间的相互关系，与经济文化的发展水平相适应，有步骤、有秩序地进行。

3. 强调民主的成长性和阶段性

民主有其成长的现实阶段性，民主发展既要有长远的发展战略，又要有近期阶段性目标。民主政治建设是一个不断完善和发展的长期过程，不能急于求成，也不可能一蹴而就。民主有一个从不完善到逐步完善的发展过程。民主发展是有条件的，要受政治、经济、文化、历史传统，公民素质和人民政治生活习惯等制约，不能脱离社会的现实基础和客观条件。民主化进程应与经济、社会发展同步。民主的发展要有一定的"度"，要掌握好一定的"火候"，一定要为生产建设服务，民主的发展超过了限度，则会走向反面。实践表明，忽视民主成长性和阶段性的政治激进主义往往不会带来民主，反而造成政局动荡不宁。苏东国家的"政治休克疗法"带来的只会是国家解体、民族分裂和政治衰败。

4. 强调民主与政治发展的关联性和差异性

几百年来，人类社会的民主进程充满了艰辛和曲折。英、美、法等发达资本主义国家民主制度虽相对完善，然而也存在着难以克服的矛盾，打上了深深的"资本自由和金钱民主"的阶级烙印。民主是有阶级和有差异的。另一方面，政治发展是有序的，是一个统筹发展的系统工程，民主发展也有其成长的顺序和维度。应当正确处理政治民主、政治稳定和政治效率三者的关系。法治、稳定、经济发展与发展民主同等重要，不可偏废。

5. 强调国际关系民主化，促进人类文明进步与全世界各民族的共同发展

国际政治中恃强凌弱，肆意干涉他国内政或垄断国际事务是当代霸权主义和强权政治的表现，已经成为实现国际关系民主化的主要障碍。宣扬"文明冲突论""新干涉主义""人权高于主权""新有限主权论""民主使命论""新民主殖民主义""新民主和平论"等都是对国际关系民主化的挑战，不仅无益于世界民主进程，而且

给世界和谐带来严重威胁。动辄以"民主、自由"划线，甚至打造"民主同盟"，是在唤起"新冷战"。而打着民主旗号，不惜诉诸武力，对他国进行"民主改造"，则是在破坏国际关系民主化，其目的是妄图缔造新的"超级强权帝国"。

（三）中国道路的政治内涵与价值追求

对于世界政治发展与政治格局变迁而言，中国改革开放 40 多年来的迅速崛起无疑是引领世界政治格局步入新生态的中坚力量。因此，在揭示世界政治发展新格局与反思战后民主化与政治发展悖论的基础上，深入挖掘并揭示当代中国政治发展的内涵及价值追求，对于我们进一步认识、发展和完善中国特色社会主义民主政治道路，丰富人类政治文明的发展成果并提升中国在国际社会中的政治话语权，无疑具有十分重要的理论和现实意义。

近年来，国内外关于"中国模式""中国道路"的讨论越来越多。但细心观察后却不难发现，在热议"中国奇迹"的背后，西方研究者宁愿多讲"中国模式的经济成就"，也不谈或者有意回避"经济成绩"背后的政治因素或政治优势。国际上一些中国问题专家甚至不惜精力，试图从亚洲文化传统等领域寻找中国成功的历史密码，对于中国特色社会主义的政治现实和中国共产党的执政理念等则选择性地"失明"。可以说，西方学界习惯了以西方政治标准来评价中国问题，他们或偷梁换柱，或盲人摸象，这将不可避免地导致对中国的"误读"或"误判"。"一叶障目不见泰山"，以西方政治模式和政治价值框架观察和解释当代中国问题，不仅很难全面理解中国模式的"政治内涵"，同时也不可能找到中国成功的"政治密码"。更有甚者，部分西方主流媒体囿于"意识形态偏见"或固有的"冷战对立"思维，不愿看到中国的发展和进步，经常假借"中国政治话题"来否定中国模式的发展前景。

东西方阵营之间的"冷战"结束后,有着13亿人口的中华民族在中国共产党的正确领导下,没有重蹈苏共败亡的覆辙,避免了苏联式崩溃和俄罗斯衰退的悲惨命运。不仅实现了经济高速发展,经济总量跻身世界第二,而且成功地实现6亿多人口的脱贫。特别是在国际金融危机爆发后,西方社会经济制度和社会治理模式或碰壁或搁浅,国际上不少国家面临着不稳定和不确定的未来。与西方世界面对危机的乏善可陈不同,中国以其积极有为的政治姿态和高效的治理能力,成功地克服和化解了金融危机所带来的困境与挑战。30年来,中国经济为世界经济发展提供着强大的动力,并以其稳定的政局和高效的治理能力影响着世界政治格局,丰富着世界政治面貌。中国发展的价值取向和经验原则丰富了人类政治发展的内涵和理念,未来也必将在世界文明的图画中留下浓墨重彩的一笔。

与西方国家一些学者继续局限于"民主—专制""西方—非西方"的两极对立思维模式不同,中国发展采取科学性的发展方式,沿着协调性的发展轨道,秉承着包容性价值理念,为当今世界的政治发展进程提供了非凡的答案。借助于发展价值的多元性、发展进程的包容性、发展理念的科学性,中国拒绝了国际上盛行的那些思想偏见和政治短视。中国政治发展显示着强劲的政治竞争力和政治发展力,展示着良好的发展前景。

曾经把中国模式概括为"北京共识"的美国学者雷默在其《不可思议的时代》中文版序中写道,中国遇到的挑战,从规模来看,从复杂的程度来看,都是人类历史上从未经历过的。改革的本性是会产生出从未见过的新问题。这就需要一种新的创新,一种超越"中国特色"的创新。所谓"后中国特色",是指中国将不再把国外的东西拿来,然后增加一些"中国特色"。中国创造出来的将是完全崭新、自主的创新。《当中国统治世界》一书的作者、英国学者马丁·雅克指出，很多人仍旧认为，只存在一种现代性模式，那就是西方的现代性模式。当今的西方学术界再也不能用简单的政治套话和二元对立的方法来讨论中国的发展、特别是政治发展问题了。

实际上，中国在处理改革、发展、稳定的关系上确实有不少可圈可点之处。中国注重立足本国国情，以人为本，注重民生，较好地处理了社会民主、个人自由、国家稳定和政治效率的关系，为经济快速增长提供了良好的政治保障，积极探索出一条符合大多数人利益的政治路线。中国的发展很好地体现了发展目的的人民性、发展价值的包容性和发展方式的兼容性。在当今错综复杂的国际形势下，中国的政治发展模式日益彰显出独特的理论价值。就发展的价值追求而言，当代中国政治发展表现出的是一以贯之的全面性、协调性和包容性。中国的政治发展冲破了西方固有的"民主—专制"的单一化思维定式和双重标准，破除了"民主激进主义"和"民主原教旨主义"的干扰。当代中国政治发展理念拒绝对"民主、自由、人权"等抽象化、简单化的讨论，有效地驾驭了"民主化"进程，超越了狭隘的西式"民主、自由"说教。在发展的实践中，这种政治发展的概念与内涵正在不断地丰富和完善。开阔的政治实践视野，使得中国的思想者得以在政治发展的宽广平台上探讨民主化和政治改革的方向和着力点。以全面、务实的政治发展方略提升政治发展力，以持续、稳定的政治战略增强中国在国际上的政治竞争力和政治影响力，实现政治稳定、政治秩序、政治绩效、政治动员、政治廉洁等指标的包容性成长。

此外，从外部关系上看，当代中国政治发展理念要求政治发展的进程及其表现应当有利于经济发展、文化进步与社会和谐。提倡政治发展的"包容性"绝不意味着拒绝一般意义上的"民主"。适合中国国情的政治发展道路应当是以当代中国政治发展理念来推动民主政治的进步,通过政治发展解决社会问题,并且为经济发展提供稳定的政治保障。当代中国政治发展理念强调政治发展与经济发展、文化发展、社会发展及人的发展之间的平衡,强调政治发展应当有利于经济发展,有利于社会公平和正义,有利于人与自然的和谐,有利于世界的和平、和谐与进步。

第 四 章

大国治道——由全面发展到共同发展

一 突破西式政治逻辑

当前，国际上围绕民主问题正进行着激烈的意识形态斗争。西方国家早已设下重重陷阱，将民主作为西化、弱化、演化他国的工具和手段。民主问题已不仅是概念问题、话语问题，更是国际政治斗争的焦点，关乎国家主权安全和政治安全。

（一）西式民主：话术与工具

"二战"结束以来，民主问题一直是国际政治领域争论的焦点，也是西方世界打压他国的武器和工具。30年前，苏联和东欧社会主义国家就是落入西方设下的民主、自由、人权等陷阱而分崩离析的。冷战结束30年来，国际上的意识形态斗争不但没有减弱，反而更加激烈。以美国为首的西方国家打着民主、人权等旗号，对外大肆输出民主、煽动街头政治、策动颜色革命。西方大国凭借对民主、人权、自由等话语的垄断，推行双重标准，肆意打压其他政治制度不同的国家。如今在国际政治舞台上，较之"东方—西方""北方—南方""发达经济体—发展中国家"的差异，所谓的"民主国家与非民主国家""西方自由世界与非西方世界"之间的对立色彩更加鲜明。

长期以来，西方国家垄断了"民主概念"的解释权，将他们演绎的自由、民主、人权等说成了放之四海而皆准的标尺。习近平总书记深刻指出，西方运用这套标尺时是有选择的，对他们百依百顺的国家、跟着他们跑的国家，他们可以对其政治状况不闻不问，而对那些不听命、不顺从他们的国家，他们就要挥舞价值观念的大棒进行打压，进而策动"颜色革命"，甚至不惜动用武力来改变一个国家的政权。

可见，国际上民主问题之争，既是话语之争，又是理论之争、思想之争，更是制度之争和道路之争，背后还隐含着传统地缘政治之争。只有打破西式民主政治逻辑，才能避免在思想上迷失、在实践中迷路，才能避免制度改旗易帜、道路改弦易辙、国家和政权分崩离析，才能有效捍卫国家主权和安全。

30年前，东欧剧变、苏联解体，西方大国自认为在东西方较量的大棋局中不战而胜。经过"二战"后40多年与西方的军事对抗和政治较量，以苏联为首的阵营最终败下阵来。苏共的垮台与苏联的瓦解，首先是因为苏共在民主这一关键性的政治问题上犯了大错。戈尔巴乔夫陷入民主迷思，落入西方设下的政治陷阱，最后缴械投降，将政权拱手相让。总体而言，政治上的失败是苏共垮台的首要原因，苏共在民主问题上的混乱导致东欧社会主义阵营瓦解，苏联走向解体。

在西方战略家和谋士们的眼里，民主、自由、人权等政治工具功不可没，它们是摧毁社会主义、赢得冷战的政治利器。30年前，冷战结束伊始，西方智囊和知识精英们鼓吹，意识形态的争论就此终结，西式民主将永远站在人类历史的尽头。于是乎，被胜利冲昏头脑的西方政要和精英们弹冠相庆，高呼西式自由民主和市场经济模式站上了历史巅峰并将一统天下，自此西方可以高歌猛进，无往而不胜。

在"第三波民主"浪潮汹涌的国际背景下，西方政治谋士们连出三招。首先，在理论和概念上将西式民主和自由市场模式泛化、神化，认为西方模式是普世的、超民族的、横贯人类历史的。其次，在实践上将推广西式民主外交政策化，大肆对外输出民主，策动颜色革命，造成国际上又一轮的地缘政治争夺和恐怖动荡周期。最后，在思想和舆论上将民主意识形态化，鼓吹和煽动民族、文明、宗教间的冲突。它们声称西式民主既为西方社会和西方文明所特有，又是普遍适用的。为谋求政治和国际话语霸权、掩盖其地缘政治私利，西方媒体和学术界接连抛出一系列的信条和口号："民主万能论""民主速成论""民主国家不战论""民主和平论""民主同盟论"，极力推行"价值观外交"，打造"自由和民主之弧"。

西方国家推广民主有两种手段：武力强行输出和策动他国内部改弦易辙。当然，有时外部暴力推翻和内部和平演变两种手段并用。美军先后武力攻打伊拉克和利比亚，开启了美国绕过联合国、公然纠结一些"民主随从国家"用武力推翻一国合法政权的先例。俄罗斯学者称之为"炸弹下的民主"。随着黎巴嫩"雪松革命"、格鲁吉亚"玫瑰花革命"、乌克兰"橙色革命"、吉尔吉斯斯坦"郁金香革命"等街头政治的爆发，西方国家得以通过策动颜色革命而兵不血刃地促动对象国家政权更迭，从而达到西方扩大政治势力范围、争得地缘政治优势的目的。

（二）西方国家自己把民主变成了坏东西

当前，西方政治阵营陷入"民粹主义和对抗政治的泥潭"，政治发展乏力。对于西方世界来讲，正可谓是成也民主，败也民主。

2008年国际金融危机以来，西方世界深陷政治困境。美国政治学者福山认为，美国两党竞争导致政治极化，而民主的泡沫导致政治衰退。他认为，美国的民主政治演变成了一种否决政体，政治被

"党争民主"或极端思潮俘虏，难以自拔。2015年11月，来自英国的学者马丁·雅克在上海指出，未来十年，"民主赤字""过度民主"的欧洲将会陷入恶性循环之中。

长久以来，在民主问题上存在着诸多认识上的误区：认为实现民主就等于照搬现行的西方政治模式，企望只要移植西方民主形式即可自然而然地达到西方式的物质富足；西方国家以抽象的民主概念去圈定社会，将民主抽象化、庸俗化，肆意张贴民主标签；对内对外实行双重政治标准，打着民主、自由的旗号肆意侵犯他国主权，甚至绕过联合国、践踏国际法、武力推翻合法政权；故意将民主与社会主义对立起来，任意给某些反共势力、民族分裂分子贴上"民主派"的标签，以民意、民主为幌子，鼓动激进势力兴风作浪以至夺取政权。

这些年来，正是由于西方国家不计后果地极力对外输出民主，才导致了"民主异化""民主变质""民主赤字""劣质民主"等政治乱象，造成民族分裂不断、宗教种族冲突时起，国际社会严重分裂，世界政治良性发展进程严重受阻，国际政治生态急剧恶化。可以说，正是西方政客将民主这个一定意义上的好东西变成了坏东西。

中国特色社会主义政治道路是科学社会主义在当代最伟大的实践。中国政治发展道路的成功，大大丰富和发展了马克思主义的政治学说，有力地回击了西式民主一元论及其话语霸权，拓宽了世界社会主义的发展道路，为非西方国家提供了非凡而宝贵的政治经验。

改革开放40多年，中国的顺利发展所取得的伟大成就，被国际上誉为"21世纪最重大的政治事件"。中国特色社会主义政治发展冲破了西方所谓自由、民主、人权口号的攻击与围堵，用实际行动证明了政治发展要走自己的路，为广大发展中国家探索适合本国国情的政治发展道路提供了宝贵经验。中国奇迹在当今复杂多变的国际背景下有着特殊的国际影响和历史意义。

30年前，东西方阵营之间的"冷战"结束后，中国没有重蹈苏联解体和东欧剧变亡党亡国的覆辙。在中国共产党的正确领导下，不仅实现了经济发展和民族复兴，而且始终保持着改革、发展、稳定的良好势头。特别是在国际性的金融危机爆发后，西方社会经济制度和社会治理模式或碰壁或搁浅，国际上不少国家面临着不稳定和不确定的未来，而中国波澜不惊的应对和表现显得尤为突出，中国经济愈益成为世界经济发展的强大推动力。

经济上的成就不是孤立的，中国奇迹的基石在于中国政治经济体制的相互促进。中国稳定的政局和政治治理形式，为中国经济发展起到了保驾护航的重要作用。中国全面发展的政治理念和价值取向丰富着世界政治面貌，丰富着人类发展的内涵和理念，无疑将深刻影响世界格局与人类政治文明的发展。

中国的政治发展道路很好地体现了发展目的的人民性、发展价值的包容性和发展方式的兼容性。中国的政治实践视野开阔，丰富了政治发展的内涵和意义，使思想者得以在政治发展的宽广平台上探讨民主进程和政治改革的方向和着力点。当代中国政治发展秉持全面性、稳定性、发展性、协调性、包容性，追求民主、秩序、效能等政治价值的有机统一。全面的政治发展，力求以全面、务实的政治发展方略提高政治发展力，以实现真实、广泛的人民民主；以持续、稳定的政治发展力提高中国在国际上的政治竞争力和政治影响力，实现政治稳定、政治秩序、政治绩效、政治能力、政治动员、政治廉洁等指标的全面、协调与包容增长。

（三）突破西式民主政治逻辑

当代中国的政治发展冲破了西方民主一元论的思维定式和双重

标准，以坚定的政治立场、开放的发展视野，顺应人民的意愿，秉承全面、协调、包容的发展理念，开辟了世界政治中一条独具特色和卓有成效的发展道路。面对长期以来西方对民主解释权的垄断，必须跳出西式民主的政治逻辑，树立全面的政治发展观，走科学、全面的政治发展道路。

与民主相比，政治发展的内涵更为丰富、更为具体、更为多彩也更为广泛。要发展民主，但应将民主纳入政治发展的统一轨道。民主是成长的、多样的、具体的、现实的、历史的。民主进程要统一于政治发展的总目标，要与经济建设、社会建设、文化建设、生态文明建设等进程相协调。

民主是政治发展的基本要素之一，与其他要素共同构建起全面发展的政治总体格局。民主往往深受一国国情的影响，服从于一个国家经济、社会、文化发展的总目标。发展民主应选择合适的路径、合理的速度、有效的方式，这样才能使民主政治更有效、更优质，否则就会陷入"对抗政治和劣质民主"的泥潭。

事实上，民主"单兵突进"并不总能推动政治发展，民主进程失控反而会导致政治衰败。因此，要辨别和识破"民主万能论""民主速成论""民主不战论""民主和平论""民主同盟""自由之弧""民主至上论""民主救世说""西方民主普世说"等错误观点，树立正确的民主观，超越西式民主，坚持走全面发展的中国特色社会主义政治道路。

全面的政治发展，要求政治发展的进程及其表现应当有利于经济发展、文化进步、人民幸福、社会和谐。适合中国国情的政治发展模式应当是以全面政治发展的理念带动民主的进步，通过政治发展解决社会问题，为经济提供政治保障。全面的政治发展，强调政治发展与经济发展、文化发展、社会发展及人的发展相平衡，强调政治发展应当有利于经济发展、有利于社会公平和正义、有利于人与自然的和谐、有利于世界和平与进步。

与一些国家民主发展的"单兵突进"不同,中国的政治改革和政治发展进程秉持了全面发展的政治理念,体现出独一无二的特性。政治改革和民主进程立足国情,坚持走自己的路,充分发挥我国社会主义政治制度优越性,积极借鉴人类政治文明的有益成果,绝不照搬西方政治制度模式。

在当前复杂多变的国际形势下,我们一定要坚定道路自信、理论自信、制度自信和文化自信,保持政治定力,在话语体系和理论构建中坚持全面的政治发展观,破除西方民主迷思。在实践方向上,以政治的全面发展为基础,以全面提高党的领导能力为引领,以提高国家治理能力为动力,全面提高政治发展力和国际政治竞争力。

二 民主话术与政治霸权

冷战结束后,国际上的意识形态斗争并未平息。相反,随着西方大国高举"民主、人权"等旗号,对外大肆输出"民主"、策动颜色革命,世界舞台上各国的思想政治较量与斗争更加激烈。而民主、人权等问题更是成为思想政治和国际舆论较量的核心。30年来,西方世界立足所谓"民主价值认同",极力打造"民主同盟""民主自由之弧"、推行"价值观外交"等,不时掀起一阵阵"新冷战"阴风。2006年以来,西方大国认为普京总统领导的俄罗斯与中国模式是对西方模式和政治价值观的严重挑战,进一步强化了针对俄罗斯和中国的舆论打压和思想战。如今在国际政治舞台上,较之"东方—西方、北方—南方、发达经济体—发展中国家"的差异,"民主国家与非民主国家"的政治对立色彩更为鲜明。西方大国动辄以"民主""人权"为借口,以西式政治标准划线,肆意打压其他政治制度不同的国家，甚至包括中国、俄罗斯这样的大国。西方大国凭借对"民主、人权、自由"等话语的垄断，在国际政治领域肆意妄为：借口推广民主，策动颜色革命；叫嚷"人权高于主权"，践踏他国主权；不顾国际法，任意实施"人道主义干涉"；破坏国家间和平共处的原则，任意发动战争，谋求地缘政治霸权。

传播力决定影响力，话语权决定主动权。而话语背后是思想、是"道"。多年来西方大国的政治谋士们，巧妙地将"民主"提炼为西方政治核心价值，视为其"软实力"的核心。民主是西方世界自我标榜和对外输出的旗帜和手段。只有厘清民主问题、认清西方民主的本质和对外输出的动机，才能树立正确的民主观，才能抓住国际话语权争夺的实质与关键。习近平总书记指出，要抓住民主人权、民族宗教、反腐倡廉等西方对我们存在"认知错位"的关键问题，深入研究、各个突破。要加强对外话语体系建设，用中国理论阐释中国实践，用中国实践升华中国理论，更加鲜明地展现中国思想，更加响亮地提出中国主张。

（一）国际传播的出发点始终是国家利益，而核心是政治价值观

基辛格在《国际秩序》一书中写道，从来没有过什么国际秩序，有的只是弱肉强食和丛林法则。可见，无论国际政治生态和政治形势如何变幻，舆论的背后还是地缘政治争夺和思想价值较量。几十年的世界政治经验告诉我们，往往在面对主权安全、国家利益或赤裸裸的地缘政治争夺的时候，公共外交投入和对外形象包装显得是那么的无力和脆弱。在当今世界，在模式、道路、政治、软实力、话语权、价值之争的背后是政治价值和政治观的差异或不同。而政治价值最大的分歧在于"民主观"的差异。习近平总书记指出，一定要弄清民主与人权等问题的内涵，要看清西方宣扬所谓

"普世价值"和宪政民主背后暗藏的玄机。要紧紧抓住"民主人权、民族宗教"等问题深入研究，谋求突破。

"二战"结束以来，民主问题一直是国际政治的热点。在国际思想和舆论领域，"如何定义民主已经成为意识形态的大战"。近年来，民主问题更是西方舆论对中国进行政治攻击渗透的一个重点。刘奇葆同志指出："如何在民主问题上构建我们自己的话语体系，破除对西方民主的迷思，是当前理论界的一项重要任务。"能否深入研究国际上民主化和政治发展的一般规律及特殊性，总结中国特色社会主义政治发展的成功经验，勇于打破西方在民主话语中的垄断，是掌握国际舆论斗争主动权的关键。中国学术界和智库工作者要着力讲清楚中国政治发展道路的特点和独特优势，讲清楚西方民主制度的根本缺陷和局限性，扯下笼罩在西方民主头上的"光环"，把西式民主请下"神坛"。

（二）民主发展问题上的主要误区

回溯历史，环顾国际，我们不难发现，无论在东方，还是在西方，在追求民主和实施民主化的过程中，往往存在着一些思想上的误区和现实的陷阱，其表现为以下几方面：

1. 将民主化与西方现行的政治模式简单等同起来，将"民主"模式化

一些国家的政治势力在认识上往往将西方政治形式理想化、模式化，误将民主制度与西方的政治制度简单等同，将民主化视为"西化"，甚至于将西方的物质上的富裕简单地误认为是民主化的当然直接结果。认为只要移植西方民主形式即可自然而然地达到西方式的物质富足，因而将民主化作为普适的药方，极力主张全盘西化。譬如，在20世纪80年代至90年代的原苏东国家，一些主张全面西化的自由主义政治势力提出：抛弃东方式的社会主义，全面

西化、"文明化";将市场与计划、民主与社会主义对立起来;政治激进化,否定历史,抛弃传统,打碎一切,搞政治"休克疗法"。①实际上,近一个世纪以来,包括拉美、非洲在内,人为移植而来的西方民主模式很少给这些国家的人民带来真正的民主、自由、平等和幸福。

2. 将民主概念片面化、"意识形态化"

西方国家在推行民主的时候,往往极力寻找内部"民主代理人"。往往是将打着反共或民族主义旗号的人士等同于"民主派",将口头上支持市场化、自由化、西化的"改革派"、反共激进势力、民族分离分子冠以"民主"头衔,成为"自由民主派"。10多年前,不少苏东地区的民族分裂势力或共产党内部的异己分子就是这样摇身一变,由"第一书记"变成"民选总统"。而一旦拥有国家权力,这些"自由民主"斗士们又变成了紧抱大权的统治者,完全背叛了"民主"原则,挥舞"民主"大旗欺世盗名,令西方支持者尴尬。

3. 鼓吹民主的普适性,忽视民主化的多样性、现实性和发展的阶段性

某些国家的一些政治势力往往误认为,只要移植西方社会的普选制度、政党制度、言论自由、三权分立等民主模式,民主便会成功,将复杂的民主化进程简单化。实际上,民主政治建设是在一定的社会历史条件下进行的,是在处理种种错综复杂的社会关系中进行的。民主的发展程度与其所处的历史阶段是不能背离的,任何一种民主的本质、内容和形式,都是由本国的社会制度所决定的,并且都是随着本国经济文化的发展而发展的。对于某些西方社会来说,一些民主形式可能是美酒,但对某些发展中国家来讲则可能是

---

① [俄]阿·弗·卢金:《民主化还是帮派化?——西方学者对俄罗斯变革观点的演化》,[俄]《政治学研究》杂志2000年第3期,第62—63页。

毒药。民主的发展，不能只凭人们的良好愿望。脱离赖以存在的历史文化基础，脱离国情盲目发展，只能导致民主进程的倒退。

4. 将民主抽象化、庸俗化，将"民主化"作为政治斗争的手段

一些西方政治学研究者往往用抽象的民主概念去圈定社会，在国际上推行民主、人权的"双重标准"，肆意划定一些国家为"失败国家""邪恶轴心""独裁和极权国家"。认为民主化就是政治放松，绝对自由，忽视公平与平等。认为搞民主化就意味着要搞大规模的政治改组，搞政党斗争，大规模投票选举，全民公决。实际上，民主政治也要求良好的政治素养和成熟的政治文化，也意味着一定程度上的妥协、协商。

5. 将民主"形式化"，患选举等民主形式崇拜症

极力鼓吹"第三波"的亨廷顿将"选举"作为缔造民主的重要特征，称"全民选举最高决策者是民主的实质"。实际上，在政治生活中选举是必要的，是民主的重要表现，但并非是实现真正民主的充分条件，更不是过渡时期决定社会发展方向的唯一最佳方式。如果民主仅仅简化为投票权，而不管人民是否真正行使了管理国家的权力，民主就成了一种虚饰。

西方学者极力推崇的"普选、全民公投"等形式在世界各地的政治结果是大不一样的。在西方国家，各政党之间的竞选纲领中很难发现有原则上的差别，不同之处往往集中在税收政策、就业政策等方面。其影响和实际执行的结果是普通选民可以感受到或预见到的。然而，在国际上一些国家，急忙推行普选往往犹如一场场"政治赌博"。公民投票时就像是在下"赌注"，一些党派和政治领袖往往不吝许诺，让普通选民在政治制度、社会发展方向等问题上进行选择。其选择的后果不仅普通百姓无法预料，而且连某些政客也是"心中无数"，他们追逐的只是选票和权力。因此，这种情况下

的选举对于普通选民来讲，谈不上真正意义上的"选择"。多数选民在投票时只能凭借自己的情感和直觉。正如经济学上经常形容的那样，选民不是用脑甚至不是用心，而是用脚去投票，成为"没有选择的选举"。在某些"民主化"国家的选举过程中金钱政治、媒体攻讦现象普遍存在，政客丑态百出，政治丑闻不断，严重影响着政治稳定和政治效能，加大了社会政治成本，造成实际上的政治停滞甚至政治衰退。①

6. 将民主绝对化、口号化

在某些国家一些人过分迷信"民主"，赋予其超越时空条件的绝对价值，认为它是包治百病，能解决所有社会问题的万应灵药。他们将"民主、自由"等目标扩大化，误认为"民主"是唯一的和终极的，不顾甚至贬低"稳定、效能、秩序"等政治价值指标，追求最大限度、所谓绝对的"自由"。苏联解体、东欧剧变后，在被某些西方学者欣喜地称为"第三波"的国家里，民主化潮流来去匆匆。短短的几年时间里，这里的人民由"渴望民主"变为"厌倦民主"，又由"厌倦民主"很快变为"拒绝民主"，渴望过去的安定和秩序。在这些国家，自由派鼓吹的"自由"最后成了极少数人的自由，民主也就成了他们的"遮羞布"，成了像"娼妓"一样肮脏的字眼。

（三）破除西方对政治话语的垄断，敢于在政治舞台上与西方较量

很长一个时期，西方社会笃信存在一个永恒的、掌握了人类社会真理的"政治西方"。这个"政治西方"自我标榜为"民主国家、自由世界"，将走不同政治道路的其他国家视为"异己"，有

---

① 参见［美］亨廷顿《第三波——20世纪后期民主化浪潮》，上海三联书店1998年版，第6—9、202—203页。

时干脆打入"独裁、邪恶"的另类。这个"政治西方"仿佛受到上帝的垂青，赋有拯救世界的历史使命。多少年来，西方主流社会思潮认定，西式的竞争民主和自由市场模式是普世的、永恒的，是全人类的最后"幸福的归宿"。"西方国家是民主的、民主属于西方国家、西方民主制度是普世的"等论调，像"圣经"教条一样被写进政治学教科书，回响在世界讲坛。民主成了政治的全部，民主涵盖了一切。在一些人眼中，民主与自由市场、富足等符号一起成了西方社会的象征。

近年来，西方政客与谋士们将"民主"提炼为资产阶级政治价值的核心，视为对外软实力和西式话语霸权的重要组成部分。美国政治学者亨廷顿直白地讲，普世主义是西方对付非西方社会的意识形态。他在《第三波》一书开篇中写道，民主是个"好东西"，它对西方国家来讲更是如此，可以为西方对外政策所用。

冷战后的30多年里，民主已经被泛化成一种无处不在的国际政治现象，成为国际政治和国际关系的焦点问题。民主成为西方划分关系亲疏和国际阵营的政治工具，成为国际政治较量的内容。在西方战略家眼里，民主已经成为一种全球化现象，民主政治和自由市场一样，演变成无处不在、无所不能的价值、观念、标准、制度、原则、做法等。西方学界和政界认定，评价一个国家制度和领导人的好坏优劣，就是看是否符合西方的民主标准。

习近平总书记一针见血地指出，美国等西方国家把它们的那套价值观念推崇为"普世价值"，把它们演绎的自由、民主、人权等说成了放之四海而皆准的标尺。谁符合它们那一套价值观念，谁就是好的国家、好的政府。谁不符合它们那一套价值观念，谁就是坏的国家、坏的政府，甚至被贴上"邪恶国家""失败国家"的标签。

多年来在国际政治和舆论中，西方政治家和舆论习惯了以意识形态和政治价值划线，自诩为民主阵营和自由世界，而把中国、俄罗斯等国打入"独裁、专制"的另类。国际舆论中围绕普世价值、宪政、民主、人权、宗教、民族等的争论也缘于此。凭借对民主、自由、人权等的话语垄断，西方世界仿佛掌握了政治和道义的世界制高点。美国更是自诩为上帝垂青的"山巅之城"，动辄以世界"民主榜样"自居，鼓吹"美国例外论"，可以肆意批判他国，干涉他国内政，借输出"民主"，煽动颜色革命和街头政治，推翻对美"不合适"政权。30年前，苏联就是在西方"民主、人权"的政治攻击下，被瓦解的。而在2006年，在西方国家在原苏联地区频频策动颜色革命的背景下，普京总统提出"主权民主"理论，应对西方的政治压力和舆论攻击。可见，民主问题不仅是概念问题、话语问题，更是政治斗争的焦点，关乎主权安全和政治安全。

不能回避的是，长期以来在政治领域特别是民主、人权等问题上，我们面临着来自西方的巨大的政治压力。在国际外交场合，西方政客利用手中的民主话语优势，肆意给我们贴上"独裁""专制"的标签。在涉及民主、人权、普选、自由等话语争辩时，我们面临着有理说不出，有话不能讲的尴尬。由于政治思想理论准备不足，加上多年来西方社会科学教科书的影响，我们长期不能突破西方强大的政治理论和民主话语框架的束缚。虽然别人没有堵上我们的嘴，但却往往表现得哑口无言、理屈词穷，甚至内心缴械投降。例如，以约瑟夫·奈为代表的西方谋士之所以提出"软实力"概念，就是自认为美国掌握了"民主、自由"等政治王牌，并且把西方民主这一政治价值视为是"软实力"的核心，犹如永不熄灭的灯塔。对于此，国内学界自惭形秽，多数研究者选择避而不谈，或者干脆另辟蹊径：提倡"文化软实力"，在一些非核心的诸如中餐、熊猫、京剧等非政治领域绕圈圈、做文章。然而，残酷的国际思想和舆论斗争教训警示我们，如果不能突破西方的"民主"围剿，进而在代表"软实力"核心的政治理念和政治话语上立不起来，将很难摆脱"挨骂""受批"的境遇。不仅如此,如果长期在政治领域失去话语权,还随时也可能在政治实践中落入西方"政治陷阱","犯下颠覆性的错误",遭遇原苏联或其他第三世界国家被分化、被西化、被演化的悲惨命运。

当前,提出争夺国际话语权正当时。但提出问题并不等于解决了问题。研究国际话语权,切忌空泛议论,就国际话语权本身谈话语权,无的放矢。要找出话语体系中的突破口,抓住关键处,提出有效的、有针对性的突破西方话语霸权的路线图和建议书。

(四) 校正错误的民主观

民主发展是复杂而艰辛的过程。邓小平同志曾殷切告诫"一定要向人民和青年着重讲清楚民主问题"[①]。国际上,错误的民主发展观不仅没能给世界带来更多的民主,还常常被某些国家为实现自私的地缘战略目的所利用。他们打着"推行民主、民主改造"的旗号,掩盖着谋求霸权的战略私利,争夺地缘优势或军事霸权,实际上导致了国际上一些地区军事冲突不断、热点地区政治持续动荡。在国内,错误的民主观同样会影响我国的政治发展的方向和进程。因此,我们要从思想和认识上澄清笼罩在民主问题上的迷雾,破除西方的"自由、民主"神话,消除"民主万能论"和"民主崇拜"的心理误区,树立起科学的民主价值观和民主发展观。

我们认为,正确的民主观主要应包含有以下几个方面:

1. 破除"民主万能论",强调民主化是一个受一定历史条件限制的发展过程

首先,民主应是具体的和现实的,单一的民主化并不是一剂包治百病的救世良方。在政治发展进程中,单纯追求所谓的"自由"

---

① 《邓小平文选》第二卷,人民出版社1994年版,第168页。

"民主"对政治发展往往是有害的。实践表明,片面地追求所谓民主化和自由化不仅不能带来政治发展,还可能阻碍政治发展,最终有害于民主的正常进程,就像私有化、市场化并不能自动带来经济发展一样。

其次,民主的发展是一项社会系统工程,它必须与其赖以存在的经济、文化发展水平相适应。一个国家的政治发展、经济发展、文化发展是互为条件的,政治发展为经济发展、文化发展提供制度保证,经济发展、文化发展为政治发展提供物质基础和智力支持。任何民主都是建立在一定的社会经济、文化基础上的,需要经历逐步发展、臻于完备的过程。列宁曾明确指出,民主的发展要有一定的"度",要掌握好一定的"火候",一定要为生产建设服务,民主的发展超过了限度,则会走向反面。民主政治建设,最根本的是要正确处理好民主与生产力发展之间的相互关系,适应社会经济文化等方面的发展水平,有步骤、有秩序地进行。

2. 破除"民主普适说",强调民主发展道路的多样性

人类政治文明发展的历史和现实情况说明,民主是不断发展的,世界上并不存在唯一的、普遍适用的和绝对的终极式的民主模式。因地制宜的民主形式才富有生命力,外部强加的民主模式往往只能是华而不实的"自由外衣","普适的民主"只是一种自欺欺人的政治宣传口号。

世界各国情况的多样性,决定了民主发展模式的差异性、各国人民争取和发展民主的道路的多样性。每个国家和民族都有其独特的政治文化和价值体系,都是该民族气质和性格的自然表现,没有高低优劣之分。西方的政治模式并不一定意味着能带来更好的生活,西方的民主道路不是能适合所有国家的理想选择。

3. 破除"民主速成论",强调民主发展的阶段性和复杂性

民主政治建设是一个不断完善和发展的历史过程,不可能一蹴

而就。发展社会主义民主，必须有一个从不完善到逐步完善的发展过程。每个国家每个民族，其民主发展都应当因地制宜，应符合特定国家的历史文化传统和现实条件。

民主发展是有序的，应是逐步推进的。恩格斯在论述马克思对黑格尔辩证法所做的变革时曾经指出，整个世界不是一成不变的事物的集合体，而是过程的集合体。其中各个似乎稳定的事物以及它们在我们头脑中的思想印象，都处在生成和灭亡的不断变化中。[①]在这种无限发展的思想面前，不存在任何最终的东西、绝对的东西、神圣的东西；它指出所有一切事物的暂时性；在它面前，除了生成和灭亡的不断过程、无止境地由低级上升到高级的不断过程，什么都不存在。这是无限发展的思想，也是与时俱进的精髓。如同世界上其他任何事物一样，民主的发展、建设、进步，都是作为一个过程而存在的。

民主建设要从实际出发，不能急于求成，超越历史的发展阶段。任何民主的发展都是有条件的，民主的发展从来就不能脱离社会的现实基础和客观条件，都要受政治、经济、文化、历史传统、公民素质和人民政治生活的习惯等制约；民主化进程应与经济、社会发展同步。经济基础与民主是一个互动的、相互作用的辩证发展过程，要循序渐进、逐步发展。既要有长远的发展战略，又要有近期阶段性目标。民主政治建设应采取渐进式改革方式。在原来的苏联和有些东欧国家的政治经济改革，由于采取激进的"休克疗法"或剧变方式，造成长期社会动荡，经济发展滞缓，人民生活水平大幅下降，留给世人惨痛的教训。

政治体制改革一定要谨慎。针对极少数人顽固主张照搬西方民主政治，企图从根本上否定和推翻中国现行制度的行径，邓小平曾

---

① 《马克思恩格斯选集》第4卷，人民出版社1972年版，第239—240页。

一针见血地指出：他们的目的是要建立一个完全西方附庸化的资产阶级共和国。这不行，中国如果搞资本主义，可能有少数人富裕起来，但大量的人会长期处于贫困状态。中国搞现代化，只能靠社会主义，不能靠资本主义。

4. 破除盲目的"民主崇拜"心理，强调民主自身是具有一定局限性的

几百年来，人类社会的民主进程充满了艰辛和曲折。包括英、美、法等国在内的几百年的发达资本主义国家民主制度虽相对完善，然而也存在着难以克服的矛盾，打上了深深的资本主义"资本自由和金钱民主"的烙印。

民主化进程有其成长、发展的维度。加强秩序、国家权威与维护民主、保障自由并行不悖。法治、稳定、经济发展，与发展民主同等重要，不可偏废。经验表明，在经济改革和社会矛盾突出的时期需要高效、有力的政治保障，需要有效的法律、社会规则及文化体系来维护。无论经济体制改革、政治体制改革，还是现代化建设事业发展，都是人民利益关系、利益结构的调整过程。如果步骤不当、方法不对，利益关系调整不妥，就会引发、激化社会矛盾，影响政治、社会稳定，破坏发展大局。任何可能造成社会失控、无序、破坏社会稳定的措施都不可贸然实施。

5. 抵制"输出民主论"，坚决发展中国特色的社会主义民主

民主是政治、经济、历史、文化的产物，不可能存在一种放之四海而皆准的唯一政治模式或准则。各国的民主是由内部生成的，不是由外力强加的。一切民主，无论观念、制度，既有普遍性、社会性，也有特殊性、阶段性。即使形式上相同，也存在本质上不同。在历史上，不同文化背景、不同历史发展阶段，对民主理解不同，所建立的政治制度也有差别。即使在同一国家的不同发展阶段，民主制度也有差别。因此，民主建设必须立足本国的历史，必

须与国情与本国的实际情况相结合。

近年来，一些发展中国家吃尽了照搬西方政治模式的苦果。在非洲，由于20世纪80年代末以来国际政治两极格局的终结，绝大多数非洲国家的政治体制发生了巨大变化，接受或被迫接受了西方政治制度模式，实行多党制的政党制度。然而，这些变化并没有给非洲带来政治稳定和经济的发展，相反，几乎不少国家都爆发了独立以来最严重的政治动荡，社会秩序混乱，经济危机四伏，甚至还发生了无休止的内战。

各国的政治发展道路只能根据本国的经济文化状况、传统、民族、宗教、风俗来确定，而不应将一国的模式强行推销给他国。拉美国家历来是美国政治民主的试验地，长期以来特别是二战结束以来，美国一直不遗余力地向这些国家输出其制度模式。但是，近年来，这些国家的发展普遍陷入了严重的危机，反思浪潮和"脱美"倾向日益明显。

实践表明，脱离国情，盲目照搬，必然祸国殃民；强迫输出令人仿效，往往适得其反，只是掩盖或满足某些国家的战略私利。

（五）树立全面的政治发展观

2016年5月17日，习近平总书记在哲学社会科学工作座谈会上发表重要讲话时强调指出，发挥我国哲学社会科学作用，要注意加强话语体系建设。在解读中国实践、构建中国理论上，我们应该最有发言权，但实际上我国哲学社会科学在国际上的声音还比较小，还处于有理说不出、说了传不开的境地。要善于提炼标识性概念，打造易于为国际社会所理解和接受的新概念、新范畴、新表述，引导国际学术界展开研究和讨论。这项工作要从学科建设做起，每个学科都要构建成体系的学科理论和概念。我们应该树立正确的民主观，走全面科学的政治发展路。科学的政治发展观不仅要求政治进程内部要素的协调统一，而且要求政治发展应当有利于经济发展和社会进步，强调政治发展与经济发展、文化发展、社会发展的相互协调和共同进步。

30年来的世界政治竞赛场上，苏联及一些中小国家在政治选择中，不考虑政治过程中民主、效能、稳定和秩序等价值的协调，不兼顾政治与经济的互动，不考虑社会历史文化传统，单一冒进，到头来只能是遭受挫折或失败，导致严重的政治衰退：或是政局动荡、战乱不断，或是独裁专制、腐败盛行，民生凋敝，民主不兴。

反思过去，展望世界，今后在认识上中国知识界需要超越西式自由民主框架，在实践中需要学会驾驭民主化。多年来国际政治实践表明，民主化和政治发展一样需要艰苦细致的劳作，民主的亢奋和冲动于事无补，反而会影响中国复兴的大业。"不动摇、不懈怠、不折腾"，这是我们推进改革、促进发展时刻应当牢记的要领和准则。民主化进程要脚踏实地、不要好高骛远。

改革有好改革，也有导致亡党亡国的戈尔巴乔夫式的"坏改革"。政治改革要坚持正确的原则和方向，政治改革的目的是兴利除弊，要有的放矢，不能"瞎折腾"，更没有必要取悦他人，像30年前的苏联社会那样，兴奋一时，痛苦一世。要进一步高举中国特色社会主义的旗帜，坚定不移地走中国特色政治发展道路。提升政治发展力，提高国际政治竞争力。我们相信，未来的中国能够走出一条有民主、有秩序、有效率的政治发展的和谐之路，在世界政治舞台上全面展现其应有的风采。

一是树立文化自信和政治自信。多年来中国是在西方"独裁和不民主"的叫骂声中长大的。在政治和民主问题上，中国没有妄自菲薄，也没有随波逐流，体现了"一个伟大民族应有的品格"。改革开放40多年来，中国的顺利发展所取得的伟大成就被外界誉为"21世纪最重大的政治事件"。30年前，东西方阵营之间的"冷战"结束后,中国没有重蹈苏联解体、东欧剧变、亡党亡国的覆辙,在中国共产党的正确领导下,不仅实现了经济发展和民族复兴,而且始终保持着改革、发展、稳定的良好势头。特别是在世界性的金融危机爆发后,西方社会经济制度和社会治理模式或碰壁或搁浅,国际上不少国家面临着不稳定和不确定的未来,中国波澜不惊的应对和表现显得尤为突出,中国经济愈益成为世界经济发展的强大推动力。

经济上的成就不是孤立的,中国奇迹的基石在于中国政治、经济体制的相互促进。中国稳定的政局和政治治理形式作为经济发展的保障机制,起到了保驾护航的重要作用。中国政治发展的价值取向和经验原则丰富着世界政治面貌,丰富了人类发展的内涵和理念,无疑将深刻影响世界格局与人类政治文明的发展。

坚持道路自信,关键在于政治自信。而政治自信和政治定力源于文化自信。中华民族有着深厚文化传统,形成了富有特色的思想体系,体现了中国人几千年来积累的知识智慧和理性思辨。这是我国的独特优势。习近平总书记在"5·17"讲话中指出,站立在960万平方公里的广袤土地上,吸吮着中华民族漫长奋斗积累的文化养分,拥有13亿中国人民聚合的磅礴之力。我们走自己的路,具有无比广阔的舞台,具有无比深厚的历史底蕴,具有无比强大的前进定力,中国人民应该有这个信心,每一个中国人都应该有这个信心。坚定中国特色社会主义道路自信、理论自信、制度自信,说到底是要坚定文化自信。文化自信是更基本、更深沉、更持久的力量。历史和现实都表明,一个抛弃了或者背叛了自己历史文化的民族,不仅不可能发展起来,而且很可能上演一场历史悲剧。

二是坚持发展经济和改善民生。政治价值观是国际话语权的"内核",但政治价值观的他者影响力和接受度取决于一个国家的综合国力,包括政治、经济、军事、文化等各方面的实力。而且相较于硬实力的基础，软实力反映的是上层建筑，是硬实力的折射。"打铁还需自身硬"，要增强话语权，首先还是要硬实力过硬。这一点在历史上已被证明了多次。美国之所以能够成就其霸权地位，完全得益于二战后相对于其他国家的绝对的经济优势和军事优势。因此，增强话语权的前提是要坚持改革开放，坚持发展经济，增强国家综合实力。在进一步锻造硬实力的同时，增强软实力，全面增加政治价值的吸引力。

三是反思和超越西式民主，树立全面的政治发展观。如今国际政治思潮和政治实践中，被西方垄断的"民主"概念已被泛化和滥用，出现了民主赤字、民主异化、劣质化、泛化、神圣化、宗教化、教条化、工具化、功利化、标签化、碎片化等民主乱象。因此，克服西式民主弊端、打破民主化悖论、跨越西式政治陷阱、推动政治议程转向迫在眉睫。特别是 2008 年国际金融危机爆发以来，西方政治频频遭遇"红灯"，政治对立加剧，政府运行停摆。西式民主"一元论"饱受质疑。另外，近年来西方大国对外输出民主，煽动颜色革命，实际上是输出"动乱"，激发难民危机，导致人道主义灾难。通过反思西式民主，必须突破西方政治思维中的民主—不民主的单一、线性、两极化思维模式，树立正确的民主观，澄清围绕在"民主"问题上种种迷思。民主是成长的、多样的、具体的、现实的、历史的，民主进程要统一于政治发展的总目标，要与经济建设、社会建设、文化建设、法治建设等进程相协调。与单一的民主概念相比，政治发展的内涵更为丰富、更为具体、更为多彩也更为广泛。

当代中国的政治发展冲破了西方固有的"民主—专制"二元对立的思维定式和双重标准，抵制住了西方以"民主、自由、人权"为幌子的文化霸权的侵扰，排除了"激进民主主义"和"自由民主一元论"的干扰，以坚定的政治立场、开放的发展视野，顺应人民的意愿，秉承全面、协调、包容的发展理念，开辟了世界政治中一条独具特色和卓有成效的发展道路。

坚持全面而科学的政治发展观，坚持民主、稳定、效能等统一的治理理念，是中国成功的政治密码。中国特色社会主义政治发展道路冲破了西方的政治围堵和舆论绞杀，为广大发展中国家探索适合本国国情的发展之路提供了宝贵的经验。因此，"中国奇迹""中国道路"在当今复杂多变的国际背景下有着特殊的国际影响和历史意义。

坚持全面的政治发展道路，必须树立全面的、科学的政治发展观。全面的政治发展道路体现出以下几个特性：全面协调性、动态发展性、主权历史性。当代中国政治发展秉持全面性、稳定性、发展性、协调性、包容性等价值理念，是民主、秩序、效能等政治价值的有机统一。全面的政治发展是政治民主、政治自由、政治稳定、政治秩序、政治绩效、政治能力、政治廉洁等政治效能的协调发展和辩证统一。中国的政治发展道路很好地体现了发展目的的人民性、发展价值的包容性和发展方式的兼容性。全面的政治发展观力求以全面、务实的政治发展方略提高政治发展力，以实现更真实、更广泛的人民民主。而持续、稳定的政治发展力有助于提高中国在国际上的政治竞争力和政治影响力。

四是在国际事务中积极发声，彰显和平、合作、共赢、公正、民主等政治价值。新中国成立至今，我国的国际话语权毫无疑问有了极大的提升，但为何仍未能彻底改变被动"挨骂"的问题？很重要的原因是，西方的"骂"是有目的且有惯性的。他们手持着无往而不利的"民主""自由""人权"的尺子丈量着我们。我们应当利用一些关键事件、重要事件、敏感事件，积极发声和表态，揭示西方政治价值观的"非普世性"和"非普适性"，同时宣传平等、公正、公平、和平、民主、法治、和谐、包容、共赢等政治价值观，让全世界听见并了解中国的声音。

五是争夺政治制高点与评价权，提升国际话语权。当今国际上思想政治领域的较量与暗战十分激烈。冷战结束以来，西方大国一刻也没有停止对非西方国家的政治压力和思想攻势。它们或赤裸裸地策动颜色革命、制造动乱，或通过智库、学术机构或非政府组织等隐性地对外输出民主、进行思想渗透。目前国际上流行的各类排行榜正是西方输出软实力、维护话语霸权的重要手段。与经济社会领域排行榜和教育文化评估一样，政治排行榜反映了话语权的较量，已经成为国际间争夺软实力和政治影响力的重要战场。

改变国际政治评价领域"西强我弱"的局面，结合中国特色社会主义取得的巨大发展成就，突出政治发展的综合性和全面性，研究发布中国版的"世界政治发展（力）评价报告"，提出评估世界政治的"中国标准"。以世界政治评估为突破口，借以打破西方在民主人权等问题时的垄断，揭露西方政治立场的对抗性的双重标准，树立合作共赢的发展理念，弘扬全面、包容的政治发展观，提供国际话语权和国际影响力。

三 人民民主之路

民主是人类社会一定发展阶段的产物。民主是历史的、具体的、发展的、多样的，根植于不同的历史文化传统，得益于本国人民的政治创造，是各国多样政治文明的结晶。

中华民族有着悠久的历史文化传统。中华文明绵延数千年，有着深厚的价值底蕴和人文关怀。在漫漫历史长河中，中国人民创造了独特的政治文明。中华文化的基因是"讲仁爱、重民本、守诚信、崇正义、尚和合"。中华民族的文化基因成为中国政治文明的"文化血脉"和"精神命脉"，成为中国人民追求国泰民安、和谐安宁、幸福美满的源头和"根脉"。

（一）在为国家谋主权、为民族求解放的历史征程中探寻民主之路

近代以后，由于西方列强的入侵，加上封建王朝统治的腐败无能，中国逐渐沦为半殖民地半封建社会，山河破碎，生灵涂炭，中华民族遭受了前所未有的苦难。从1840年开始，西方列强通过对中国的多次侵略战争，强迫中国割地赔款。西方列强通过一个比一个苛刻的不平等条约，贪婪地在中国摄取了种种特权。中华民族危难深重，外遭帝国主义的侵略，内受封建主义的压迫，国家丧失主权，人民没有民主权利。中国人民生活在水深火热之中，展现在中华民族面前的，是一片暗无天日的悲惨前景。从这时起，实现中华民族伟大复兴成为全民族最伟大的梦想；争取民族独立、人民解放和实现国家富强、人民幸福，成为中国人民的历史追求。

中华民族有着自强不息的光荣传统，为了捍卫民族独立和尊严，捍卫中华文明，从未停止过抗争。在中国共产党成立以前，有许多献身于民族进步事业的爱国先驱，为了改变祖国的境遇和命运，前赴后继不懈探索。1911年10月爆发的辛亥革命，推翻了清王朝的统治，建立了中华民国，结束了统治中国两千多年的君主专制制度。

但是，辛亥革命后试图模仿西方民主制度模式建立的资产阶级共和国，包括议会制、多党制、总统制等，并没有实现中国人民要求独立、自主的政治愿望，很快就在中外各种反动势力的冲击下归于失败。时人悲愤地感叹道："无量头颅无量血，可怜购得假共和。"中国人民仍然处于被压迫、被奴役、被剥削的悲惨境地。

1921年，一批接受过民主与科学思想洗礼的先进知识分子，把马克思列宁主义同中国工人运动相结合，建立了中国共产党。此后，在中国共产党的领导下，中国革命进入了彻底反帝反封建反官僚资本主义的新民主主义发展阶段，经过长达28年的艰苦卓绝的英勇奋战，最终实现了民族独立和人民解放。

（二）在"站起来"到"富起来"的历史进程中发展人民民主

中华人民共和国的成立，彻底结束了旧中国半殖民地半封建社会的历史，彻底结束了旧中国一盘散沙的局面，彻底废除了西方列强强加给中国的不平等条约和帝国主义在中国的一些特权，实现了中国从几千年封建专制政治向人民民主的伟大飞跃。

作为中国工人阶级的先锋队，同时是中国人民和中华民族的先锋队，中国共产党自成立起就以实现和发展国家主权和人民民主为己任。中国共产党领导人民进行革命的目的是要实现大多数人的民主，而不是少数人的民主。中国共产党创造性地把马克思主义普遍真理与中国革命的具体实际相结合，先后提出了"工农民主""人民民主""新民主主义"等民主概念，不断丰富和发展马克思主义的民主政治理论，并先后以罢工工人代表大会、农民协会、工农兵代表苏维埃、参议会、各界人民代表会议等实践和组织形式，创造适合中国国情、能够保证人民当家作主的人民民主实现形式。这些与当时国民党的统治制度形成了鲜明对照，反映了人民的意愿并得到人民的拥护。

1949年9月，新中国成立前夕召开的中国人民政治协商会议第一届全体会议，是中国共产党和各民主党派、人民团体、无党派民主人士按照民主原则共商建国大计的一次重要会议，确立了新中国的国家制度和政权组织形式。会议通过的具有临时宪法地位的《中国人民政治协商会议共同纲领》明确规定："中华人民共和国为新民主主义即人民民主主义的国家，实行工人阶级领导的、以工农联盟为基础的、团结各民主阶级和国内各民族的人民民主专政……"；

"中华人民共和国的国家政权属于人民。人民行使国家权力的机关为各级人民代表大会和各级人民政府"。1949年10月1日中华人民共和国的成立,标志着中国人民在中国共产党的领导下取得了新民主主义革命的伟大胜利,中国人民的政治地位发生了根本变化,中国人民从此站起来了。自此,中国人民开始真正当家做主,成为国家、社会和自己命运的主人。新中国的成立,使中国实现了从两千多年的封建专制政治、近代以来照搬西方民主政治模式的失败尝试向新型人民民主政治的伟大跨越。

新中国成立不久,1953年在全国范围内进行了中国历史上第一次规模空前的普选,人民通过选举自己的代表行使当家做主的权利,自下而上地逐级召开人民代表大会。1954年9月,第一届全国人民代表大会第一次会议的召开,标志着人民代表大会制度在全国范围内正式建立。此前经过全国人民广泛讨论并在这次会议上通过的《中华人民共和国宪法》,把工人阶级领导的、以工农联盟为基础的人民民主专政的国家制度和人民代表大会的政体制度,确立为中华人民共和国的根本政治制度,并明确规定:中华人民共和国的一切权力属于人民;人民行使权力的机关是全国人民代表大会和地方各级人民代表大会;全国人民代表大会、地方各级人民代表大会和其他国家机关,一律实行民主集中制。

人民代表大会制度的建立和《中华人民共和国宪法》的颁布施行,使中国人民行使当家做主的权利有了可靠的制度保障和宪法依据。到1956年,中国绝大多数地区基本上完成了对生产资料私有制的社会主义改造,完成了从新民主主义向社会主义的过渡,建立了社会主义的基本制度,实现了中国历史上最广泛最深刻的社会变革。新中国的民主政治建设在探索中也走过弯路,导致民主和法制遭到破坏,留下了沉痛教训。

20世纪70年代末实行改革开放政策以来,中国共产党深刻总结正反两方面历史经验，领导人民进入了发展人民民主的新时期。"民主就是调动人民群众的积极性"，没有民主就没有社会主义，就没有社会主义的现代化；必须加强社会主义法制，使民主制度化、法律化；依法治国，建设社会主义法治国家；发展社会主义民主，建设社会主义政治文明；坚持共产党的领导、人民当家做主和依法治国的有机统一；以人为本，执政为民，构建社会主义和谐社会等，成为中国共产党和全国各族人民完善和发展社会主义人民民主的共识和前进指针。

改革开放40多年以来，人民民主和法治建设在实践中取得了许多重大进展。人民代表大会制度、中国共产党领导的多党合作和政治协商制度、民族区域自治制度等民主制度架构不断完善和发展；城乡基层民主不断扩大；生存权、发展权、生命权、健康权等基本权利得到尊重和保障；中国共产党领导力大幅度提高；政府依法行政能力显著增强。在依法治国，建设社会主义法治国家目标的指引下，社会主义民主的制度化、规范化和程序化建设不断加强，以宪法为核心的中国特色社会主义法律体系初步形成，国家政治、经济、文化、社会生活的主要方面做到了有法可依。

（三）在实现民族伟大复兴的历史伟业中建设高质量的人民民主

进入新时代以来，在以习近平同志为核心的党中央的坚强领导下，在习近平新时代中国特色社会主义思想的正确指引下，中国共产党继承和发扬了发展人民民主的正确方向和宝贵经验，擘画和开辟了人民民主建设的新天地、新境界。坚持党的领导、人民当家作主和依法治国的有机统一，人民民主在国家治理体系和治理能力现代化的总体部署之中不断发展完善，取得了伟大成就，彰显了中国特色社会主义人民民主的崇高价值。

"以人民为中心"是习近平新时代中国特色社会主义思想的本质特征，也是人民民主的本质内核。习近平总书记指出，我们党的百年历史，就是一部践行党的初心使命的历史，就是一部党与人民心连心、同呼吸、共命运的历史。历史充分证明，江山就是人民，人民就是江山，人心向背关系党的生死存亡。赢得人民信任，得到人民支持，党就能够克服任何困难，就能够无往而不胜。

举"人民"旗帜，走"发展"道路。习近平新时代中国特色社会主义思想为人民民主的高质量发展提供了理论基础。"人民"是中国民主的核心概念，是中国政治价值体系的根本所在。党的十九大报告中"人民"这一概念出现了203次，是改革开放以来党的历次全国代表大会报告中出现频次最高的。党的十九大报告关于新时代中国社会的主要矛盾做出了准确的判断，指出"我国社会主要矛盾已经转化为人民日益增长的美好生活需要和不平衡不充分的发展之间的矛盾"，清晰描绘了人民的美好生活需要除了物质文化生活的需求之外还有更加丰富的内涵。

"江山就是人民，人民就是江山"的重要论断体现了习近平新时代中国特色社会主义思想的人民政治观和人民民主观。"以人民为中心"是中国民主本质性的高度概括。新时代人民民主理论是体现人民意志、维护人民利益的中国特色社会主义民主观的生动体现，也是发展民主的基本遵循。

为人民谋幸福，为民族谋福祉，这既是党领导现代化建设的出发点和落脚点，也是新发展理念的根和魂。只有坚持以人民为中心的发展思想，坚持发展为了人民发展依靠人民发展成果由人民共享，才会有正确的发展观、正确的现代化观。新发展理念的核心是坚持以人民为中心，彰显着鲜明的人民至上的发展导向，明确了未来发展"依靠谁、为了谁"的问题。

要始终秉持党的性质宗旨，坚持一切为了人民、一切依靠人民，始终把人民放在心中最高位置、把人民对美好生活的向往作为奋斗目标，推动改革发展成果更多更公平惠及全体人民，推动共同富裕取得更为明显的实质性进展，把14亿中国人民凝聚成推动中华民族伟大复兴的磅礴力量。

天地之大，黎元为本。人民群众始终是中国共产党人的最深厚的基础和最大的底气。经过100年艰苦卓绝的探索，中国共产党领导中国人民找到了一条"为国家谋富强、为民族谋复兴、为人民谋幸福、为世界谋大同"的发展道路。步入新时代，中国共产党领导中国人民在实现民族复兴的伟大历史征程中奋力前行。

人民是我们党执政的最深厚基础和最大底气。为人民谋幸福、为民族谋复兴，这既是我们党领导现代化建设的出发点和落脚点，也是新发展理念的"根"和"魂"。只有坚持以人民为中心的发展思想，坚持发展为了人民、发展依靠人民、发展成果由人民共享，才会有正确的发展观、现代化观。

发展人民民主最广泛、最深厚的基础是人民，必须坚持为了人民、依靠人民。要把体现人民利益、反映人民愿望、维护人民权益、增进人民福祉落实到政治建设和发展民主的全过程。在党的领导下保障人民通过各种途径和形式管理国家事务、管理经济文化事业、管理社会事务，保障人民依法享有广泛的权利和自由、承担应尽的义务。

随着经济社会持续发展和人民生活水平不断提高，人民群众对民主、法治、公平、正义、安全、环境等方面的要求日益增长，要积极回应人民群众新要求新期待，坚持问题导向、目标导向，树立辩证思维和全局观念，系统研究谋划和解决人民群众反映强烈的突出问题，不断增强人民群众的获得感、幸福感、安全感，保障人民安居乐业。

中国共产党以其高度的组织性、卓越的政绩和高超的治理能力在国际上获得越来越多的认可。前不久,据哈佛大学肯尼迪学院的调研评估显示,中国共产党在14亿中国人中的支持率从2003年的86.1%,提高到2016年的93.1%,最近几年连年超过90%,2020年的支持率更是高得惊人。党的十八大以来,在以习近平同志为核心的党中央的坚强领导下,党的声望与形象大大提高,党组织的领导力、战斗力、向心力和凝聚力大大增强。

回望历史,展望未来,有中国共产党的强大组织力,有党中央坚强的领导力,有胸怀人民、放眼世界、具有超凡智慧、非凡谋略和胆识的政治领袖,中华民族必将迎来国泰民安新时代,经济昌荣、政治清明、文化昌盛、生态景和、民富国强、清河景明、国运宏昌、国泰民安的发展盛世。

四 建构中国政治叙事、破解价值观围攻

冷战结束后,"9·11"事件之后的"反恐"狂飙和煽风点火式的"颜色革命"又使得"民主化"问题成为国际政治焦点和思想热点。21世纪以来,笔者到处听到一方面是西方政界和学术界的喧嚷的"民主国家不战""自由与繁荣之弧""民主同盟""民主全球主义"等政治说教;另一方面是我们也看到在"普世价值""世界大势"和"人类大同"等口号下掩盖的"民主输出、民主移植"等民主原教旨主义式的"癔症和癫狂"。

而在此背景下,近些年西方对中俄两国的经济发展和政治道路十分关注。特别是2007—2008年的岁末年初,西方社会许多主流报刊花费大量笔墨去描述中俄两国日益壮大的经济实力,提出"中俄崛起是对西方世界的挑战甚至是威胁"。细心的人士发现,对于日益显现的不同于西方模式的中俄发展道路,西方学术界没有、可能也不愿去认真分析和比较中俄发展的背景、内涵、实质及其差

异,而是陷入惊慌进而忙于指责。西方主流传媒指责俄罗斯在压制自由、民主倒退和恢复独裁统治。西方一些专家和智库纷纷发表报告,断言"中国和俄罗斯的政治模式是对西方自由民主模式的挑战和威胁"。

刚刚过去的30年间,西方社会曾一度为"第三波"民主浪潮的涌来而欣喜若狂,但不久便又为"第三波"浪潮的退去而悲切,特别是因"俄罗斯民主的变异和倒退"而愤怒。世纪之初接连爆发的颜色革命,从中他们又仿佛看到了生机和机遇,于是急忙冠以"第四波民主"的美誉。然而,时不多久,无情的现实否定了西方思想家和战略家的轻率。曾撰写《历史的终结》和提出"自由民主模式在全世界取得完胜"的著名美籍日裔学者福山最近声明要与过去的思想盟友决裂。2007年6月,他在第十一届圣彼得堡经济论坛演讲时称,如果全球化导致世界只有一种文化模式,这不能称为是民主的。他认为,欧洲、美国、俄罗斯、哈萨克斯坦等都应找到自己的发展道路。

其实,中俄两国并无意挑战西方发展模式,只不过是在探寻一条符合本国特点的政治发展道路。当然,类似中俄发展的实践可能是一种非西方化、非美国化的结果,标志着国际上更大范围内的民主探索和实践正在展开。今后西方社会应平心静气地正确看待世界其他国家发展和民主化进程:它们并无意否定或挑战西方民主(虽然西方民主也不乏需要完善之处),但却会丰富着人类社会的民主道路和民主形式。

国际政治发展和民主化的历史表明,民主有其发展的逻辑,民主不能脱离发展而孤立地进行。"第三波"退去并不意味着民主的死亡。发动"颜色革命"、强力输出民主也不能使民主起死回生。每个国家的民主进程有其特殊的顺序和环境,简单地照搬及强力移植只能适得其反。当前国际上某些国家热衷搞"民主同盟"或以

"西式民主"划线，不仅会分裂国际社会、危害世界和平与稳定、导致"新冷战"和带来过多的人道主义灾难，而且会延缓甚至阻碍世界政治发展和国际民主化进程。

政治发展是一个社会在一定历史文化条件下政治制度与经济体制等相互作用而产生的社会政治结果。政治发展进程包含着两方面的含义：即政治发展、进步或政治倒退、衰败。通常讲，政治发展是永无止境的，只不过在不同的社会和不同的历史阶段，政治发展有着不同的含义和要求。政治民主和政治秩序等是政治发展的动因，也是政治发展的重要内容。民主、效率、秩序、稳定等之间的关系应是均衡的、协调的。这些价值共同构成政治发展的全部内容，成为政治发展的价值追求。

中华人民共和国成立后，特别是20世纪70年代末实行改革开放政策以来，中国社会稳定、经济增长、社会进步，政治发展取得了长足的进步。近年来，国际上"中国道路""北京共识""中国治理模式"等概括，不仅是对经济改革和发展模式的总结，也是对中国政治发展道路和治理模式的认可。

在当前的国际政治背景下，全面总结新中国特别是改革开放40多年来中国政治发展的经验、分析民主成长的国际环境、汲取国际上一些国家民主化进程中的经验和教训，既有理论意义，同样也具有实践价值。有利于明确改革和发展的方向，有利于进一步增强改革和发展的目的性和针对性。

苏联解体前后，俄罗斯经历了长达15年的政治动荡和民主化挫折。2000年之后的八年，在摆脱沉重的政治遗产的同时，普京总统励精图治、拨乱反正、重整权威，俄罗斯政局稳定、政令畅通，经济增速。与西方政要和媒体的判断相反，我们认为，普京时期的俄罗斯政治进程不是倒退、停滞，而是稳固的发展。普京总统的民众支持率始终保持在70%以上，这与过去形成鲜明的对比。然而，

30多年来，先是中国、后是普京时代俄罗斯的发展，始终使西方国际政治战略家感到不快。他们一方面举起反恐大旗，一方面热衷以"民主阵营"划线，在国际上极力设置所谓"民主议程"，大肆推销西式民主，策划颜色革命，企图对别国实施民主改造。

什么是民主？民主的标准是什么？当今世界的民主状况如何？世界需要什么样的民主？如何发展和实现民主？当今国际政治的主题究竟是什么？一些国家为什么极力在世界上推销民主？用意何在？效果如何？如何比较各国的政治发展？如何衡量各国民主的增长？什么是民主的顺序和民主的逻辑？怎样描述当今世界各国的政治进程和政治版图？本部分提出上述问题并试图给予部分的回答。

民主是人类政治文明发展的结果，是世界各国人民的普遍追求。国际历史经验表明，每个国家的民主都应符合特定国家的历史文化传统和现实条件，发展民主应当因地制宜，外部强加和全盘照搬往往是得不偿失的。然而，回溯历史，环顾国际，我们发现，无论在东方，还是在西方，在追求民主、自由的同时，往往不由自主地陷入种种"误区"，其主要表现为：

（1）将民主简单等同于现行的西方政治模式，将"民主"口号化。一些国家的政治势力在认识上往往将西方政治形式理想化、模式化、绝对化，误将民主制度与西方的政治制度简单等同，将民主化视为西化。认为只要移植西方民主形式即可自然而然地达到西方式的社会物质上富足，极力主张全盘西化。一些国家急欲给自己贴上"民主化"的标签，以求与"冷战"后的西方特别是美国站在一起。而一些西方国家也习惯以"自己的民主框架"来衡量和谈论别国的政治制度或政治进程。

（2）将民主概念过于片面化、"意识形态化"。国际上某些政治势力习惯上将民主与社会主义对立起来，误将某些反共势力、民族分裂主义等同民主。常常将"民主派"与某些国家中的自由派或改革派势力、个别反对派领袖人物联系起来。认定市场派、自由派、西化派、反共派、激进派、分离派就是"自由民主派"。否定历史，割裂政治文化传统，大搞政治"休克疗法"。

（3）过分强调民主的普遍性，忽视民主化的多样性、现实性和发展的阶段性。往往误认为，只要移植西方社会的普选制度、政党制度、言论自由、三权分立等民主模式，民主便会成功，将民主化进程简单化。民主的发展程度与其所处的历史阶段是不能背离的，譬如对于西方社会来说，民主与普选可能是美酒，但对某些发展中国家来讲则可能是毒药。实际上，近一个世纪以来，包括苏联东欧地区以及拉美和非洲等国家在内，人为移植民主模式很少给各国人民带来真正的民主、自由、平等和幸福。

（4）将民主抽象化、庸俗化，将"民主化"作为政治斗争的手段。用抽象的民主概念去圈定社会。认为民主就是政治放松、绝对自由，政治竞争。民主化就是意味着要进行大规模的政治改组、政党斗争、投票选举、全民公投等。实际上，民主要求良好的政治素养和成熟的政治文化，也意味着一定程度上的妥协、协商。

（5）患民主形式崇拜症，特别是将普选与民主化进程等同起来。选举是必要的，是民主的重要表现和形式，但并非是民主的全部和实质。在一些国家和地区，普选常常变成一场"政治赌博"。选举过程中金钱政治、媒体攻讦、丑闻不断、更改游戏规则等种种问题更是接连不断。公民投票时就像是在下"赌注"，一些党派和政治领袖往往不吝许诺，让普通选民在政治制度、社会发展方向等问题上进行选择。其选择的后果不仅普通百姓无法预料，而且连政治家也"心中无数"。因此，选民谈不上真正意义上的选择，投票时只能凭借自己的情感和直觉。不是用脑、甚至不是用心，而是用脚去投票，成为"没有选择的选举"。过分关注投票过程和结果，而忽视选举之后的政治规制和监督制衡，造成一些政权出现宪政危机或独裁当道,从而陷入无休止的政治动荡和社会泥潭。

(6)将民主绝对化。政治发展是一定时期、一定社会政治进程中民主、效率与秩序三组要素的协调发展或最佳组合。政治发展也包含三组相互依赖、相互作用的变量和价值追求:民主(公平、权利、自由)、效率(廉洁)、秩序(稳定)。科学的政治发展观的本质含义是民主、效率、秩序三组价值要素的协调进步、相比增长和共同发展。民主、效率和秩序三组之间是内在的对立统一关系。

另外,从外部关系上来看,科学的政治发展观要求政治发展的进程及其表现应当有利于经济发展和文化进步与社会和谐。科学的政治发展观强调政治发展与经济发展、文化发展、社会发展及人的发展的平衡,强调政治发展应当有利于经济发展、有利于社会公平和正义、有利于人与自然的和谐、有利于世界和平、和谐与进步。

改革开放40多年以来,中国在推进经济改革和社会转型的同时,始终进行着政治发展和民主政治建设的理论和实践探索。发展是"第一要务",政治发展同样是政治建设的主题。中国的政治发展要符合政治、经济与社会的发展的要求,追求稳定、民主、效率的协调和均衡进步。40多年来,中国政治发展和民主建设的各项政策和制度安排都必须有利于维护国家主权、统一和民族团结;有利于政体的稳定和效率;有利于维护大多数人民的经济社会权利;有利于社会的团结、活力与和谐。

中国经济发展所取得的巨大成就,极大地增强了中国人民对政治发展道路的信心,同时也提高了中国道路对世界特别是发展中国家的吸引力,大大丰富了国际上一些有识之士提出的"中国模式""北京共识"等概念的内涵。

五 全面政治发展之路

党的十九大报告指出,"中国特色社会主义政治道路,是近代以来中国人民长期奋斗历史逻辑、理论逻辑、实践逻辑的必然结果，是坚持党的本质属性、践行党的根本宗旨的必然要求。世界上没有完全相同的政治制度模式，政治制度不能脱离特定社会政治条件和历史文化传统来抽象评判，不能定于一尊，不能生搬硬套外国政治制度模式"①。因此，从制度模式和发展道路认识中国政治发展的优势、特征和潜力，辨清西方政治模式和理论的局限性，坚定走中国特色社会主义政治道路的定力与信心至关重要。

2008年国际金融危机爆发以来，西方社会陷入困境，进一步暴露了西式民主政治的缺陷。多年来，西式民主一元论造成了民主过热、自由透支、治理赤字、发展短缺。西式自由民主理论思维走入极端，逻辑上陷入悖论，实践中步入泥潭。西方政治乱象和政治困局引起了世界范围内对民主问题的探讨与反思。例如，面对西方政治乱局，《金融时报》连续刊文称，"全球民主大衰退""英美民主政体遭遇危机"，呼吁做空"全球民主"。②与此同时，国际社会一些有识之士也"看空"西式民主，看好中国政治道路和中国优势。

当前，西式民主政治陷入了多重困境，这为政治学界提供了鲜活的反面素材和绝佳的历史机遇：有利于更加科学地认识民主问题，树立正确的民主观，坚持"四个自信"，坚定政治自信，坚定不移地走中国特色社会主义全面发展的政治道路。

（一）世界之乱昭示着西式民主一元论的破产

冷战结束以来，西式民主政治乱象是当今世界政治失序的乱

---

① 习近平：《决胜全面建成小康社会 夺取新时代中国特色社会主义伟大胜利——在中国共产党第十九次全国代表大会上的报告》，人民出版社2017年版，第36页。

② 爱德华·卢斯：《财富寡头在做空美国民主》，观察者网，访问日期：2014年5月22日，http://www.guancha.cn/Edward–Luce/2014_05_22_231608.shtml，访问日期：2018年1月10日；吉迪恩·拉赫曼：《全球民主大衰退》，FT中文网，2016年8月11日，http://www.ftchi/es/com/story/001068867?page=rest，访问日期：2017年3月23日。

源。冷战后,西方大国加快对外输出民主,策动街头政治,非但使对象国没有收获民主,反而导致了文明冲突、恐怖泛滥、政局动荡和"颜色革命"。① 在西方世界内部,在民主泛化、治理赤字的同时,没能生产出更多合格的政治产品,却造成了劣质化、极端化、分裂化等政治难题。②

2008年国际金融危机以来,西方社会深陷经济和政治危机而难以自拔。经济危机的根源在于西方社会制度,直接原因则在于政治、路线、政策。近年来,除经济持续低迷、社会分化之外,西方政治生态持续恶化。政治分裂和政治对抗占据西方政治的头条,国际上民粹思潮、排外行为、保守主义泛滥,恐怖主义袭击、国际难民潮和热点冲突持续不断。

2006年,被西方政治观察家视为国际民主化潮流的分界线。西方民主及民主化研究的旗手拉里·戴蒙德（Larry Diamond）惊呼,民主在逆转,民主国家在缩减,一些国家的民主岌岌可危,而西方自由民主质量下降。③ 2016年英国脱欧和美国大选等政治事件,进一步暴露了西式民主的缺陷,使得人们更加深入细致地观察和把脉西方政治乱象和民主病态：民主泡沫、民主撕裂、民主赤字、民主失败、政治衰败、政治对抗、政治失序、民主失范、政治阻塞、政治红灯、政治复仇、政治乏力,劣质民主催生了民粹,民粹反过来又杀死民主,等等。最近一年来,美国政治中的"邮件门""通俄门""泄密门",已经将美国领导人搞得焦头烂额,美国政治陷入分裂而不能自拔。以司法独立、三权分立、新闻自由等为标榜的美式民主政治将政治分歧、权力争斗和利益纷争推向极致,深深撕裂

---

① 张树华：《突破西式民主政治逻辑走中国自己的政治道路》,《理论导报》2017年第3期。
② 张树华：《西方政治衰败凸显中国道路价值》,《环球时报》2017年1月19日。
③ ［美］拉里·戴蒙德：《民主因何而退潮？》,《国外社会科学》2012年第1期。

了社会民众和政治精英。① 政界、媒体、情报界等相互攻击，美国政治仿佛陷入死结：决策混乱、相互掣肘、政治动员乏力、政治遭遇红灯。总之，以美国为代表的西方政治阵营陷入了空前的民主困境和政治泥潭。

我们看到，西方政治乱象和政治困局已经引发新一轮关于民主及政治发展等问题的争论与反思。近年来，英美学术界反思民主制度、甚至质疑民主价值观的声音此起彼伏。曾经提出"西式自由民主全胜论"和"历史终结论"而红极一时的日裔美国政治哲学家弗朗西斯·福山（Francis Fukuyama）也自相矛盾，多次不得不坦言"美国政治衰败"和"民主制度显然可能倒退"。② 2017 年 5 月，一项欧洲民意调查表明，法国、意大利、西班牙等国家有超过一半以上受访者不再认为民主是一个好东西。来自澳大利亚和美国的两位青年学者罗伯特·福阿（Roberto Foa）和雅恰·蒙特（Yascha Mounk）在美国《民主杂志》上发表了题为《弱化的危险：民主的退潮》长文，文中数据表明，西方社会越来越多的人"不信任民主"。就此西方有人断言，西方民主政治出了大问题，世界政治可能面临重大变局。

当今西方世界的政治困境有其民主理论和政治思维模式的根源。学术研究上的民主一元论，思维方式上的选票至上论等是其重大缺陷：只有西方政治是民主的、民主是政治的全部、民主为西方所特有、西式民主是普世的和世界通用的、民主即是普选和多党政

---

① FrancisFukuyama：Americain Decay：The Sources of Political Dysfunction, Foreign Affairs, September/October 2014, https：//www. foreignaffairs. com/articles/united – states/2014 – 08 – 18/a-merica – decay，访问时间：2021 年 8 月 12 日。

② ［美］弗朗西斯·福山：《政治秩序与政治衰败：从工业革命到民主全球化》，广西师范大学出版社 2015 年版，第 413—424 页；Francis Fukuyama, "The Decay of American Political Institutions", *American Interest*, Vol. 9, No. 3, Dec. 8, 2013, https：//www. the – american – interest. com/2013/12/08/the – decay – of – american – political – institutions/，访问日期：2017 年 4 月 10 日。

治……民主简化为选票政治，由此，政治家为了选票而不顾底线，等等。

近百年来，民主被视为西方政治的"底色"，西式民主原则被视为政治"铁律"和模板。凭借对"民主"话语的垄断，西方战略家将其包装成全人类"普世价值"和全球性政治标准。西方民主标准成为放之四海而皆准的"政治铁律"。西方自由民主模式和选票政治也成为观察和评价世界政治的标准和模式。[①]

在西方话语霸权的影响下，一些非西方国家的民主激进派也推波助澜，深得西方民主一元论者的训导或真传。西式民主"被泛国际化、普遍化、神圣化、宗教化、教条化、工具化、功利化、标签化、碎片化"。为配合西方政要输出民主，西方政治谋士将民主模块化、程式化、软件化。西式民主成了绝对的、唯一的标准或准则。[②]

冷战结束后涌起的第三波、第四波民主化浪潮，一度吸引了西方大批的政治学家和国际问题专家关注民主和民主转型问题，甚至一些经济学、法学、社会学专业的学者也纷纷加入到民主研究之中。这些年来，仅从中文翻译和引进来看，西方国家研究民主的著作可谓汗牛充栋。有的是偏重于对民主解释性、分析性、哲理性的研究，有些则是偏重于描述性、比较性和实用性。在民主书籍或精致高端、或严谨高深、或通俗优美之间，有些书籍还夹杂着数学模型：如民主潮流化研究、民主测量与排行研究、民主化比较与全球化研究、民主的实现研究、民主转型和巩固研究、民主的区域性和比较性研究、民主策划与设计术、民主标准研究、民主和平论、价

---

① 张树华：《民主化悖论：冷战后世界政治的困境与教训》，中国社会科学出版社2015年版，第1—3、5、8—18页。
② 张树华：《冷战后西方民主与民主化研究：理论困境与现实悖论》，《红旗文稿》2011年第11期。

值观外交和民主同盟论,等等。① 不难发现,在西方民主问题研究热的背后,民主和民主推广已经成为西方"政治教条",变成了西方外交政治资源和工具。

2008年国际金融危机爆发后,西方阵营出现了政治对抗、金钱政治、决策不畅等政治颓势,使得西方制度和民主成色大打折扣。② 诺贝尔经济学奖得主约瑟夫·斯蒂格利茨(Joseph Eugene Stiglitz)认为,20世纪90年代初以来的最大的变化之一就是人们认识到了民主的复杂性和局限性。③ 可见,随着西方世界陷入经济危机,西方世界的政治凸显颓势,过去圣经一般的"西式民主一元论"教条逐步式微,受到空前质疑。

(二)民主研究政治性很强,必须坚持正确的立场和方向

冷战结束后,特别是国际金融危机以来,西方世界的政治困境,暴露了西式民主的弊端和逻辑缺陷,凸显了中国道路的优势和价值。坚持"四个自信"的落脚点是保持政治定力、坚定政治自信,而政治自信的关键是破除西式民主崇拜和理论迷思。如今,实现政治理论突破的实践条件已经成熟,破除西式民主逻辑陷阱,突破"民主"天花板,已经不是"能不能"的问题,而是"敢不敢"的问题。

长期以来,如同经济学、法学等学科一样,国内政治学受西方民主教科书的影响很大。高校讲堂上科学社会主义基本原理不讲了。马克思主义的国家、政党、阶级、专政等基本原理很少提了。

---

① 张树华:《民主化悖论:冷战后世界政治的困境与教训》,中国社会科学出版社2015年版,第1—3、5、8—18页。
② 张树华、赵卫涛:《"民主化"悖论与反思》,《红旗文稿》2015年第16期。
③ 参见Joseph E., Stiglitz: of The 1%, By The 1%, For The 1%, Vanity Fair, 2011-3-31, http://www.vanityfair.com/news/2011/05/top-one-percent-201105,访问日期:2017年4月15日。

一些高校政治学教材和教师满足于向学生灌输西方政治教材原理，不自觉地充当了西式政治教条的"小贩"。有些政治学专业毕业生对中国政治、中国当代政治思想、中国政治制度和实际运行机理不甚了解，满脑子是一知半解的西方政治知识。政治学课堂教学和中国实践脱节，形成"两股道""两张皮"。言民主必谈希腊，言政治必是大选，言大选必看美国及西方。

不难看到，这些年在国际政治领域，西方在推行"和平演变"、策动街头政治和颜色革命之前，输出民主、传授"民主术"是关键环节。值得注意的是，苏共垮台、东欧剧变后，西方阵营把矛头对准中国，对华施加了很大的政治压力。以美国为首的西方反华势力经常利用民主、人权、宗教、民族等问题，企图对华实施西化、弱化、丑化、分化和演化。西方一些媒体和智库中一些所谓的"中国通"习惯于用"民主、独裁、不民主"等逻辑来判断中国领导人和中国政治走向。前几年，西方一些基金会或民主促进组织一直希望通过传授"民主理念和选举技术"来演化中国。对此，我们一定要有清醒的认识。

习近平总书记指出，一定要弄清民主与人权等问题的内涵，要看清西方宣扬所谓"普世价值"和宪政民主背后暗藏的玄机。如今，在思想和舆论领域，如何定义民主已经成为一场国际意识形态大战。民主问题更是西方舆论对我国进行思想政治攻击的重点。民主是政治学理论研究的核心问题，和经济学中的市场化、私有化等问题一样，必须坚持正确的政治立场和方向。可以说，民主观正确与否，是关乎主权和政治安全、关乎国家统一和兴衰、关乎民族命运的重大而关键的问题。

如今破除西式民主一元论正当时。只有坚持马克思主义民主观，以更加全面、更加科学的政治发展观，才能破解西式民主的逻辑悖论和实践陷阱，才能回答"世界之乱、中国之治"的命题。马克思主义民主观和全面发展观旨在超越西式民主，突破民主单一化的分析框架，坚持对民主问题的阶级分析方法，把民主放回一个正确的位置。马克思主义民主观认为，民主是社会主义的应有之义，但民主不是唯一的，也不是政治发展进程的全部内容。正确而科学的民主观应当是将民主与秩序、稳定、效能、廉洁等统一于全面政治发展的进程之中。

因此，应准确认识西方民主在理论、逻辑、实践上的缺陷，勇于跳出单一的西式自由民主框架。从思想宣传、理论研究和实践方向等不同层面，科学而正确地把握民主问题，树立正确的民主观和全面的发展观。只有超越西式民主一元论，将民主纳入全面发展的政治轨道，才能彻底地在概念上、逻辑上和实践中厘清、理顺民主、政治发展、政治衰败等问题，才能扬长避短，提炼好、总结好和发挥好中国奇迹的政治内涵和政治优势。

（三）坚定政治自信，突破西式话语束缚

多少年来，"民主"是世界上使用最广、也是最富有争议的政治概念之一。无论在西方学术界，还是国内理论界，民主问题都是既熟悉又混乱、存在不少认识误区和模糊之处的研究热点。什么是民主？如何发展和实现民主？如何看待西式民主？民主的共同性和特殊性何在？民主有无阶级性和民族性？民主和民主化的标准是什么？民主与政治发展、政治衰败之间的相互关系是怎样的？政治发展和民主的成长有什么样的顺序和内在逻辑？一些国家为什么极力在世界上推销自己的民主？如何评价和比较各国的民主与政治发展力？怎样描述当今世界各国的民主进程和政治版图？世界各国政治发展与民主化的前景如何？西式民主化暗含哪些危险？提出哪些思想挑战？这些都需要我们以马克思主义的立场、观点和方法来分析回答。

习近平总书记指出，一定要弄清民主与人权等问题的内涵。要抓住民主人权、民族宗教等西方对我们存在"认知错位"的关键问题，深入研究、各个突破。围绕民主问题的斗争，既是话语之争，又是理论之争、思想之争，更是制度之争和道路之争。只有冲破西式民主的话语体系，才能摆脱"挨骂"的境地。只有打破西式民主的政治逻辑，才能避免在思想上迷失、在实践中迷路，才能避免国际政治斗争中一败涂地。只有树立正确的民主观，走全面发展的政治道路，才能团结一致，凝聚各方力量，保持强大的政治发展力，推动全面发展，实现中华民族伟大复兴的中国梦。

1. 坚定政治自信，超越西式民主阐释和研究范式

民主是政治发展进程的组成部分，有其自身的逻辑和成长条件。在当今复杂的国际政治斗争中，中国学术界必须从思想和认识上澄清笼罩在民主问题上的迷雾，破除西式民主神话，树立正确的民主观，坚定不移地走中国特色社会主义民主发展道路。

第一，超越西方传统的民主研究范式，鼓励全新升级版的民主研究路径。减少抽象概念层面的民主思辨，将民主研究重点"从概念争论引向实践分析"。从对民主一般性价值判断，转向实际进程描述和分析。在民主研究的空间层面从一国扩展到多国乃至世界范围的比较。在理论认识层面，从"民主—专制"等单一范式扩展到全面的政治进程剖析。

第二，强调发展民主的民族性和主权性。2006年前后，俄罗斯为应对"颜色革命"和西方的政治压力，普京总统提出了"主权民主论"。[①] 民主是内生的，具有很强的民族性和主权性。世界各国国情和文化的多样性，决定了民主发展道路的多元性和形式的多样性。因地制宜的民主形式才富有生命力，外部强加的民主模式往往

---

① 张树华：《俄罗斯的主权民主论》，《政治学研究》2006年第4期；张树华：《主权民主论：俄罗斯的民主观与民主路》，《高校理论战线》2007年第5期。

只能是华而不实的"自由外衣"。

民主不能强力输出，完全照搬他国的民主模式是有害的。民主建设必须立足本国的历史，必须与国情和本国文化相结合。各国的政治发展道路只能根据本国的经济文化状况、传统、民族、宗教、风俗来确定，而不应将一国的模式强行推销给他国。冷战后大量国际案例表明，西方阵营打着民主的旗号，对外暗地里实施"离岸平衡"，制造"可控的混乱"，策动"颜色革命"，只是满足自身地缘政治私利，只会给别国带来混乱和灾难，贻害无穷。[①]

第三，强调发展民主的历史性和具体性。人类政治发展史表明，民主化是一个长期、复杂的发展过程，民主必须是因地制宜的，要符合社会政治进程和经济社会发展程度。民主应是具体的，单一的民主化并不是一剂包治百病的救世良方。民主的发展，不能只凭人们的良好愿望，脱离国情盲目发展；更不能脱离国家和民族的安全和发展主题，搞跨越式民主冒进。民主政治建设，最根本的是要正确处理好民主与生产力发展之间的相互关系，与经济文化的发展水平相适应，有步骤、有秩序地进行。

第四，强调民主的实践性。中国全面发展的政治道路创造了世界上罕见的经济奇迹，民生大幅度改善，社会跨越式发展，国家科技实力和综合实力明显增强，国际地位大幅度提升。中国民主进程也在深入发展：人民各项权利明显增多，监督体系逐步完善，协商民主逐步扩展，基层共商、共治、共享的民主自治水平逐步提升。这些都是中国在民主问题上对世界做出的贡献。

第五，强调民主的成长性和阶段性。民主有其成长的现实阶段性，民主发展既要有长远的发展战略，又要有近期的阶段性目标。民主政治建设是一个不断完善和发展的长期过程，不能急于求成，

[①] 张树华：《在国际竞争中全面提升政治发展力》，《中国社会科学报》2018年1月4日。

也不可能一蹴而就。民主有一个从不完善到逐步完善的发展过程。民主发展是有条件的，受制于政治、经济、文化、历史传统、公民素质和人民政治生活习惯等因素，不能脱离社会的现实基础和客观条件。民主化进程应与经济、社会发展同步。

列宁说过，民主的发展要有一定的"度"，要掌握好一定的"火候"，一定要为生产建设服务，民主的发展超过了限度，则会走向反面。实践表明，忽视民主成长性和阶段性的政治激进主义往往不会带来民主，反而造成政局动荡不宁。苏东国家的"政治休克疗法"带来的只会是国家解体、民族分裂和政治衰败。

第六，强调民主与政治发展的关联性和差异性。几百年来，人类社会的民主进程充满了艰辛和曲折。包括英、美、法等国在内的几百年的发达资本主义国家民主制度虽相对完善，然而也存在着难以克服的矛盾，打上了深深的"资本自由和金钱民主"[1]的阶级烙印。民主是有阶级性和差异性的。政治发展是有其先后顺序的，是一个统筹发展的系统工程。同样，民主发展也有其成长的顺序和维度。应当正确处理政治民主、政治稳定和政治效率三者的关系。加强秩序、维护国家权威与发展民主、保障自由三者并行不悖。法治、稳定、经济发展与发展民主同等重要、均不可失衡、不可偏废。

和而不同，美美与共。[2] 每个国家和民族的历史传统、文化积淀、基本国情不同，其发展道路必然有着自己的特色。世界需要和平、合作、发展、共赢，反对民主"双重标准"，反对动辄以自己的价值观划线，携一己之私，干涉他国主权。鞋子合不合脚自己穿着才知道，一个国家的发展道路合不合适，只有这个国家的人民最

---

[1] 潘晓珍：《隐匿的资本主义与喧嚣的民主话语》，《红旗文稿》2015年第21期。
[2] 费孝通：《"美美与共"和人类文明》（上），《群言》2005年第1期；费孝通：《"美美与共"和人类文明》（下），《群言》2005年第2期。

有发言权。①

2. 构建升级版的民主研究和阐释路径

要构建升级版的民主研究路径，深入总结中国道路的政治理论内涵，突破西式民主理论束缚和逻辑陷阱，树立新的民主观，推进全面的政治发展。实现概念、理论、逻辑和政治发展实践相统一，实现民主学术研究、理论宣传和实践方向上的三统一。这有利于辨析资本主义民主和社会主义民主；有利于讲通"党的领导、人民当家作主和依法治国"三统一；有利于讲通五个总体布局和四个全面战略布局的逻辑统一；有利于讲清楚"坚持四项基本原则、三个有利于、四条标准、五不搞和六个防止、四个必须、八个能否"等政治原则的内涵和相互关联。

新中国成立以来的政治实践为全面总结和提炼中国政治经验、突破西式民主一元论的话语和研究范式提供了丰厚的实践资源。多年来，在东欧剧变、苏联解体、苏共垮台的历史对比下，在金融危机后西方政治生态乱象丛生的背景下，中国特色社会主义政治发展理论与实践为超越西式民主一元论提供了更加有效的学术滋养和现实佐证。

3. 以全面发展观破解西式民主悖论

当今国际政治思潮和政治实践中，被西方垄断的"民主"概念已被滥用，出现了民主赤字化、异化、劣质化、泛化、神圣化、宗教化、教条化、工具化、功利化、标签化、碎片化等乱象。② 把"全面发展留给中国，把民主异化和政治不兴"交还给西方。克服西式民主弊端、打破民主化悖论、跨越西式政治陷阱、推动政治议程转向迫在眉睫。跳出西方政治"窠臼"，突破西式民主逻辑，总

---

① 《习近平总书记在莫斯科国际关系学院发表的重要演讲》，访问日期：2013 年 3 月 23 日，httc：//cpc.people.com.cn/pinglun/n/2013/0325/741220-20903694.html，2017 年 4 月 18 日。

② 张树华：《冷战后西方民主与民主化研究：理论困境与现实悖论》，《红旗文稿》2011 年第 11 期。

结中国政治经验、提炼中国政治概念、发挥中国政治优势的时候终于到了。

当前,要坚持政治性与科学性的统一,破除国内外在民主问题上的层层迷雾,正确而科学地把握民主。民主是成长的、多样的、具体的、现实的、历史的。民主进程要统一于政治发展的总目标,要与经济建设、社会建设、文化建设、法治建设等进程相协调。与单一的民主概念相比,政治发展的内涵更为丰富、更为具体、更为多彩、更为广泛。

民主是政治发展的重要价值要素之一,与法治、效能等政治要素共同构建起全面政治发展的总体格局。民主是历史的、具体的、发展的,深受特定国情的影响,服从并服务于一个国家经济、社会、文化发展的总目标。发展民主应选择合适的路径、合理的速度、有效的方式,这样才能使民主政治更有效、更优质,否则就会陷入"对抗政治和劣质民主"的泥潭。

"全面的政治发展观"超越了对"民主、自由、人权"等抽象化、简单化的一般性空论,有效驾驭了"民主化"进程,避免了西式狭隘的"民主、自由"说教。中国政治发展的实践远比学术意义上的"善治""良政"等概念更加丰富、更加广泛。

20世纪中叶和20世纪末,政治发展和民主转型研究成了西方政治学界的热门。政治发展是一个社会在一定历史文化条件下政治制度与经济体制等相互作用而产生的社会政治结果。① 在20世纪50—70年代,绝大多数西方政治学者笔下的"政治发展"研究存在着两大致命的偏颇:一是认为政治发展只是发展中国家的课题,西方国家已经是政治发展的顶端,近乎完美,是他国发展的标杆和模板。二是认为政治发展的内容就是民主化,也就是以西方为榜样

---

① 张树华:《中国道路的政治优势与思想价值》,《红旗文稿》2011年第1期。

进行政治民主化转型。然而，在民主化与政治发展问题上的理论缺陷、逻辑悖论和概念偏颇导致西方政治学陷入难以自拔的逻辑困境和学术泡沫。20世纪90年代以来，伴随着东欧剧变、苏联解体，西方政治学界兴起的"民主化转型"研究热也未能逃脱如此命运，潮起潮落，学术泡沫破裂，最终落得一地鸡毛。前些年，美国议会有关委员会决定削减对美国政治学研究的拨款，理由就是认为"政治学脱离实际，步入歧途，不中用"。

我们认为，政治发展进程包含着两方面的含义，即：政治发展、进步或政治倒退、衰败。通常讲，政治发展是永无止境的，只不过在不同的社会和不同的历史阶段政治发展有着不同的主题、含义和要求。政治发展的进程不能简单地等同于一些人的头脑中的民主概念。实际上在一定的社会经济和历史文化条件下三个变量的比例一旦失调，就会出现不同程度的政治衰退，如政局动荡、行政不力或专制独裁、政治腐败等。[①] 同时，政治发展意味着建立适应一个特定社会历史—社会—文化要求变化的稳定的政治体系，并且这个政治体系拥有自我变革的能力。[②]

政治发展是一定时期中一个社会政治进程中民主、法治与效能三组要素的最优组合、协调进步和全面发展。政治发展包含三组相互依赖、相互作用的变量和价值追求：民主（包括公平、权利、自由）、法治（包括稳定、规则、秩序）、效能（包括绩效、责任、廉洁）。民主、法治和效能三组之间是内在的辩证统一关系。科学的政治发展观的本质含义是民主、法治、效能三组价值要素的协调进步、相比增长和共同发展。因此，政治改革和政治发展的任务就是准确把握上述三组价值和要素的"平衡点"，协调统一，因势

---

① 张树华：《向市场经济过渡条件下的政治权威和政治发展问题——对中俄两国改革进程的比较研究》，《东欧中亚研究》1995年第4期。
② 王沪宁：《比较政治分析》，上海人民出版社1987年版，第237—241页。

而动。

　　政治民主和政治效能等是政治发展的动因，也是政治发展的重要内容，而法治、稳定和政治秩序则是政治民主与政治效能的前提条件，同样是政治发展的重要因素与价值。理想或最优的政治发展要求民主、效率、秩序、稳定等之间的关系应是均衡的、协调的。这些价值共同构成政治发展的全部内容，成为政治发展的价值追求。可见，科学的政治发展观在思维方式和哲学视野上超越了单一民主一元论，因而是全面的、辩证的、历史的、发展的。

　　从政治发展的外在关系上来看，全面而科学的政治发展观要求政治发展的进程及其表现应当有利于经济发展、文化进步与社会和谐。可见，中国的政治实践视野开阔，使得研究者得以突破"西式民主一元论"的束缚，在政治全面发展的宽广平台上探讨民主化和政治改革的方向和着力点。以全面、科学、务实的政治发展方略提高政治发展力，以持续、稳定的政治战略提高中国在国际上的政治竞争力和政治影响力。

　　与一些国家"单兵突进式民主化"不同，中国的政治改革和政治发展进程秉持了全面发展的政治理念，体现出独一无二的特性：全面协调性、动态发展性、主权历史性。全面协调性不仅要求政治发展价值要素（民主、秩序、效率）的有机统一、平衡协调、因势而动，而且要求政治发展应当有利于经济发展和社会进步，强调政治发展与经济、文化、社会、人的发展相互协调和共同进步。

　　动态发展性则强调政治发展是长期、复杂、永无止境的历史过程，是历史性的社会存在，是循序渐进、分阶段、多层面的发展过程。政治发展必须以特定社会的经济基础与现实国情为基础，建立多维的发展构架，服务于国家发展战略。主权历史性强调政治改革和民主化要立足国情，坚持走自己的路，充分发挥我国社会主义政治制度优越性，积极借鉴人类政治文明的有益成果，绝不照搬西方政治制度模式。

（四）中国道路的密码和优势在于政治发展的全面性

中国特色社会主义政治道路是科学社会主义在当代的伟大实践。中国政治发展道路的成功，大大丰富和发展了马克思主义的政治学说，有力地回击了西式民主一元论及其话语霸权，拓宽了世界社会主义的发展道路，为非西方国家提供了非凡而宝贵的政治经验。

第一，应深入探寻中国奇迹的政治密码。改革开放40多年来，中国的发展所取得的伟大成就被外界誉为"21世纪最重大的政治事件"。坚持全面而科学的政治发展观，坚持全面、协调、包容性的政治发展路线，是中国成功的锁钥和政治依托。中国全面发展的政治理念、价值取向和经验原则为当今国际社会提供了成功的案例和非凡的答案。中国政治显示着强劲的国际影响力和政治发展力，展示着良好的发展前景。

第二，应深入总结中国政治发展的特征与优势。习近平总书记多次强调要加强话语体系建设，要把我国发展优势和综合实力转化为话语优势。他指出，支撑话语体系的基础是哲学社会科学体系。没有自己的哲学社会科学体系，就没有话语权。在理论研究中要多下功夫，多搞"集成"和"总装"，多搞"自主创新"和"综合创新"。

中国道路是立足中国国情自主探索出的，具有浓厚的本土化特色；中国道路坚持以民为本、以人为本，最大限度调动了人民的积极性、创造性；中国道路强调一切从实际出发，这是其顺利成长的基本原因；中国道路坚持"五位一体"的有机统一，坚持"四个全面"统筹推进，坚持"五大发展理念"，从而实现了发展合力最大化；中国道路的关键秘诀是科学地处理了改革、发展、稳定的关系。

作为中国道路的组成部分,当代中国的政治发展冲破了西方固有的"民主—专制"单一化思维定式和双重标准,抵制住了西方以"民主、自由、人权"为幌子的文化霸权的侵扰,排除了"激进民主主义"和"自由民主一元论"的干扰,以坚定的政治立场、开放的发展视野,顺应人民的意愿,秉承全面、协调、包容的发展理念,开辟了世界政治中一条独具特色和卓有成效的发展之路。

在西方语境中,中国实行的是共产党专权的"一党制",常将中国打入非民主的"另类"。而全面的政治发展观,可以理直气壮、旗帜鲜明地坚持党的领导,拥护中国政治核心。坚持党的领导、坚持社会主义道路、拥护全党坚强有力的政治核心,有利于"寻求最大公约数、增进最大共识度、形成最大凝聚力",[①] 有利于维护稳定的政治发展氛围,有利于"集中力量办大事",有利于形成代表最广大人民根本利益和国家长远利益的方针政策。

第三,当代中国政治发展的特征与优势。当代中国政治发展秉持全面性、稳定性、发展性、协调性、民主性、包容性,是民主、秩序、效能等政治价值的有机统一,实现了政治的持续、协调而全面的发展。全面的政治发展观强调政治发展与经济发展、文化发展、社会发展及人的发展的平衡,强调政治发展应当有利于经济发展,有利于社会公平和正义,有利于人与自然的和谐,有利于世界和平、和谐与进步。[②]

当代中国政治以全面发展的格局统合民主、秩序、效率,在不同时期和不同战略目标的要求下,实现民主、秩序、效率等政治价

[①] 中国人民政治协商会议全国委员会办公厅编:《中国人民政治协商会议第十二届全国委员会第二次会议文件》,人民出版社 2014 年版,第 46 页。

[②] 张树华:《在国际竞争中全面提升政治发展力》,《中国社会科学报》2018 年 1 月 4 日。

值的有序发展。中国政治发展的特征和经验突出表现在以下几个方面：[①]

1. 稳定性

稳定性体现在稳定的政治秩序、有序的政治参与、法治与民主并行，有效的国家治理能力等几个方面。稳定的政治秩序是当代中国得以进行一切改革与发展的必要条件。有序的政治参与建立在政治制度稳固、可调适的基础之上，既保障了人民的权利，又促进政治制度在充满活力的环境中得以完善。法治与民主并行，意味着将政治发展的价值要素——民主与秩序相融合、相平衡，使人民群众公平、自由、发展的权利得以在法治的轨道上实现，并致力于权力监督、遏制腐败。有效的国家治理能力体现于当代中国的政治体系，既能够抵御环境的挑战、冲击，有制度韧性，能够吸纳意见诉求，又能够实施高质量、见成效的政治管理，还能够解决公共危机带来的一系列问题。

2. 发展性

谋求发展是当代中国政治发展的出发点和目标。当代中国政治发展是中国特色社会主义现代化事业的有机组成部分，与经济发展、社会发展、文化发展、人的全面发展相互协调、相互促进。这意味着政治发展与其他几个方面的发展紧密联系，政治作为上层建筑的一部分，不能脱离经济基础而单兵突进，也不能庸俗化和简单化，演绎成类似西方选举政治一样的"短视政治"。政治发展不仅致力于政治领域的各项发展目标，而且致力于中国特色社会主义现

[①] 有专家将中国道路的特征归结为五点：自主性：中国道路是立足中国国情自主探索出的，具有浓厚的本土化特色；人民性：中国道路坚持以民为本、以人为本，最大限度调动了人民的积极性、创造性；实践性：中国道路强调一切从实际出发，这是其顺利成长的基本原因；整体性：中国道路坚持"五位一体"的有机统一，从而实现了发展合力最大化；稳定性：中国道路的关键秘诀是科学处理了改革、发展、稳定的关系。参见郭万超《解读中国道路的五大特性》，《党建》2013 年第 9 期。

代化事业，服务于国家的发展大局。

3. 持续性

当代中国政治发展按照社会主义改革发展总体事业的部署而连续进行。从新中国建立之初服务于实现工业化、现代化的跨越式发展，到改革开放之后服务于中国特色社会主义事业建设，当代中国政治发展一方面始终与国家发展总体战略保持同步，另一方面，在发展大局的指导下，政治发展也有自身的战略、规划、步骤，依照规划逐步展开，是连续的、循序渐进的发展过程。政治发展犹如单行道，几乎容不得出错机会。经济改革不能贪大求洋，需要精耕细作和"摸着石头过河"，同样，政治改革也要不得急功近利和激进冒进。尤其是中国还是一个人口众多、发展不平衡的大国，还未完成国家统一大业，还面临着民族分离和领土完整的种种威胁和挑战。

4. 协调性

协调性一方面体现于政治发展价值目标（民主、秩序、效率）的协调与平衡；另一方面，体现于政治发展与经济、社会、文化的发展相互协调。当代中国政治发展注重民主、秩序、效率的协调与均衡，在不同历史时期，政治发展服务于国家发展的阶段性战略，进而调整价值目标的侧重点，而不是仅仅追求某一个或者某几个价值要素。同时，政治发展注重与经济发展保持同步、相互促进，并致力于带动社会、文化、人的和谐发展。

5. 民主性

中国的人民代表大会这一根本政治制度和政治协商制度这一基本政治制度，以及基层自治和民族区域自治制度，较好地处理了民主与民生，个人权利、集体权利与国家权力等关系，实现了党内民主、多党合作，实现了选举民主、协商民主、监督式民主、参与式民主、责任式民主、共识性民主、纵向民主、横向民主、民主数量、民主质量等层面有效结合。

6. 包容性

提倡"包容性",绝不意味着拒绝一般意义上的民主,而是以全面政治发展的理念带动民主的进步,通过政治发展解决社会问题,为经济提供政治保障,带动经济发展、文化进步和社会和谐。拒绝对"民主、自由、人权"的抽象化、简单化的议论,超越了西式狭隘的"民主、自由"说教,以开阔的发展视野探讨民主和政治改革的方向和着力点。当代中国政治发展致力于实现政治稳定、政治秩序、政治绩效、政治能力、政治动员、政治廉洁等指标的包容性增长。

(五) 以全面发展观提升国家治理能力和国家政治发展力

中国的社会主义民主政治建设无论在思想、理论方面,还是在制度、政策方面都是一项探索性很强的实践活动,要时刻保持清醒的头脑。现阶段,在思想认识上,树立正确的民主观和全面的政治发展观,对实现社会主义民主,切实推进社会主义政治建设极为关键。在实践中,树立正确的民主观和全面的政治发展观,对社会主义政治建设和改革具有方向性的指导作用。在当前复杂多变的国际形势下,树立正确的民主观和全面的政治发展观,有利于澄清"民主和民主化"等问题上的种种错误认识,有利于坚定走中国特色社会主义政治发展道路的信心,有利于解决我国社会政治发展过程中一些突出问题,从而为经济改革和社会发展创造良好的政治环境。

在当代中国,发展民主必须在全面政治发展的框架下推进,同时也必须以有效的民主形式推动政治发展。应当把推进民主融入政治发展的轨道,以提高政治发展力为目标,融合民主、法治、效能等价值要素,统合政治的价值和力量安排。

树立全面政治发展观的根本宗旨在于全面提升政治发展力。政治发展力是容纳了政治发展全方位因素的综合能力,包括政党的治国理政能力、政治制度能力、国家治理能力、政治思想力、战略谋划能力、政治动员能力、价值建构能力,等等。

政治发展力不是发展形式的综合,也不是抽象内涵的概括,而是以政治发展目标为指引,考量政治发展的各个层面,设置评估参数和数据库,为政治发展提供评价体系和政策性支持。当代中国应以政治发展力统合全面的政治发展,以政治竞争力树立政治发展的自信。

多年来,以美国为首的西方阵营从未放弃以"民主化"为手段对中国实施"分化、瓦解"的图谋。因此,面对国内外种种风险和挑战,特别是"藏独""疆独""台独""港独"以及民运分子的伺机而动,我们一定要保持政治定力,在话语体系和理论构建中坚持全面的政治发展观,破除民主一元化迷思。在实践方向上,以政治的全面发展为基础,以全面提高党的领导能力为引领,以提高国家治理能力为动力,全面提高政治发展力和国际政治竞争力。

当前,国际经济下行压力加大,政治思潮纷繁复杂,思想冲突和政治对抗日渐激烈,网络战、信息战甚至热战此起彼伏。西方政治阵营陷入"民粹主义和对抗政治的泥潭",政治发展乏力。除经济竞争、外交和军事对抗外,西方阵营更乐于使用"软实力""颜色革命"等政治手段来维护自身岌岌可危的国际霸权。

习近平总书记在党的十九大报告中指出,中国特色社会主义进入新时代,"中国特色社会主义政治制度是中国共产党和中国人民的伟大创造,我们完全有信心、有能力把我国社会主义民主政治的优势和特点充分发挥出来,为人类政治文明作出充满中国智慧的贡献"。[①] 因此,超越西式民主逻辑,树立全面的政治发展观,保持政

[①] 习近平:《决胜全面建成小康社会 夺取新时代中国特色社会主义伟大胜利——在中国共产党第十九次全国代表大会上的报告》,人民出版社2017年版,第40页。

治定力，关乎意识形态安全，关乎国家主权和政治安全，是一个十分重大的学术命题，而且具有极强的思想理论价值和现实意义。

六　中国奇迹的政治密码与理论结晶

新中国70年的发展使中华民族实现了从站起来、富起来到强起来的伟大飞跃，迎来了伟大复兴的光明前景。新中国的发展成就打破了西式自由民主和自由市场模式一统天下、无往而不胜的"神话"，开辟了科学社会主义的新境界，为国际上谋求自主发展的其他发展中国家探索出了新的选择、贡献了中国智慧和方案，为传统的东西方、南北方关系发展增加了新动能，将为新一轮全球秩序重组做出重要贡献。透过资本主义和社会主义的分析框架，新中国70年的发展成就无与伦比，中国道路独特而非凡。中国道路的经验优势，既包含具有中国特色的内涵因素，也有可资比较借鉴的一般性原则和规律。在当今混乱迷茫的复杂国际形势下，新中国70年的发展道路彰显出一些可贵的共同价值和普遍意义。

（一）世界历史进程中的中国政治发展道路

当今世界面临百年未有之大变局，正处于政治经济大变革、大调整、大转折的历史时期。世界经济总体下行，国际政治对抗与冲突加剧，犹如车行至关键的十字路口，人类社会面临着"向何处去"的艰难选择。

世界之乱源于西方政治，西式自由民主政治乱象是当今世界失序的根源。30年前，东欧剧变、苏联解体，西方大国自认为在东西方较量的大棋局中不战而胜。在西方战略家眼中，民主、自由、人权等政治工具功不可没，它们是摧毁社会主义、赢得冷战胜利的政治利器。当前，西方政治阵营陷入"民粹主义和对抗政治的泥潭",政治发展乏力。面对西方乱象,在 2019 年 8 月的 G7 峰会上,法国总统马克龙认为"西方霸权正在受到深刻质疑",他要求法国政界认清形势,反思和重新定位法国未来的角色。

当今世界格局的深刻变化颠覆了西方传统认知,冲击了几百年来独尊一统的西方思想体系和学术体系。西方传统政治学和经济学的概念与逻辑已经无力解释"西方之乱"和"世界向何处去"的命题。西方社会科学研究范式受到挑战,西式政治学、经济学教科书可能需要改写。

冷战后 30 年来世界政治进程的反转、中西政治图景的强烈反差给人以深刻启示。

新中国 70 年坚实的发展成就奠定了中国崛起的基础,中国的发展成为世界发展潮流转向与新时代开启的强大动力。新中国成立 70 多年来,尤其是改革开放 40 余年来,中国发展所取得的伟大成就被外界誉为"21 世纪最重大的政治事件"。特别是 30 年前,苏联和中东欧社会主义国家在"冷战"的政治对抗中失败后,或分崩离析,或改弦易辙。中国没有重蹈东欧剧变、苏联亡党亡国的覆辙,在中国共产党的正确领导下,不仅实现了经济发展、开启了民族复兴伟大征程,而且始终保持着改革、发展、稳定的良好势头。2008 年国际金融危机爆发后,西方社会经济制度和社会治理模式或碰壁或搁浅,不少国家面临着不稳定和不确定的未来,中国波澜不惊的应对和表现显得尤为突出,中国经济愈益成为世界经济发展的强大推动力。中国政治发展的价值取向和经验原则丰富了世界政治面貌,丰富了人类发展的内涵和理念,无疑将深刻影响世界格局与人类政治文明的发展。

虽历经艰难坎坷,也有过曲折和惨痛的教训,但 70 多年来中国发展道路是科学社会主义在当代世界最伟大而成功的实践。中国发展道路的成功,丰富和发展了马克思列宁主义,突破了西式自由民主和自由市场模式一元论及其理论和话语霸权,拓宽了世界社会主义的发展道路,树立起世界社会主义发展的榜样和标杆。坚持中国特色社会主义发展道路,坚持走中国特色社会主义政治发展道路是"中国奇迹"的政治根源和政治表彰。中国特色社会主义政治发展冲破了西方所谓"自由、民主、人权"口号的攻击与围堵,用实际行动证明了政治发展要走自己的路,彰显了集发扬民主、保持稳定、保证效能于一体的全面政治发展的思想价值,为广大发展中国家探索适合本国国情的政治发展道路提供了宝贵经验。

中国道路的关键秘诀何在?西班牙中国问题研究专家胡利奥·里奥斯曾总结了中国成功的十大经验,韩国成均馆大学中国研究所所长李熙玉则将中国共产党的成功秘诀归结为八方面:危机意识、无止境的学习意识、深深植根于中国现实、弹性姿态、培育新一代接班人、重视基层调查、重视连贯性、党员对未来蓝图的共享及认同。

中国道路是立足中国国情自主探索出的,具有浓厚的本土化特色;中国道路坚持以民为本、以发展为先,最大限度调动了人民的积极性和创造性;中国道路强调一切从实际出发,这是其顺利成长的基本原因;中国道路坚持"五位一体"的有机统一,坚持"四个全面"统筹推进,坚持"五大发展理念",从而实现了发展合力的最大化;中国道路的关键秘诀是科学处理了改革、发展、稳定的关系。中国奇迹的基石在于中国政治发展与经济体制改革的相互促进。中国稳定的政局和国家治理形式作为保障,为经济社会发展提供了安全稳定的制度环境,起到了保驾护航的作用。

(二)新中国 70 多年政治发展道路的特质与优势

1. 中国政治发展深植于中国大地,符合中国历史文化传统,

具有独创性和原创性

多少年来，西方主流社会思潮认定西式竞争民主和自由市场模式是普世、永恒的，是全人类"幸福的归宿"。冷战结束时日裔美籍学者福山贸然宣告"人类历史至此终结"，西方自由民主制度将一统世界。是否有符合西方标准的政治、经济制度成为国际上评价一个国家政治好坏的唯一标尺。

30 年前，苏联为首的东欧国家在长期"冷战"的政治对抗中遭受失败，或分崩离析，或改弦易辙。在苏联解体、东欧剧变所引发的世界社会主义发展低潮中，中国保持了强大的政治定力和战略定力，坚持"四项基本原则"，坚持改革开放，坚定不移走中国特色社会主义发展道路。不走封闭僵化的老路，不走改旗易帜的邪路，也不走照搬照抄的死路和全盘西化的绝路，这彰显了中国共产党非凡的政治抉择和政治智慧。

进入 21 世纪，国际形势风云变幻，国际竞争日趋激烈，随着国内社会结构深刻变动、社会阶层分化调整，各种社会问题不断涌现，改革发展面临提高国家治理能力、提升经济发展质量、促进社会公平正义、发展成果由人民共享的格局转向。中国政治发展遵循"四个全面"战略布局、"五位一体"总体布局，既与经济、社会、文化、生态的发展保持平衡，又兼顾了民主、秩序、效率与社会公平正义的有机统一，愈发在国际舞台上彰显中国道路的思想价值与实践力量。政治发展的能力关系改革发展事业的成败、关涉人民群众的幸福安康、影响着国家的前途和命运。党领导和团结各族人民在推动政治发展的历史进程中，不断将提高政治发展能力作为凝聚共识、抵御风险、推进发展、弘扬价值的重要动力和不竭源泉，体现了全面、协调的政治发展观。

随着 2008 年国际金融危机爆发，很多国家发展面临更多的不确定性因素。美国"占领华尔街"运动中，上千民众聚集抗议美国政治中的权钱交易、政治极化及社会不公。法国"黄背心"运动也持续了数月。这些国家治理困境的背后有着深层的经济、政治、社会因素，政治领域的原因起着根本性作用。在国际格局深刻变革和国际局势风起云涌中，中国处变不惊、从容应对，在推动世界经济发展方面的成就举世瞩目。

2. 坚持中国共产党的领导，发展始终有一个坚强有力的领导核心

当代中国发展道路起始于中国共产党领导中国人民建设新中国的历史基点。新中国成立 70 多年来，中国共产党带领中国人民实现了国家独立、民族解放和广大人民当家做主，保证了国家的主权安全、政治安全和社会安定。党的领导是中国特色社会主义最本质的特征和优势。坚持中国共产党的领导，保证了中国特色社会主义发展始终有一个稳定的政治核心。这一稳定的政治核心，有利于制定维护国家统一、民族团结、国民经济持续健康发展的战略规划，有利于形成代表最广大人民根本利益和国家长远利益的方针政策，有利于集中力量调配、整合资源，"集中力量办大事"，有利于维护稳定的政治发展氛围，维护社会安定，有利于寻求最大公约数、增进最大共识度、形成最大凝聚力，避免因利益分裂、社会冲突消耗改革发展的认同与合力。

3. 始终坚持人民主体地位，不断夯实执政基础和增强发展动力

坚持人民主体地位是当代中国发展的出发点与归宿。新中国成立之初，面对一穷二白的国情、西方强势围堵的世情，实现政治独立、经济自足、国家振兴是这一时期国家建设的首要任务。在这一艰难的历史时期，中国共产党通过广泛、有效的社会动员，尽最大可能争取人民群众的支持、激发人民群众的活力，集中民力民智建设新中国，进而改变国家贫穷落后的面貌。70 多年来，人民群众作为新中国的主人投身于国家建设，在政治权利得以保障的前提

下，逐步实现了经济权利与社会权利。

（三）中国特色社会主义政治发展道路的特征

70多年来，特别是改革开放40余年来，中国政治以持续、稳定的发展，实现了全面、真实、有效的人民民主，提高了中国在国际上的竞争力和影响力，冲破了西方固有的"民主—专制"二元对立的思维定式和双重标准，抵制住了西方以"民主""自由""人权"为幌子的文化霸权的侵扰，破除了"民主激进主义"和"民主原教旨主义"的干扰，以坚定的政治立场、开放的发展视野，顺应人民的意愿，秉承全面、协调、包容的发展理念，开辟了独具特色、卓有成效的政治发展道路。当代中国政治发展坚持全面、科学的发展观，以全面发展的格局统合民主、秩序、效率，突出全面性、协调性和实践性的统一，在不同时期和不同战略目标的要求下，实现民主、秩序、效率等政治价值的统一。在全面发展观的框架下，政治发展包含三组相互依赖、相互作用的变量和价值追求，即民主（公平、权利、自由）、秩序（稳定、法治）、效率（效能、责任、廉洁）。民主，秩序和效率三组之间是内在的对立统一关系，科学的政治发展观的本质含义是民主，秩序、效率三组价值要素的协调进步、相比增长和共同发展。

中国特色社会主义政治发展道路的特征体现为以下五方面。

第一，稳定性。稳定的政治秩序是当代中国得以进行改革与发展的必要条件。有序的政治参与建立在政治制度稳固、可调适的基础上，既保障了人民权利，又促进了政治制度在充满活力的环境中得以完善。法治与民主并行，意味着将政治发展的价值要素——民主与秩序相融合、平衡，使人民群众公平、自由、发展的权利得以在法治的轨道上实现，并致力于权力监督、遏制腐败。有效的国家治理能力体现于当代中国的政治体系既能够抵御环境的挑战、冲击，有制度韧性，能够吸纳意见诉求，又能够实施高质量、见成效的政治管理，还能够解决公共危机带来的一系列问题。

第二，发展性。当代中国政治发展是中国特色社会主义现代化事业的有机组成部分，与经济、社会、文化、生态文明及人的全面发展相互协调、相互促进。这意味着政治发展与其他几方面的发展联系紧密，政治作为上层建筑的一部分，不能脱离经济基础而单兵突进，也不能庸俗化和简单化理解，演绎成类似西方选举政治那样的"短视政治"。中国的政治发展不仅致力于政治领域的各项发展目标，而且致力于中国特色社会主义现代化事业，服务于国家发展大局。

第三，持续性。当代中国政治发展按照社会主义事业的总体部署进行。从新中国成立之初服务于实现工业化、现代化发展，到改革开放后服务于中国特色社会主义建设事业，当代中国政治发展一方面始终与国家发展总体战略保持同步，另一方面，在发展大局的指导下，也有自身的战略、规划、步骤，依照规划逐步展开，是连续、循序渐进的发展过程。政治发展犹如单行道，几乎容不得出错。因此，政治体制改革不能急功近利和激进、冒进。尤其是中国这样一个人口众多、发展不平衡的大国，还未完成国家统一大业，面临着种种威胁和挑战。

第四，协调性。协调性一方面体现于政治发展价值目标（民主、秩序、效率）的协调与平衡，另一方面体现于政治发展与经济、社会、文化等发展的相互协调。当代中国政治发展注重民主、秩序、效率的协调与均衡，在不同历史时期，政治发展服务于国家发展的阶段性战略。同时，政治发展注重与经济发展保持同步、相互促进，并致力于带动社会、文化、人的和谐发展。

第五，实效性。当代中国政治发展致力于实现政治稳定、政治秩序、政治绩效、政治能力、政治动员、政治廉洁等，笔者不赞成对"民主、自由、人权"的抽象化、简单化议论,主张以开阔的发展视野探讨民主和政治改革的方向及着力点。

(四)中国特色社会主义政治发展道路遵循的主要原则

中国的政治发展遵循人类社会政治发展的基本规律,借鉴其他国家政治发展的经验,吸取教训,兼收并蓄人类政治文明的优秀成果。同时,又根据自身的历史发展阶段、经济基础、现实国情、社会结构等,遵循自身独特的发展脉络,从而走出了一条独特的政治发展道路。

1. 始终保持政治定力

如果政治定力不足、政治自信不够,走偏了方向,就会给党和人民的事业带来损害。政治制度不能脱离特定社会政治条件和历史文化传统来抽象评判,不能定于一尊,不能生搬硬套外国政治制度模式。对丰富多彩的世界,我们应该秉持兼容并蓄的态度,虚心学习他人的好东西,在独立自主的立场上把他人的好东西加以消化吸收,化成我们自己的好东西,但决不能囫囵吞枣、决不能邯郸学步。我们要坚持从我国国情出发、从实际出发,既要把握长期形成的历史传承,又要把握走过的发展道路、积累的政治经验、形成的政治原则,还要把握现实要求、着眼解决现实问题。

2. 坚持党的领导、人民当家做主、依法治国有机统一

党的领导是人民当家做主和依法治国的根本保证,人民当家做主是社会主义民主政治的本质特征,依法治国是党领导人民治理国家的基本方式,三者是一个相辅相成的有机整体,统一于我国社会主义民主政治伟大实践。发展社会主义民主,必须坚持党的领导、人民当家做主、依法治国有机统一,三者缺一不可。任何把党的领导、人民当家做主、依法治国割裂开来、对立起来或者相互取代的主张和做法,都不符合社会主义民主政治的根本性质、核心理念和

实践要求。

3. 坚持民主集中制

民主集中制是中国共产党的根本组织制度和领导制度，是民主与集中、纪律与自由的有机结合和辩证统一，是党的群众路线和马克思主义认识论在党的组织原则上的体现。民主集中制是中国国家机关组织和活动的最基本的原则。在社会主义制度之下，民主基础上的集中和集中指导下的民主相结合，个人利益服从集体利益，局部利益服从整体利益，暂时利益服从长远利益。

4. 积极稳妥推进政治体制改革

应该看到，我国社会主义民主政治的体制、机制、程序、规范以及具体运行上还存在不完善的地方，在保障人民民主权利、发挥人民创造精神方面也还存在一些不足，必须继续加以完善。多年来的国际政治实践表明，在政治发展上，一味地强调民主"急速推进"，并不能提高政治发展的能力和质量，往往还会事与愿违。第二次世界大战以来，国际上有些国家盲目移植西方民主制度，不仅没能解决发展问题，反而陷入政治权威溃散、经济停滞、战乱频发、种族矛盾加剧、社会混乱的困境。冷战结束30多年来，一些国家和地区爆发的、以"推广民主"为旗号的"街头政治""广场民主"乃至"颜色革命"等，不仅没有带来民族振兴，反而使国家陷入政治衰退的怪圈。因此，我们要积极稳妥推进政治体制改革。

在当代中国，发展民主必须在全面政治发展的框架下推进，同时也必须以有效的民主形式推动政治发展。当代中国政治发展的评价原则应是"有利于解放和发展社会生产力，有利于推动经济社会持续健康发展，有利于实现好、维护好、发展好最广大人民根本利益，有利于巩固党的执政基础和执政地位"。与国际上一些国家表面上奉行自由民主、实质上是"财阀统治""寡头民主"不同，中国的民主是最广泛而真实的人民民主。中国共产党是政治发展的领导力量,也是发展民主的根本政治保障。发展民主,必须在中国共产党的领导下,在中国特色社会主义现代化事业的大局下,尊重国情,立足实际,沿着中国特色社会主义政治发展道路稳步推进。

(五) 中国政治发展的理论结晶与共同价值

习近平总书记多次强调要加强话语体系建设,把我国的发展优势和综合实力转化为话语优势,并指出"支撑话语体系的基础是哲学社会科学体系,没有自己的哲学社会科学体系,就没有话语权","要在研究重大问题上多下功夫,多搞'集成'和'总装',多搞'自主创新'和'综合创新'"。作为中国道路的组成部分,当代中国的政治发展为世界政治发展开辟了一条独具特色而卓有成效的道路。

1. 科学定义"民主",形成了区别于西式民主的"新民主观"

中国道路的出发点是,一切从实际出发,实事求是,最大限度调动人民群众的积极性。中国的民主观是一种全新的民主观,"新民主观"的核心要义是在政治全面发展的框架下推进人民民主,又以有效的民主形式推动政治发展。这是一种中国版的全新民主观,是升级版的新民主观,意味着应发展优质民主,而不要劣质民主。

2. 中国道路全面诠释了"发展",形成了"全面发展观"

中国坚持发展为先,改革为要。发展是解决一切问题的基础和关键。发展是长期、复杂而永无止境的历史过程,同时又是循序渐进、分阶段、多层面的过程。因此,中国政治发展坚持"全面发展观",这意味着政治发展应有利于经济发展和社会进步,有利于政治、经济、文化、社会和人的全面发展,有利于社会各领域的相互协调和共同进步。从"新民主观"到"全面发展观",中国政治发展超越了西式自由民主一元论,突破了西方发展范式和话语霸权,大大提高了政治发展水平和国家治理能力，为社会全面发展提供了坚实的政治保障。

全面的政治发展观具备三个特性：全面协调性、动态发展性、主权历史性。全面协调性要求政治发展价值要素（民主、秩序、效率）有机统一、平衡协调、因势而动。政治发展必须以特定社会的经济基础与现实国情为基础，建立多维的发展构架，服务于国家发展战略。动态发展性强调政治发展是长期、复杂、永无止境的历史过程，是历史性的社会存在。主权历史性强调政治发展要立足国情，坚持走自己的路，充分发挥我国社会主义政治制度优越性，积极借鉴人类政治文明的有益成果，绝不照搬西方政治制度模式。

3. 中国的"国际观"：从"全面发展"到"共同发展"

当前国际政治局势复杂严峻，世界经济中逆全球化潮流凸显、国际政治不确定性增加，世界究竟向何处去？21世纪人类社会能否避免和远离战争、冲突、恐惧、仇恨、分裂、贫困、饥饿、混乱、迎来和平、安宁、安全、和谐、开放、包容、共享和清洁美丽的新世界？当前，国际社会正面临治理赤字、信任赤字、和平赤字、发展赤字。破解"四大赤字"需要秉持公正合理、互商互谅、同舟共济、互利共赢的理念，增进战略互信，减少相互猜疑，实现世界长久和平和共同发展。

构建"人类命运共同体"的主张是新时代中国领导人提出的"世界梦"，是谋求共同发展、赢得未来的"世界观"；文明共存、和平共处、平等共商、合作共建、公平共享、互利共赢。由一国的"全面发展"到国际间的"共同发展"，这是对某些大国奉行"单边主义""政治自私""本国至上""发动关税战""动辄制裁他国""脱钩""围剿""技术铁幕""经济恐怖"等行为的超越和回击。中国政治发展的"国际观"以文明交流超越文明隔阂、以文明互鉴超越文明冲突、以文明共存超越文明优劣，推动各国相互理解、尊重和信任，坚持共商共建共享的全球治理观，坚持全球事务由各国人民商量着办，积极推进全球治理规则民主化，维护多边主义，构建人类命运共同体，强调和而不同，和而共生，各美其美，美美与共，世界大同。

（六）坚定不移走中国特色社会主义政治发展道路

坚定不移走中国特色社会主义政治发展道路，是建成社会主义现代化强国、实现中华民族伟大复兴的根本保证。坚持中国特色社会主义政治发展道路，关键是要坚持党的领导、人民当家做主、依法治国有机统一，以保证人民当家做主为根本，以增强党和国家活力、调动人民积极性为目标，扩大社会主义民主，发展社会主义政治文明。当前要着力做好以下工作。

1. 加强党的政治建设，全面推动政治发展

坚持走中国特色社会主义政治发展道路，完善和发展中国特色社会主义政治制度，都离不开党的领导和党的政治建设。中国共产党作为马克思主义政党，是最高政治领导力量，政治属性是党的第一属性。旗帜鲜明讲政治，是中国共产党作为马克思主义政党区别于其他政党的重要特征，也是中国共产党的光荣传统和最大优势。党的十八大以来，在全面从严治党实践中，党中央把党的政治建设摆到突出位置，在坚定政治信仰、树牢"四个意识"、维护党中央权威和集中统一领导、严明党的政治纪律和政治规矩、加强和规范新形势下党内政治生活、净化党内政治生态、正风肃纪、反腐惩恶等方面取得明显成效。党的政治建设决定党的建设方向和效果，不抓党的政治建设或背离党的政治建设指引的方向，党的其他建设就难以取得预期成效。中国特色社会主义进入新时代，必须牢牢抓住全面加强政治建设这条主线，把党的政治建设作为党的根本性建设，为党不断从胜利走向胜利提供重要保证。

党的十九大报告明确指出："保证全党服从中央，坚持党中央权威和集中统一领导，是党的政治建设的首要任务。"维护党中央权威是具体的而不是抽象的，必须把维护党中央权威与维护习近平同志核心地位有机统一起来。全党要自觉树牢"四个意识"，在政治立场、政治方向、政治原则、政治道路上始终同以习近平同志为核心的党中央保持高度一致。

要坚持以人民为中心的政治理想和宗旨，扩大和夯实党的执政基础。加强党的政治建设，要紧扣民心这个最大的政治，贯彻党的群众路线，同人民想在一起、干在一起，坚决反对"四风"特别是形式主义、官僚主义，始终保持党同人民群众的血肉联系。要教育和激励广大党员、干部锐意进取、奋发有为，把精力和心思用在稳增长、促改革、调结构、惠民生、防风险上，用在破难题、克难关、着力解决人民群众最关心最直接最现实的利益问题上，切实提高党的执政能力和领导水平，谱写中国特色社会主义伟大事业的崭新篇章。

2. 适应新时代中国特色社会主义发展要求，深化党和国家机构改革，提高政治效能

深化党和国家机构改革，是关系全局的政治体制改革，是推进国家治理体系和治理能力现代化的一场深刻革命。要以加强党的全面领导为统领，以国家治理体系和治理能力现代化为导向，以推进党和国家机构职能优化协同高效为着力点，改革机构设置，优化职能配置，深化转职能、转方式、转作风，提高效率效能，全面提高国家治理能力和水平。深化党和国家机构改革，应坚持以下原则：

第一，有利于集中统一、提高效能。根据坚持党中央集中统一领导的要求，科学设置党和国家机构，准确定位、合理分工、增强合力，防止机构重叠、职能重复、工作重合。党的有关机构可以同职能相近、联系紧密的其他部门统筹设置，实行合并设立或合署办

公，整合优化力量和资源，发挥综合效益。

第二，有利于科学合理配置机构、降低行政成本。坚持问题导向，撤销、合并、重组等形式有利于实现部门职能优化协同。聚焦发展所需、基层所盼、民心所向，优化党和国家机构设置和职能配置，坚持一类事项原则上由一个部门统筹、一件事情原则上由一个部门负责，加强相关机构配合联动，避免政出多门、责任不明、推诿扯皮，下决心破除制约改革发展的体制机制弊端，使党和国家机构设置更加科学、职能更加优化、权责更加协同、监督监管更加有力、运行更加高效。

第三，有利于应对未来的各类风险和挑战，全面提高国家治理能力。此次机构改革将过去分散在10多个部门的防灾减灾救灾职责集中起来，组建应急管理部，意义重大。可以避免过去抢险救援多头分散、专业化和协调性不足等问题，提高化学、生物等新型危险的预警、处置、救援等能力，有利于应对自然灾害和各类安全风险，大大提升我国防范和应对风险的综合能力。

新时代面临着新使命和新任务。2019年3月，习近平总书记在与文化艺术界、社会科学界委员座谈时强调，新时代呼唤杰出的文学家、艺术家、理论家，要求广大文艺和社科工作者坚持与时代同步伐、以人民为中心、以精品奉献人民、用明德引领风尚。我们要积极响应习近平总书记的号召，全面总结70多年来党和人民的奋斗实践，深刻解读新中国70多年历史性变革所蕴藏的内在逻辑，讲清楚历史性成就背后的中国特色社会主义道路、理论、制度、文化优势，更好地用中国理论解读中国实践，为党和人民继续前进提供强大的精神动力。

七　中国道路的普遍意义

近年来"西方之乱、中国之治"的政治图景为突破西式政治概念和逻辑的桎梏、完善和发展中国政治学科话语体系提供了鲜活的素材和难得的历史机遇。冷战结束 30 年来，伴随着国际经济格局的变化，全球政治版图也处于历史转折期，国际社会面临着几百年来罕见的"大变局"。把握世界潮流、辨析西式民主，有助于更加科学地认识西方政治的本质和优劣，有助于树立正确的民主观，有助于坚持"四个自信"，有助于坚定不移地走中国特色社会主义全面发展的政治道路。提出，以全面发展观破解西式民主悖论；政治发展的全面性是中国成功的政治密码和政治优势所在；坚持全面的发展观，加强政治建设，将民主纳入政治全面发展的轨道；以全面性和系统性政治发展提升国家治理能力、政治力和国际政治竞争力；突破西方政治逻辑和话语霸权，坚定"四个自信"，树立新民主观，走全面发展的政治道路。

中国特色社会主义政治道路是科学社会主义在当代最伟大的实践。中国政治发展道路的成功，大大丰富和发展了马克思主义的政治学说，有力地回击了西式民主一元论及其话语霸权，拓宽了世界社会主义的发展道路，为非西方国家提供了非凡而宝贵的政治经验。中国特色社会主义政治发展是全面性、协调性和实践性的统一，是民主、秩序、效能等政治价值的有机统一。认为，70 多年来、特别是改革开放 40 多年来，中国政治建设以提高政治发展力为宗旨，实现了全面的、真实的、有效的人民民主。

新中国 70 多年取得了世人瞩目的辉煌成就，创造了一个又一个历史奇迹。新时代的中国正在社会主义康庄大道上阔步前进。新中国 70 多年的发展开创了中国民族伟大复兴的新纪元，破除了西式自由民主和自由市场模式一统天下、无往而不胜的"神话"，开辟了科学社会主义的新境界，为国际上谋求自主发展的其他国家探索出一条新路。

70 多年来，中国的经济发生了巨大的变化。1952 年，我国的

GDP 是 679 亿元；2020 年，GDP 达 101.5986 万亿元，绝对值比 1952 年增长了约 1496 倍。中国从一穷二白到如今的世界第二大经济体，用几十年时间走完发达国家几百年走过的工业化历程。如今中国对世界经济的贡献率超 30%，已经成为世界发展的稳定剂和引擎。这是人类历史之幸，也是中国人民之福。

70 多年前中华人民共和国的成立改变了世界的政治面貌，给殖民地、半殖民地那些求解放、独立的人民提供了强大的动力和信心。独立自主的新中国在世界和平和多极化发展中起到了关键性的作用。虽然中国在探索道路上有历史性的曲折，但是中国的发展道路在世界政治版图中独具特色与优势。

中国的发展和进步不仅改变了世界政治面貌、经济版图，中国还提供了一个可资借鉴的路径选择。中国开辟了科学社会主义的新境界，挑战并打破了西方模式是"普世的、唯一的"的神话。中国道路为那些想谋求发展、又想保持独立自主的国家提供了可选择的方案，找到了一条新路径。

环顾世界东方西方、南方北方，透过资本主义和社会主义的分析框架，中国成就无与伦比，中国道路独特而非凡。中国独特的道路兼容并包，一方面学习、借鉴了国际上有益的经验，另一方面也结合了中国实际情况。中国道路是一条结合他人经验，创造出的独特的、具有原创性的道路。中国的经验很多是集成性的创新。21 世纪，在世界发展的十字路口，在回答"人类向何处去"之问时，中国提供了可供选择的解决方案。这其中既有饱含自身特色的内涵因素，也有可资比较分析的一般性原则和规律。在当今混乱迷茫的国际复杂形势下，70 多年中国发展道路彰显出一些可贵的共同价值和普遍意义。

（一）世界历史进程中的中国发展道路

当今世界面临着百年未有之大变局，正处于政治经济大变革、大调整、大转折的历史时期。世界经济下行，国际政治对抗与冲突加剧。犹如车行至关键的十字路口，人类社会面临着"向何处去"的艰难选择。

西方政治天空中乌云密布、烟雾升腾。世界之乱源于西方政治，西式自由民主政治乱象是当今世界失序的乱源。面对西方乱象，不久前法国总统马克龙不得不承认，西方霸权面临终结，西方模式即将谢幕。他要求法国政界要认清形势，反思和重新定位法国未来的角色。

当今世界格局的深刻变化颠覆了西方的传统认知，冲击了几百年来独尊一统的西方思想体系和学术体系。西方传统政治学和经济学的概念与逻辑已经无力解释"西方之乱"和"世界向何处去"的命题。西方社会科学研究范式受到挑战，西式政治学、经济学教科书可能需要重新编写。

日出东方。西方之乱，中国之治。冷战后30多年来世界政治进程的反转、中西政治图景的强烈反差给人以深刻启示。新中国70多年坚实的发展成就奠定了中国崛起的基础，中国的发展成为世界发展潮流转向与新时代开启的强大动力。

新中国70多年来，尤其是改革开放40多年以来，中国的顺利发展所取得的伟大成就被外界誉为"21世纪最重大的政治事件"。中国政治道路有效地维护了国家统一、民族团结和政治发展。中国如果选择了一条错误的政治道路，可能会重蹈苏联解体的覆辙，引起民族冲突、国土分裂，不仅不利于自身的发展，还会给全世界造成灾难。

虽历经艰难而坎坷，也有过曲折和惨痛的教训。70多年来中国社会主义发展道路是科学社会主义在当代世界最伟大而成功的实践。中国发展道路的成功，丰富和发展了马克思主义列宁主义学说，突破了西式自由民主和自由市场模式一元论及其理论和话语霸权,拓宽了世界社会主义的发展道路,为非西方国家提供了宝贵的可资借鉴的发展经验。

(二) 中国道路是全面性、协调性和实践性的统一

与建党90多年、执政70多年的苏共失败丧权的命运相反,中国不但没有重蹈苏联的覆辙,还成功使7亿人脱贫,经济规模跻身世界第二大经济体。因此,近年来对中国奇迹的原因与中国道路的研究成为国际上的热门话题。

中国道路的关键秘诀何在?西班牙中国问题研究专家曾总结中国成功的10大经验,韩国学者则归纳中国共产党的8项成功秘诀。

中国道路是立足中国国情自主探索出的,具有浓厚的本土化特色;中国道路坚持以民为本、以发展为先,最大限度调动了人民的积极性、创造性;中国道路强调一切从实际出发,这是其顺利成长的基本原因;中国道路坚持"五位一体"的有机统一,坚持"四个全面"统筹推进,坚持"六大发展理念",从而实现了发展合力最大化;中国道路的关键秘诀是科学地处理了改革、发展、稳定的关系。

经济上的成就不是孤立的,中国奇迹的基石在于中国政治发展与经济体制改革的相互促进。中国的优势在于巨大的市场规模和经济空间,形成了很好的政治基础。中国的政治稳定保证了中国发展的确定性及可持续性。不像某些国家政治短视,政党相互倾轧,空头政治许诺,"民主"过度,治理却"赤字"。四年或五年任期一过,下一任执行什么样的政策,具有不确定性。中国的政治能保证长远规划的连续性,能集中精力办大事,比如长远规划,兴建大型基础设施,为国际上其他国家提供合作共赢的发展方案,比如一带一路倡议,等等。

中国稳定的政局和国家治理形式作为经济发展的保障,起到了

保驾护航的作用。中国发展的价值取向和经验原则拓展了世界发展图景，丰富了人类发展的内涵和理念，深刻地影响着世界格局与人类社会进步的历史进程。

（三）新中国 70 多年发展的特质与优势

1. 中国政治发展没有照搬照抄他国现成的政治模式，符合中国历史文化传统，深植于中国大地，具有开创性和原创性

多少年来，西方主流社会思潮认定，苏联为首的东欧国家在长期"冷战"的政治对抗中遭受失败，或分崩离析、或改弦易辙。

不走封闭僵化的老路，不走改旗易帜的邪路，也不走照搬照抄的死路和全盘西化的绝路。这彰显了中国共产党非凡的政治抉择、政治智慧和政治定力。

2008 年国际性的金融危机爆发后，西方社会经济制度和社会治理模式或碰壁或搁浅，不少国家面临着不稳定和不确定的未来。中国波澜不惊的应对和表现显得尤为突出，赢得世人称赞。中国经济成为世界经济发展的强大引擎。

2. 坚持中国共产党的领导，保证发展始终有一个稳定的政治核心

当代中国发展道路起始于中国共产党领导中国人民建设新中国的历史基点。新中国成立 70 多年来，中国共产党带领中国人民实现了国家独立、民族解放和广大人民当家做主，保证了国家的主权安全、政治安全和社会安定。

3. 始终坚持人民主体地位，不断夯实执政基础和增强发展动力

坚持人民主体地位是当代中国发展的出发点与归宿。新中国成立之初，面对"一穷二白"的国情，西方强势围堵的世情，实现政治独立、经济自足、国家振兴是这一时期国家建设的首要任务。在这一艰难的历史时期，通过广泛、有效的社会动员，尽最大可能争

取人民群众的支持、激发人民群众的活力，集中民力民智建设新中国，进而改变国家贫穷落后的面貌。70多年来，人民群众作为新中国的主人投身国家建设，在政治权利得以保障的前提下，逐步实现了经济权利与社会权利。

（四）中国政治发展的理论结晶与共同价值

中国道路的关键秘诀是科学地处理了改革、发展、稳定的关系。作为中国道路的组成部分，当代中国的政治发展开辟了世界政治中一条独具特色而卓有成效的发展之路。

中国特色社会主义政治发展是全面性、协调性和实践性的统一，是民主、秩序、效能等政治价值的有机统一。

1. 中国科学地定义了"民主"，实现了政治全面发展

中国道路的出发点是，一切从实际出发，实事求是，最大限度调动人民群众的积极性。例如，对于民主问题，20世纪80年代初期邓小平就曾指出，什么是民主？民主就是调动广大人民群众的积极性。

在政治全面发展的框架下推进人民民主，又以有效的民主形式推动政治发展。这是一种中国版的全新的民主观。升级版的新民主观意味着应发展优质民主，而不要劣质民主。

2. 树立"全面发展观"，以发展为先，推动国家各个领域的全面协调进展

政治发展应当有利于经济发展和社会进步，有利于政治、经济、文化、社会和人的全面发展，有利于社会各个领域的相互协调和共同进步。中国坚持发展为先，改革为要。发展是解决一切问题的基础和关键。发展是长期、复杂而永无止境的历史过程，同时又是循序渐进、分阶段、多层面的过程。

政治发展必须以特定社会的经济基础与现实国情为基础，建立多维的发展构架，服务于国家发展战略。政治改革和民主化要立足

国情,坚持走自己的路,充分发挥我国社会主义政治制度优越性,积极借鉴人类政治文明的有益成果,但绝不照搬西方政治制度模式。

从新民主观到全面发展观,超越了西式自由民主一元论,突破了西方发展范式和话语霸权,大大提高了政治发展水平和国家治理能力,为社会全面发展提供了坚实的政治保障。

3. 从"全面发展"到"共同发展"

当前国际政治局势复杂严峻。世界经济逆全球化潮流凸显、国际政治不确定性增加,世界究竟向何处去?21世纪人类社会能否避免和远离战争、冲突、恐惧、仇恨、分裂、贫困、饥饿、混乱,迎来和平、安宁、安全、和谐、开放、包容、共享和清洁美丽的新世界?

当前,国际社会正面临治理赤字、信任赤字、和平赤字、发展赤字。破解"四大赤字"需要秉持公正合理、互商互谅、同舟共济、互利共赢的理念,增进战略互信,减少相互猜疑,实现世界长久和平和共同发展。

文明共存、和平共处、平等共商、合作共建、公平共享、互利共赢。构建"人类命运共同体"的主张是新时代中国领导人提出的"世界梦",是谋求共同发展、赢得未来的"世界观"。由一国的"全面发展"到国际间的"共同发展",是对某些大国奉行的"单边主义""政治自私""本国至上"的行为的超越。以文明交流超越文明隔阂、文明互鉴超越文明冲突、文明共存超越文明优越,推动各国相互理解、相互尊重、相互信任。坚持共商共建共享的全球治理观,坚持全球事务由各国人民商量着办,积极推进全球治理规则民主化,维护多边主义,构建人类命运共同体。

八 将制度优势转化成治理效能

国际金融危机以来西方社会陷入困境,暴露了西式民主政治的缺陷。多年来,西式民主一元论造成民主过热,理论思维走入极端,逻辑上陷入悖论,实践中步入泥潭。近几年国际社会普遍"看空"西式民主,看好中国政治道路和中国优势。当前西式民主政治陷入了多重困境,为我们提供了鲜活的反面素材和绝佳的历史机遇。有利于我们科学地认识民主问题,树立正确的民主观,坚定政治自信,坚定不移地走中国特色社会主义全面发展的政治道路。

(一) 以政治效能统领政治发展

党的十八大以来,"效能""政治效能"等词汇频繁出现在党和政府的相关决议、报告以及社会舆论等众多场合。尤其是党的十九大以来,"真抓实干""提升和突出政治效能"等作为习近平治国理政思想的重要特征,正在党、政、军等全方位、多领域中不断贯彻落实。在具体的方针政策层面之外,从政治发展的角度而言,政治效能也是全面政治发展必不可少的重要一环。

实际上,在政治学研究领域,"政治效能"一词的出现和运用早已有之。早在20世纪50年代的美国比较政治学界,政治效能就被一些学者运用于对公民政治行为的研究之中。只是在当时,政治效能并非单独的概念,而是以"政治效能感"(sense of political efficacy)的形式存在,主要指"个体对自身理解和参与政治活动的能力所持有的信念或自信体验"。[1] 某种意义上讲,西方政治学界关于政治效能的介绍和论述,更多的是从政治心理学或

---

[1] Paul R. Abramson, *Political Attitudes in America: Formation and Change*, San Francisco: Freeman and Company, 1983, p. 141.

政治文化的角度出发,而非作为对政治发展进程的论述与评价。

冷战结束后,特别是 2008 年国际金融危机以来的国际政治局势表明,以美国为代表的西方自由民主模式存在结构性弊端,西方政党政治陷入困境,政治发展遭遇政治红灯。一些照搬西式民主模式的新生"民主国家"也陷入了治理混乱和政治泥潭。西式民主模式并不必然带来国家的良治和善政,西式政党竞争并不能巩固国家职能、提高政治效能、增进社会福祉和社会公平。

习近平总书记多次指出,党政军民学,东西南北中,党是领导一切的。第十三届全国人民代表大会第一次会议表决通过的宪法修正案中明文规定,中国共产党领导是中国特色社会主义最本质的特征。此次党和国家机构改革方案贯彻全面加强党的领导的指导思想,体现出强烈的政治性、全面性、深刻性,突出了法治化、科学化、专业化的精神,有利于推动中国建设和发展,有利于提高党的领导能力,有利于提高政府效能和部门行政绩效,有利于推进经济发展和改革开放,有利于提高市场活力,有利于社会稳定和谐。

(二)深化体制机制改革,提高政治效能

党的十八大以来,突出政治效能已经成为习近平新时代中国特色社会主义思想在党政军民学、东西南北中等全方位、多领域中推进改革与发展的鲜明特色。例如,党的十九大报告就明确指出,要不断推进国家治理体系和治理能力现代化,坚决破除一切不合时宜的思想观念和体制机制弊端,突破利益固化的藩篱,吸收人类文明有益成果,构建系统完备、科学规范、运行有效的制度体系,充分发挥我国社会主义制度的优越性。

《中共中央关于深化党和国家机构改革的决定》和《深化党和国家机构改革方案》充分体现了党的十九大精神的要求。此次机构改革与宪法修正案、组建国家监察委员会等,是新时代一场伟大而深刻的变革，构成了中国特色社会主义政治建设的重要组成部分，必将对中国今后的发展产生深远而重大的影响。

深化党和国家机构改革，目标是构建系统完备、科学规范、运行高效的党和国家机构职能体系，形成总揽全局、协调各方的党的领导体系，职责明确、依法行政的政府治理体系，中国特色、世界一流的武装力量体系，联系广泛、服务群众的群团工作体系，推动人大、政府、政协、监察机关、审判机关、检察机关、人民团体、企事业单位、社会组织等在党的统一领导下协调行动、增强合力，全面提高国家治理能力和治理水平。

（三）好的制度应刚柔相济、能够及时补漏升级

历史经验表明，一个政权要稳定下来，一个社会要稳定下来，必须加强制度建设。制度尤其是社会制度、国家制度等是关系党和国家事业发展的根本性、全局性、长远性问题。一般来讲，制度以及与其相配套体制、机制、法律、原则、规定等制度体系是相对稳定的，在较长时期里具有很强的刚性和约束力。

新中国 70 多年，尤其经过了改革开放 40 多年的发展，保持了政治发展和社会稳定，成就了令全世界惊叹的经济奇迹，这正是我们制度自信的来源和基础。党的十九届四中全会明确了包括社会制度、国家制度、根本制度、基本制度等在内的制度体系，指明了中国国家制度和国家治理体系所具有的 13 个方面"显著优势"。

制度体系的构建不是一劳永逸的，需要不断的修补和完善。自然界和人类社会的历史经验表明，再好的制度也要避免老化、硬化和僵化，需要不断优化升级。正如党的十九届四中全会决议中指出的那样，构建系统完备、科学规范、运行有效的制度体系不是一劳永逸的，需要及时固根基、扬优势、补短板、强弱项。

（四）制度的价值在于高效运转

制度体系的价值和活力在于高效运转。推进国家治理体系和治理能力现代化是一项系统工程，要"加强系统治理、依法治理、综合治理、源头治理"，使各项制度、体制、机制相互配套、运转顺畅，才有条件将制度优势转化为治理效能。

作为器物层面的制度，其生命力和灵魂在于运行顺畅、输出功效、推动发展，这有赖于在制度框架内制定、实施相应的法规、政策。这好比一列火车，有轨道，有机车，有方向，也有动力系统、通信系统转向和刹车系统、驾驶操作系统转向及刹车系统等。在制度、方向确定下来后，执政党能否制定正确的路线、方针和政策十分关键，这也是考验执政党的领导力和执行力的重要内容。执政党的领导力和政策效果决定着政治权威与民心向背。

中国特色社会主义的本质特征在于中国共产党的领导，中国特色社会主义制度的优势来源于并体现于中国共产党正确的政治路线、思想路线和组织路线：始终坚持解放思想、实事求是、开拓创新，始终坚持一心一意谋发展、始终坚持党的基本路线不动摇，始终维护团结统一、严肃认真又生动活泼的政治局面。

（五）正确的路线方针政策是制度的生命力

我们知道，制度的生命力在运行和执行。制度的功效，不在于制度的法条文本多么繁复，也不在于内外架构多么庞杂或谨密。缺少上通下达的指令系统，缺少运转顺畅的传感系统、控制系统、传动机制，是任何先进的制度也无法发挥出应有的功效的。作为一个基础性"器物"，制度发挥效能的关键取决于以下三方面：一是制度内权力体系和资源配置体系是否科学合理？二是决策、执行、监督体系等运行机制是否科学合理？三是制度框架内路线、方针、政策是否正确及时？

路线是纲，纲举目张。路线关乎国运，政策关乎民心。发展是解决一切问题的关键，是最大的政治。面对当前艰巨而繁重的改革发展稳定任务，尤其是有效应对境内外各种严峻的挑战，必须齐心合力、凝心聚力，集中精力谋发展。有效化解内外风险，关键是激发全社会内生动力，广泛凝聚正能量。只有增强政策弹性，才能提升制度韧性和活力，才能最大限度发挥制度蕴藏的无穷动力。要把握政策的问题导向，更加突出治理效能，克服形式主义和官僚主义，防止改革"空转"。要聚焦发展所需、基层所盼、民心所向。要改善党风、政风，着力提升领导能力，提高治理效能，在全社会形成想干事、能干事、干成事的浓厚氛围。

（六）实事求是、求真务实是中国制度的基因和密码

如何以美好的共同梦想吸引人？如何以科学合理的政策引领人？如何精准有效实施以实干效果鼓舞人？如何以改革发展更多的成果温暖人？

老百姓常讲，好钢用在刀刃上。应鼓励领导干部谋大事、看长远、抓关键，而不是事无巨细，一竿子插到底，重拾行政命令和运动式管理老套路。要给基层组织和一线干部相应的自主权，做到责权相符，给他们有充分发挥主动性和创造性的空间和时间。

当前激发全党特别是一线基层干部的积极性、主动性、创造性迫在眉睫。要着力处理好中央集中统一与地方自主创新之间的张力，对各级一线主体充分信任，充分授权。要让基层一线的干部在工作中有满足感、在奋斗中有成就感。政策有温度、管理有弹性、社会才有活力、发展才会有动力。

上下齐心，其利断金。激发一线干部和基层组织的战斗力关键要从改变上级领导机关的作风开始。习近平总书记指出，下级的形

式主义根源于上级的主观主义、功利主义和官僚作风。上级以主观主义决策，下级则以形式主义应付。正如群众形容的那样：上行下效。上级动动嘴，下级跑断腿。上面虚张声势，下面花拳绣腿。

面对新形势、新任务，上级领导机关应力戒好大喜功、好高骛远，警惕高级黑，远离低级红。应树立求真务实、真抓实干的工作作风，善于总览全局，长远谋划。要有所为有所不为，对待基层组织和一线干部不能"权力上缴，责任下压"。

习近平总书记指出，要"防止空喊政治口号的形式主义，防止简单粗暴的命令主义"。要用科学化、专业化、精细化的思维和政策代替命令主义、唯我独尊和简单粗暴。批评下级应就事论事，不能吹毛求疵，上纲上线。动辄问责、问责泛化、过度追责，都会挫伤干部的干事的积极性。要鼓励失责的干部放下包袱，轻装前进。鼓励地方先行先试，努力形成你追我赶，敢为人先的干事风气。要给开拓进取、真抓实干的干部"上保险"，构建真正管用的容错机制和褒奖激励机制，让战斗在改革发展一线的基层干部有奔头、有干劲儿。

（七）为人民服务是中国制度的"灵魂"

子曰："为政以德，譬如北辰，居其所，而众星共之。"实现中国梦，依靠的是调动千千万万广大干部群众的积极性。新时期、新任务、新伟业，更需要依靠绝大多数干部群众，更需要最大限度地调动和发挥他们的积极性、主动性和无穷的创造力。

要坚持"不忘初心，牢记使命"教育活动制度化、经常化，真正做到扎根落地，就应当始终坚持以人民为中心的发展思想，弘扬求真务实、真抓实干、不尚空谈的精神、激发制度所蕴含的潜能，以灵活而高效的体制机制，使党和政府好的政策落地生根、开花结果。以改革与发展的实效，不断满足日益增长的人民群众对美好生活的愿望和追求，提升广大人民群众的安全感、获得感、幸福感。

九 从中国之制到中国之治

世界上国家发展和治理兴衰的历史经验表明，方向决定命运，制度决定兴衰，道路决定成败、路线关乎国运、政策关乎民心。

习近平总书记指出："历史是最好的教科书，历史是人类最好的老师。历史记述了前人的成功和失败，重视、研究、借鉴历史，了解历史上治乱兴衰规律，可以给我们带来很多了解昨天、把握今天、开创明天的启示。"[①] 从世界范围来看，各国兴衰成败的历史经验表明，一个政权要稳定下来，一个社会要治理得好，就必须加强制度建设。制度尤其是社会制度、国家制度是关系党和国家事业发展的根本性、全局性、长远性问题，是充分发挥治理效能的基础和前提。而要想将中国特色社会主义的制度优势更好地转化为国家治理的效能，就必须精准把握好从中国之制迈向中国之治的重要关节点。

党的十八大以来，随着中国特色社会主义进入新时代，我国社会主要矛盾已经转化为人民日益增长的美好生活需要和不平衡不充分的发展之间的矛盾。这是关系全局、影响深远的历史性变化，不仅表明我国的改革开放事业取得显著成就，社会主义现代化建设呈现出新的特征，也预示着我国今后的改革进程会面临更加复杂、更加艰巨的问题和挑战，由此对当前及今后一段时间内党和国家工作提出许多新任务新要求，尤其是对当前的国家治理提出了更高的标准、更严的要求。在社会主要矛盾发生历史性变化的大背景下，国家治理的重要性日益凸显出来，受到党中央的高度重视，在党和国

---

① 习近平：《努力造就一支忠诚干净担当的高素质干部队伍》，《求是》2019 年第 2 期。

家事业发展全局中占据着越来越关键的位置。

2013年9月17日,在征求党外人士对中共中央关于全面深化改革若干重大问题的决定的意见座谈会上,习近平总书记深刻指出:"改革是由问题倒逼而产生,又在不断解决问题中而深化。"①正是在倒逼机制的作用下,随后召开的党的十八届三中全会对全面深化改革工作做出总体部署,提出全面深化改革的总目标是"完善和发展中国特色社会主义制度、推进国家治理体系和治理能力现代化"。这个总目标是一个有机整体,由相互关联、互为补充的两部分组成,完善和发展中国特色社会主义制度强调了中国特色社会主义道路这一根本方向,推进国家治理体系和治理能力现代化强调了完善和发展中国特色社会主义制度的鲜明指向,国家治理的现代化命题由此正式提出。

党的十九届四中全会审议通过了《中共中央关于坚持和完善中国特色社会主义制度、推进国家治理体系和治理能力现代化若干重大问题的决定》,对"坚持和巩固什么、完善和发展什么"做出重大战略部署,要求把我国制度优势更好转化为国家治理效能。党的十九届五中全会提出"十四五"时期经济社会发展主要目标,明确强调今后五年要努力实现"国家治理效能得到新提升"。这样,国家治理现代化的核心内涵就必然意味着从中国之制迈向中国之治,未来推进的路径方向逐步明晰起来。

(一) 国家治理现代化的含义辨析

国家治理的现代化命题是现代化研究的一个核心领域,它必然涉及现代化与国家治理两大基本概念。在中国当前的语境下,这一命题的核心指向是从中国之制迈向中国之治,要求将中国特色社会

---

① 《中共中央召开党外人士座谈会》,《光明日报》2013年11月14日。

主义制度优势更好地转化为国家治理效能,这就意味着我们需要先行讨论制度体系与治理效能等相关概念的基本含义,才能更好地讨论推进国家治理现代化这一主题。

1. 现代化与国家治理

"现代化"是对科学和技术革命影响下人类社会发生急剧变动过程的统称,除了工业化内涵外,还包括知识增长、政治发展、社会动员以及心理适应等多个方面。[①] 现代化是近代以来世界上绝大多数国家面临的共同主题,中国自然也不例外。自鸦片战争以来,老大帝国遭遇了数千年未有之大变局,现代化进程在内忧外患中被动开启,几代中国人前仆后继地探求富国强民的现代化道路,却都以失败告终。中国共产党自1921年成立以来,历经28年艰苦卓绝的努力奋斗,带领中国人民建立了中华人民共和国,奠定了走向现代化的根本前提和政治基础。新中国成立后,中国共产党在推进现代化建设的70余年间,不断丰富和拓展着现代化的主要内容。从起初"电灯电话、楼上楼下"的工业化到包括工业、农业、国防和科学技术在内的四个现代化,再从党的十二大报告聚焦的"高度文明、高度民主"到党的十九大报告强调的"富强民主文明和谐美丽",中国的现代化建设早已不再局限于具象化的器物层面和物质追求,[②] 核心内涵一步步变得更为丰富和完善,已经成为一种涵摄经济、政治、文化、社会及生态诸领域全面发展的综合性范畴。在此过程中,党的十八届三中全会正式提出的国家治理体系和治理能力现代化被一些学者视作"第五个现代化",它与工业、农业、国防和科学技术这四个现代化不同,内在地兼具了目的性和工具性成分。

与现代化一词相类似,治理同样属于社会科学研究领域的高频

---

① 罗荣渠:《现代化理论与历史研究》,《历史研究》1986年第8期。
② 张君:《新时代现代化建设的突出特征》,《中国社会科学报》2018年3月13日。

词汇，并且也具有多重维度的复杂内涵。从人类的活动类型看，治理是指人类社会处置集体性事务的一种组织活动。人类社会形成后，治理需求和治理活动相伴而生，彼此形成了频繁的互动关联。国家出现后，就产生了以国家为中心对公共事务进行的处置和安排，这便是国家治理，也就是通常所说的治国理政。历史地看，不管是什么时代、什么类型的国家，都有自身的国家治理活动，区别在于公共事务的处置安排体现的是哪一方的意志、处置安排的方式是随意性的还是制度化的。作为一种政治学概念，治理代表着当今世界政治发展的普遍趋势，是指"政府组织和（或）民间组织在一个既定范围内运用公共权威管理社会政治事务，维护社会公共秩序，满足公众需要"[①]。与统治相比，治理带有更为明显的多元主体、协商运作以及广泛覆盖的特征。从这一角度出发，国家治理代表着一种新型的政治理念，至少包含了三个基本性问题，即：谁治理、依何而治以及以何致治，这三个问题分别对应着治理主体、治理依据和治理路径三大要素。国家治理的理想状态内含着这样的治理逻辑：循良法、行善政而达善治，它通过制度化地调适和平衡中央权威与地方权力之间的关系以及国家与民众之间的关系，以此追求一种公共利益最大化的治理状态。

现代化是一个多层面、综合性的复杂范畴，国家治理亦涵盖其中，或者说，国家治理作为政治现代化的一个重要方面，因而具有了走向现代化的内在需求。在当前语境下，国家治理与现代化的密切关联集中体现在，它着眼于现代化进程，而又以实现现代化为依归。[②]

2. 制度体系、治理体系、治理能力与治理效能

制度是一个比较宽泛的概念，一般来说是指规范和约束人们行

[①] 俞可平等：《中国的治理变迁（1978—2018）》，社会科学文献出版社2018年版，第2页。

[②] 许耀桐：《从五个角度理解"国家治理"》，《国家治理》2014年第9期。

为的规则,具有调适人际关系、确立社会秩序等诸多功能。诺斯给出过这样的界定,"制度是一个社会的游戏规则。更规范地说,它们是为决定人们的相互关系而人为设定的一些制约"①。在这一界定基础上,诺斯将制度划分为三种类型:正式规则、非正式规则以及这些规则的执行机制。其中,正式规则又称正式制度,主要指政府、国家或统治者等按照一定的目的和程序,有意识地创造的一系列政治、经济规则和法律法规。制度体系是制度成果的有机集成,带有较强的规范性、强制性及系统性的特点。就中国而言,加强制度建设是中国共产党用巨大代价换来的广泛共识。早在改革开放之初,邓小平在总结党的建设经验和反思"文革"时期所犯错误基础上,就在多个场合深刻阐述了制度建设的重要性,指出"制度是决定因素",强调制度问题更带有"根本性、全局性、稳定性和长期性",认为"制度好可以使坏人无法任意横行,制度不好可以使好人无法充分做好事,甚至会走向反面"。②1992年,邓小平在南方谈话中做出一个重大判断——"恐怕再有三十年的时间,我们才会在各方面形成一整套更加成熟、更加定型的制度。"③ 这里所说的制度,就是指中国特色社会主义制度。中国特色社会主义制度是总括性概念,它是坚持和发展中国特色社会主义的重要成果和制度保障,是植根于中国大地、适合中国国情、具有鲜明中国特色的制度体系。这一制度体系层次清晰、逻辑谨严并不断发展完善,是由根本制度、基本制度、重要制度和体制机制等有机构成的统一整体。

自党的十八大尤其是十八届三中全会以来,"治理"概念正式进入了党的文件之中,成为中国政治的热门话语,由此催生出与治理有关的一系列新提法。比如说,围绕国家治理概念就先后出现了

---

① [美]道格拉斯·C.诺斯:《制度、制度变迁与经济绩效》,刘守英译,上海三联书店1994年版,第3页。
② 《邓小平文选》第二卷,人民出版社1994年版,第308、333页。
③ 《邓小平文选》第三卷,人民出版社1993年版,第372页。

治理体系、治理能力和治理效能等提法。习近平总书记曾经指出："国家治理体系和治理能力是一个国家的制度和制度执行能力的集中体现，两者相辅相成。"① 因此，从制度的角度讲，这里的治理体系就是指制度体系，治理能力是指制度执行力，而治理效能侧重的是执行制度所产生的功效和作用，是衡量制度功能实现程度的一项结果性综合指标。正是从这一角度出发，国家治理体系就是党领导下管理国家的制度体系，包括经济、政治、文化、社会、生态文明和党的建设等各领域体制机制、法律法规安排，也就是一整套紧密相连、相互协调、全面覆盖的国家制度；国家治理能力则是运用这些国家制度管理社会各方面事务的能力，涵盖了改革发展稳定、内政外交国防、治党治国治军等各个方面。② 相比之下，国家治理效能，是管理国家的各项制度在实践中贯彻执行的总体性结果，强调的是既定目标和任务的完成度，也就是制度执行力在实践中的具体呈现。

（二）中国特色社会主义制度的主要优势

正如习近平总书记所指出的，"世界上没有放之四海而皆准的发展道路和发展模式，也没有一成不变的发展道路和发展模式"，"中国特色社会主义是社会主义而不是其他什么主义"。③ 中国特色社会主义制度是在中国的社会土壤中生长起来，由党和人民历经长期实践探索而逐渐形成，并在渐进改革中不断发展完善的，是一整套植根中国大地、适合中国国情、具有中国特色的科学制度体系。改革开放 40 多年来，随着社会主义现代化实践不断向前推进，中国特色社会主义制度的内涵日益丰富，逐步形成了经济、政治、文

---

① 《习近平谈治国理政》，外文出版社 2014 年版，第 105 页。
② 习近平：《切实把思想统一到党的十八届三中全会精神上来》，《人民日报》2014 年 1 月 1 日。
③ 习近平：《关于坚持和发展中国特色社会主义的几个问题》，《求是》2019 年第 7 期。

化、社会和生态文明等各方面的具体制度。各方面制度的有机结合并不断发展，共同搭建起中国特色社会主义的制度体系大厦，成为当代中国发展进步的根本保证，从而为实现"两个一百年"奋斗目标、实现中华民族伟大复兴的中国梦提供了强有力的制度支撑。特别是党的十八届三中全会以来，在全面深化改革的有力推动下，既积极改革不适应实践发展要求的体制机制和法律法规，又不断构建新的体制机制和法律法规，使党、国家、社会各项事务治理更加制度化、规范化、程序化，中国特色社会主义制度自我完善和发展的步伐显著加快，一整套更加成熟、更加定型的制度体系正在取得明显成效。①

在全面总结中国特色社会主义制度建设取得的历史性成就基础上，党的十九届四中全会对中国特色社会主义制度优势做了系统而又集中的概括总结，认为我国的国家制度和国家治理体系具有13个方面的显著优势，展现出强大的生命力和巨大的优越性。中国国家制度和国家治理体系具有多方面的显著优势，主要是：坚持党的集中统一领导，坚持党的科学理论，保持政治稳定，确保国家始终沿着社会主义方向前进的显著优势；坚持人民当家做主，发展人民民主，密切联系群众，紧紧依靠人民推动国家发展的显著优势；坚持全面依法治国，建设社会主义法治国家，切实保障社会公平正义和人民权利的显著优势；坚持全国一盘棋，调动各方面积极性，集中力量办大事的显著优势；坚持各民族一律平等，铸牢中华民族共同体意识，实现共同团结奋斗、共同繁荣发展的显著优势；坚持公有制为主体、多种所有制经济共同发展和按劳分配为主体、多种分配方式并存，把社会主义制度和市场经济有机结合起来，不断解放和发展社会生产力的显著优势；坚持共同的理想信念、价值理念、

---

① 房宁、张君：《中国特色社会主义制度更加成熟更加定型》，《人民日报》2019年1月16日。

道德观念，弘扬中华优秀传统文化、革命文化、社会主义先进文化，促进全体人民在思想上精神上紧紧团结在一起的显著优势；坚持以人民为中心的发展思想，不断保障和改善民生、增进人民福祉，走共同富裕道路的显著优势；坚持改革创新、与时俱进，善于自我完善、自我发展，使社会始终充满生机活力的显著优势；坚持德才兼备、选贤任能，聚天下英才而用之，培养造就更多更优秀人才的显著优势；坚持党指挥枪，确保人民军队绝对忠诚于党和人民，有力保障国家主权、安全、发展利益的显著优势；坚持"一国两制"，保持香港、澳门长期繁荣稳定，促进祖国和平统一的显著优势；坚持独立自主和对外开放相统一，积极参与全球治理，为构建人类命运共同体不断做出贡献的显著优势。这些显著优势，是我们坚定中国特色社会主义道路自信、理论自信、制度自信、文化自信的基本依据。[①]

作为"中国之制"的核心要义，这些显著优势覆盖了治国理政的关键环节和主要领域，是我们坚定中国特色社会主义道路自信、理论自信、制度自信、文化自信的基本依据。进一步地概括来讲，这些显著优势又突出地体现在以下三个方面：

一是坚持党的领导。2016年7月1日，在庆祝中国共产党成立95周年大会上，习近平总书记旗帜鲜明地指出："办好中国的事情，关键在党。中国特色社会主义的最本质特征是中国共产党的领导，中国特色社会主义的最大制度优势是中国共产党领导。"[②] 中国共产党的这种领导地位不是自封的，而是在长期革命和建设过程中历史地形成的，是亿万人民发自内心的真实选择。中国共产党是中国特色社会主义事业的开辟者、领路人和主要推动者，对于中国特

---

① 《中共中央关于坚持和完善中国特色社会主义制度、推进国家治理体系和治理能力现代化若干重大问题的决定》，人民出版社2019年版，第3—4页。
② 《习近平谈治国理政》第2卷，外文出版社2017年版，第43页。

色社会主义制度的完善和发展具有决定性作用。离开了中国共产党的领导，中国特色社会主义事业就无从谈起，更谈不上有什么显著优势。为此，党的十九大报告明确指出，党政军民学，东西南北中，党是领导一切的。① 中国共产党作为最高政治领导力量，是我们各项事业当之无愧的领导核心。② 40 多年中国特色社会主义的伟大实践证明，坚持和完善党的领导，是党和国家的根本所在、命脉所在，是全国各族人民的利益所在、幸福所在。

中国共产党的领导，之所以是中国特色社会主义的最大制度优势，是因为中国共产党具备了三种难能可贵的品质。首先是不断学习的意识。历史地看，中国共产党依靠不断学习走到今天，也正在依靠不断学习走向未来。通过主动学习各方面知识，努力在实践中增长才干，中国共产党人完全有能力因应形势变化，克服本领恐慌问题，提升自身的知识化、专业化水平，不断将中华民族伟大复兴事业推向前进。其次是一张蓝图干到底的决心。中国共产党向来有宽广的历史视野和深邃的战略眼光，早在改革开放之初就做出了社会主义现代化建设"三步走"的战略安排。这之后，几代共产党人充分发扬钉钉子精神，一茬接着一茬干、一张蓝图干到底，取得了世界瞩目的发展成就。最后是自我革命的勇气。中国共产党除了国家利益、民族利益和人民利益外，从没有任何自己的特殊利益。正是因为襟怀坦荡、不谋私利，中国共产党才能不忘初心、牢记使命，不断反躬内省、砥砺琢磨，达到自我净化、自我完善的目的。

二是坚持人民立场。中国特色社会主义是在马克思主义的科学指引下不断发展的，到处闪耀着跨越时空的真理光辉。人民性是马克思主义最鲜明的理论品格。在人类历史上，马克思主义第一次站

---

① 习近平：《决胜全面建成小康社会　夺取新时代中国特色社会主义伟大胜利——在中国共产党第十九次全国代表大会上的报告》，人民出版社 2017 年版，第 20 页。

② 张树华、王强：《中国特色社会主义政治道路越走越宽广》，《红旗文稿》2019 年第 4 期。

在人民的立场探求人类自由解放的道路，为最终建立一个没有压迫、没有剥削、人人平等自由的理想社会指明了方向。中国共产党是用马克思主义武装起来的政党，人民立场是中国共产党的根本政治立场。革命、建设和改革时期的实践证明，坚持人民立场，始终保持党同人民群众的血肉联系，是我们党从胜利不断走向胜利的力量源泉。与此同时，我国宪法明确规定，中华人民共和国的一切权力属于人民，保证和支持人民当家做主是中国特色社会主义的本质所在。中国特色社会主义必然要体现人民意志、保障人民权益、激发人民创造活力，用健全完善的制度体系保证人民当家做主。

在新时代，发展中国特色社会主义，必须始终坚持人民立场，坚持人民主体地位，把以人民为中心的发展思想摆在治国理政的突出位置，做到发展为了人民、发展依靠人民、发展成果惠及人民，不断满足人民对美好生活的向往，不断增强其在经济社会发展中的获得感、幸福感和安全感，真正做到始终实现好、维护好、发展好最广大人民的根本利益和长远利益。

三是坚持集中力量办大事。2013年3月4日，习近平总书记在参加全国政协十二届一次会议科协、科技界委员联组讨论时指出："最大的优势就是我国社会主义制度能够集中力量办大事，这是我们成就事业的重要法宝，过去我们搞'两弹一星'等靠的是这一法宝，今后我们推进创新跨越也要靠这一法宝。"这里所说的"集中力量办大事"，意味着具有强大的组织动员能力，就是能够坚持全国一盘棋思维，充分调动各方面积极性，有效协调各领域各层级的资源，在短时间内集中各方面力量，着力解决事关改革发展稳定的重大问题，及时应对重大突发事件和重大灾难，有效推进具有战略意义的重大项目或活动。[①] 改革开放以来，我国经济社会发展取得

---

① 陈晋：《集中力量办大事何以成为显著优势》，《人民日报》2020年3月13日。

了举世公认的历史性成就,充分证明了集中力量办大事这一制度优势。2020年国内外疫情防控的不同走向从正反两方面表明,集中力量办大事仍然是我国最可依赖的体制性比较优势,是社会主义现代化事业不断前进的坚强保障。

集中力量办大事的制度优势,是在社会主义实践中形成并不断完善和发展的。① 其之所以能够形成并不断发展,一方面是由于我国实行社会主义制度,建立了以公有制为主体、多种所有制经济共同发展的基本经济制度,国有经济控制着国民经济命脉,包括能源、交通、通信、金融等基础设施和支柱产业在内都掌握在国有经济手中;② 另一方面,我国是由共产党领导的国家,民主集中制是党的根本组织原则和领导制度,能够在充分发扬民主的基础上做到集中各方面力量办大事。

(三) 推进国家治理现代化的目标与路径

党的十九届四中全会提出:"加强系统治理、依法治理、综合治理、源头治理,把我国制度优势更好转化为国家治理效能,为实现'两个一百年'奋斗目标、实现中华民族伟大复兴的中国梦提供有力保证。"③ 这句话包含了推进国家治理现代化的目标与路径,清晰回答了国家治理为何以及如何实现现代化的根本性问题。换句话说,我们之所以要推进国家治理的现代化,是为了最终实现"两个一百年"奋斗目标、实现中华民族伟大复兴的中国梦;而要实现这一根本目标,就必须加强系统治理、依法治理、综合治理、源头治理,将中国特色社会主义的制度优势充分地转化为国家治理的效能。

---

① 张树华:《论新民主观与全面政治发展》,《政治学研究》2018年第3期。
② 洪晓楠:《集中力量办大事的显著优势》,《人民论坛》2020年第12期。
③ 《中国共产党第十九届中央委员会第四次全体会议公报》,人民出版社2019年版,第7—8页。

就国家治理现代化的目标而言,"两个一百年"奋斗目标是指,到中国共产党成立100年时全面建成小康社会,到新中国成立100年时建成富强民主文明和谐美丽的社会主义现代化强国。实现"两个一百年"奋斗目标,就意味着全面建成社会主义现代化。近代以来的历史表明,追求中国的现代化、实现民族独立和国家富强是整个中华民族面临的共同任务。新中国成立后尤其是改革开放以来,探索实现国家富强、人民富裕的现代化道路变得愈发迫切,聚焦发展主题的现代化建设具备了压倒一切的紧迫性和优先性。特别是改革开放40多年来,社会主义现代化建设始终是我国最大的政治。而从某种意义上说,全面建成社会主义现代化不过是实现中华民族伟大复兴的具象化表达。换言之,社会主义现代化全面建成之日,就是中华民族伟大复兴实现之时。对此,习近平总书记饱含深情地指出:"实现中华民族伟大复兴,就是中华民族近代以来最伟大的梦想。这个梦想,凝聚了几代中国人的夙愿,体现了中华民族和中国人民的整体利益,是每一个中华儿女的共同期盼。"[1] 在新时代,推进国家治理体系和治理能力现代化,必须不忘初心和使命,始终坚持一切为了社会主义现代化和中国民族伟大复兴。只有全面建成社会主义现代化强国,实现中华民族伟大复兴,中国人民才能过上更加幸福安康的生活,中国特色社会主义制度才会焕发出更加耀眼的光芒。

就国家治理现代化的路径来说,主要包括系统治理、依法治理、综合治理和源头治理。这四个治理路径相互关联、相互补充、相互支持,是中国特色社会主义制度优势转化为国家治理效能的关键法门。

一是加强系统治理。治理理论向来强调合作性,主体的多元化

---

[1] 《习近平谈治国理政》,外文出版社2014年版,第36页。

成为题中应有之义。① 系统治理，意味着需要坚持系统观念，加强全局谋划和整体推进，更好地调动各方面积极性，发挥好多元主体的不同治理作用。具体来说，就是要加强党的领导，发挥政府主导作用，鼓励和支持社会各方面主体共同参与，实现政府、社会和群众的良性互动，构建起全民共建共治共享的治理格局。这里需要强调的是，多元治理主体之间的职责定位应该清晰明确，避免权责交叉、重复治理。也就是说，我国的国家治理格局应该从自身实际出发，运用系统思维方式对治理体系内部的结构和层次进行通盘考虑，对各种主体之间的逻辑关系做深入的探讨，在此基础上对各类治理主体的职责定位予以清晰明确的界定，做出有规范效力的制度化安排，防止治理过程中出现混乱、重复乃至冲突的情况。

二是加强依法治理。随着改革开放走向深入，我国的工业化、现代化进程不断提速，社会处于急剧的转型过程之中。这就导致原有的村落共同体及城市单位社区等大量消解，一个个小型的熟人社会在较短时间内转变为由陌生人组成的大型社会中，小型共同体的密集社会网络趋于消失，社会交往规则更加依赖法律规范的硬约束力。早在党的十五大报告中，依法治国就被正式确立为党领导人民治理国家的基本方略。依法治国内涵可以做这样的理解，"就是使国家各项工作逐步走上法制化的轨道，实现国家政治生活、经济生活、社会生活的法制化、规范化；就是广大人民群众在党的领导下，依照宪法和法律的规定，通过各种途径和形式，管理国家事务，管理经济和文化事业，管理社会事务；就是逐步实现社会主义民主的制度化、法律化"②。党的十八大报告进一步强调，法治是治国理政的基本方式，要更加注重发挥法治在国家治理和社会管理中的重要作用，全面推进依法治国，加快建设社会主义法治国家。习

---

① 夏建中：《治理理论的特点与社区治理研究》，《黑龙江社会科学》2010年第2期。
② 《江泽民文选》第1卷，人民出版社2006年版，第511页。

近平总书记高度认可法治的重要性，认为"人类社会发展的事实证明，依法治理是最可靠、最稳定的治理"①。加强依法治理，意味着需要切实强化法治意识、弘扬法治精神，善于运用法治思维和法治方式进行各领域各层面的治理，更好地发挥出法治固根本、稳预期、利长远的重要作用。这就首先要求我们不断完善与社会主义现代化建设相适应的制度和法律体系，夯实依法治理的制度基础。其次，要求我们努力打造勤政、廉洁、高效、公正的法治政府，做到依法决策、依法施政，使我国的发展始终沿着法治的轨道前进。再次，要求加强公职人员队伍建设和管理，不断提高依法履职、依法办事的能力和水平。最后，还要在全社会弘扬法治精神，营造出人人学法、懂法、知法、守法、用法、护法的良好氛围，共同维护好崇尚法治的社会秩序。

三是加强综合治理。我国是世界上国土面积第三的国家，也是人口最多的国家，总人口数接近欧洲人口的2倍。对此，习近平总书记感叹道："在中国这么大的国家搞建设，很不容易。"② 实际上，在辽阔的国土面积和众多的人口背后，各地不仅自然地理环境差异明显，经济社会发展水平同样差异很大，这就决定了国家治理过程具有高度的复杂性，由此必然要求治理方式的综合性、多样化。加强综合治理，就是要着力摒弃单一的行政治理方式，转而采用更为综合的多样化方式，做到依法治国与以德治国相结合、强制性约束与道德性自律相结合，实现社会的外在调节与自我的内在调节相统一。③ 以基层矛盾协商化解为例，各地都应从本地实际出发，重点考量本地的社会性质和矛盾状况，同时深刻把握社会急剧变化的具体进程，在法治和德治理念的相互补充下选取适用有效的某个

---

① 《习近平谈治国理政》第2卷，外文出版社2017年版，第424页。
② 《习近平会见牙买加总理辛普森－米勒》，《人民日报》2013年8月23日。
③ 虞崇胜：《将制度优势转化为治理效能——国家治理现代化的关键环节》，《理论探讨》2020年第1期。

或某几种协商化解方式。①

四是加强源头治理。近年来,伴随着社会主要矛盾发生历史性变化,国家治理在范围和内容上变得更加全面广泛,不仅需要关注人们的物质文化生活需求,还需要及时回应群众在民主、法治、公平、正义、安全、环境等方面逐渐增长的不同利益诉求,治理过程走向精细化成为必然选择。这就意味着在各类政策、各项决策的制定上需要积极顺应群众期盼、回应群众呼声,既确保每一项政策举措都符合国情和实际,同时也要把群众的利益诉求及时就近解决在基层,把社会矛盾靠前化解在萌芽状态,实现源头治理、社会和谐的目的。作为中国特色社会主义民主的独特优势,协商民主是实现源头治理不可或缺的重要手段。在新时代,加强源头治理,必须以解决人民群众的问题为出发点和落脚点,坚持众人的事情由众人商量,不断推动基层协商民主制度化发展,在基层群众中广泛深入地开展各种类型、各种范围的协商活动,更加有效地发挥出协商民主"有事好商量"的独特优势和作用。

(四)精准把握从中国之制迈向中国之治的重要关节点

"天下之势不盛则衰,天下之治不进则退。"当今世界正经历百年未有之大变局,国际形势复杂多变,改革发展稳定、内政外交国防、治党治国治军各方面任务之繁重前所未有,中国发展面临的风险挑战之严峻前所未有。这些风险挑战,有的来自国内,有的来自国际,有的来自经济社会领域,有的来自自然界。要打赢防范化解重大风险攻坚战,必须坚持和完善中国特色社会主义制度、推进国家治理体系和治理能力现代化,运用制度威力应对风险挑战的冲击。

---

① 张君:《基层矛盾协商化解的基本类型与实践样态》,《理论月刊》2020年第10期。

相比过去，新时代改革开放具有许多新的内涵和特点，其中很重要的一点就是制度建设分量更重，改革更多面对的是深层次体制机制问题，对改革顶层设计的要求更高，对改革的系统性、整体性、协同性要求更强，相应地，建章立制、构建体系的任务更重。新时代谋划全面深化改革，必须以坚持和完善中国特色社会主义制度、推进国家治理体系和治理能力现代化为主轴，深刻把握我国发展要求和时代潮流，把制度建设和治理能力建设摆到更加突出的位置，继续深化各领域各方面体制机制改革，推动各方面制度更加成熟更加定型，推进国家治理体系和治理能力现代化。①

党的领导是中国特色社会主义最本质的特征，党的领导力是发挥政治制度优势、提升国家治理效能的核心和关键所在。

（1）中国特色社会主义政治制度为党和国家兴旺发达、长治久安提供有力政治保证和制度保障。习近平总书记指出："推进改革的目的是要不断推进我国社会主义制度自我完善和发展，赋予社会主义新的生机活力。"党的十八大以来，以习近平同志为核心的党中央大力推进我国政治制度改革创新、兴利除弊和完善发展，敢于斗争、善于斗争，勇于自我革命，推进社会主义政治制度自我完善和发展取得了重大成就。发展社会主义民主、健全社会主义法治、建设社会主义政治文明，中国特色社会主义政治制度焕发出巨大优越性、展现出蓬勃的生机活力。

（2）要进一步深化对国家政治制度建设和政治发展规律的认识，推进社会主义政治建设、推进我国政治制度自我完善和发展。要紧紧围绕坚持党的领导、人民当家做主、依法治国有机统一深化政治体制改革，将顶层设计和全面部署相结合，研究推进我国政治制度自我完善与发展的基本遵循、总体要求和重点任务：加强党的

---

① 《中共中央关于坚持和完善中国特色社会主义制度、推进国家治理体系和治理能力现代化若干重大问题的决定》，人民出版社2019年版，第52—53页。

全面领导;推动人民代表大会制度完善发展;全面依法治国与以德治国、以文化人相结合;推动社会主义协商民主广泛多层制度化发展;深化党和国家机构改革;深化司法体制综合配套改革;深化国防和军队改革;深化国家监察体制改革、提高监察效能;推进群团组织改革;坚持和完善"一国两制"制度体系,推进《国家安全法》在香港落地实施,落实中央管制权。

(3)把握好从"中国之制"迈向"中国之治"的总开关和关节点,最大限度上发挥制度优势,最高程度上提升治理效能。在新时代和新发展阶段,要做到统筹中华民族伟大复兴战略全局和世界百年未有之大变局,深刻认识我国社会主要矛盾发展变化带来的新特征新要求,深刻认识错综复杂的国际环境带来的新矛盾新挑战,发挥好我国政治制度的保证保障作用并推动相关制度的完善和发展。

2020年席卷全球的新冠肺炎疫情是对全世界的一次大考,是对所有国家制度和政府能力的一次超强检测。在这场大考中,中国制度和国家治理体系发挥出显著的优势、激发出强大的效能、凝聚了磅礴的力量,成为战胜疫情的坚强保障。中国交出了一份高分的答卷,表现出强大的政治力量和制度合力,集中展现了中国力量、中国精神、中国效率。

第一,制度建设是根本性、全局性和长远性的重要问题。从世界范围看,各国兴衰成败的历史经验表明,一个政权要稳定下来,一个社会要治理得好,就必须加强制度建设。制度尤其是社会制度、国家制度是关系党和国家事业发展的根本性、全局性、长远性问题。制度体系是形成治理体系、发挥治理效能的基础和前提。良好的制度体系会产生好的制度收益,稳定有效的制度体系意味着发展的预期和确定性,会产生长期稳定的制度收益。为发挥制度优势、收获长期的制度红利,就应当突出制度建设这条主线,不断健全制度框架，筑牢根本制度、完善基本制度、创新重要制度。将中国特色社会主义的制度优势更好地转化为国家治理的效能，就必须精准把握好从中国之制迈向中国之治的重要关节点。

第二，应当以系统观和协同观发展制度体系，加强对制度建设与制度完善的集中统一领导。应坚持系统、协同、创新等观念，处理好制度建设、制度稳固与制度创新、制度优化之间的关系。以全局观念、系统思维和创新改革的精神谋划和推进制度建设：前期夯基垒台、立柱架梁，中期全面推进、积厚成势，后期加强系统集成、协同高效。既要健全制度、筑牢根基，保证制度的稳定和有效运行，又要以改革和创新的精神有序解决各领域各方面体制性障碍、机制性梗阻、政策性创新等问题。

第三，研究制度集成性创新，形成治理合力，提高制度的综合效能。将促进制度集成与改革创新结合起来，聚焦基础性和具有重大牵引作用的改革举措，加强制度创新、体制机制联动以及政策衔接配套，提升制度综合效能。好的制度体系应刚柔相济、能够及时补漏升级，提高。一般来讲，制度以及与其相配套的体制、机制、法律、原则、规定等制度体系是相对稳定的，在较长时期里具有很强的刚性和约束力。不过，实践永无止境，制度体系的构建就不会是一劳永逸的，就需要不断地修补完善。人类社会的历史经验反复表明，再好的制度也要避免老化、硬化和僵化，需要不断地提升改造、优化升级。为此，党的十九届四中全会强调，构建系统完备、科学规范、运行有效的制度体系，必须着力固根基、扬优势、补短板、强弱项。[①]

第四，制度体系的价值在于高效运转。推进国家治理体系和治理能力现代化是一项系统工程，要使各项制度、体制及机制相互配

[①]《中国共产党第十九届中央委员会第四次全体会议公报》，人民出版社2019年版，第7页。

套、运转顺畅，才有条件将制度优势充分转化为治理效能。作为器物层面的制度，其生命力和灵魂在于运行顺畅、输出功效、推动发展，这有赖于在制度框架内制定、实施相应的法规、政策。在制度、方向确定下来后，执政党能否制定正确的路线、方针和政策变得十分关键，这也是考验执政党领导力和执行力的重要内容，而执政党的领导力和政策效果又制约着政治权威与民心向背的程度。从这一意义上说，中国特色社会主义的本质特征在于中国共产党的领导，而其制度优势来源于并体现于中国共产党所制定的正确政治路线、思想路线和组织路线。

第五，正确的路线方针政策是制度的生命线。制度的功效，不在于制度的法条文本多么繁复，也不在于内外架构多么庞杂或谨密。如果缺少上通下达的指令系统，缺少运转顺畅的传感系统、控制系统、传动机制，任何先进的制度也无法发挥出应有的功效。作为一个基础性"器物"，制度发挥效能的关键取决于三方面：一是制度内权力体系和资源配置体系是否科学合理；二是决策、执行、监督体系等运行机制是否科学合理；三是制度框架内路线、方针、政策是否正确及时。众所周知，发展是硬道理，是解决一切问题的关键。面对当前艰巨而繁重的改革发展稳定任务，尤其是要有效应对国内外各种严峻挑战，必须齐心合力、凝心聚力，集中精力谋发展。正确的路线方针政策是"两个一百年"历史交汇期推进事业发展的关键，这就要求精准把握政策的问题导向、实践导向，聚焦发展所需、基层所盼、民心所向，进一步凸显治理效能。只有增强政策弹性、提升制度韧性和活力，才能激发全社会的内生动力，最大限度地发挥制度蕴藏的内在动力和效能。

第六，实事求是、求真务实是中国制度成功的基因和密码。空谈误国，实干兴邦。以习近平总书记为核心的党中央向来强调"一分部署，九分落实""防止空喊政治口号的形式主义，防止简单粗暴的命令主义",明确要求用科学化、专业化、精细化的思维和政策代替命令主义、唯我独尊和简单粗暴。当前,激发全党特别是一线基层干部的积极性、主动性、创造性是迫在眉睫的问题。一方面,要着力处理好中央集中统一与地方自主创新之间的张力,对各级主体充分信任、充分授权。另一方面,要让基层一线的干部在工作中有满足感、在奋斗中有成就感。也就是说,只有政策有温度、管理有弹性,社会才有活力,发展才会有动力。

第七,为人民服务是中国特色社会主义制度长效运行的精髓。为人民服务是无产阶级政党的根本宗旨,是中国共产党人一以贯之的价值观。新时代、新任务、新伟业,需要始终坚持以人民为中心的发展思想,做到一切为了人民、一切依靠人民。具体来说,要坚持"不忘初心,牢记使命"教育活动制度化、经常化,弘扬求真务实、真抓实干、不尚空谈的精神,激发中国特色社会主义制度所蕴含的治理潜能,以灵活高效的体制机制使党和政府的好政策落到实处,以改革与发展的实效不断满足人民群众对美好生活日益增长的愿望和追求,进一步提升人民群众的安全感、获得感和幸福感。[①]

第八,良好的党风政风是提升治理效能的催化剂。改进党风政风,有利于发挥政治优势、挖掘政治潜能、提高政治能力。历史告诉我们,党领导中国人民之所以取得一个又一个伟大胜利,原因在于我们始终能够在困难的情况下找到正确的前进方向和行动路线。今后,我们仍然需要做好以下几方面工作:一是着力改善制度的领导机制和运行机制,形成上下通畅的信息机制、党政融通的决策机制、运转高效的执行机制、条块结合的贯彻机制、分工把守的负责与执行机制、及时有效的反馈与纠错机制、灵活机动的应急机制。针对已经暴露出的制度漏洞和体系超载等问题,要及时地予以修补

---

① 张树华:《更好地发挥我国政治制度的优势》,《人民日报》2020年7月29日。

升级。二是坚持解放思想、实事求是、与时俱进的思想路线，重拾求真务实、开拓创新的精神价值，力戒主观主义、命令主义，坚决破除教条主义和本本主义。三是紧抓难得的历史机遇，在全党形成一种既有统一意志又有个人意愿、既严肃认真又生动活泼的政治生态和政治局面，在全社会营造出一种积极向上、奋勇争先的干事氛围。四是充分相信广大干部群众，团结一切可以团结的力量，做到凝心聚力、齐心合力、群策群力，最大限度地调动全党上下和社会各界的积极性、主动性和创造性，共同为实现"两个一百年"奋斗目标、实现中华民族伟大复兴的中国梦而奋斗。

第九，坚持"筑牢根基、维护制度、完善体制、优化机制、改革创新、科学施策、精细管理、协同高效"的方针，推进我国政治制度的完善和发展，构建行得通、真管用、有效率、充满生机活力的制度体系，为党和国家兴旺发达、长治久安，为发扬人民民主、推进经济社会协同发展保驾护航。一是着力改善制度的领导机制和运行机制，形成上下通畅的信息机制、党政融通的决策机制、运转高效的执行机制、条块结合的贯彻机制、分工把守的负责与执行机制、及时有效的反馈与纠错机制、灵活机动的应急机制。针对已经暴露出的制度漏洞和体系超载等问题，要及时地予以修补升级。二是坚持解放思想、实事求是、与时俱进的思想路线，重拾求真务实、开拓创新的精神价值，改善党风政风、学风会风，力戒主观主义、命令主义，坚决破除教条主义和本本主义。三是紧抓难得的历史机遇，在全党形成一种既有统一意志又有个人意愿、既严肃认真又生动活泼的政治生态和政治局面，在全社会营造出一种积极向上、奋勇争先的干事氛围。四是坚持以人民为中心推进改革，坚持加强党的领导和尊重人民首创精神相结合，坚持顶层设计和摸着石头过河相协调，坚持试点先行和全面推进相促进，抓住人民最关心最直接最现实的利益问题推进重点领域改革，不断增强人民的获得感、幸福感、安全感,在全社会形成改革创新活力竞相迸发、充分涌流的生动局面。五是充分相信广大干部群众,团结一切可以团结的力量,做到凝心聚力、齐心合力、群策群力,最大限度地调动全党上下和社会各界的积极性、主动性和创造性,共同为实现"两个一百年"奋斗目标、实现中华民族伟大复兴的中国梦而奋斗。

(五)推进国家治理现代化需要注意的三个问题

从近现代世界史来看,现代化是一个跨度几百年的长期历史过程。作为现代化的一个重要方面,我国国家治理的现代化同样不是短时间内就能够完成的,对此必须保持必要的历史耐心。党的十九届四中全会提出了坚持和完善中国特色社会主义制度、推进国家治理体系和治理能力现代化的总体目标,强调到2035年基本实现国家治理体系和治理能力现代化,到2049年全面实现国家治理体系和治理能力现代化。按照既定的时间表和路线图,有序推进国家治理体系和治理能力的现代化,就必须始终注意解决好制度基础、治理效能以及推进动力这三个主要问题。

一是制度基础。要推进国家治理的现代化,一个必不可缺的基础和前提就在于是否有一套成熟定型的制度体系以及制度体系是否能够与时俱进地健全完善。改革开放40多年来,经过长期努力,我国逐步建立起一套适合中国国情、具有中国特色、内涵日益丰富的制度体系,逐步实现了根本政治制度、基本政治制度同基本经济制度以及各方面体制机制等具体制度的有机结合,成为推动当代中国发展进步的根本制度保障。尤其是近年来,在全面深化改革的强有力推动下,中国特色社会主义制度自我完善、自我发展的步伐明显加快,呈现出蹄疾步稳、奋发向前的昂扬姿态,制度体系愈加趋向于成熟和定型。

习近平总书记指出:"制度更加成熟更加定型是一个动态过程,

治理能力现代化也是一个动态过程,不可能一蹴而就,也不可能一劳永逸。"① 事实上,与中国特色社会主义新时代的新任务新要求相比,与人民日益增长的对美好生活的期待相比,中国特色社会主义制度体系还需要继续查漏补缺,进一步在经济、政治、文化、社会、生态、党的建设等各领域发展完善。因此,党的十九届四中全会除了强调中国特色社会主义制度所具有的显著优势外,还对坚持和完善党的领导制度体系等 14 项制度或政策的根本点和发展方向做出了具体部署。

二是治理效能。健全完善的制度体系是国家治理实现现代化的必要条件,但远不是充分条件。衡量推进国家治理现代化成功与否的标准,最终还是要在实践上见高下,视治理效能的实际发挥情况而定。那么,治理效能的发挥情况由谁来评判呢?显然不能由国家治理的执行者来判定,否则就会出现既当运动员又当裁判员的不合理现象。现实中,正是由于各级干部是自身施政行为的评判者,人民群众变成不相关的"看客",形式主义才会加速滋生蔓延,催生出一些只追求表面成绩、不解决真实问题的种种怪现象。

习近平总书记鲜明指出:"时代是出卷人,我们是答卷人,人民是阅卷人。"② 这里的"时代"就是指中国特色社会主义新时代,"我们"是指中国全体共产党人。这句精彩论述,形象生动地强调了中国共产党必须始终坚持人民立场。人民是中国共产党执政的最大底气,人民在中国共产党的事业中始终占据着最高位置。因此,国家治理现代化的推进效果,只能而且必须由人民来评判,也只有人民最清楚什么是自己的切身利益、怎样才算更好地满足自身对美好生活的种种需要。

三是推进动力。制度的生命力在于执行,落实与落空的差别正

---

① 《习近平谈治国理政》第 3 卷,外文出版社 2020 年版,第 127 页。
② 《习近平谈治国理政》第 3 卷,外文出版社 2020 年版,第 70 页。

在于此。制度执行力是治理能力的反映和体现,是制度优势转化为治理效能的关键一环。从这一意义上说,制度执行力显然可以说是国家治理现代化的推进动力。没有好的制度执行力,推进国家治理的现代化就会停留在制度文本层面,成为纸上谈兵的"半拉子工程"。在强化制度执行力方面,首先,要坚持党中央权威和集中统一领导。习近平总书记强调,"党中央是大脑和中枢,党中央必须有定于一尊、一锤定音的权威"[1],"我们这么大一个党、这么大一个国家,如果没有党中央定于一尊的权威,党中央决定了的事都不去照办,还是各说各的话、各做各的事,那就什么事情也办不成了"[2]。因此,只有党中央才拥有党和国家大政方针的决定权,全体党员、各级党组织都必须以实际行动忠实维护党中央一锤定音、定于一尊的权威。无论是在哪个领域、哪个层级、哪个单位,都要坚决服从党中央的集中统一领导。

其次,要严格遵守和执行制度。各级党委和政府要强化制度意识,在职权范围内带头维护制度权威,确保党和国家的重大决策部署、重大工作安排都能按照制度要求一一落到实处。尤其是地方各级党委要加强对重大工作的领导,强化自身的组织协调能力,确保党中央的决策部署贯彻落实,还要把事关本地区改革发展稳定、具有决定性意义的工作抓紧抓好。

再次,要提高干部的治理能力。干部队伍是党和国家事业发展的关键,这是由来已久的党内共识。早在抗日战争时期,毛泽东就深刻指出:"政治路线确定之后,干部就是决定的因素。"[3] 在新时代,干部的治理能力就是其运用制度干事创业的能力。因此,必须把干部的治理能力作为干部队伍建设的重大任务,引导干部敬畏制

---

[1] 《习近平:切实贯彻落实新时代党的组织路线 全党努力把党建设得更加坚强有力》,新华网,http://www.xinhuanet.com/2018-07/04/c_1123080079.htm。
[2] 《习近平谈治国理政》第3卷,外文出版社2020年版,第166—167页。
[3] 《毛泽东选集》第2卷,人民出版社1991年版,第526页。

度、遵守制度，严格按照制度要求履职尽责，充分释放干部因素对于提升治理效能的催化剂作用。

最后，要强化对制度执行的监督。制度的执行与监督是分不开的，没有有效的落实监督，制度执行就是一句可有可无的空话。因此，要构建全覆盖的制度执行监督机制，把制度执行和监督贯穿到各领域各层级治理的全过程，严厉查处有令不行、有禁不止、阳奉阴违的行为，用有效的监督铲除制度执行上做选择、搞变通、打折扣的不良土壤，真正确保各项制度令行禁止、落地生效。

十　当代中国发展的政治经验与理论总结

新中国成立70多年来，党领导人民创造了世所罕见的经济快速发展奇迹和社会长期稳定奇迹，中华民族迎来了从站起来、富起来到强起来的伟大飞跃。实践证明，中国特色社会主义制度和国家治理体系是以马克思主义为指导、植根中国大地、具有深厚中华文化根基、深得人民拥护的制度和治理体系，是具有强大生命力和巨大优越性的制度和治理体系，是能够持续推动拥有14亿人口大国进步和发展、确保拥有五千多年文明史的中华民族实现"两个一百年"奋斗目标进而实现伟大复兴的制度和治理体系。[①]

"我们说的道路自信、理论自信、制度自信，来源于实践、来源于人民、来源于真理。中国特色社会主义这条道路来之不易，它是在改革开放30年的伟大实践中走出来的，是在中华人民共和国成立60多年的持续探索中走出来的，是在对近代以来170多年中华民族发展历程的深刻总结中走出来的，是在对中华民族5000多年悠久文明的传承中走出来的，具有深厚的历史渊源和广泛的现实

[①]《中共中央关于坚持和完善中国特色社会主义制度、推进国家治理体系和治理能力现代化若干重大问题的决定》，人民出版社2019年版，第2—3页。

基础。"①

40多年来，中国人民在发展和改革的进程中，形成了一整套改革和发展的理论和法则："四项基本原则"；"一个中心，两个基本点"；"党的领导、人民当家做主和依法治国三者的有机统一"；"政治体制改革的四个有利于"；"改革、发展、稳定相协调的政治理念"；等等。中国特色社会主义的成功实践，充分显示了中国政治发展道路和政治原则的正确性和合理性。中国正确的政治发展道路超越了西方单一的"西化—民主化——私有化—自由化"的政治框架，有效地吸纳了经济转型和社会调整的张力，有效地防范了一些国家出现的民族分裂和地区分立势力，完成了香港、澳门的顺利回归，维护了国家的统一和领土完整。比起原苏联国家，中国的政治发展理念更加成熟、发展步伐更加稳健、发展视野更加宽广、发展前景更加美好。

国际历史经验表明，每个国家的民主都应符合自身国家特定的历史文化传统和现实条件，发展民主应当因地制宜，外部强加和全盘照搬往往是得不偿失，要破解西方强加的"极权、专制、不民主"等概念陷阱，努力提炼和归纳中国的政治经验和理论价值，增强政治自信力和理论说服力。

要关注中国的政治主题和发展顺序，注重培养国际政治竞争力。针对国际上流行的各种不同版本的"政治、民主、人权排行榜"，应当强调政治发展力和竞争力，研究一套科学而全面的政治发展力评估模型，研发中国版的"世界政治发展力评估报告"。要坚持政治性与科学性的统一，树立正确的民主发展观，探索全面而科学的政治发展理论，促进政治民主、政治稳定、政治效率、政治廉洁，推动中国特色社会主义政治发展道路越走越宽广。

咬定青山不放松，任尔东南西北风，新中国成立波澜壮阔的70

---

① 《习近平主持中共中央政治局第七次集体学习的讲话》，新华网2013年6月26日电，http://news.xinhuanet.com/politics/2013-06/26/c_116299439.htm。

多年，既是一部中国人民追求实现国家富强、民族振兴、人民幸福的美好梦想的奋斗史，也是中国共产党带领全国各族人民独立探索中国社会主义现代化道路，筚路蓝缕、砥砺前行，逐步确立、完善和发展中国特色社会主义的制度演进史。

制度是关系党和国家事业发展的根本性、全局性、稳定性、长期性问题。历史经验表明，一个政权要稳定下来，一个社会要稳定下来，必须加强制度建设，而形成比较完备的一套制度需要较长的历史时期。中国特色社会主义政治发展道路，既有科学的指导思想，又有严谨的制度安排。2014年，习近平总书记在讲话中说："从形成更加成熟更加定型的制度看，我国社会主义实践的前半程已经走过了，前半程我们的主要历史任务是建立社会主义基本制度，并在这个基础上进行改革，现在已经有了很好的基础。后半程，我们的主要历史任务是完善和发展中国特色社会主义制度，为党和国家事业发展、为人民幸福安康、为社会和谐稳定、为国家长治久安提供一整套更完备、更稳定、更管用的制度体系。"

当代中国政治发展起始于中国共产党领导中国人民建设新中国的历史基点。马克思主义是中国革命、建设、改革与发展的重要指导思想。马克思主义关于政治发展的基本原理，揭示了人类政治发展的客观规律，这个客观规律为中国革命指明了方向，也指引了当代中国的建设、改革与发展。但是，中国的政治发展有其特殊性，中国共产党并不拘泥于理论，没有将马克思主义教条化，也没有盲目照搬他国政治模式，而是解放思想，实事求是，将马克思主义基本原理与中国实际相结合，吸取世界上其他国家的经验与教训，坚持带领人民走出了一条具有中国特色的政治发展道路。[①]

[①] 参见《中国共产党章程》，第1—10页总纲部分，人民出版社2012年版，以及胡锦涛《坚定不移沿着中国特色社会主义道路前进　为全面建成小康社会而奋斗》，在中国共产党第十八次全国代表大会上的报告，2012年11月8日。

（一）独立自主探索中国的政治发展道路

世界上没有放之四海而皆准的具体发展模式，也没有一成不变的发展道路。中国特色社会主义政治发展道路，是近代以来中国人民长期奋斗历史逻辑、理论逻辑、实践逻辑的必然结果，是坚持党的本质属性、践行党的根本宗旨的必然要求。

中国共产党的基本价值追求之一就是实现人民民主。"人民民主"的概念就是中国共产党人将马克思主义民主理论与中国具体实践相结合提出的。在不同的历史时期，"人民民主"的内涵和范畴也不尽相同。在新民主主义革命时期，就是指新民主主义民主；在社会主义民主时期，"人民民主"就是"人民当家做主"。1949年，新中国的诞生为实现人民当家做主奠定了政治前提。如何设计新生政权的具体制度，则是中国共产党第一代领导集体一直独立思考，探索实践的问题。

首先，确立了人民民主专政的国体，人民代表制度的政体。国体上，我国没有沿用苏联"无产阶级"专政的说法。相较于无产阶级专政，"人民民主专政"无疑范畴更广，既是基于对于当时我国基本国情的深刻把握，也是对于革命时期根据地民主建设的经验总结。1954年9月，一届全国人大一次会议通过的《中华人民共和国宪法》明确规定："中华人民共和国的一切权力属于人民。人民行使权力的机关是全国人民代表大会和地方各级人民代表大会。"这也是新中国70多年实现人民当家做主的根本制度保障。

其次，确立了多党合作和政治协商的新型政党制度。对于共产党人而言，"一个党同一个人一样，耳边很需要听到不同的声音"。新民主主义革命时期，中国共产党和各民主党派的长期合作，同心协力，风雨同舟的团结协作，达成了人民民主的统一战线。新中国成立之后，最终以政党协商的形式得以保留，并成为社会主义协商民主的主要渠道之一。

再次，确立了民族区域自治的基本政治制度。革命时期，受列宁民族自决理论的影响，中国共产党人考虑过联邦制，最终在修改《共同纲领》前夕选择建立民族区域自治制度。周恩来曾在解释中共中央关于实行民族区域自治制度构想的原因时说，我们主张民族自治，但一定要防止帝国主义利用民族问题来挑拨离间中国的统一。我们虽然不是联邦，但却主张民族区域自治，行使民族自治的权力。

中国共产党领导的制度是我们自己的，不是从哪里克隆来的，也不是亦步亦趋效仿别人的。第一代中国共产党领导集体坚持从自身的国情出发，独立探索中国社会主义政治发展道路，建立了适合中国国情的政治制度架构，取得了社会主义政治建设的基础性成就。而夺取全国胜利，在中国建立社会主义制度，只是万里长征走完了第一步。经过几代中国共产党人的接力探索，最终形成了坚持党的领导、人民当家做主和全面依法治国三者有机统一的中国特色社会主义政治制度体系。党的领导是人民当家做主和依法治国的根本保证，人民当家做主是社会主义民主政治的本质特征，依法治国是党领导人民治理国家的基本方式，三者统一于我国社会主义民主政治伟大实践。中国特色社会主义民主是个新事物，也是个好事物。这并不是说，中国政治制度就完美无缺了，就不需要完善和发展了。走中国特色社会主义政治发展道路，必须积极稳妥地推进政治体制改革。发展和完善中国特色社会主义政治制度的过程，就是推进我国的根本政治制度和基本政治制度与时俱进、全面依法治国，实现国家治理现代化的过程。

（二）解放思想，将马克思主义基本原理与中国实际相结合，走出了一条具有中国特色的政治发展道路

新中国成立 70 多年来，中国共产党带领中国人民实现了国家独立、民族解放和广大人民当家做主，保证了国家的主权安全、政治安全和社会安定。国家政治发展的战略将国家振兴与人民民主相结合，面对建国之后贫穷落后的国情，以实现社会主义工业化、现代化为目标，充分调动人民群众的支持与活力，既实现了国家发展的战略目标，又始终坚持人民民主。① 人民民主是政治民主、经济民主和社会民主的统一。② 以"工人阶级领导的、工农联盟为基础的人民民主专政的国体"与"人民代表大会制度的政体"共同奠定了政治民主的根基，③ 实现了"多数人的统治。"④ 新中国成立后，按照过渡时期的总路线和总任务，党领导人民逐步实现国家对农业、对手工业和对资本主义工商业的社会主义改造。⑤ 社会主义改造实现了把生产资料私有制转变为社会主义公有制的目标，标志着社会主义制度在我国基本建立起来，实现了社会主义经济民主。⑥ 政治民主与经济民主为社会民主的实现奠定了基础，社会民主实现了最广大人民的基本权利的平等，包括政治权利、经济权利和社会权利（集体生存权和集体发展权）。新中国成立之后前30年的建设与改革，为改革开放之后经济社会的飞速发展奠定了坚实基础。改革开放之后，面对国内外复杂的环境，政治发展不仅更加注重国家能力建设，而且注重在实现集体权利的基础之上保障并渐进有序地扩大个人权利。

中国没有重蹈苏联解体、东欧剧变、亡党亡国的覆辙，在中国

---

① 参见房宁《中国的民主道路》，中国社会科学出版社2014年版，第80—95页。
② 参见房宁《民主政治十论》，中国社会科学出版社2007年版，第208—211页。
③ 参见习近平《在庆祝全国人民代表大会成立60周年大会上的讲话》，人民出版社2014年版，第18页。
④ 《列宁全集》第22卷，人民出版社1990年版，第53页。
⑤ 参见《为动员一切力量把我国建设成为一个伟大的社会主义国家而斗争——关于党在过渡时期总路线的学习和宣传提纲》，载《建国以来重要文献选编》第4册，中央文献出版社1993年版，第700—701页。
⑥ 参见中共中央文献研究室《毛泽东著作专题摘编》上，中央文献出版社2003年版，第831—895页。

共产党的正确领导下,不仅实现了经济发展和民族复兴,而且始终保持着改革、发展、稳定的良好势头。2008年国际金融危机爆发后,西方社会经济制度和社会治理模式或碰壁或搁浅,国际上不少国家面临着不稳定和不确定的未来,中国波澜不惊的应对和表现显得尤为突出,中国经济愈益成为世界经济发展的强大推动力。经济上的成就不是孤立的,中国奇迹的基石在于中国政治经济体制的相互促进。中国稳定的政局和政治治理形式作为经济发展的保障机制,起到了保驾护航的重要作用。中国政治发展的价值取向和经验原则丰富着世界政治面貌,丰富了人类发展的内涵和理念,无疑将深刻影响着世界格局与人类政治文明的发展。[①]

坚持中国特色社会主义发展道路,坚持走中国特色社会主义政治发展道路是"中国奇迹"的政治表彰和政治根源。中国特色社会主义政治发展冲破了西方所谓"民主、自由、人权"口号的攻击与围堵,用实际行动证明了政治发展要走自己的路,彰显了集发扬民主、保持稳定、保证效能于一体的全面政治发展的思想价值,为广大发展中国家探索适合本国国情的政治发展道路提供了宝贵经验。[②]

(三) 始终坚持人民主体地位,不断提高国家的政治发展力

坚持人民主体地位是当代中国政治发展的出发点与归宿。人民民主始终是当代中国政治发展的重要内容。将人民民主与提高国家的政治发展力相结合,是当代中国政治发展的主要经验。新中国成立后,国家建设是头等大事,党领导人民真正实现当家做主是国家建设的根本宗旨和动力来源。面对"一穷二白"的国情、政治西方强势围堵的世情,实现国家的跨越式发展,缩小与西方国家的差

[①] 参见张树华《国际视域下中国政治发展的理论价值和现实意义》,《中共杭州市委党校学报》2011年第1期。

[②] 参见张树华《民主化悖论:冷战后世界政治的困境与教训》,中国社会科学出版社2015年版,第370—373页。

距,实现政治独立、经济自足、国家振兴是这一时期国家建设的首要任务。在这一艰难的历史时期,政治发展服从于国家建设的大局,主要战略就是实行广泛、有效的社会动员,尽最大可能争取人民群众的支持、激发人民群众的活力,集中民力民智建设新中国,进而改变国家贫穷落后的面貌。[①]人民群众作为新中国的主人投身国家建设,在政治权利得以保障的前提下,逐步实现了经济权利与社会权利。国家发展为人民权利提供了根本政治保障,人民权利在国家发展的大局中得到彰显。

20世纪70年代末实行改革开放以来,中央关于政治体制改革的方略为经济体制改革铺垫了道路,使改革发展的大政方针得以顺利实行。改革开放及其之后的国家发展方略回答了什么是社会主义、怎样建设社会主义的问题,人民群众在党的领导下,遵循中国特色社会主义发展道路,在中央关于改革开放的战略指引下,围绕建设社会主义现代化国家、实现共同富裕,逐步进行经济建设、社会建设、文化建设,取得了举世瞩目的成就。人民群众的生存权、发展权等基本社会权利在改革开放的建设热潮中,得以保障与完善。政治发展和民主政治建设的理论和实践探索,始终服从和服务于改革开放的大局,并与经济改革、社会转型保持协调,追求政治发展与经济建设、社会进步的相互促进、相得益彰。政治发展的价值导向始终坚持民主、秩序、效率的相互统一。

进入21世纪,随着国际形势风云变幻、国际竞争日趋激烈、国内社会结构深刻变动、社会阶层分化调整、社会问题不断涌现,改革发展面临提高国家治理能力、提升经济发展质量、促进社会公平正义、发展成果由人民共享的格局转向。政治发展遵循"四个全面"的总体布局,要与经济、社会、文化、生态的发展保持平衡,

---

① 参见房宁《当代中国的民主政治发展》,《中国政协理论研究》2009年第2期。

要兼顾民主、秩序、效率的有机统一，要在国际舞台上彰显中国道路的思想价值与实践意义。政治发展的能力愈益关系到改革发展事业的成败、关涉到人民群众的幸福安康、影响着国家的前途和命运。政治发展力成为凝聚共识、抵御风险、推进发展、树立价值的突破口。

（四）坚持中国共产党的领导，保证发展始终有一个稳定的政治核心

"中国共产党是中国工人阶级的先锋队，同时是中国人民和中华民族的先锋队，是中国特色社会主义事业的领导核心，代表中国先进生产力的发展要求，代表中国先进文化的前进方向，代表中国最广大人民的根本利益。"[1] 始终坚持中国共产党的领导是历史和人民的共同选择，是当代中国政治发展的主要经验。"党的领导主要是政治、思想和组织的领导。"[2] 党的领导起始于带领中国人民挽救国家危亡、实现人民解放的爱国主义伟大事业，贯穿于社会主义现代化建设事业的全部历史过程，政治领导、思想领导和组织领导不仅体现在党领导社会主义事业的实际作为的各个方面，而且是历史发展的必然趋势，是人民的共同期盼，承载了人民群众对在党的领导下建设社会主义现代化事业的坚定信仰。

政治领导、思想领导和组织领导是相互统一，不可分割的。党的领导的首要问题是政治领导，即正确的路线、方针、政策和政治方向的领导。[3] 坚强的政治领导是国家政权和全部社会生活的领导

---

[1] 《中国共产党章程（全文）》，中国共产党第十八次全国代表大会部分修改，2012年11月14日通过。

[2] 《中国共产党章程（全文）》，中国共产党第十八次全国代表大会部分修改，2012年11月14日通过。

[3] 参见中共中央文献研究室编《新时期党的建设文献选编》，人民出版社1991年版，第535页。

核心，服务于党和国家发展的战略目标。中国人民在党的正确的政治方向的指引下，依照党的正确的路线、方针、政策，取得了新民主主义革命的胜利，建立了人民民主专政的共和国，新中国成立后进行社会主义改造，确立了社会主义制度，按照中央改革开放的历史性部署，进行社会主义现代化建设，取得建设中国特色社会主义事业的伟大成就。党的坚强有力的政治领导把握了社会主义事业的发展方向和大局，是当代中国政治发展的政治优势。思想领导体现为党的指导思想、思想路线和思想工作。毛泽东思想和中国特色社会主义理论体系是党的思想领导的伟大结晶。思想领导塑造了党的领导的灵魂、建构起党的领导的信仰体系，是政治领导、组织领导的前提和基础。组织领导服从和服务于政治领导、思想领导，体现在以组织原则和组织路线把全党各级党组织，领导干部，普通党员和人民群众组织起来，同心协力进行社会主义建设。组织领导以促进社会主义事业发展为指向、以为人民服务为根本宗旨，注重发挥党组织的战斗堡垒作用和党员的先锋模范作用，突出党组织的先进性、政治领导力和思想感召力。

坚持中国共产党的领导，保证了中国特色社会主义发展始终有一个稳定的政治核心。这一稳定的政治核心，有利于制定维护国家统一、民族团结、国民经济持续健康发展的战略规划，有利于形成代表最广大人民根本利益和国家长远利益的方针政策，有利于集中力量调配、整合资源，"集中力量办大事"[1]，有利于维护稳定的政治发展氛围，维护社会安定，有利于"寻求最大公约数、增进最大共识度、形成最大凝聚力"[2]，避免因利益分裂、社会冲突消耗改革发展的认同与合力。

---

[1] 参见《邓小平文选》第三卷，人民出版社1993年版，第377页。
[2] 参见《中国人民政治协商会议第十二届全国委员会第二次会议政治决议》，2014年3月12日政协第十二届全国委员会第二次会议通过。

新中国成立后，在党的领导下建立的议行合一体制，建立在中国革命、建设、改革的基础之上，符合中国的国情。议行合一体制是人民民主的制度形式，是以代表制民主的形式实现人民当家做主，不同于西方自由民主选举体制下的代议制民主。而这一制度差别，往往成为西方中心主义者攻击中国"不民主""专制"的靶子。面对这种攻击，我们应该保持清醒的头脑，一方面看到中国改革开放40多年来的发展成就，尤其是2008年国际金融危机之后，在西方普遍低迷的情况下，中国仍保持稳步发展，另一方面，也要看到西式民主的结构性弊病——金钱政治、短视政治、失灵政体带来的"资本绑架权力、治理失灵、议而不决、缺乏长远政治战略与规划"等。[1] 同时，更要看到，大规模自由竞争选举隐藏的弊端，即撕裂政治基础，导致极端宗教势力、民族分裂势力、地方帮派势力分裂统一，威胁主权安全。竞争性选举的前提是候选人互相攻击，揭露前任、对手的短处，这一行为也不符合中华民族伦理道德的传统。

（五）全面从严治党，提高党的核心领导作用

中国共产党是中国政局的定盘星，是把握中国特色社会主义事业建设全局、推动"四个全面"战略布局的领导核心，是引领、推动社会主义事业各项建设的根本政治保证和领导力量。"中国问题的关键在党。""正确的政治路线要靠正确的组织路线来保证。""中国要出问题，还是出在共产党内部。"[2] 党的领导不仅关系党自身事业的兴衰成败，更关系国家发展、人民福祉。步入新世纪新阶段，为完成党的十八届三中全会提出的改革任务，实现"两个一百年"奋斗目标，全面从严治党，提高党的核心领导作用是根本政治

---

[1] 参见《西式民主怎么了》，学习出版社2014年版，第35—57页。
[2] 参见《邓小平文选》第三卷，人民出版社1993年版，第370—383页。

保证，也是党的全面领导作用得以发挥的根本动力。

1977年党和国家的基本制度得以恢复，此后《中国共产党章程》得以修改，恢复了八大党章中关于"在民主基础上的集中和集中指导下的民主"的原则。1979年，党的第十一届三中全会选举产生了中共中央纪律检查委员会，陈云任第一书记。陈云在中纪委的第一次全体会议上明确了中共中央纪律检查委员会的任务，就是维护党规党法，整顿党风。1980年，2月29日十一届五中全会通过了《关于党内政治生活的若干准则》，这是党的历史上一部比较全面系统的党规党法。在当时的历史条件下，《准则》对于增强党性，加强党的制度建设具有开创性的意义。

2012年12月，中共中央政治局会议审议通过《十八届中央政治局关于改进工作作风、密切联系群众的八项规定》。这是党的十八大召开以后制定的第一部重要党内法规。2013年7月29日，中共中央印发《关于废止和宣部失效一批党内法规和规范性文件的决定》，《关于再废止和宣布失效一批党内法规和规范性文件的决定》。这两个决定分别对1978年至2012年6月、新中国成立至1977年出台的中央党内法规和规范性文件进行集中清理，共全面筛查2.3万多件中央文件，梳理出1178件中央党内法规和规范性文件，废止322件、宣布失效369件。这是党史上第一次"立改废释"并举。2015年10月18日，中共中央印发《中国共产党廉洁自律准则》和《中国共产党纪律处分条例》。《准则》和《条例》坚持以党章为根本遵循，坚持问题导向，坚持纪严于法、纪在法前，把从严治党实践成果转化为纪律和道德要求，为党员和党员领导干部树立看得见、摸得着的高标准，划出党组织和党员不可触碰的底线。2016年10月24—27日，十八届六中全会召开，会议主题就是讨论研究全面从严治党重大问题，制定《关于新形势下党内政治生活若干准则》，修订《中国共产党党内监督条例

（试行）》。《条例》修改的目的在于将权力关进制度的笼子里，新准则与一九八〇年准则是相互联系，一脉相承的，都是党内政治生活必须遵循的准则。党的十八大以来，中央制定修订中央党内法规90部，同时将巡视作为党内监督战略性制度安排，共开展12轮巡视，巡视277个党组织，首次实现一届任期中央巡视全覆盖。近年来，党内法规体系不断健全，从法规数量来看，截止到2021年7月1日，现行有效党内法规3615部。① 推进全面从严治党向纵深发展，加强党的纪律建设，把制度建设贯穿其中，夺取了反腐败斗争压倒性胜利，加强党内监督，突出"四个意识"，净化政治生态，也成为党的十八大以来党的建设的一大亮点。

全面从严治党，要求增强党的"四大意识"，政治意识、大局意识、核心意识、看齐意识。② "四大意识"是确保党的核心领导作用的政治思想前提。"任何一个领导集体都要有一个核心，没有核心的领导是靠不住的。"③ "集中、统一、团结"是党的领导的根本所在，党内分裂、涣散、不团结是危机和动乱的根源。坚强的中央领导核心、稳固的中央权威是党领导人民应对国际形势挑战、构建国内发展格局、完成深化改革任务、实现伟大复兴"中国梦"的根本政治前提。政治意识和大局意识要求党的各级领导干部、党员着眼社会主义事业建设的全局和大局，在思想上、组织上深刻认识党的领导的核心政治要义，在行动上、工作上深刻领会、准确发挥党组织的核心领导作用。核心意识、看齐意识要求党的各级领导干部、党员自觉在思想上、政治上、行动上同党中央保持高度一致，严守政治纪律、政治规矩，确保党团结统一、坚强有力，始终成为

---

① 中共中央办公厅法规局：《中国共产党党内法规体系》，《人民日报》2021年8月4日。
② 参见2016年1月29日中共中央政治局会议内容，及《中央政治局常委会听取和研究全国人大常委会、国务院、全国政协、最高人民法院、最高人民检察院党组工作汇报和中央书记处工作报告的综合情况报告》。
③ 《邓小平文选》第三卷，人民出版社1993年版，第310页。

中国特色社会主义事业的坚强领导核心。

全面从严治党是发展和完善中国特色社会主义政治制度的前提。如果党内不讲政治规矩，不讲纪律，脱离群众，官僚主义，也就不可能长期坚持民主集中制，不可能以党内民主促进人民民主。如果不能坚持全面从严治党，注重规范惩戒、严明纪律底线，也就容易犯错误，出问题。殷鉴不远，苏联解体最重要的原因之一就是苏共组织涣散、思想一盘散沙，党员干部头脑失去"灵魂"和"主心骨"，最终导致了亡党亡国的历史悲剧。

（六）一以贯之地坚持党的领导，推进政治制度的完善和发展

一个国家实行什么样的政治制度，走什么样的政治发展道路，必须与这个国家的国情和性质相适应。中国最大的国情就是中国共产党的领导。什么是中国特色？这就是中国特色。党政军民学，东西南北中，党领导一切。党的领导是做好党和国家各项工作的根本保证，是战胜一切困难和风险的"定海神针"。党的领导是中国特色社会主义的本质特征，没有共产党，也就没有中国特色社会主义。

中国共产党的领导，就是支持和保证人民实现当家做主。保证和支持人民当家做主不是一句口号、不是一句空话，必须落实到国家政治生活和社会生活之中，保证人民依法有效行使管理国家事务、管理经济和文化事业、管理社会事务的权力。中国共产党在自己的工作中实行群众路线，坚持一切为了群众，一切依靠群众，从群众中来，到群众中去；把自己的正确主张变为群众的自觉行动。中国共产党来自人民、服务人民，这就决定了中国共产党领导人民建立的中华人民共和国必须紧紧依靠人民治国理政、管理社会。

坚持中国共产党这一坚强领导核心，是中华民族的命运所系。中国共产党的领导是包括各民主党派、各团体、各民族、各阶层、各界人士在内的全体中国人民的共同选择。作为无产阶级的先锋队，中国共产党的领导是实现自身历史使命的根本政治保证。在新的历史时期，共产党人坚信制度比人更可靠，希望通过制度化、法治化，规范化，加强和完善党的领导。

改革开放以来，我们在坚持根本政治制度、基本政治制度的基础上，不断深化政治体制改革，推进制度体系完善和发展。仅党中央部门就集中进行了五次改革，国务院机构集中进行了八次改革，为坚持和发展中国特色社会主义提供了重要体制机制保障。1980年，邓小平在《党和国家领导制度的改革》讲话中深入分析了当时领导制度、干部制度中存在的官僚主义、特权现象等。这篇讲话被视为我国政治体制改革的第一个纲领性文献。邓小平始终强调，开启政治体制改革的前提，就是保持政权稳定，坚持四项基本原则，坚持四项基本原则的关键就在于，坚持党的领导。1986年，党中央成立政治体制改革领导小组。1987年，党的十三大报告提出要建立高度民主、法治完备、富有效率、充满活力的社会主义政治体制，并详细论述了政治体制改革的蓝图，把政治体制改革具体化、系统化。1992年，党的十四大报告将政治体制改革的重点转变为民主与法治建设和机构改革。1997年，党的十五大报告对政治体制改革的思路做了新的概括，第一次提出"依法治国"。2002年，行政审批制度改革开始。2004年，《行政许可法》颁布实施。2007年，党的十七大报告强调"深化政治体制改革"，并在若干重大问题上取得突破。2013年，党的十八届三中全会吹响了全面深化改革的新号角，通过了《中共中央关于全面深化改革若干重大问题的决定》。其中明确指出，"全面深化改革的总目标是完善和发展中国特色社会主义制度，推进国家治理体系和治理能力的现代化。必须更加注重改革的系统性、整体性、协同性"。习近平总书记在党的十九大报告中就深化机构改革作出重要部署，党的十九届三中全会研究深化党和国家机构改革问题并作出决定。《中共中央关于深化党和国家机构改革的决定》，明确指出，"深化党和国家机构改革是推进国家治理体系来治理能力现代化的一场深刻革命。"要继续推进全面深化改革，同样必须积极稳妥地推进政治体制改革。

实现中华民族伟大复兴，关键在党。处在百年未有之大变局中，党要兑现国家富强、民族振兴，人民幸福的历史承诺，就必须保持"乱云飞渡仍从容"的政治定力，唯有坚持党的领导，才能积极稳妥地推进政治体制改革，将改革进行到底，实现国家治理体系和治理能力的现代化。

（七）密切党与人民群众的血肉联系

密切党与人民群众的血肉联系，是中国共产党宗旨观、使命观、权力观、利益观的本质要求，是党全心全意为人民服务的宗旨的体现。保持和密切党与人民群众的血肉联系，是中国共产党的生命力所在，也是党的优良传统和最根本的政治优势。[1] 东欧剧变、苏联解体的历史教训警示我们，作为执政党的无产阶级政党脱离群众、凌驾于人民和社会之上，是党的事业走向衰败的开始，也为政治衰落、发展倒退埋下了种子。

在全面深化改革的过程中，随着国际局势风云变幻、社会结构深刻变迁、社会利益分化重组，人民内部矛盾呈现多发态势。社会贫富差距增大、官员腐败现象高发、社会阶层利益分化、城乡发展不平衡、"三股势力"不时威胁社会安全等问题，给中国共产党执政提出了新的挑战。应对挑战、解决问题、实现发展的根本途径就是密切党与人民群众的血肉联系，解决好党代表人民、联系人民、倾听人民、回应人民的问题。在党的组织建设、队伍建设、能力建

---

[1] 参见习近平《群众路线是党的生命线和根本工作路线》，载《习近平谈治国理政》，外文出版社2014年版，第365—372页。

设方面，应高度关注社会群体的新变化、高度融合新的社会阶层、充分团结不同的社会力量，为党的发展注入新鲜血液。在优秀的社会建设者中培养优秀党员，在优秀党员中培养、选拔党的领导干部。加强党政机关的工作效能建设，切实发挥党政机关为人民服务的政治功能、领导功能和管理功能。党政机关工作人员尤其是党员领导干部，应定期深入基层、深入群众，了解基层动态、加深与群众的感情，创新群众工作的制度与方法。建立一套立足工作实际、切实产生实效、长久发挥作用的密切联系群众的制度机制。分析研究新形势下党的群团工作面临的新情况新问题，重点解决脱离群众的问题，在群团组织中深入推动思想教育、问题整改、体制创新，切实保证和增强党的群团工作的政治性、先进性、群众性。① 加强党与民主党派、无党派爱国民主人士的联系与交流，充分发挥民主党派、无党派爱国民主人士在政策协商、界别交流、团结社会力量方面的重要作用。深入推进党风廉政建设和反腐败斗争，积极营造风清气正的政治生态。②

（八）以制度建设推动政治发展和人民民主

社会主义民主政治的本质和核心就是人民当家做主。发展社会主义民主政治就是要体现人民意志、保障人民权益、激发人民创造活力，用制度体系保证人民当家做主。加强人民当家做主制度保障的正确方向和根本途径，就是不断发展人民代表大会制度。推进人民代表大会制与时俱进，支持和保证人民通过人民代表大会行使国家权力，加强和保证宪法实施，推进合宪性审查工作，以良法促进发展，保障善治，使各级人大及其常委会成为全面担负起宪法法律

---

① 参见习近平《切实保持和增强政治性先进性群众性开创新形势下党的群团工作新局面》，《人民日报》2015年7月8日第01版。

② 参见《中国共产党第十八届中央委员会第五次全体会议公报》，中国共产党第十八届中央委员会第五次全体会议通过，2015年10月29日。

赋予的各项职责的工作机关、成为同人民群众保持密切联系的代表机关。2016年9月，全国人大常委会办公厅印发了《关于完善人大代表联系人民群众制度的实施意见》，对如何密切人大代表同人民群众的联系提出了具体要求。意见明确了推进国家治理体系和治理能力现代化，完善代表联系人民群众制度，建立健全代表联络机构，畅通社情民意反映和表达渠道，密切代表同人民群众的联系。2018年3月11日，第十三届全国人民代表大会第一次会议通过的《中华人民共和国宪法修正案》，将监察委员会归为国家机构的重要组成部分，列入人民代表大会制度的根本制度体系。监察委员会由人民代表大会产生，对人民代表大会负责。这些举措都是直面人民呼声的，国家监察委员会的成立无疑是完善人民代表大会制度的新起点。

作为我国社会主义民主政治的特有形式和独特优势——社会主义协商民主，源自新中国成立以后各党派、各团体、各民族、各阶层、各界人士在政治制度上共同实现的伟大创造。自党的十八大以来，做出了健全社会主义协商民主制度和推进协商民主广泛、多层、制度化发展的战略部署。2015年，中共中央颁布了《中国共产党统一战线工作条例（试行）》，将"参加中国共产党领导的政治协商"确定为民主党派的基本职能。同年6月25日，中共中央办公厅印发《关于加强人民政协协商民主建设的实施意见》。在《实施意见》中着重阐述了人民政协与协商民主的关系，人民政协的性质和职能。在当代中国社会，政党协商仍是中国社会主义协商民主的主要渠道，而且发展最为成熟。社会主义协商民主的发展也是以政党协商为基础，向各个层级、各个领域扩展的。这既是中国基本国情的必然要求，也是当前中国所处历史阶段的必然要求。

新中国的基层自治实践其实由来已久，早年毛泽东同志就曾对"枫桥经验"做过批示。1981年，《关于建国以来党的若干历史问题的决议》中就提出,"在基层政权和基本社会生活中逐步实现人民的直接民主"。党的十二大报告中,明确提出"社会主义民主要扩大到政治生活、经济生活、文化生活和社会生活的各个方面,发展各个企事业单位的民主管理,发展基层社会生活的群众自治"。在1982年颁布的宪法中,第一次将城市的居民委员会和农村的村民委员会作为基层群众自治组织写入宪法。1987年,党的十三大报告从完善国家制度的角度提出,要完善基层民主生活的制度化。1992年,党的十四大报告中第一次使用"基层民主"一词,并明确界定了基层民主的组成即职工代表大会、城市居委会和村委会。2007年,党的十七大首次将"基层群众自治制度"纳入中国特色社会主义民主政治的范畴。坚持和完善基层群众自治制度,发展基层民主,保障人民依法直接行使民主权利。在如今的基层实践中,民主恳谈会、议事会、协商会、业主委员会、志愿者组织等业已成为实现基层民主的创新形式。

民族区域自治制度作为我国的一项基本政治制度,是中国特色解决民族问题的正确道路的重要内容和制度保障。新中国成立之初,我国之所以没有采用联邦制,而采用民族区域自治制度,其制度设计初衷是要保证国家统一和民族团结。当前民族问题最关键的,还是搞好民族团结,民族团结是各族人民的"生命线"。对于中国这样多民族的国家而言,民族团结有着举足轻重的意义,只有实现民族团结,社会才能稳定和谐,人民才能安居乐业,国家才能长治久安。民族区域自治制度既保证了国家团结统一,又实现了各民族共同当家做主,坚持和完善民族区域自治制度,一是坚持统一和自治相结合,没有国家团结统一,就谈不上民族区域自治。二是既包含了民族因素,又包含了区域因素。

经过几十年的实践探索,我国已经建立了比较完整的人民当家做主的制度体系,创新了社会主义协商民主、基层民主等多种民主形式，在保持经济持续发展的同时，实现了政治稳定、社会和谐、民族团结。这同世界上一些地区和国家不断出现政治乱局形成了鲜明对照。

（九）实现政治事业的制度化交接，促进权力的平稳交接

政治交接是中国共产党领导人民建设社会主义现代化事业的必经阶段，是党的政治事业承上启下的关键环节，是党的政治立场、政治主张、政治态度、优良传统和作风的传承，是党遵循自身发展的客观规律和要求。政治交接具有鲜明的时代性、政治性、战略性、感召性。政治事业的平稳交接体现了党的风貌，回应了人民群众对政治事业核心领导层有序更迭的期望，是政局稳定的标志，预示着党将带领人民群众不断开创社会主义现代化建设事业的新阶段。

政治交接的内涵深刻，影响巨大，既是职位交接、权力交接，也是事业交接，意味着党的优良传统、优秀作风、政治纲领、执政方略将随着政治交接而传承延续，每一届领导集体的工作宗旨都是在坚持中国特色社会主义现代化事业建设目标的指引下，带领全党和全国各族人民完成时代、国家、人民赋予的阶段性任务，为建设社会主义现代化强国，实现民族振兴、国家富强、人民当家做主而发挥应尽的责任和义务。因此，发展社会主义民主，实现政治发展，就要实现政治事业的制度化交接，促进权力的平稳交接，使政治事业在一届又一届坚强团结的核心领导集体的带领下，在人民群众的有序参与下，不断取得进步。

（十）民主与法治是政治发展的两个轮子

人民民主与依法治国来自中国特色社会主义的伟大实践，反映了中国特色社会主义事业的发展要求，是中国特色社会主义建设事业的重要组成部分。人民民主与依法治国是政治发展的两个轮子，既要服务于中国特色社会主义政治发展，又要服从于中国特色社会主义这条总的发展道路。人民民主是依法治国的灵魂，是建设中国特色社会主义法治体系、建设社会主义法治国家的价值归宿。坚持依法治国，是为了保障人民民主。依法治国为人民民主提供了刚性规范和法治保障，保障政治参与依法有序进行，防范发展民主可能存在的民粹政治和暴民政治的风险。依法治国设定了权力运行的边界，将权力关进制度的牢笼。

全面推进依法治国，必须坚持正确方向，坚持依法治国的社会主义性质。要坚定不移地沿着中国特色社会主义法治道路前进，坚定不移建设中国特色社会主义法治体系，建设社会主义法治国家。坚持法治的社会主义性质，最根本的是"坚持党的领导、坚持中国特色社会主义制度、贯彻中国特色社会主义法治理论"[①]。坚持法治的社会主义性质，要防范西方不良思潮，特别是"宪政"思潮的影响和侵蚀，防止落入西方意识形态的话语陷阱。

（十一）发展民主，提高国家治理能力

金融危机暴露的以美国为首的西方自由民主模式所存在的结构性弊病，以及一些遵循西方民主模式的新兴"民主国家"陷入治理混乱、发展倒退的乱局而不能自拔等国际形势表明，西式民主模式并不必然带来国家的良好治理，民主化、自由化并不能巩固国家职能、增进人民福祉和社会公平。与国家治理能力相脱节的民主，只是徒有其表、实质空虚的制度空壳，蕴藏着极大的治理风险。发展民主应当以提高国家治理能力为前提。

国家治理能力是贯穿于政治发展各个阶段的必要组成部分。民主、秩序、效率、安全等都建立在国家有能力去治理的基础之上，

---

① 参见《中共中央关于全面推进依法治国若干重大问题的决定》，中国共产党第十八届中央委员会第四次全体会议通过，2014年10月23日。

并且治理的质量从根本上决定了民主、秩序、效率、安全能否实现以及实现的程度。国家治理能力包括国家强制能力、国家制度能力、国家动员能力、整合资源的能力、规划管理能力、文化建构能力等。政府是连接国家与社会的桥梁,国家治理能力通过政府的作为来体现。政府作为要体现政府的政治责任(维护国家利益、保证国家各项法令和政策的实施)、行政责任(履行公共管理职能、依法行使行政权力)、社会责任(维护社会秩序、提供公共服务、解决社会矛盾、协调权利诉求、维护社会和谐)、道德责任(代表公共利益、促进公平正义、维护基本道德与文化传承)。当代中国政治发展应该以国家治理能力促进政治发展力,以政治发展力统合政治发展全局,有能力方能有所作为。

(十二) 严格权力监督,坚决惩治和有效预防腐败

权力监督是政治文明的重要内容,是发展人民民主的重要方面。[①] 权力监督的目的是规范权力运行的边界,把权力关进制度的笼子,使权为民所用、利为民所谋,真正实现人民当家做主。权力监督是政治发展的必要条件,新的社会形势和全面深化改革的特殊历史阶段赋予了权力监督更加重要的意义和深刻的内涵。权力监督是体系建设,既涵盖自上而下的纵向权力运行体制,又包括国家权力的各个职能组成部分。权力监督的目标包括几个方面的内容:首先,应使权力监督成为各个层级的权力行使者内化于心、外化于行的政治守则;其次,应使权力监督成为人民民主制度建设的重要方面,成为政治体制运行的常规工作;再次,构建监督与问责相统一、制度与严格执行相对照的权力监督运行体系,最后,实现权力的依法、规范、有序运行。现阶段,权力监督主要体现在党内监

---

① 参见杨海蛟《回顾与展望——改革开放以来的中国政治发展》,人民出版社 2008 年版,第 564—631 页。

督、法律监督、行政监督、民主监督、社会监督等几个方面，应着力发挥各个方面的权力监督的应有作用。

腐败是长在党的肌体上的毒瘤，是涉及亡党亡国的重要问题，不容小视。坚决惩治和有效预防腐败，关系人心向背和党的生死存亡，是党必须始终抓好的重大政治任务。① 当前和今后一个时期，腐败现象有严重危害性，反腐败形势十分严峻，反腐败斗争具有长期性、复杂性和艰巨性。坚决惩治和有效预防腐败要从源头和根本上铲除腐败现象的土壤，切断腐败赖以生存的权力脐带，将预防与惩治相结合、将制度与严格执行相结合、将改革与反腐相结合，在深入推进反腐败的过程中，树立起党风政风的新风貌。②

（十三）完善干部人事制度，有序推进竞争性选拔

选举和票决是发展人民民主的重要形式，选举的目的在于以科学的方式选拔优秀人才，调动人民群众的活力，增强发展人民民主的实质成效。社会主义民主的选举，应始终坚持党的领导，坚持中国特色社会主义理论的指导，严格遵循中国特色社会主义政治发展道路，坚决摒弃"唯选举"判断政治制度是否民主、以民主形式取代民主实质的狭隘观念。票决是选举程序的最后一个环节，是选民参与选举的直接体现，票数往往被认为是判断民意、科学决策最有力的证明。然而，选举只是民主的一种实现形式，目的是了解民意、引入竞争、体现公平正义、防止少数人专制，选举在一定程度上能够发挥这种功能，但是也要认清，政治安排是多种力量共同作用的结果，选举只是体现这种共同作用的一个层面，"唯票数论"不仅不能体现选举的科学性，反而会引发"泛选举、泛民主"的倾

---

① 参见《中共中央印发〈建立健全惩治和预防腐败体系2013—2017年工作规划〉》，《人民日报》2013年12月26日第1版。
② 参见《习近平谈治国理政》，外文出版社2014年版，第385—396页。

向。"票数多少能够当选？选票比例如何界定？票数多一定就是科学的政治安排？选举的范围如何划定？在政治运行的哪个层面、哪个层级可以安排选举？"等都是选举之前必须慎重斟酌的问题。社会主义民主的一个宗旨是维护最广大人民的根本利益，少数服从多数，尊重少数人的权利，这与西方民主制下"以选票定竞争胜负"的制度安排有着本质不同。要认清西方选举政治所引发的"金钱政治""一元一票""用脚投票""短视政治"等弊端，防止以选票绑架民意、撕裂社会基础、利益集团要挟政府决策等政治乱象。[①] 认清选举究竟应该在民主政治的实践中发挥什么样的功能、怎样发挥功能，纠正"民主就是投票、民主就是选举""唯票论"等简单化认识。

选举是竞争性选拔的一个方面，作为对领导干部的能力、群众认可度的一种考察，选举在一定程度上能够增加选拔的竞争性、公平性、开放性，进而激发干部体系的活力，扩大领导干部的民意基础。党政领导干部选拔任用制度是综合性的选拔任用制度，包括选举、遴选、推荐、选拔等多种方式，目的在于以尽可能完备的方式考察领导干部的德、能、勤、绩、廉。在中低层党组织和地方政府换届中引入更多的竞争性制度安排，完善竞争性制度的形式和内容，有利于激发干部队伍的活力，增加干部任用工作的公开性、公平度，使更多品质好、有才能的基层干部能够发挥才干，创造价值。同时，要进一步完善党管干部的人事任用体制，科学设置政府部门的干部职位和职数，完善重要领导职务的任免制度，避免党管干部体制可能造成的用人制度上的党政不分，产生"结党营私"和"吏治腐败"。

[①] 参见《西式民主怎么了》，学习出版社2014年版，第45—57、141—148页。

十一　中国新时代与世界政治新生态

党的十九大堪称是 2017 年世界最具影响力的政治事件。以新时代、新思想等关键词为标志，党的十九大取得了一系列具有里程碑意义的政治成果和思想成果，必将对未来中国的发展和国际政治进程产生深远的影响。

（一）国际舆论反差与国际政治转折

党的十九大召开和美国总统特朗普访华前后，在一个月左右的时间里西方大国的主流媒体不约而同地先后推出封面重磅文章，惊叹"中国成功""中国赢了"。欧美媒体竞相对"十九大胜利召开下的中国"进行了高密集度的报道，他们眼中的"中国谜题"正在以"中国崛起""中国模式""中国赢了"等舆论评价和叙事方式渐续展开。法国第二大报《世界报》打出"中国，强国崛起"的醒目汉字。德语世界老牌政论性杂志《明镜周刊》以"醒来！"为封面文章标题，对中国崛起的现状进行了多方位评述。美国《时代周刊》刊出封面文章"中国赢了"，认为中国的政治与经济体系有更好的应对能力。《明镜》周刊则认为，中国的崛起正在改变世界，称"中国的政治和经济实力、军备和科学发展程度使其迅速跻身世界大国之列，这种发展态势是西方国家经历冷战争夺领袖地位之后再也没有见到过的"。一时间，西方传统强势话语媒体对中国舆论腔调出现强烈的"反差"：由此前的"蔑视、无视、敌视"转为"惊叹、认可、尊敬"。

与此同时，另一个强烈的"反差"是：在认可、称赞中国成就的同时，近年来西方媒体和学术精英表现出对西方制度尤其是西方政治的强烈反思或激烈批评。近些年我们不仅看到了美国政治哲学家弗朗西斯·福山的学术思想和逻辑观点的嬗变，另一位顽固的、西方民主及民主化浪潮研究和宣传的旗手拉里·戴蒙德也惊呼，民主在逆转，民主国家在缩减，一些国家的民主岌岌可危，而西方自由民主质量下降。① 这位美国斯坦福大学胡佛研究所的高级研究员、《民主》杂志主编认为，自1999年以来，民主崩溃的步伐趋快，尤其从2006年开始，民主的衰退变得越发显著，与此同时，全球权力架构因中国的崛起和俄罗斯的出击而发生重要变化。此外，关于美国民主绩效之差的批评之声也不绝于耳，不断有新的民调显示西方民众对民主政体自豪感在降低，政治不信任感和悲观论调在不断上升。

2020年席卷全球的新冠肺炎疫情对全世界是一次大考，是对所有国家制度和政府能力的一次超强检测。在这场大考中，中国制度和国家治理体系发挥出显著的优势、激发出强大的效能、凝聚了磅礴的力量，成为战胜疫情的坚强保障。中国交出了一份高分的答卷，表现出强大的政治力量和制度合力，集中展现了中国力量、中国精神、中国效率。

尽管西方社会经常"选择性失明"，但事实上，对中国共产党成绩的认可已经不再仅囿于国门之内。2012年，世界大型企业研究会针对全球70名跨国企业CEO的一项调查结果显示，64%的受访者认为中国共产党是世界上最称职可信的组织，而美国总统和美国国会的得票率仅为33%和5%。由此可见，中国共产党以其高度的组织性、政绩和高超的治理能力在国际上已经开始获得认可。党的十八大以来，在以习近平同志为核心的党中央的坚强领导下，党的声望与形象空前提高，党组织的战斗力、向心力和凝聚力大大增强。

---

① ［美］拉里·戴蒙德：《民主因何而退潮?》，倪春纳、钟茜韵译，《国外社会科学》2012年第1期。

（二）党的百年奋斗深刻影响了世界历史进程

在百年历史进程中，中国共产党不断为促进世界和平与发展、为增进人类福祉贡献智慧和力量，其百年奋斗深刻影响了世界历史进程。中国共产党在百年奋斗中，为人类进步事业作出巨大贡献，深刻改变了世界发展的趋势和格局；开创了中国式现代化道路，创造了人类文明新形态，拓展了发展中国家走向现代化的途径；为解决人类重大问题、共同建设更加美好的世界积极探索，成为推动人类发展进步的重要力量。

中华民族是世界上古老而伟大的民族，创造了绵延5000多年的灿烂文明，为人类文明进步作出了不可磨灭的贡献。毛泽东同志指出：中华民族是有"人类正义心的伟大民族"[①]；中国是一个大国，"应当对于人类有较大的贡献"[②]。然而，鸦片战争以后，中华民族遭受了前所未有的劫难，古老的中国一度受尽列强的侮辱、践踏和欺凌，逐步沦为半殖民地半封建国家。中国共产党的诞生是中国历史上开天辟地的大事，自从有了中国共产党，灾难深重的中国人民有了可以信赖的组织者和领导者。

20世纪20年代以来，中国共产党领导中国人民一步步跨越苦难缔造辉煌，实现了从站起来、富起来到强起来的历史飞跃；中国发生的历史巨变也深刻改变着世界的面貌。可以说，中华民族从中国共产党成立之初国家疲敝、危难深重的局面，走到今天前所未有地接近实现伟大复兴目标的新历史阶段，构成了过去世界百年历史画卷中最为壮丽的篇章之一。中国共产党提出关于人类社会和国际秩序建设的主张，特别是在长期执政过程中积极参与到建设更加美好世界的伟大实践之中，在维护世界和平、促进各国共同发展中发

---

① 《毛泽东文集》第二卷，人民出版社1993年版，第113页。
② 《毛泽东文集》第七卷，人民出版社1999年版，第157页。

挥了重要的引领作用。回首百年路，中国共产党作为中国革命、建设和改革事业的领导力量，不仅从根本上改变了中国的面貌，也深刻影响了世界历史进程。

1. 党在百年奋斗中为人类进步事业作出巨大贡献，深刻改变了世界发展的趋势和格局

中国共产党始终关注人类前途命运，党的十九大报告指出："中国共产党人的初心和使命，就是为中国人民谋幸福，为中华民族谋复兴。"[①] 同时还指出："中国共产党是为中国人民谋幸福的政党，也是为人类进步事业而奋斗的政党。中国共产党始终把为人类作出新的更大的贡献作为自己的使命。"[②] 一百年来，中国共产党注重联合世界上一切进步力量，推动世界的和平与发展。第二次世界大战期间，中国共产党领导人民开辟了世界反法西斯战争的东方主战场，在中国人民抗日战争中发挥中流砥柱作用，为世界反法西斯战争作出重要贡献。1949年中华人民共和国的成立，标志着中国共产党领导人民争取民族独立、人民解放的斗争和中国革命取得了伟大胜利，使占全球近1/4的人口摆脱半殖民地半封建社会、走上社会主义道路，进一步动摇了全球资本主义体系、殖民统治体系，极大改变了世界政治格局，给全世界被压迫民族反殖民统治、反帝国主义统治的民族解放运动以极大鼓舞。20世纪70年代末，世界各国在经济全球化浪潮中加速前行，中国共产党适应时代潮流作出改革开放的伟大决策，将工作中心转到经济建设上来，使中国经济快速腾飞，成长为世界第二大经济体。综合实力不断强大的中国，成为影响世界政治经济格局的重要力量。

历经百年风雨洗礼，今天的中国共产党已经成为拥有9500多万名党员的世界第一大党。习近平总书记强调："大就要有大的样

---

① 《习近平谈治国理政》第3卷，外文出版社2020年版，第1页。
② 《习近平谈治国理政》第3卷，外文出版社2020年版，第45页。

子。中国共产党所做的一切，就是为中国人民谋幸福、为中华民族谋复兴、为人类谋和平与发展。我们要把自己的事情做好，这本身就是对构建人类命运共同体的贡献。我们也要通过推动中国发展给世界创造更多机遇，通过深化自身实践探索人类社会发展规律并同世界各国分享。"① 中国共产党"大的样子"，最主要的不在于党员数量规模庞大，而在于党的性质和使命所铸就的大执着、大追求、大境界、大担当。无论是在建党初期的艰难求索之际，还是在今天长期执政的历史新时代，无论是在取得重大胜利之后，还是在遭遇挫折的困难时期，中国共产党都执着于自己的初心与使命，不仅追求中国人民的幸福，也始终把为人类作出新的更大贡献作为自己的使命，展现出一种为人类谋大同的大境界、为世界开太平的大担当。

从反对帝国主义、殖民主义到反对霸权主义、强权政治，从提出和平共处五项原则到推动建设新型国际关系，特别是习近平总书记开创性地提出构建人类命运共同体、建设"一带一路"等重大新理念和新倡议，历史、理论与实践均表明，中国共产党对"世界好，中国才能好；中国好，世界才更好"② 二者相辅相成关系有着深刻的认知和理解，通过持续不断的努力推动两者走向了更加密切和良性的互动，并在此过程中不断为人类进步事业作出新的更大贡献。回顾历史，中国革命的胜利以及建设和改革事业的发展，都曾经深刻改变了国际力量对比，推动了世界和平与人类进步。

一百年以来，在中国共产党的领导下，中华民族终于走上了国家富强、民族复兴的康庄大道，形成了一套成熟完备的思想体系，探索出一条正确的发展道路，建构了一套稳固有效的制度体系，形成了一代又一代具有高度使命感的领导集体。中国共产党是中国的

---

① 《习近平谈治国理政》第 3 卷，外文出版社 2020 年版，第 436 页。
② 《习近平谈治国理政》第 2 卷，外文出版社 2017 年版，第 545 页。

最高政治力量，深受全体中国人民的信赖和拥护。在百年风云变幻的世界历史进程中，中国共产党正确把握历史趋势、世界大势，赢得了历史主动，带领中国人民独立自主，不懈探索，成功走出一条适合中国国情、符合人民意愿、促进国家发展的新道路，为世界和平、发展、进步作出了重大贡献，在世界政治舞台上展现出超凡的政治领导力。中国道路拥有巨大的潜能和优势，使中国逐步跨越了"中等收入陷阱"，成功应对了亚洲金融危机、美国金融危机，取得了巨大的成就，吸引了全世界的广泛关注。正如习近平总书记所言：新中国成立以来，"中国的社会生产力、综合国力实现了历史性跨越，人民生活实现了从贫困到温饱再到总体小康的历史性跨越。这不仅使中国彻底抛掉了'东亚病夫'的帽子，而且为人类战胜贫困、为发展中国家寻找发展道路提供了成功的实例。"①

当前，世界百年未有之大变局加速演进，国际体系和国际秩序深度调整，新兴市场国家与发展中国家在世界舞台上的作用日益凸显，中国更是前所未有地接近世界舞台中心。作为世界上最大的发展中国家和新兴大国、全球第二大经济体、世界第一大贸易国和最具政治影响力的世界大国之一，在实现第二个百年奋斗目标的新征程中，中国仍是影响世界发展趋势和格局的最重要因素之一，中国的发展进步必将更好地促进世界的和平与发展。

2. 党在百年奋斗中开创了中国式现代化道路，创造了人类文明新形态，拓展了发展中国家走向现代化的途径

走向现代化是人类社会发展的必然趋势，也是困扰着很多发展中国家的世界性课题。现代化不仅包括工业、农业、国防、科技等器物层面，也包括国家治理体系和治理能力等制度层面，还需要推动传统文化的变革与创新，使其与现代文明和时代精神相互融合。

---

① 《十八大以来重要文献选编》中，中央文献出版社2016年版，第80页。

在近代历史上，一些西方资本主义国家经过工业革命和国家制度建设率先实现了现代化，创造了西方国家走向现代化的模式，但我们并不能由此把现代化等同于西方化，更不能片面地认为现代化只能走西方道路而别无他途。然而，长期以来，由于缺少非西方国家实现现代化的成功范例，一些发展中国家对于探索适合本国国情的现代化道路缺乏信心，亦步亦趋地追随西方经验，乃至照搬西方的发展道路和制度模式，最终由于不适合本国国情导致经济社会发展缓慢甚至倒退的灾难性后果。

就近代中国而言，为了实现现代化，中国共产党之外的其他政治和社会力量也曾尝试探索过包括西方模式在内的多种方案，但都归于失败。新中国成立后，社会主义制度的确立为中国式现代化道路的探索实践提供了根本保障和制度基础。在党的领导下，当代中国的伟大社会变革，不是简单延续我国历史文化的母版，不是简单套用马克思主义经典作家设想的模板，不是其他国家社会主义实践的再版，也不是国外现代化发展的翻版。习近平总书记指出："治理一个国家，推动一个国家实现现代化，并不只有西方制度模式这一条道，各国完全可以走出自己的道路来。可以说，我们用事实宣告了'历史终结论'的破产，宣告了各国最终都要以西方制度模式为归宿的单线式历史观的破产。"中国式现代化，是基于中国特色社会主义制度的现代化，是以人民为中心的现代化，是融入了中华优秀传统文化并创造了人类文明新形态的现代化，是属于中国自己却具有世界性普遍意义的现代化。

中国式现代化道路是几百年来首个非西方、非资本主义东方大国的现代化实践，是不靠殖民性掠夺，不靠民族奴役、不靠对外侵略战争的现代化探索。中国式现代化道路破茧而出，超越了资本至上和市场至上的逻辑。中国发展成功的密码在于科学地处理了改革、发展、稳定之间的关系，开辟了世界历史上一条独具特色而卓有成效的发展之路。中国从来不把自己的发展模式强加于人,但中国式现代化新道路的成功实践为发展中国家走向现代化提供了重要参考和有益借鉴,也充分证明通往现代化的道路是开放的、多元的。

中国共产党是世界上最大、最强的政治组织,创造了一个又一个人间奇迹。中国共产党团结带领人民在坚持和发展中国特色社会主义进程中,走出的中国式现代化道路,是经济、政治、文化、社会、生态文明建设全面推进、协调发展的现代化,这样的现代化理念、现代化道路既切合中国实际,体现了社会主义建设规律,也体现了人类社会发展规律,是面向未来的人类现代文明的中国形态。中国共产党领导中国人民取得的历史性成就,既是中华民族伟大复兴历史伟业谱写的壮丽诗篇,也是为人类文明贡献的鸿篇巨制。中国的发展改变着并将继续改变世界经济和政治版图,让国际政治经济秩序更加公平合理,让人类文明百花园更加多姿多彩。

3. 党在百年奋斗中为解决人类重大问题、共同建设更加美好的世界积极探索,成为推动人类发展进步的重要力量

中国共产党追求的是国家和民族的公利、世界和人类的大利。党始终以世界眼光关注人类前途命运,始终在其政策主张中融入着博大而厚重的世界关怀。中国共产党成立前夕,毛泽东、蔡和森等人组建的新民学会被视为"建党先声"。该学会将"改造中国与世界"[①] 作为宗旨,展现出中国共产党在孕育之际便已经厚植在其精神内核中的宏伟担当与天下情怀。一百年来,中国共产党人继承着中华传统文化中以天下为己任的优良传统,坚持胸怀天下,始终不渝地致力于世界的和平、发展与正义事业。

党的十八大以来,面对世界遇到的严重治理赤字、信任赤字、

---

① 《毛泽东文集》第一卷,人民出版社 1993 年版,第 1 页。

和平赤字、发展赤字，面对"世界怎么了、我们怎么办"的时代之问，习近平总书记站在时代潮头，统筹中华民族伟大复兴的战略全局与世界百年未有之大变局，系统阐释了"建设一个什么样的世界、怎样建设这个世界"等关乎人类前途命运的重大课题，创造性地提出构建人类命运共同体的重要理念，为解决人类重大问题、推动全球治理贡献了中国智慧和中国方案。中国共产党在百年奋斗中带领全国人民，把中国从一个贫穷落后的半殖民地半封建国家，建设成为一个在国际上拥有重要影响力的大国和世界第二大经济体，其所开创的中国式现代化道路和中国发展的成功经验，为世界政治发展贡献了中国原理、中国理念、中国价值，不断为世界政治文明的多样生态增光添彩。中国将继续联合并团结世界上的大多数国家携手共进、共同发展。

（三）世界政治分水岭

经济资料显示，30年来世界经济格局发生了转折性的变化：20世纪90年代之前，占世界人口10%的国家生产并占有了70%的GDP，这种状况延续了200多年。2001年开始，新兴经济体对全球GDP增长的贡献超过了发达经济体，这是一个划时代的事件。2012年，新兴经济体对全球GDP总量的贡献超过50%，更从根本上改变了世界格局。据世界银行统计，2018年新兴经济体和发展中国家占全球GDP的比重达59%，而发达经济体已经退到40%左右。习近平总书记在党的十九大报告中指出，中国对世界经济增长的贡献率超过百分之三十。

冷战结束后的30年来，与世界经济天平的变化相呼应，世界政治也发生了重大而深刻的变局。面对近年来西方政治的种种乱象，2014年以来，《金融时报》连续刊文称，"全球民主大衰退"，

"英美民主政体遭遇危机",呼吁做空"全球民主"。① 近期,关于美国民主绩效之差的批评之声也不绝于耳,不断有新的民调显示西方民众对民主政体自豪感在降低,政治不信任感和悲观论调在不断上升。② 美国斯坦福大学胡佛研究所的高级研究员、《民主》杂志主编、西式民主的最大"推销员"拉里·戴蒙德不得不承认,自1999年以来,民主崩溃的步伐趋快,尤其从2006年开始,民主的衰退变得越发显著。与此同时,全球权力架构因中国的崛起和俄罗斯的出击而发生重要变化。西方模式陷入了多重困境,这为国际学术界提供了鲜活的反面素材和绝佳的历史机遇。看来,西方传统政治学和经济学概念与逻辑已经无力解释"西方之乱、中国之治"命题,西方的社会科学的研究范式受到冲击,西式政治学、经济学教材可能不得不重新编写。

(四)世界大变局与中国新时代

西方舆论前所未有的大反转凸显了世界政治潮流的浪卷翻涌,也预示着新的时代即将开启。回首20年前,冷战结束,西方政治精英以"历史即将终结"的狂妄论调将西方民主升华为人类政治发展的标杆与模板,对世界社会主义力量进行大肆围堵,不断挤占和压制社会主义的政治空间。在后冷战时代的艰难探索中,在一些人眼里,世界社会主义仅剩下几座"孤岛",崩溃或沉没在即。然而,"长风破浪会有时,直挂云帆济沧海",中国这艘巨轮动力十足,劈波斩浪,扬帆远航。中国发展的伟大成就和中国道路的国际魅力成为世界政治潮流转向与新时代开启的强大动力。

---

① [英]爱德华·卢斯:《财富寡头在做空美国民主》,观察者网;http://www.guancha.cn/Edward-Luce/2014_05_22_231608.shtml;[英]吉迪恩·拉赫曼:《全球民主大衰退》,FT中文网,http://www.ftchinese.com/story/001068867?page=rest。

② 王绍光:《人间正道是沧桑》,观察网,http://www.guancha.cn/WangShaoGuang/2018_01_12_442815.shtml。

日出东方,中国这些年飞速发展的成就冲击着西方的认知,挑战了独尊一统的西方思想体系和学术体系。法国媒体《世界报》认为中国的成就及具有象征意义,甚至称"我们已经进入了中国世纪"。与此同时,西方的政界的认知也在发生变化。在 2017 年 11 月特朗普总统访华前夕,白宫办公室主任约翰·凯利对福克斯新闻网表示,中国的政府体系看来适用于服务中国人民。中国强大了可能也不是我们的敌人。包括凯利在内的西方政要和舆论精英指出,当今世界越来越多的发展中国家看好和模仿中国模式,这是国际上过去几十年历史上不可想象的现象。① 可见,西方之乱、中国之治使得西方有识之士开始反思。冷战后 30 年来世界政治进程的反转、中西政治图景的强烈反差给人以深刻启示。

(五)中国特色社会主义进入新时代标志着科学社会主义在中国焕发强大生机

党的十九大报告指出,中国特色社会主义进入了新时代。这是中国共产党基于世情、国情、党情做出的科学判断。中国特色社会主义进入新时代,这一判断向世界宣告,中国共产党人带领中国人民坚定探索的中国特色社会主义道路取得伟大成功,中华民族正在以崭新姿态屹立于世界东方。

20 世纪 80 年代末 90 年代初,苏联剧变和苏共垮台,原东欧社会主义国家改旗易帜,科学社会主义实践出现严重曲折。一些西方国家宣称共产主义就此失败,西式自由民主成为"人类意识形态发展的终点",是人类最后也是唯一的"统治形式"。

中国共产党人凭着坚定的马克思主义信念,以大无畏的政治勇气,顶住压力,不走封闭僵化的老路,也不走改旗易帜的邪路。坚

---

① 参见[英]托马斯·巴克《发展模式是软实力的源泉》,《参考消息》2017 年 11 月 20 日。

持走自己的路、建设中国特色社会主义的伟大政治抉择。中国特色社会主义进入新时代，不仅在中华人民共和国发展史上、中华民族发展史上有重大意义，在世界社会主义发展史上、人类社会发展史上也具有重大意义。

（六）中国特色社会主义进入新时代标志着西方资本主义模式一统天下的格局被打破

2017年末，美国纽约进行了一场关于是否应放弃资本主义等议题的辩论，轰动全城。为此，美国彭博社发表了一篇题为《厌倦资本主义？》的文章。作者称，调查显示美国的年轻人更倾向于社会主义而不是资本主义。

2008年国际金融危机的爆发，暴露了西方资本主义制度的缺陷和弊端，标志着西方世界的衰落。与此同时，传统意义上的西方政治阵营出现衰退，两百多年来流行甚广的西式民主"一元论"走向式微。

应当说，正是这种天翻地覆的变化，引起了国际学术界对全球化的思考，也促使政治学界深入思考和探究经济变化后的政治动因。

与国际经济潮涨潮落类似，2016年可以看作是世界政治的"分水岭"。在这一年，一些标志性的政治事件使得世界政治图景发生了历史性的变化：西方政治阵营出现分裂，核心价值受到质疑、政治思潮极化、政治力量分化、政治对立增加。世界政治舞台力量的天平开始向中、俄等非西方世界倾斜，中国政治优势逐渐彰显。30年来国际历史进程的大反转与当今世界政治图景的大反差令人深思。

（七）新时代中国特色社会主义鼓舞着世界多数发展中国家的道路探索和制度发展

中国作为最大的发展中国家和最大的社会主义国家，走出了一条具有中国特色的社会主义现代化发展道路。中国特色社会主义道路不仅给中国带来了巨大成功，而且也对其他发展中国家探索自己的道路提供了有益的经验借鉴。

中国特色社会主义进入新时代，拓展了发展中国家走向现代化的途径，给世界上那些既希望加快发展又希望保持自身独立性的国家和民族提供了全新选择，为解决人类问题贡献了中国智慧和中国方案。

中国的成功引起世界广泛瞩目，发展中国家更是投以羡慕和期待目光，许多国家希望从中汲取有助于自身发展的秘籍良方。埃塞俄比亚总理海尔马里亚姆表示，中国特色社会主义进入新时代，这一点可以从中国经济、政治、军事等发展中看得出来，中国的发展模式值得全世界学习。白俄罗斯总统卢卡申克多次强调，白俄罗斯发展要向中国学习，改革和发展要有破有立。他认为，习近平主席提出的"一带一路"构想是当今世界的"新哲学"，引领国际关系的"新理念"。

（八）新时代中国特色社会主义开辟了当代世界社会主义发展的新境界

2017年是伟大的十月革命胜利100周年。十月革命带来的民族平等、团结和劳动保障等社会主义成果为20世纪人类社会进步增添了光彩。20世纪社会主义制度的实践，曾在客观上推动了西方资本主义自我改良。然而20世纪中后期社会主义发展出现停滞，之后苏联解体、东欧剧使得社会主义遭受严重的挫折。苏联解体和东欧剧变后，中国特色社会主义不仅守住了社会主义的强人阵地，经济增量达到世界第二，解决了世界上1/4人口的温饱问题，而且成为世界社会主义的中流砥柱。

如今，中国特色社会主义进入新时代，意味着科学社会主义在

21世纪的中国焕发出强大生机活力，意味着社会主义在世界上的影响越来越大。伴随着中国作为社会主义国家步入国际舞台的中央，中国在世界上高高举起社会主义的伟大旗帜。这本身就是对世界社会主义力量的巨大鼓舞，是对国际共产主义运动的突出贡献。

（九）新时代的中国将为人类社会和平与发展做出更大贡献

习近平总书记在党的十九大报告中讲到，中国共产党是为中国人民谋幸福的政党，也是为人类进步事业而奋斗的政党，这体现了中国共产党作为无产阶级政党的国际主义立场和中华民族以天下为己任的崇高情怀。中国特色社会主义进入新时代，意味着中国日益走近世界舞台中央，意味着世界和平发展力量的增强，中国将为人类进步事业做出更大贡献。

与竞技体育的舞台一样，当今世界各国综合国力竞争同样十分激烈。在世界各国参加的全球奥林匹克大赛场上，在经济总量、社会发展、军事实力等领域竞争的背后，根本上是政治制度及其政治发展力的竞赛。所以说，当今世界犹如国际奥林匹克赛场，既有经济等综合实力的比拼，更有政治力的较量。政治领袖犹如各国代表队的总教练或领队，对于全球发展大赛场上能否摘金夺银至关重要。展望未来，有中国共产党的强大组织力，党中央坚强的领导力，有胸怀人民、放眼世界、具有非凡谋略和胆识的政治领袖，中华民族必将迎来海晏河清、国运宏昌、国泰民安的新时代。

长期以来，中国在致力于维护自身安全与发展的同时，积极为世界和平发展贡献智慧和力量。面对国际形势的大发展大变革大调整和世界各国要和平、谋发展的共同需要，中国积极参与解决国际地区热点问题，引导全球治理，积极提出中国倡议和中国方案，国际影响力、感召力、塑造力进一步提高。党的十九大报告把明确中国特色大国外交要推动构建新型国际关系，推动构建人类命运共同体纳入习近平新时代中国特色社会主义思想之中，并阐明了其具体内涵，即"相互尊重，公平正义，合作共赢"的新型国际关系和"持久和平、普遍安全、共同繁荣、开放包容、清洁美丽"的世界。

（十）中国之治开创人类政治文明新境界

进入21世纪后，与西方世界陷入整体性的衰败或停滞不同，中国的快速发展与全球影响力的不断上升已经成为世界政治中最受瞩目的重要现象。在中国共产党的坚强领导下，中国人民创造了经济快速发展和社会长期稳定两大世界性奇迹，目前正朝着全面建设社会主义现代化国家的第二个百年奋斗目标迈进。进入2020年以来，面对新冠肺炎疫情这场世界公共卫生危机，"中国之治"与"西方之乱"的鲜明对比愈发突出。

1. 中国之治开辟了一条独具特色而卓有成效的发展之路

方向决定前途，道路决定命运。选择什么样的发展道路，决定着一个国家和民族的兴衰。习近平总书记指出："中国的发展，关键在于中国人民在中国共产党领导下，走出了一条适合中国国情的发展道路。"① 从世界政治的角度而言，中国之治是几百年来世界上首个非西方、非资本主义的东方大国的现代化新路，是不靠殖民性掠夺，不靠民族奴役、不靠对外侵略战争的现代化新路。中国之治的成功，破解了西式教科书中有关自由化、民主化、私有化等发展神话与理论教条，跨越了那些所谓的现代化"必然陷阱"，终结了"历史终结论"等迷思，开辟了世界上一条独具特色而卓有成效的发展之路。

中国道路植根于中国大地，既吸收借鉴人类政治文明有益经验，又不盲目照搬照抄他国。中国的发展进程持续而稳定，始终以

---

① 《习近平谈治国理政》第2卷，外文出版社2017年版，第482页。

人民为中心，开辟了一条独具特色、卓有成效的发展之路。坚持"党的领导、人民当家作主、依法治国"有机统一，密切了党和人民的血肉联系，实现了法治与德治有机结合。中国以全面而协同的政治发展理念，统合"自由民主、秩序稳定、清廉效能"等价值目标，实现了国家政治经济社会文化等发展的稳定性和持续性、高质量和高效能。

在当今混乱迷茫的复杂国际形势下，中国的发展道路贡献了宝贵的价值理念和原理逻辑。一代又一代中国共产党人经过艰辛探索开创的中国特色社会主义道路，是科学社会主义在当代世界最伟大而成功的实践，丰富和发展了马克思列宁主义学说，拓宽了世界各国的发展道路，同时也为非西方国家提供了宝贵的可资借鉴的发展经验。

2. 中国之治的特质与底色是坚持人民至上

"中国之治"的伟大成就不是凭空得来的，也绝非单一的西式惯性思维和理论教条所能解释。中国成功的背后，实则蕴含着深刻的"政治密码"，即坚持中国共产党领导下的人民之治。坚持人民至上是中国之治的鲜明特质和深厚底色，是马克思主义基本原理与中国实际相结合的产物，是中华民族悠久历史传统与人类政治文明优秀成果的结晶。

中国的民主是人民民主，中国之治是人民之治。人民民主是自主的、内生性的民主，是以发展为导向的、内容优质、形式有效的高质量民主。作为世界上人口最多的发展中大国，中国坚持"发展依靠人民，发展为了人民，发展成果由人民共享"的理念，在推动国家现代化发展中，体现人民意志、维护人民利益、汇聚人民心声、凝聚人民力量，成为中国探索追求民主、人权和自由的前提和依归。

中国之治的成功，依靠的是制度优势。习近平总书记指出，当当今世界正经历百年未有之大变局，制度竞争是综合国力竞争的重要方面，制度优势是一个国家赢得战略主动的重要优势。中国的人民民主有一套完整的制度体系作为保障。人民民主体系由人民代表大会制度这一根本政治制度和中国共产党领导的多党合作和政治协商制度、民族区域自治制度、基层群众自治制度三项基本政治制度组成。

党的十八大以来，以习近平同志为核心的党中央不断深化对民主政治发展规律的认识，提出了全过程人民民主的重大理念。习近平总书记指出，我国全过程人民民主实现了过程民主和成果民主、程序民主和实质民主、直接民主和间接民主、人民民主和国家意志相统一，是全链条、全方位、全覆盖的民主，是最广泛、最真实、最管用的社会主义民主。中国的人民民主是完整的、全面的，涵盖民主选举、民主协商、民主决策、民主管理、民主监督的全过程。

民主不是装饰品，不是用来做摆设的，而是要用来解决人民需要解决的问题的。抽象的、脱离实质的民主如空中楼阁，徒有花哨的外表，好看不中用。中国的民主，从人民的实际需求出发，尊重人民现实需要，遵循社会发展规律，在不断满足人民提高生活水平的阶段性要求过程中，逐步创新民主实现形式，发展全过程民主，不断提升民主品质和含金量。

中国的政治发展道路以人民民主为中心，注重达民意、解民忧、恤民利、守民心、为民生、护民权，坚持发展为要，质量为先，不断拓宽、加深、延展民主的广度、深度、厚度，体现了全面性、协调性和实践性的统一，实现了民主与法治、自由与秩序、权利与责任、廉洁与效能、发展与安全等政治价值的有机统一，真正体现了中国特色社会主义的制度优势。

3. 中国之治丰富人类政治文明形态

从人类政治文明发展的整体视角看，中国特色社会主义发展道路是中国共产党带领中国人民进行的伟大政治创造。它成功开创了人类政治发展的新路，创造了一种全新的政治制度和政治文明样态。中国之治的成功，本质上是中国人民之治的成功，它打破了西式民主是全人类"普世价值"和人类社会发展"最终归宿"的政治教条和话语霸权，书写了中华民族几千年历史上最恢宏的史诗，开启了人类政治文明发展的新篇章。

20世纪90年代，西式民主曾扬言"终结人类历史"，然而，30年来，西式民主逐渐走向理论和实践上的破产。长期以来，个别西方大国不断将西式民主模式化、绝对化、工具化、标签化，对外煽动"颜色革命"，直接干涉甚至发动战争。西式民主具有"虚伪性"这一真面目，已经被全世界大多数国家及其人民所认清。

百年变局与世纪疫情交织叠加，中国之治的成就与优势在国际对比中愈发凸显。对世界各国而言，疫情都是一场大考，是对一国政治制度和经济社会发展综合实力的全方位检验。中国成功应对疫情冲击，经济社会发展迅速恢复，发展势头在全球一枝独秀。与此同时，西方持续深陷疫情危机、经济停滞和社会动乱的多重困境而难以自拔。面对疫情，中国始终坚持以人民的生命权、健康权优先，统筹兼顾经济社会发展大局。疫情是一面照妖镜、放大镜。在它面前，西方的应对错漏百出，基于西式民主、自由、人权的种种神话不攻自破。

习近平总书记指出："治理一个国家，推动一个国家实现现代化，并不只有西方制度模式这一条道，各国完全可以走出自己的道路来。可以说，我们用事实宣告了'历史终结论'的破产，宣告了各国最终都要以西方制度模式为归宿的单线式历史观的破产。"中国升级版的新民主观、人权观、自由观，构成了世界瞩目的中国版的人民政治观和全面发展观。中国之治的伟大成就，突破了西方发展模式和逻辑框架，大大提高了政治发展力和国家治理能力，为中国社会全面而协调发展提供了坚实的思想价值保障和动力源泉。

当前，个别西方大国仍然不会放弃政治傲慢心态和价值偏见，重拾"民主、人权"等旗号，导演对他国政治围攻、价值围剿、外交围堵的戏码。中国的发展观超越传统上大国竞争的逻辑，中国人民眼中没有"淘汰赛"，也没有"擂台赛"，更不是"拳击赛"。世界的进步，靠的是你追我赶、奋勇争先的"田径赛"。构建人类命运共同体的伟大构想，凝聚了从一国"全面发展"到国际间"共同发展"的发展理念。这是中国为人类政治文明的发展进步提供的中国智慧和中国方案，可以反映更具普遍意义的全球价值。在人类命运共同体理念的指引下，中国共产党团结和带领中国人民并努力与世界各国人民同心协力，致力于建设持久和平、普遍安全、共同繁荣、开放包容、清洁美丽的世界，始终不渝做世界和平的建设者、全球发展的贡献者、国际秩序的维护者，不断彰显着推动人类发展进步的中国力量。

当前，百年变局和世纪疫情交织叠加，世界进入动荡变革期，不稳定性不确定性显著上升。人类社会面临的治理赤字、信任赤字、发展赤字、和平赤字有增无减，实现普遍安全、促进共同发展依然任重道远。同时，世界多极化趋势没有根本改变，经济全球化展现出新的韧性，维护多边主义、加强沟通协作的呼声更加强烈。

我们所处的是一个充满挑战的时代，也是一个充满希望的时代。

世界怎么了？人类社会应该向何处去？对这一重大命题，我们要从人类共同利益出发，以负责任态度做出明智选择。

世界前途命运应该由各国共同掌握。应该秉持共商共建共享原则，坚持真正的多边主义，推动全球治理体系朝着更加公正合理的方向发展。要维护以联合国为核心的国际体系，维护以国际法为基础的国际秩序，维护以世界贸易组织为核心的多边贸易体制。

构建人类命运共同体的理念，站在人类历史发展进程的高度，超越了国家和社会制度的异同，反映了世界各国共同利益和普遍期待，得到了国际社会的广泛欢迎和支持，已多次被写入联合国文件。可以期待，伴随着中国发展强劲的步伐和国际影响力的不断提升，构建人类命运共同体由理念到实践，必将不断开花结果，造福中国人民，造福世界人民。

同舟共济扬帆起，乘风破浪万里航。尽管有时会遭遇惊涛骇浪和逆流险滩，但只要国际社会齐心协力，把准航向，人类社会发展的巨轮必将行稳致远，驶向更加美好的未来！